可持续供应链系统

低碳、闭环与技术

■ 许　垒 杜　鹏 洪宪培/著

科学出版社

北　京

内 容 简 介

为响应“双碳”和“供应链创新”国家战略需求，本书从企业和供应链层面的运营、创新与营销角度入手，紧密结合绿色与可持续供应链管理理论发展前沿，分别从闭环供应链的渠道结构、回收努力与广告策略，绿色供应链的产能、技术与回收策略，低碳供应链的市场、减排与规划管理三个维度研究绿色和可持续供应链的系统设计、策略优化与协调机制设计，探索并揭示“双碳”目标实现路径的管理机制和逻辑，具有较好的理论价值与实践指导作用。本书从创新、营销、运营等全方位角度聚焦绿色和可持续供应链管理，综合采用博弈论、数学优化、数值仿真等多种理论方法和工具开展研究以达成研究目标。

本书可供运营管理、市场营销、工商管理等专业的硕士研究生、博士研究生及相关领域的学者和从业者阅读参考。

图书在版编目（CIP）数据

可持续供应链系统 ：低碳、闭环与技术 / 许垒，杜鹏，洪宪培著. 北京 ：科学出版社, 2025. 3. -- ISBN 978-7-03-079624-0

Ⅰ. F713.2

中国国家版本馆 CIP 数据核字第 2024UJ5530 号

责任编辑：徐　倩 / 责任校对：贾娜娜
责任印制：张　伟 / 封面设计：有道设计

科 学 出 版 社 出版
北京东黄城根北街 16 号
邮政编码：100717
http://www.sciencep.com
北京建宏印刷有限公司印刷
科学出版社发行　各地新华书店经销
*
2025 年 3 月第　一　版　开本：720 × 1000　1/16
2025 年 3 月第一次印刷　印张：20 1/4
字数：406 000

定价：226.00 元

（如有印装质量问题，我社负责调换）

序　一

作为导师、同行和好友，我欣喜地见证了本书三位青年著者在可持续供应链管理领域的成长与成就。许垒教授是我培养的第一个博士生，他在学术研究上展现出的敏锐洞察力和不懈追求令我印象深刻。杜鹏副教授是我指导的博士后，他在研究中的严谨态度和创新思维让我深感欣慰。洪宪培教授是我的同乡兼好友，他在科研道路上锲而不舍、如琢如磨的探索精神令我钦叹。三位著者在学术道路上孜孜不倦、深耕多年，始终以严谨的治学态度和创新的研究精神探索可持续供应链管理的前沿问题。他们的研究成果不仅在国际权威期刊上屡次发表，更为学术界和产业界提供了宝贵的理论指导与实践启示。如今，他们将多年的研究成果凝练成这部专著，令我倍感欣慰与自豪。

可持续供应链管理作为现代管理科学的重要分支，近年来逐渐在全球范围内成为关注焦点。当今世界正经历百年未有之大变局，气候变化、资源短缺、环境污染等全球性挑战正以前所未有的紧迫性重塑商业文明图景。在构建人类命运共同体的时代背景下，可持续发展已然从个体战略选择升级为文明存续的必由之路。作为经济活动的核心脉络，供应链的可持续转型不仅是产业变革的微观命题，更是关乎人类长久发展的宏观战略。在传统的线性经济模式已难以适应可持续发展需求的情势下，闭环供应链、绿色供应链和低碳供应链等新兴领域应运而生，成为学术界和产业界共同关注的焦点。闭环供应链通过逆向物流和资源循环利用，实现了从“摇篮到摇篮”的闭环管理；绿色供应链则强调在供应链全生命周期中融入环境友好理念，推动绿色创新和技术扩散；低碳供应链则聚焦于碳足迹的优化与减排，助力全球碳中和目标的实现。这些领域的深入研究不仅为人类可持续发展规划提供了理论支撑，也为企业实现可持续发展提供了实践路径。

该书三位著者在可持续供应链管理领域的贡献尤为突出。他们不仅系统性探讨了技术投资与扩散、产能扩张、碳减排、广告与定价、回收努力与渠道结构等企业策略优化问题，更进一步探究了供应链网络结构规划与协调机制设计问题，以及碳规制等政府政策制定问题。研究成果在多种场景下揭示了可持续供应链中各元素之间交互的复杂规律，破解了各元素错综耦合导致的诸多管理难题。这些创新性研究成果为突破“循环经济悖论”和“碳锁定效应”瓶颈提供了有力的理论支撑，为可持续供应链管理的转型发展铸造了坚实的理论基础。

该书是三位著者多年研究成果的集大成之作，在闭环供应链、绿色供应链和低碳供应链三个维度上进行了深度探索和理论创新。我欣喜地看到这部著作展现出的学术勇气与创新智慧。著者团队基于闭环、低碳和技术的视角构建了可持续供应链分析框架，成功破解了诸多理论难题。其学术价值不仅体现在理论创新层面，更搭建了方法论的集成创新体系。研究团队将系统优化模型、博弈理论与数值仿真相融合，在保持数学模型严谨性的同时，增强了理论解释现实的力度。这种多维方法论的协同创新，确保了研究成果兼具理论深度与实践效度。该书不仅关注理论创新，还注重实践应用，为企业实施可持续供应链管理提供了切实可行的指导。该书呈现的 10 余个决策支持模型，为企业实践提供了极具借鉴价值的解决方案。与此同时，该书构建了面向未来的研究议程，指出未来的研究应聚焦于数字技术赋能的供应链弹性增强机制、碳资产数字化管理范式以及人机协同的绿色决策系统等前沿领域，为学术界指明了新的研究方向。

我对该书寄予厚望，深信其将产生深远的学术影响与实践价值。其创新性的理论框架、严谨的方法论体系，既可作为学术界的研究范本，也能为企业管理者提供决策指南，更可为政策制定者提供决策参考。值此专著付梓之际，谨向著者团队致以诚挚祝贺。这部凝聚智慧与创新的著作，必将推动可持续供应链管理研究迈向新高度，为构建人与自然和谐共生的现代供应链体系注入持久动能。我期待三位著者在未来的研究中继续深耕，不断探索可持续供应链管理的新理论和新方法，为推动全球可持续发展作出更大的贡献。同时，我也期待更多学界同仁以此书为鉴，共同描绘可持续供应链管理的未来图景，为全球可持续发展贡献中国智慧。

李勇建
南开大学商学院教授、人文社会科学研究部常务副部长
管理科学与工程学会供应链与运营管理分会副主任
2024 年 11 月 1 日

序　二

在全球经济向可持续发展转型的深刻背景下，供应链管理正经历从效率优先到责任共担的范式变革。传统线性供应链模式在应对资源约束、环境压力与技术迭代的挑战中逐渐显露出局限性，如何构建兼顾经济、环境与社会效益的可持续供应链体系，已成为学术界、产业界与政策制定者共同关注的重大命题。这部著作以系统性思维为引领，围绕低碳化、闭环化与技术驱动三大核心维度，深入探讨可持续供应链管理的理论框架、实践路径与政策协同，为这一领域的研究与实践提供了兼具学术深度与现实价值的解决方案。

这部著作的起点是对可持续发展现实的深刻回应。工业化进程中累积的环境破坏与资源短缺问题，国际社会对气候变化与循环经济的共识，以及中国“双碳”目标的战略承诺，共同构成了研究的现实语境。系统梳理了从《二十一世纪议程》到生产者责任延伸制度的政策演进，从绿色技术研发到再制造技术许可的技术创新，从传统供应链到闭环供应链的体系重构，揭示了可持续供应链管理的内在逻辑与实践必要性。这种立足现实的理论建构，既避免了脱离具体语境的宏大叙事，又超越了局部优化的技术性讨论，形成了“问题识别—机理剖析—策略设计”的完整研究链条。

这部著作的核心贡献在于构建了低碳、闭环与技术三位一体的分析框架，实现了三大维度的有机融合与交叉验证。①闭环供应链管理。聚焦逆向物流网络优化，系统探讨了回收渠道竞争、广告策略协同、奖惩机制设计等关键问题。通过博弈论模型与实证分析，揭示了制造商主导、零售商主导与第三方回收商主导等不同权力结构下的决策差异，提出了动态责任分担机制与协调契约设计方法，为破解回收效率低下、利益分配失衡等现实难题提供了理论依据。②绿色供应链管理。以技术创新为核心抓手，深入研究了绿色产品设计模式、再制造技术许可策略、第三方回收网络优化等议题。书中创新性地将技术经济学原理引入供应链协调机制设计，分析了固定费用许可与特许权使用费许可对再制造规模的影响，提出了多属性群体决策工具以解决回收服务商选择难题，为绿色技术的市场化应用提供了决策支持。③低碳供应链管理。围绕碳排放约束下的运营优化，系统探讨了产能设计、需求不确定性应对、易逝品供应链协调等挑战。通过构建限额交易、碳税等政策场景下的随机规划模型，揭示了碳排放规制对企业生产决策、库存策略与物流网络设计的差异化影响，提出了收益-成本共享合同、多目标规划等协调工具，为平衡环境目标与经济效益提供了方法论支持。

这部著作在研究方法上呈现出鲜明的交叉学科特征与动态分析视角：①多层级决策模型贯穿始终，从微观企业的定价策略、中观供应链的协调机制到宏观政策的效应评估，构建了覆盖“企业—供应链—政策”的全链条分析工具。例如，在低碳供应链研究中，既分析制造商产能扩张的技术选择，又探讨零售商在部分需求信息下的鲁棒决策，最终延伸至政府碳政策的动态适配性研究。②不确定性应对机制成为重要创新点。针对市场需求波动、技术迭代风险与政策环境变化，书中发展了分布式鲁棒优化、两阶段随机规划等动态决策方法，将传统静态模型升级为更具韧性的分析框架。这种对不确定性的系统考量，使研究成果更贴近商业实践的真实场景。③混合研究方法论的运用凸显实践导向。博弈论模型推导、实证案例分析与数值仿真实验的有机结合，既保证了理论严谨性，又强化了对现实问题的解释力。例如，在闭环供应链协调机制设计中，理论模型推导出的契约方案通过家电、汽车行业案例验证了可操作性，体现了学术研究“从实践中来，到实践中去”的闭环逻辑。

这部著作的价值不仅在于理论体系的创新，更体现在对管理实践与政策设计的直接启示。①企业决策支持。绿色技术投资阈值模型、回收渠道竞争强度分析工具、碳成本内部化框架等成果，为企业制定 ESG 战略提供了可操作的决策支持。特别是针对中小企业转型困境设计的轻量化评估工具，显著降低了可持续实践的门槛。②政策设计参考。关于碳政策组合效应、回收责任分担机制、技术许可模式的研究结论，为政府部门设计差异化、动态化的规制体系提供了科学依据。例如，奖惩机制的弹性设计、碳配额分配的区域适配性分析等成果，已在国内试点区域产生政策转化效应。③社会价值共创。研究始终强调多元主体协同，通过消费者绿色支付意愿分析、第三方回收网络的社会成本优化等议题，推动形成“企业实施—政府引导—公众参与”的可持续治理格局。这种价值共创视角，为破解“绿色悖论”提供了新的思路。

作为该领域的研究者，我深信这部著作将产生深远的学术影响与实践价值。这部著作适用于三类读者群体：对于学术界，其价值在于构建了可持续供应链管理的系统性分析框架，提出的理论命题与方法论创新可作为深化研究的起点；对于企业管理者，低碳供应链协调机制与绿色技术扩散模型为制定可持续发展战略提供了实用工具；对于政策制定者，回收责任分担机制研究与转型路径展望，为设计市场化环境政策提供了科学支撑。在全球产业链重构与碳中和进程交织的时代背景下，这部著作的出版恰逢其时，值此专著付梓之际，谨向作者团队致以诚挚祝贺。它不仅是学术探索的里程碑，更是面向可持续未来的行动指南。期待这一研究成果能激发更多跨学科、跨领域的创新实践，共同推动供应链管理从“效率工具”向“文明载体”的范式跃迁。

朱庆华
上海交通大学安泰经济与管理学院管理科学系讲席教授
中国系统工程学会可持续运营与管理系统分会主任委员
2024年11月6日

前　　言

人类社会进入工业化时代以来，环境破坏和资源短缺问题日趋严重，成为制约经济持续健康发展和危害人类福祉的主要枷锁之一，可持续发展理念由此应运而生。《我们共同的未来》《二十一世纪议程》等报告和倡议的发布，《联合国气候变化框架公约》及其后续议定书和协定的签订表明，可持续发展已成为国际社会共识。与此同时，坚持走可持续发展道路也是我党从中国式现代化建设实践中总结出的宝贵经验。党的十五大将可持续发展确定为我国经济体制改革和经济发展的重要战略之一。党的十九大进一步明确提出加快建立绿色生产和消费的法律制度与政策导向，建立健全绿色低碳循环发展的经济体系。置身于中国式现代化建设的洪流当中，我国企业实现可持续发展转型和成长面临的机遇与挑战并存：在全球现代化进程百年未有之大变局下，积极顺应可持续发展趋势、参与构建实施可持续发展框架是实现弯道超车的重要途径和有力手段；协调短期经济目标与可持续发展目标的冲突，与对手、供应链伙伴及政府在可持续发展场景下的互动，则是企业成功实现可持续发展转型和弯道超车必须妥善处理的问题。因此，可持续供应链管理蕴含了丰富的极具探索价值的重要议题。

可持续供应链场景下应如何构建多层级产-供-销渠道模式、设计多元化营销策略和多主体回收策略？创新性绿色技术和再制造技术的研发、采用与供应链生产、回收等决策及协调机制会产生何种交互？低碳政策与碳排放制度又会给闭环供应链运营决策和绩效带来何种影响？本书在闭环、绿色和低碳三类可持续供应链场景下对上述问题展开系统探讨：第二篇关注闭环供应链中产品广告策略、回收渠道策略和回收努力策略优化，以及闭环供应链协调机制设计问题；第三篇研究绿色供应链管理中绿色技术研发投入、再制造技术许可模式与供应链定价和回收等决策的交互，以及绿色供应链网络与协调机制设计；第四篇在排放总量控制、总量控制与交易及排放税等碳排放管制制度下研究生产和减排决策、选址-库存-路径联合优化，以及低碳供应链协调机制设计等问题。本书取得了一系列初步性研究成果和管理启示，力求能为从业人员和政府部门提供理论参考、决策辅助和建议，并引发思考与探讨。

本书文稿的撰写得到了团队研究生的大力支持，研究生张俊伟（第 1、2、16 章）、赵冉（第 3、4、5 章）、殷晗（第 6、7、8 章）、陈国辉（第 9、10、11 章）、罗柔（第 12、13、14 章）、胡韵（第 15 章）等参与了本书文稿对应章节的文字撰写和整理，特别感谢刘旭、黎议联、路珍珍、刘颖馨、刘妍和段璎纹等研究生对全书的格式修订与文字校对工作，感谢他们的辛勤工作和支持，愿他们在未来的科研道路上取得更大的成就。

本书的撰写有幸得到国家自然科学基金（72261147707、72172148）的资助。为提升全书的可读性，书中主要定理证明过程及部分复杂图表未在本书呈现，如读者研读需要，请与作者联系。限于作者对可持续运营和供应链管理研究工作的粗浅探索，本书仍存在疏漏与不足之处，敬请各位读者不吝赐教。

作　者

2024 年 7 月

目　录

第一篇　导　言

第二篇　闭环供应链管理：渠道结构、回收努力与广告策略

第三篇 绿色供应链管理：产能、技术与回收策略

第四篇　低碳供应链管理：市场、减排与规划

第五篇　结论与展望

第一篇　导　言

作为本书的开篇，本篇旨在通过对现实背景问题的深入剖析和相关理论的全面评述，提出本书的主要研究问题、主要研究内容、研究意义和特色创新之处。鉴于此，本篇主要由绪论和文献综述构成，其中绪论一章着眼于可持续供应链管理的现实问题，分析了可持续供应链管理缘起、可持续供应链管理之绿色化、闭环化、低碳化以及技术应用挑战，提出本书的理论与实践意义，并从可持续供应链管理的现实问题中抽象出本书的主要研究内容，构建本书的研究思路和研究框架，并概括本书的特色与创新之处。文献综述一章围绕绿色技术与产能投资问题，绿色供应链系统设计与优化问题，可持续供应链运营策略与协调机制以及可持续供应链系统政策治理问题四个方面对与本书最密切相关的理论成果进行全面论述分析，并提出本书的主要理论贡献。

第1章　绪　　论

作为本书的发轫之始，本章的目的在于给读者提供一个简明扼要的阅读指引，在给读者呈现可持续供应链管理现实背景的基础上提出主要研究问题，进而提炼本书的主要研究内容，并提出本书的研究意义，最后构建研究脉络和研究框架。

1.1　可持续供应链管理：绿色、闭环、低碳与技术

1.1.1　可持续供应链管理缘起

1. 可持续供应链管理的重要性

全球气候变化，极端天气事件如热浪、干旱、暴雨和飓风等的发生频率和强度显著增加，2023 年全球范围内的热浪事件数量比过去几十年平均增加了 30%。联合国政府间气候变化专门委员会（Intergovernmental Panel on Climate Change，IPCC）报告指出，与 1850～1900 年相比，2011～2020 年全球地表平均气温上升 1.1℃[①]。全球气候变化正以不可忽视的步伐，敲响生态环境的警钟。资源之泉逐渐干涸，稀缺的阴影笼罩着人类的未来。人类正逐渐意识到，传统的发展模式已不再适应时代的需求，转变经济增长方式、实现绿色发展刻不容缓。环保意识的觉醒与企业社会责任的践行，为供应链管理注入了新的内涵。社会责任意识的提升使得消费者、政府及非政府组织等对企业行为提出了更高的要求，企业不仅要关注自身的利益，还要考虑供应链中的各方利益相关者，包括供应商、员工、投资者、消费者等，这些利益相关者对企业的期望已经超越了传统的商业范畴，转而寻求一种更为全面和长远的可持续发展模式。国家主席习近平在第二十三届圣彼得堡国际经济论坛指出，可持续发展是社会生产力发展和科技进步的必然产物[②]。在全球化的经济浪潮中，面对环境破坏和资源短缺的现实挑战，加之不断增强的环保意识与社会责任感，传统的供应链管理理念与模式在解决生态环境保护和经济发

---

① 联合国政府间气候变化专门委员会（IPCC）发布《第六次评估报告综合报告：气候变化 2023》（AR6 Synthesis Report：Climate Change 2023）。

② 国家主席习近平在第二十三届圣彼得堡国际经济论坛全会发表题为《坚持可持续发展 共创繁荣美好世界》的致辞。

展矛盾方面已力有不逮。可持续供应链管理作为一种创新理念和全球共识应运而生，其在推动产业乃至全球经济可持续发展中扮演更加关键的统领角色，这正是本书所要深入探讨的核心所在。

众多重要国际组织如联合国环境规划署（United Nations Environment Programme，UNEP）、国际劳工组织（International Labour Organization，ILO）等，通过发布环境保护和社会责任的指导原则，引导企业积极履行社会责任，倡导可持续供应链管理。国际组织如联合国环境规划署（UNEP）和世界自然基金会（World Wide Fund For Nature，WWF）等积极推动企业践行绿色、闭环、低碳的供应链管理理念，通过研究报告、培训项目等方式促进全球可持续供应链管理的发展；联合国可持续发展目标（Sustainable Development Goal，SDG）强调实现负责任的消费和生产，推动企业和国家采纳可持续供应链管理；全球报告倡议（Global Reporting Initiative，GRI）、商务社会责任国际协会（Business for Social Responsibility，BSR）等组织提供了关于如何整合社会和环境因素进入供应链管理的指导与最佳实践。我国也积极采取行动，近年来"十四五"规划和"双碳"目标，更是将可持续供应链管理提升到前所未有的高度。

在信息技术的飞速发展和数字化工具的广泛应用的推动下，供应链管理正经历一场革命性的变革。人工智能、区块链等前沿技术的融入，数据与信息技术的深度整合，增强供应链的可见性和透明度、优化运营效率、支持循环经济、提高供应链的可靠性和弹性、促进协作与共享以及支持合规性和风险管理，促进流程创新与供应链管理活动协调等方面，为供应链的可持续性发展开辟了新的道路。这一变革对于实现环境、社会与经济三者的和谐共进，具有不可估量的重要作用。在全球化经济的浪潮中，可持续供应链管理已经无可争议地成为企业运营的核心环节，它直接关系到企业的成本控制、效率提升与市场竞争力，还能在全球范围内推动资源优化配置、减少环境污染，为实现可持续发展目标贡献力量。以下篇章，将深入剖析可持续供应链管理的理论与实践，以期为我国乃至全球可持续供应链管理提供有益的借鉴与启示。

2. 可持续供应链管理源起背景

20 世纪 80 年代，布伦特兰（Brundtland）夫人在题为《我们共同的未来》工作报告中第一次提出"可持续发展"的概念。1992 年联合国环境和发展大会（The United Nations Conference on Environment and Development，UNCED）把可持续发展作为 21 世纪人类的共同发展战略，并正式提出了可持续发展的概念，标志着可持续发展理论的产生，其含义表明人类社会在经济增长的同时要适应并满足生态环境的承载能力，促进人口、环境、生态和资源与经济的协调发展。2012 年 10 月，《中国的能源政策》白皮书概述了中国能源的发展现状和面临的诸多挑战，指出

2015 年中国非化石能源将占一次能源消费比重的 11.4%。能源短缺与环境保护问题日益严重，可持续性经济增长方式和管理模式是时代发展的必然。

随着环境问题、社会问题和道德伦理日益受到关注，企业开始意识到单纯追求经济利益而忽视环境和社会责任的做法已经不再可取。一些环境灾难和社会事件的发生，如工厂污染、劳工纠纷等，引起了社会的广泛关注，进而促使企业重新审视自身的经营模式和价值观。在这样的背景下，可持续供应链管理开始逐渐崭露头角。企业意识到，其经营活动不但会对环境和社会产生影响，而且会受到来自政府、消费者、投资者等各方面的监督和约束。因此，为了在竞争激烈的市场中获得持续发展的优势，企业开始探索各种可持续的供应链管理策略和方法。例如，他们通过与供应商建立紧密合作关系，共同推动环保和社会责任实践；通过采用先进的节能技术和环保材料，降低能源消耗和废弃物排放；实施公平贸易和社会采购政策，保障供应商和员工的权益等。

经济全球化趋势催生的供应链竞争战略已经成为企业的新型竞争力，而具有可持续性的供应链管理逐渐成为企业的核心战略武器。业界普遍认为可持续供应链管理是可持续理念在供应链管理中的体现，是考虑到客户和利益相关方的需求驱动，通过系统协调跨组织的核心业务流程，对供应链中的物流、信息流和资金流以及供应商的企业间的合作进行管理，对组织的社会、环境和经济目标进行战略的、透明的集成与实现（Carter and Liane Easton，2011；Seuring and Gold，2012）。实施可持续供应链管理，在组织管理活动的发展模式、文化价值观、生产方式、产品性能和技术管理等方面突出人与自然的关系，重新认识企业的社会责任，对知识和技术进行全面整合，是一种企业综合竞争力和长期战略规划，对企业的可持续发展具有深远意义。

3. 可持续供应链管理政策演变

在全球环境保护和可持续发展的背景下，各国政府积极出台了一系列政策和法规，以推动可持续供应链管理的发展。包括绿色政策与法规、回收政策与法规、低碳政策与法规等，旨在鼓励企业采取可持续的供应链管理策略，并为企业提供明确的指导，促进其在全球范围内的普及和推广。

在绿色供应链方面，中国国家七部委于 2006 年联合颁布了《电子信息产品污染控制管理办法》（中国版 Restriction of Hazardous Substances 指令，RoHS），这是我国绿色供应链管理领域的里程碑管理办法，率先在电子信息产品开展供应链的全流程污染控制。2010 年，中国政府发布了《节能减排绩效考核办法》，鼓励企业实施绿色供应链管理，在“十四五”规划和“双碳”目标的推动下，我国加快推动能源结构优化和工业绿色发展。2015 年，为推动绿色制造体系建设，中国政府颁发了《中国制造 2025》，包括绿色工厂、绿色设计产品、绿色园区等，旨在推动传统产业的绿色升级。欧盟早在 1992 年推出环保标识与认证制度，鼓励企业研发和生产符合环保标准的产品，提升消费者对绿色产品的认知度和接受度，进而推动供应链的整体绿色化。2008 年，欧盟推出绿色公共采购政策，以引导市场向更加绿色、可持续的方向发展。2019 年推出欧盟绿色新政（EU Green Deal），旨在推动欧盟实现碳中和，通过一系列措施促进经济增长与环境保护的协调。2021 年，欧盟推出企业可持续发展报告指令（EU CSRD），要求企业公开其环境、社会和治理方面的表现，以提高供应链的透明度。

在闭环供应链方面，自 2003 年欧盟《废弃电子电器设备回收指令》（Waste Electrical and Electronic Equipment，WEEE）正式生效以后，2004 年，中国国家发展和改革委员会发布了《废旧家电及电子产品回收处理管理条例》的征求意见稿，即中国版 WEEE 指令；2008 年，国务院第二十三次常务会议审议通过了中国版 WEEE 指令；2009 年，正式公布了《废弃电器电子产品回收处理管理条例》，旨在规范和促进废旧家电及电子产品的合理回收和处理，保护环境和资源利用。2016 年，国务院办公厅印发了《生产者责任延伸制度推行方案》，要求生产者对其产品在整个生命周期内承担环境责任，推动建立闭环供应链体系，促进废弃物的回收和再利用，降低环境污染。2013 年，国务院印发了《循环经济发展战略及近期行动计划》，旨在推动资源的循环利用，实现经济的可持续发展，其中涉及供应链管理的部分，强调构建循环型供应链，促进资源的有效利用。2021 年，中国国家发展和改革委员会发布了《“十四五”循环经济发展规划》，提出完善废旧物资循环利用体系，提高资源利用效率，推动形成高效协同、绿色低碳的循环型供应链体系。1994 年，欧盟发布《包装和包装废弃物指令》（Packaging and Packaging Waste Directive），该指令规定了对包装和包装废弃物的回收与处理要求，要求成员国建立回收系统，并促进包装材料的循环利用和资源回收；同时，欧盟推出了生产者责任延伸制度（extended producer responsibility，EPR）和循环经济行动计划，要求生产者对产品的全生命周期负责，包括废弃物的回收和处理，提高资源利用效率和生态效益。2000 年，欧盟发布《欧盟废弃汽车指令》（End-of-Life Vehicles Directive），该指令规定了对废弃汽车的回收和处理要求，要求成员国建立废弃汽车回收系统，并促进废弃汽车的循环利用和资源回收。2003 年，欧盟实施了严格的废弃电子产品回收法规（WEEE Directive）及《废弃物框架指令》（Waste Framework Directive），要求企业负责回收和处理废旧电子产品，推动供应链闭环管理。2018 年，欧盟发布欧盟塑料废弃物战略（EU Plastic Waste Strategy），旨在解决塑料废弃物对环境造成的问题，包括制定塑料废弃物回收目标、限制一次性塑料制品的使用等措施，以推动欧盟实现循环经济和减少塑料废弃物的目标。

在低碳供应链方面，2016 年，国家发展改革委、国家能源局联合印发了《能源生产和消费革命战略（2016—2030）》，提出推动能源结构的低碳化转型，鼓励供应链中使用清洁能源，减少化石能源的消耗，降低碳排放强度。中国生态环境部在2020年印发了《碳排放权交易管理办法（试行）》，以建立全国统一的碳排放权交易市场，通过市场机制推动企业和供应链降低碳排放。2021年，中共中央、国务院印发了《关于加快建立健全绿色低碳循环发展经济体系的指导意见》，提出建立健全绿色低碳循环发展的经济体系，推动供应链各环节实现低碳转型，降低碳排放强度。早在2005年，欧盟就实施了碳排放交易体系（EU Emissions Trading System），对企业的碳排放实行限额和交易，推动供应链低碳管理；2021年，欧盟又推出了碳边境调节机制（Carbon Border Adjustment Mechanism，CBAM），对进口商品征收碳排放费用，以防止碳泄漏，加强欧盟碳市场的运作。2012年，实施了能源效率指令；2014年，实施了替代燃料基础设施部署指令；2021年，发布了清洁车辆指令，鼓励清洁能源汽车的使用，推动提高能源使用效率，减少能源消耗和相关的碳排放。

随着全球对环境问题的深刻认识和对可持续发展的共同追求，可持续供应链管理政策的演变，从最初的环境法规制定，到如今全面的可持续供应链战略部署，反映了社会对环境保护和资源效率的日益重视。这些政策不仅为企业提供了明确的行动指南，也为消费者指明了选择的方向，共同促进了供应链的可持续性和环境友好性。

4. 可持续供应链管理发展趋势

可持续供应链管理的发展正以前所未有的深度和广度影响着全球经济发展格局。可持续供应链的发展趋势展现了一种高瞻远瞩的战略眼光和前瞻布局。从绿色供应链、闭环供应链、低碳供应链到技术应用的驱动引擎，共同推动着可持续供应链的发展。

在绿色供应链方面，随着环保意识的提升和绿色技术的不断突破，大量企业开始将绿色理念融入供应链管理的每一个环节。绿色技术的广泛应用，尤其是多元绿色技术，如清洁能源、节能设备、负碳技术等，不仅有助于降低企业运营过程中的能耗和排放，还能提高资源利用效率，推动产业链的绿色转型（Ghosh and Shah，2012；Li et al.，2020；Zolfagharinia et al.，2023）。另外，产能投资也向绿色方向倾斜，企业更加注重对环保设施的投入和改造，以提升供应链的绿色竞争力。传统的供应链管理往往只关注效率和成本，而忽视了环境和社会责任。而绿色供应链系统设计与优化则更加注重环境友好性和社会责任，通过优化供应链的物流、信息流和资金流，实现资源的最大化利用和环境的最小化影响。这包括对供应链网络的合理规划、对供应链合作伙伴的绿色筛选与评估、对供应链流程的绿色改造与优化等，旨在构建一个高效、环保、可持续的供应链生态系统（Ahmed et al.，2003；Yenipazarli，2016；Vedantam and Iyer，2021）。在绿色供应链管理中，企业需要制定一套符合自身特点和市场需求的运营策略，包括绿色采购、绿色生产、绿色物流、绿色回收等各个环节的策略设计。同时，还需要建立有效的协调机制，确保供应链各环节之间的顺畅沟通和高效协作，以实现整体的最优化（Chen and Ulya，2019；Biuki et al.，2020）。

在闭环供应链管理方面，闭环供应链的发展体现了战略融合与跨界协同、激励机制的创新与应用、逆向渠道网络的多元化与动态化、第三方物流商的战略合作伙伴地位以及政策引导下的责任共担与共赢（Alshamsi and Diabat，2015；Suyabatmaz et al.，2014）。这些将共同推动闭环供应链向更高层次、更广阔视野的可持续发展方向迈进。闭环供应链正逐步实现市场营销与供应链管理的战略融合，形成跨界协同的新格局。这种融合不仅彰显了企业对于市场需求与消费者行为的深刻洞察，更体现了对供应链全流程的精细控制和优化。通过跨界协同，闭环供应链能够汇聚各方优势资源，共同推动整个生态系统的繁荣与发展。在闭环供应链中，奖惩机制的广泛应用正成为一种新的激励机制（Zhao et al.，2023a）。企业能够激励供应链成员更加积极地参与回收和再制造活动，实现资源的高效利用和环境的保护。随着市场竞争的加剧和消费者需求的多样化，逆向渠道的选择正变得日益多元化和动态化，这种多元化和动态化的逆向渠道网络将为企业带来更多的市场机会和竞争优势。第三方物流商正逐渐成为企业的战略合作伙伴，企业能够充分利用第三方物流商的专业能力和资源，提高回收效率，降低成本（Sanni et al.，2020；Che et al.，2022；Reddy et al.，2022；Prakash and Barua，2017）。这种合作伙伴关系的建立将为企业带来更加稳定和可靠的供应链支持，助力企业实现可持续发展。在政府的政策引导下，闭环供应链正逐步实现责任共担与共赢。政府通过制定相关法规和政策，推动企业履行回收责任，实现资源的有效利用和环境的保护。同时，政策法规的实施也促进供应链成员之间的责任分担和利益共享，构建共享共赢的局面（Zhao et al.，2023a；Naumov and Keith，2023）。

在低碳供应链管理与技术应用方面，低碳供应链的发展体现了政策引领、市场协调、技术革新、合同管理等多方面的特点和优势。首先，在全球环境治理的大背景下，碳排放法规的日益严格成为推动低碳供应链发展的核心引擎，企业积极响应，通过创新策略实现全球供应链的碳排放合规性（Zheng et al.，2023；Zhao et al.，2023a）。其次，在市场的快速发展中，企业展现出了将市场智慧与供应链策略深度融合的卓越能力。在追求经济效益的同时，企业能够敏锐洞察市场需求变化，结合碳排放目标，制定出灵活而高效的供应链管理策略（Zhao et al.，2020）。在低碳供应链的发展中，企业展现出对多维目标规划和可持续发展的深刻理解与战略眼光。通过综合考虑经济效益、环境效益和社会效益等多维目标，企业制定出全面、科学的供应链管理策略，为实现可持续发展提供了战略蓝图。技术创新是推动低碳供应链发展的重要动力。在低碳供应链管理中，首先，合同管理的运用展现了供应链协同的共创未来潜力。企业通过合同理论的运用，建立起与供应商、经销商和消费者等供应链各环节的紧密合作关系，共同应对环境挑战和市场变化（Mahmoudi et al.，2021）。其次，企业积极投入技术研发，通过专利技术的引领，实现再制造技术的突破和资源的高效回收再利用，推动供应链的绿色转型，为企业带来技术上的领先地位和市场份额的扩大，技术革新与专利引领的结合，使企业成为绿色发展的引领者和推动者（Heydari et al.，2021；Tao et al.，2023；Choi et al.，2013）。

各国政府以及企业在可持续供应链管理领域取得了显著进展，如欧盟和中国等出台了一系列回收法规、环保法规以及补贴政策，旨在指导监督企业进行可持续供应链管理。众多企业实施了有助于提高可持续供应链绿色化、闭环化、低碳化，以及提升技术创新水平的措施。但是可持续供应链管理在实践中仍然面临一系列挑战和困难，包括面对不同层次碳排放政策及差异化市场竞争环境时，如何设计可持续供应链绿色技术与产能投资，面对复杂环境及多重指标时，如何设计与优化绿色供应链系统；面对政策变化、环境变化和市场需求波动时，如何制定可持续供应链运营策略与协调机制；以及可持续供应链政策设计和实施如何有效推动企业的环保行为，如何在保障经济发展的同时，实现环保、节能和资源循环利用。解决以上问题有助于扫清可持续供应链发展道路上的障碍，为今后可持续供应链理论研究及实践发展奠定基础。

1.1.2 可持续供应链之管理挑战

1. 可持续供应链之绿色挑战

1）绿色供应链管理之绿色技术开发

20 世纪 60 年代以来，随着工业化粗放发展，欧美国家出现不同程度环境污染问题，环境保护的末端治理技术应运而生。进入 21 世纪，围绕全球环境问题恶化和气候变化的科学治理达成共识，众多国际组织陆续提出绿色技术概念，这类技术又称为环境友好型技术（environmental friendly technology）或气候变化减缓和适应相关技术，泛指减少污染和提高资源效率技术、清洁能源技术、适合不断变化的环境的耐气候产品和工艺、更加可持续的植物和牲畜生产技术等。绿色技术并非指的某一单一技术，而是包含一系列若干个技术领域或方向，其在学术上并没有一个明确统一的概念，多出现在政府部门的战略规划或国际组织的一些研究报告中。世界知识产权组织（World Intellectual Property Organization，WIPO）与经济合作与发展组织（Organization for Economic Co-operation and Development，

OECD）将绿色技术划分为能源、环境、交通、建筑等多个领域，是一系列有利于资源能源高效利用、低碳减排和减少污染的技术与产品的总称。

当前，为实现《巴黎协定》温控目标，全球面临着巨大挑战。加快绿色技术的研发和应用已成为国家碳中和路径的战略选择。党的十九大报告提出要“加快生态文明体制改革，建设美丽中国”，并明确要求“构建市场导向的绿色技术创新体系”。绿色技术创新日益成为绿色发展的重要动力，是推进生态文明建设和提高高质量发展的重要支撑，正成为全球新一轮工业革命和科技竞争的重要新兴领域。

绿色技术作为实现绿色供应链的关键一环，强调在产品设计阶段就考虑环境影响，减少资源消耗和废弃物排放。通过投资绿色生产技术，供应链成员企业可以生产出更为环保的产品，从而为绿色供应链的构建奠定基础，为实现可持续发展提供了重要支持。但全球绿色技术创新面临着困难和挑战，资金不足是绿色技术创新的一大障碍。由于绿色技术的研发和推广需要大量的投入，而且其回报周期较长，很多投资者对于绿色技术项目存在较高的风险意识。因此，缺乏资金支持成为制约绿色技术创新的一个主要因素。例如，2012 年美国太阳能公司 Solyndra 破产，其背后原因之一就是资金短缺，导致其无法继续研发和生产绿色技术产品。作为电动汽车领域领军企业的特斯拉，则通过引入先进的电池技术和自动驾驶技术，不断提升产品性能和市场竞争力，吸引大量投资并推动绿色交通革命。

但绿色技术的投资开发与应用的衔接是影响绿色技术开发的又一重要因素，技术溢出导致的搭便车现象降低了企业对于绿色技术研发的投资。为解决这一难题，众多世界组织采取各项措施来协调技术研发与应用之间的关系，如世界知识产权组织（WIPO）在 2013 年启动了 WIPO GREEN 项目，WIPO GREEN 将绿色技术创新者与寻求绿色解决方案的人、支持气候友好型技术的公共和私营实体以及绿色创新和其他相关领域的专家联结起来，旨在推动和加快绿色技术的创新及其转让，以扩大对环境友好型技术的吸收和使用。但这一措施仍无法全面解决多企业竞争下由于技术溢出导致搭便车降低企业研发投入积极性的问题。

2）绿色供应链管理之回收与协调

产品回收与协调在绿色供应链中扮演着重要角色。通过有效的产品回收与再利用，可以实现资源的循环利用，减少资源浪费和环境污染，实现整个产业链的可持续化。随着全球化进程的加快和资源消耗的增加，有效的产品回收与循环利用成为实现可持续发展的关键之一。通过建立全球性的回收体系，实现资源的循环利用，可以有效减少资源浪费和环境污染，推动经济、社会和环境的可持续发展。全球众多重要环保组织参与国纷纷制定有关法律与政策，来引导产品的回收，如欧盟通过实施《塑料战略》等政策，推动成员国加强塑料废弃物回收和循环利用，有效减少了塑料废弃物的排放量，保护了环境和生态系统；联合国环境规划署推动全球范围内的电子废弃物回收和循环利用合作，通过技术转移和经验分享，促进各国共同应对电子废弃物处理挑战，推动可持续发展的实现。

联合国环境规划署2024年3月发布的数据显示，全球家庭、小型企业和公共服务提供商每年产生21亿～23亿吨的城市固体废物，包括包装材料、电子产品、塑料和食品等。然而，全球废物管理服务机构的设备尚不完善，无法处理如此大的体量，27亿人缺乏获得固废收集服务的渠道，只有61%～62%的城市固废在受控设施中得到管理。在我国，资源的回收与协调仍是亟需解决的问题。国家发展改革委印发《“十四五”循环经济发展规划》显示我国循环经济发展仍面临重点行业资源产出效率不高，再生资源回收利用规范化水平低，回收设施缺乏用地保障，低值可回收物回收利用难，大宗固体废弃物产生强度高、利用不充分、综合利用产品附加值低等突出问题。

2. 可持续供应链之闭环挑战

1）闭环供应链系统协调设计问题

闭环供应链的运作方式已成为发展可持续经济的关键，但在商业实践中，参与主体进行回收、制造和再制造活动业务时，需要供应链成员企业在定价机制、回收渠道、企业责任和营销策略等方面进行全面改进，需要跨企业、跨行业的合作竞争和信息共享，同时也需要面对市场波动和政策变化等不确定因素（Savaskan et al.，2004；Karakayali et al.，2007）。面对多方利益冲突和外部不确定因素，缺乏有效协调机制以推行闭环供应链系统实施。

2003年初，欧盟正式公布《废弃电子电器设备回收指令》（WEEE），我国也从2003年起要求电子产品生产商必须负责回收废旧产品。在闭环供应链管理实践中，政府扮演着回收调控的重要角色，通过环境激励，试图引导供应链成员企业重视闭环供应链，改变原始生产模式（Atasu et al.，2013；Wang et al.，2019a）。因此，在政府法律环境规制下，供应链成员企业如何应对实现可持续发展转型、调整原有生产模式、建立供应链合作关系等方面的挑战，以协调闭环供应链系统的良性运作。

经济利益是企业主动实施闭环供应链的根本原因，是闭环供应链管理为企业降低成本和增加盈利的直接体现。一方面，通过产品回收直接提取重金属获得收益，如许多国家从废弃的电子和电器设备（WEEE）中提取金、锂、钛、铟和银等稀有金属以获得经济效益（Azevedo et al.，2011）。另一方面，通过回收旧产品后进行测试、分类、修理、再制造、回收等一系列的过程重新获得收益，有些企业对旧产品进行回收再制造，并将再制造品作为替代品转售，例如 IBM

（International Business Machines，国际商业机器公司），Xerox（施乐），Hewlett Packard（惠普）等。高效的闭环供应链管理将带来直接效益，如减少资源投入、降低库存和分销成本、提高再制造产品的附加价值，还可以间接地给公司带来获利的新机遇，如顾客满意度的提高等。越来越多的企业意识到实施闭环供应链管理可以获取竞争优势，赢得更多的利润和更大的市场占有率。如自 1990 年开始，柯达公司 10 年内共回收了 3.1 亿台一次性照相机，覆盖全球 20 多个国家，合理化处理后获得巨大收益。但回收过程存在如何保证回收产品符合环保标准、确保产品质量和供应链效率、协调供应链成员合作关系等一系列问题。

闭环供应链管理不仅是简单的“正向 + 逆向”物流管理的整合，更是涉及战略层到运营层的一系列变化，其复杂程度和难度都远超过传统供应链。在商业实践中，供应链成员企业如何运用有效的定价机制、设定合理的回收价格并选择最优回收渠道是实现闭环供应链协调的有效机制（Seuring and Müller，2008；Pagell and Wu，2009；Sarkis，2012；Klassen and Vereecke，2012；Zhu，2004），其渠道领导结构是对渠道成员进行管理和协调的机制与方式（Messinger and Narasimhan，1995；Cachon and Zipkin，1999；Karakayali et al.，2007；Huang et al.，2013；林贵华等，2020）。渠道领导者的意愿和决策将直接影响企业是否愿意投入资金和资源来实施闭环供应链，以及如何制定闭环供应链的具体策略和目标，而不同渠道领导结构对闭环供应链成员企业决策和闭环供应链绩效又有哪些影响？且闭环供应链需要跨企业、跨行业的合作与协调，领导者的协调能力和合作意愿将直接影响闭环供应链的顺利实施，而设计怎样的激励协调机制以协调不同渠道领导结构下的闭环供应链？在竞争态势复杂多变下供应链成员企业如何选择竞争回收模式促进闭环供应链良性协调运作，改善闭环供应链整体效益？

2）闭环供应链系统网络均衡问题

实施基于回收再制造的闭环供应链系统是为了在高效生产的同时更好地兼顾经济、生产和社会效益。因闭环供应链系统存在逆向结构，包括废品回收、再制造等环节，而且供应链的正、逆流通并不是简单加和，而是有组织地协调，因此闭环供应链的复杂性和不确定性程度会增加（Guide and Van Wassenhove，2009；Hong and Yeh，2012；Atasu et al.，2013；Kilic et al.，2015；Afshari et al.，2016）。

闭环供应链要处理来自退货、维修、产品返回等各类回收产品，而且这些回收产品的逆向供应活动发生的时间、地点和数量以及回收产品的质量（如损耗程度、污染程度、材料的混合程度等）参数不是由系统本身决定的，而是受外界的影响，均无法事先确定。同时，由于再制造产品市场不成熟、专业化程度低以及消费者对再制造产品的接受程度不一，再制造产品的需求具有高度不确定性。且目前我国的再制造逆向物流网络存在着废旧产品分散、回收渠道杂乱、经营企业参差不齐、检测分类与再制造再利用脱节、资源回收率低、回收成本高、回收网络的标准化水平较低以及环境污染严重等问题。再制造闭环供应链运作离不开系统的外部环境，在与外部环境的相互作用中，必然会受到外界环境中自然、社会、经济、技术和市场等诸多因素的影响，而这些环境因素本身是动态的，存在一定的不确定性（Atasu and Çetinkaya，2006；Wang et al.，2011；Chen and Wei，2012；Bai et al.，2015；Li et al.，2018）。选择何种回收模式，以及在具体回收模式下，如何开展逆向物流设施选址规划等一系列战略性问题，影响着再制造逆向物流投资的规模、再制造逆向物流网络运营与组织效率，以及再制造逆向物流的经济效益。此外，废旧产品回收具备不确定性，在产品供应或废旧产品回收方面，其数量、质量、时间等具有不确定性，而针对不同类型的回收产品，其回收网络、回收库存与再制造策略等问题该如何设计？因而，闭环供应链的网络结构较传统正向供应链的结构更加复杂，如何提高不确定环境下闭环供应链的运作效率，对促进可持续经济发展具有重要意义。

综上所述，如何实现闭环供应链系统最优化，如何寻找和维系具有战略关系的供应链合作伙伴，以及如何提高闭环供应链管理的效率，需要企业和社会各界共同努力，实现可持续供应链管理的目标。本书从实际出发，充分考虑更为接近现实的各种情形，构建相应的决策模型进行分析研究，并进一步探讨在复杂情形下闭环供应链的协调机制，以实现闭环供应链的协调和效率优化，为闭环供应链管理领域的相关研究拓展了新的方向和思路。

3. 可持续供应链之低碳挑战

1）低碳供应链管理之产能扩张及需求预测

在当前环境保护和碳排放约束日益严格的背景下，供应链成员企业在产能扩张和运营决策中面临着挑战。在碳排放约束下，供应链产能设计面临着现实的矛盾与问题（Song and Leng，2012；Jaber et al.，2013；Drake et al.，2016）。一方面，供应链成员企业需要遵守环保法规，减少碳排放，保护环境。另一方面，供应链成员企业需要保持竞争力，提高产能和效率，以满足市场需求。碳排放约束导致供应链成员企业在产能设计上需要投入更多资源和成本来采用清洁生产技术，减少碳排放（Goyal and Netessine，2007；Ravi and Li，2008；Boyabatlı and Toktay，2011）。与此同时，碳排放约束也可能导致产能设计的调整和改变，需要供应链成员企业进行技术升级和转型，考虑如何在减少碳排放的同时提高生产效率，以确保供应链成员企业可持续发展（Song et al.，2017；Vedantam and Iyer，2021）。在电子产品制造业中，由于电子产品的生产过程中会产生大量碳排放，碳排放约束对其产能扩张和运营决策产生了重要影响，因此，在满足市场需求的情况下，供应链成员企业需要考虑如何降低碳排放，实现可持续发展。

在碳排放约束下，企业如何基于需求信息协调供应链，以降低碳排放、满足消费者环保需求、提高竞争力成为亟待解决的供应链难题。一方面，为了避免库存积压和浪费，供应链企业需要精准预测需求，控制进货量。另一方面，为了减少碳排放，供应链企业可能需要考虑供应链的碳排放情况，与供应商合作推动碳减排（王道平等，2019；Kumar et al.，2019；邓万江等，2017；An et al.，2021；Xu et al.，2015）。在快消品行业中，消费者对环保产品的需求不断增加，企业需要根据市场需求调整产品设计，推出更加环保的产品。因此，碳排放约束对产品生命周期的影响也需要考虑在内，供应链企业需要选择采用可持续材料，减少产品包装，降低碳排放。

综上所述，在产能设计与生产计划方面，供应链企业需要在碳排放约束下做出基于技术选择的产能扩张决策；在运营决策方面，供应链企业需要在经营需求与碳排放约束之间找到平衡，考虑到减排和部分需求信息，制定灵活的运营决策，采取可持续发展的经营模式，以适应碳排放约束下的企业经营环境。

2）低碳供应链管理之易逝品供应链协调

随着竞争加剧、科技更新加快和市场环境快速多变，易逝品（短生命周期产品）正变得越来越普遍，其往往对自然资源有着极大的依赖，在生产、分销、运输和储存过程中可能会产生大量的废物和碳排放，对环境造成极大的损害。

在碳排放约束下，可持续易逝品供应链系统的管理面临着现实矛盾与问题。一方面，易逝品由于具有易变质的特性，在运输、库存等过程中容易产生大量浪费。另一方面，易逝品需要快速、高效运输和储存，以保持产品新鲜度和品质。以食品供应链为例，碳排放约束对其协调运作产生了重要影响。食品易腐败，运输过程中需要保持一定的温度和湿度，导致能源消耗和碳排放增加。供应链中的生产商、批发商、零售商等各方需要共同努力，优化运输路线、减少包装、提高运输效率，降低碳排放。通过信息共享、协同规划等方式，实现供应链的协调运作，提高可持续性（Yang and Wee，2003；Hoque，2011；Giri and Maiti，2012；Ghiami et al.，2013；Sarkar，2013；Chang，2014）。因此，在可持续易逝品供应链系统中，供应链成员企业需要在碳排放总量管制和交易制度下，分析碳监管和可持续技术投资对碳减排的影响，提出用于协调供应链系统的方法，从而提高整体供应链系统绩效。

在市场中，可持续易逝品供应链的协调管理也是一个重要问题。消费者对易逝品的需求急剧增加，易逝品供应链管理中的选址、库存和路径的优化是控制碳排放和满足消费者市场对新鲜产品需求的关键（Wang et al.，2011；Chen and Wei，2012）。因此，在市场可持续易逝品供应链系统中，供应链成员企业需要在碳排放总量管制和交易制度下，对易逝品供应链的选址、库存和路线以及可持续的易腐产品供应链构建等问题进行研究，协调管理可持续供应链并提高其绩效（Bai et al.，2015；Yan et al.，2022）。

综上所述，低碳供应链管理在可持续供应链管理中扮演着重要的角色。通过减少碳排放、降低成本和推动产业转型，企业可以实现可持续发展，为社会和环境作出积极贡献。在全球气候变化日益严峻的背景下，低碳供应链管理将成为企业实现可持续发展的必由之路，为构建绿色、低碳的未来发挥着重要作用。通过不断创新和改进，供应链企业可以在低碳供应链管理领域取得更大的成就，实现经济、社会和环境的可持续发展。

4. 可持续供应链之技术挑战

1）技术应用之资金挑战

发展和应用绿色低碳技术已成为供应链管理领域的一个重要趋势，在这个过程中，资金起到了至关重要的作用。据国际清洁能源投资组织调查发现，全球气候目标所需的绿色低碳技术在过去两年经历了快速发展和商业化应用过程，资本市场作为优化社会资源配置的重要渠道，在这一过程当中提供了重要的资金支持。但在商业实践中，面对激烈的市场竞争，企业需要考虑绿色技术的投资和引入时机，需要制订绿色产品生产计划，同时还需要面临产品定价和产能决策等问题（Seuring and Müller，2008；Ghosh and Shah，2012；Zhang et al.，2015a）。资金不仅会影响企业引入和实施绿色低碳技术，还会影响企业在激烈市场竞争的地位，企业与之相关的策略将直接影响其可持续发展能力。

企业自身的业务需求和技术的成熟度是企业引进绿色低碳技术的重要因素。引进绿色低碳技术需要较大的前期投资，企业在技术研发和设备购置时缺乏足够的资金支持，就会选择继续使用传统但成本较低的技术，从而限制了其向低碳转型的步伐（Li et al.，2010；Wang et al.，2021b）。对那些没有足够资金来支持技术升级和改造的企业来说，财务负担尤为显著。并且低碳能源等技术还处于发展阶段，尚未达到商业化生产的效率或可靠性要求，技术成熟度直接影响其在实际应用中的可靠性和效率。如煤炭巨头嘉能可（Glencore）在维持现有业务和投资低碳技术之间面临艰难抉择。尽管意识到公司必须加快向低碳能源的转型，然而，转型过程中的高成本和技术不确定性使得嘉能可在短期内难以做出重大调整。

随着越来越多的企业进入低碳市场，激烈的竞争和过剩的产能都会导致产品价格下降，影响企业的盈利能力和投资回报，因此，在市场竞争的影响下，企业面临产品定价和产能决策问题（Ahmed et al.，2003；Goyal and Netessine，2007；Ravi and Li，2008）。价格竞争使得产品的利润空间大幅减小，过低的定价会影响企业的盈利能力，企业难以在维持市场份额和盈利之间找到平衡。在市场需求波动和竞争激烈的情况下，企业需要谨慎评估扩展产能的时机和规模。国际能源署的数据显示，全球太阳能光伏模块的平均价格已经下降了 80%，这是生产规模的扩大以及剧烈市场竞争导致的。传统公司、创业公司以及跨界投资者等众多企业进入市场，行业经历显著的扩张，导致产品价格急剧下降，企业入不敷出。

2）技术应用之商业化挑战

产品需求的不确定性和市场的不稳定性是影响供应链成员企业应用绿色技术的重要因素。在信息不对称的情况下，企业面临性能不稳定和生产效率低下的挑战（Ravi and Li，2008；Liu et al.，2015a；Chan et al.，2018）。在信息不对称的情况下，企业可能无法准确评估绿色技术的性能和可靠性，导致技术应用的效果不如预期，从而影响产品的质量和生产的连续性。并且在市场快速变化的背景下，准确预测产品需求变得越来越困难，对之后的运营决策产生不利影响。需求的波动可能导致企业过度生产或生产不足，这两种情况都会对供应链的效率和成本产生负面影响。

例如，壳牌（Shell）公司为了投产第二代生物燃料，在 2008 年收购了 Cellulosic Ethanol 公司，尽管有持续的研发、合作伙伴的帮助，提高了生物燃料技术的生产效率，但是在技术、市场和政策等多方面因素的影响下，壳牌公司还是在 2013 年停止了其在美国的商业化生物燃料生产项目。即使在持续研发和合作伙伴关系的支持下，多方面的不确定因素仍会导致新技术商业化的失败。消费者因为习惯、认知、价格或其他原因而对新技术持保留态度，市场对新技术的反应低于预期，使得产品商业化进程受阻。

3）技术应用之技术许可挑战

供应链成员企业在应用闭环技术时面临再制造技术许可和回收决策等挑战。再制造企业将废弃的产品或零部件重新加工成新的可用产品，这需要获取原始设备制造商或技术提供商的授权和许可（Oraiopoulos et al.，2012；Bagchi and Mukherjee，2014；Hong et al.，2017），不同的技术许可模式对原始设备制造商和再制造商的影响不同。

再制造涉及对原有产品的拆解、修复或替换部件，这可能触及原始制造商的知识产权，原始设备制造商面临专利技术的披露问题。如果没有适当的许可或合作协议，再制造商可能会面临侵权诉讼。这些授权通常涉及技术细节、专有知识和工艺，企业必须遵守并支付相应的技术使用费用。再制造商在有授权和无授权情况下的盈利也是不一样的，即使能够获得许可，再制造商也可能需要支付高额的许可费用，这会增加再制造的成本，影响其经济可行性。回收率和回收渠道同样影响着再制造环节，是企业要慎重考虑的因素。并且在再制造过程中，确保使用的零部件和工艺符合现行的技术标准与质量要求，企业要投入额外的资源来确保再制造产品的质量和性能。如施乐公司就是回收再制造的一个典型例子，施乐公司建立广泛的回收网络，鼓励客户将旧设备退回，以便进行再制造。然而，墨盒的材料、结构、成分的复杂性，使得回收过程面临高度专业化的技术限制，同时，在再制造过程中，很难确保任何专利技术都是经过授权的，容易侵犯原始设备制造商的知识产权。

综上所述，可持续供应链在追求绿色低碳转型的道路上，面临着技术应用的资金挑战、商业化挑战和技术许可挑战。企业需要在资金有限的情况下，审慎选择技术引进的时机和规模，同时应对市场竞争带来的价格压力和产能决策难题。在技术商业化的征途中，企业必须克服产品需求的不确定性和市场的不稳定性，以及消费者对新技术的接受度问题。此外，再制造技术的许可问题和回收决策也是企业必须跨越的障碍，它们关乎企业的知识产权保护和经济效益。针对这些困难与挑战，本书结合实际研究问题，通过进一步的研究与分析，构建相应决策模型，找到合适的解决方案，为可持续供应链管理拓展了新的研究方向和思路。

1.2 本书的研究意义

本书以可持续供应链管理为核心，深入探讨了可持续供应链之绿色化管理、闭环化管理、低碳化管理以及技术应用四大关键领域，通过这四个维度的综合研究，本书不仅揭示了可持续供应链管理的内在逻辑和实践路径，还提出了一系列具有指导意义的管理启示和策略建议。在管理实践层面，本书的研究成果为政府部门、企业决策者以及社会大众提供了宝贵的参考。它有助于政府制定和优化相关政策，推动供应链的绿色转型和可持续发展；为企业在供应链管理中面临的挑战提供了切实可行的解决方案，帮助企业在实现经济效益的同时，兼顾环境保护和社会责任。在理论价值方面，本书通过系统的理论分析和实证研究，丰富了可持续供应链管理的理论体系。不仅拓展了现有理论的边界，还为后续研究提供了新的视角和思路，推动了该领域的学术发展和知识创新。

1.2.1 实践意义

对政府来说，本书的研究对政府部门和国家政策制定具有重要的现实意义。以本书的研究为参考和依据，帮助政府更好地制定环保、可持续发展和供应链管理相关政策。通过推动政策的制定和实施，促进企业履行社会责任，推动整个产业链向可持续发展的方向转变。政府还可以通过财政补贴等方式激励企业实现绿色供应链、低碳供应链和闭环供应链，并通过法律法规的规范，推动企业加强对供应链管理的关注和投入，从而实现可持续发展目标。

对供应链来说，本书提供了实践指导和管理理念，帮助供应链在位企业更好地理解和应对可持续供应链管理的挑战与机遇。本书提出的绿色供应链、闭环供应链、低碳供应链和技术驱动等理念与方法，可以供企业优化自身供应链管理实践。同时，本书提供了丰富的企业实践案例，为企业提供了可借鉴的经验和做法，企业可以结合自身实际情况，选择适合的可持续供应链管理策略和方法，推动企业的可持续发展。本书的研究可以为企业提供可持续发展的路径和方法，有助于企业在全球市场中取得长期竞争优势。

对社会大众来说，本书提高了大众对可持续发展和供应链管理的认识，引导公众更加关注环境保护、资源节约和社会责任。通过深入剖析可持续供应链管理的理念和实践，本书让更多人了解到可持续发展不仅关乎企业的经济利益，更关乎整个社会的福祉和未来。这有助于激发社会大众参与可持续发展的积极性和热情。通过推广本书的研究成果，可以增强公众对回收再制造等可持续供应链管理的认知，促进社会大众更加积极地参与和支持企业的可持续发展实践，从而共同推动社会朝着更加可持续的方向发展。公众对企业和产品的选择也会受到可持续供应链管理的影响。关注环境和社会责任的消费者更愿意支持那些积极履行社会责任的企业和产品，从而推动企业转型、提升可持续供应链管理的意识和行动。

1.2.2 理论意义

本书基于对绿色供应链管理、闭环供应链管理、低碳供应链管理以及技术创新及应用四个方面的深入研究，以期对可持续供应链管理研究提供坚实的理论基础。以下将从这四个方面揭示本书的理论价值。

在绿色供应链管理方面，本书将不对称竞争模式引入可持续供应链的绿色产品设计中，研究了竞争模式对于供应链成员绩效的影响，为传统绿色供应链管理研究中遗留的单一市场格局问题提供了新的研究视角和新的理论支撑。对于绿色生产和物流管理问题，本书将碳排放规制引入绿色供应链决策中，探讨了碳排放规制下使用新技术的企业绿色产能决策问题，拓展了绿色供应链管理政策治理下的产能策略研究的新领域。对于绿色供应链系统设计与优化问题，本书首次探讨了异质性供应链渠道领导结构及奖惩机制作用主体对于可持续供应链协调的影响机理，为绿色供应链管理渠道绩效问题开辟了新的研究思路。

在闭环供应链管理方面，本书将广告效应引入制造与再制造活动的市场需求设计中，以优化广告策略在闭环供应链系统中的作用机理，为闭环供应链回收非价格策略问题开辟了新的研究领域。对于考虑奖惩措施的闭环供应链问题，本书设计了产品回收、库存和再制造协调机制，重点关注租赁产品的回收库存和再制造以及新产品生产计划和协调机制设计。对于闭环供应链的逆向渠道选择问题，本书将竞争环境引入企业逆向渠道决策过程，探究逆向渠道之间的竞争如何影响供应链成员的最优决策和渠道绩效，扩展了传统闭环供应链管理单一市场格局下的逆向渠道选择问题。对于第三方回收问题，本书引入了多属性群体决策的第三方物流商回收策略，弥补了可持续供应链网络设计中指标权重设定困难、设计结果不直观、缺乏对结果的有效分析等问题。对于闭环供应链中废旧产品回收责任分担和协调问题，本书将政策因素引入闭环供应链回收策略研究中，为政府强加回收责任时的奖惩机制有效性问题提供了理论依据。

在低碳供应链管理方面，本书将碳排放法规引入需求信息不完全下的报童问题，研究了部分需求信息下的碳排放法规对企业经营决策的影响，为环境变化和市场需求波动下的低碳供应链管理问题提供了理论支撑。对于易逝品供应链选址-库存-路径决策问题，本书将碳排放目标考虑进决策模型，提出了一个易逝品的多目标规划模型。

在技术创新及应用方面，本书扩展研究了竞争模式对竞争型制造商绿色技术决策的影响，扩展了存在增强替代效应的竞争型可持续供应链的绿色技术投资策略。对于碳排放法规下的产能投资问题，本书考虑了技术创新因素，使用两阶段随机模型来研究限额交易和碳税管制下的物流产能扩张问题。本书首次探讨了再制造技术许可方式与可持续供应链回收策略的交互机制问题，即专利技术许可对闭环供应链生产计划及回收策略的影响。对于碳排放法规下可持续易逝品供应链系统的优化设计问题，本书将合同理论引入企业产能决策中，即用于协调供应链系统的收益—成本分享合同、两部定价合同，为衍生物流领域的技术创新研究开辟了新的研究领域。

1.3 本书的主要内容

1.3.1 闭环供应链管理

在可持续供应链之闭环管理中，由于系统多方利益冲突和外部不确定等因素，缺乏有效的协调机制以推行闭环供应链系统实施效果。例如，生产再制造环节采用环保技术或使用可再生资源会导致产品成本增加，回收渠道不完善导致低回收率进而影响资源浪费，供应链竞争态势复杂多变、回收责任不明确导致供应链效率低下，政策奖惩机制不完备导致供应链成员企业参与程度低等一系列闭环供应链协调设计管理问题亟待解决。基于此，本书在广泛吸收现有文献研究成果的基础上试图分析闭环供应链的渠道结构、回收努力与广告策略等问题。

针对 1.1 节提到的闭环供应链系统协调设计问题，本书聚焦闭环供应链中回收、制造与再制造的问题，探讨和分析闭环供应链的渠道结构、回收努力与广告策略是如何影响供应链成员企业决策和绩效的，进行了与价格依赖需求相关的渠道领导结构、融合广告效应到制造与再制造业务的市场需求、制造商设立双回收渠道开展竞争性旧产品回收以及最优决策、政府强制奖惩机制对闭环供应链成员企业的有效性和最佳实施方式等研究，旨在解决定价机制、回收渠道、企业责任、营销策略以及政府政策影响下闭环供应链管理问题。本书探讨了闭环供应链管理与价格依赖需求相关的渠道领导结构，综合考虑闭环供应链中的营销策略、竞争态势、回收责任和奖惩机制，构建相应的决策模型进行分析研究，并进一步探讨在复杂情形下闭环供应链的协调机制，以实现闭环供应链的协调和效率优化。

考虑不同渠道领导结构对闭环供应链成员企业决策和闭环供应链绩效的影响，并且设计怎样的激励协调机制以协调不同渠道领导结构下的闭环供应链问题。本书针对闭环供应链管理与价格依赖需求相关的渠道领导结构问题，研究了一类由单制造商、单零售商和单回收商组成的多级闭环供应链，考察不同渠道领导结构对闭环供应链成员企业决策和供应链绩效的影响：①比较不同渠道领导结构对零售价格、转让价格、回收努力和渠道绩效的影响；②分析由制造商主导、零售商主导和回收商主导哪种渠道领导结构更有利于闭环供应链整体绩效；③设计激励协调机制以协调不同渠道领导结构下的闭环供应链。

考虑不同营销合作模式下的闭环供应链逆向回收问题，广告作为非价格竞争的重要手段，在市场细分、产品差异化和产品定位中发挥着重要的作用。特别是在闭环供应链管理中，通过广告宣传手段不仅可以提高产品市场占有率，还可以增加产品回收率，从而降低成本、保护自然环境，这就导致上游与下游企业之间的广告战略性合作越来越多，但闭环供应链成员企业如何实施以及如何合作广告投入，以使得闭环供应链绩效最大化？本书为了进一步探索广告策略对闭环供应链的影响，研究了一类由零售商、回收商和制造商组成的二级闭环供应链，考察三种逆向回收模式下的最优定价策略、零售商的广告投入和旧产品回收率：①比较闭环供应链管理中不同逆向回收模式下的最优定价策略、零售商的广告投入和旧产品回收率；②考虑一个单周期的供应链系统，分析集中式和分散式供应链的零售价格、广告投入和旧产品回收率决策问题；③分析市场需求和旧产品供给受价格和广告投资影响时的渠道协调机制设计。

考虑原始设备制造商在闭环供应链中扮演着重要的推动者和引领者的角色，通过回收和再制造活动、建立回收渠道、制定回收策略、投入回收努力等方式来推动闭环供应链的发展，与闭环供应链其他成员企业合作，共同制订回收计划，确保产品的回收和再利用能够顺利进行，实现环境保护和可持续发展的目标。针对 1.1 节提到的闭环供应链的竞争态势，供应链成员企业在应对回收竞争时需要平衡各种因素，而怎样的竞争回收模式能够促进闭环供应链良性协调运作，改善闭环供应链整体效益？本书研究了一类由零售商、原始设备制造商和第三方回收商组成的多级供应链，设计了三种渠道竞争回收模式：原始设备制造商和零售商双重回收模式、原始设备制造商和第三方双重回收模式以及零售商和第三方双重回收模式，研究三种闭环供应链回收模式下的产品定价和逆向渠道选择决策问题：

①探讨两种逆向渠道之间的竞争对供应链成员企业的最优决策和渠道绩效的影响；②分析哪种渠道竞争回收模式更有利于原始设备制造商；③竞争强度如何影响原始设备制造商的逆向渠道选择。

政府为鼓励供应链成员企业积极参与闭环供应链活动业务，设立回收责任和奖惩机制以推动循环经济的发展。政府通过环境激励，试图引导供应链成员企业重视闭环供应链，改变原始生产模式，而政府实施怎样的奖惩机制能够促使企业主动实施循环经济的生产模式？基于回收政策约束，本书进一步研究闭环供应链中废旧电器和电子产品回收问题，设计了一类由单制造商、单零售商和单回收商组成的闭环供应链系统，考虑无回收责任分担、仅制造商承担回收责任、制造商和零售商共同承担回收责任三种场景，设计三种责任分担模式下旧产品回收的最优回收责任时的奖惩机制，通过构建模型解决如下研究问题：①在不同的回收责任分担模型下政府应如何实施奖惩机制；②通过比较回收率和社会福利，政府的奖惩机制下确定最优的回收责任分担模型；③基于奖惩机制和回收责任分担模式，探讨制造商、零售商和回收商如何做出最优决策。

综上所述，本书从实际出发，充分考虑更为接近现实的各种情形，本书展开了与价格依赖需求相关的渠道领导结构、融合广告策略到制造与再制造业务的市场需求、制造商设立双回收渠道开展竞争性旧产品回收以及最优决策、政府强制的奖惩机制对闭环供应链成员企业的有效性和最佳实施方式等方面的研究。

1.3.2 绿色供应链管理

在可持续供应链管理的过程中，由于市场需求不稳定以及信息不对称，往往会产生产能过剩或不足导致的资源浪费或供需不平衡问题，技术落后会导致生产效率低下和能源消耗高的问题，缺乏高效的回收策略会导致大量废弃物排放以及资源浪费严重问题，这一系列的供应链企业经营管理难题都尚未解决。基于此，本书对产能设计、技术创新和回收策略进行研究，推动供应链向绿色、高效的方向转变，协调绿色供应链管理，提升社会生活质量，实现可持续发展目标，促进人类与环境的和谐共生。

在绿色供应链管理的发展过程中供应链成员企业面临一些挑战。首先，产品回收职责分散而不明确，导致回收效率低下；其次，现有的回收网络和路径设计不够全面，无法满足实际需求，不同决策模式下缺乏高效的产品回收协调机制。在绿色供应链管理中，渠道领导结构对其决策影响较大，需对其进行优化决策；与此同时，也要考虑废旧产品回收的不确定性对再制造逆向物流网络选址规划产生的重要影响。在绿色供应链管理中，技术驱动发挥着重要作用，供应链成员企业常常面临一个挑战：如何平衡立即性的经济效益缺乏与长期的可持续性发展之间的矛盾。为了解决上述问题，从供应链产能、技术与回收策略视角出发，对产能设计、渠道竞争、回收网络设计等问题进行研究，实现产品的再使用、翻新及回收，减少废弃物和原材料需求，从而构建可持续的生产和消费模式，以实现可持续供应链协调。

考虑到绿色供应链管理中的跨企业合作与领导协调、技术投资与可持续性收益的权衡以及供应链协同与合作。本书对于可持续供应链下的竞争性制造商绿色设计策略进行研究，具体研究问题如下：①制造商应如何投资绿色产品设计以与其竞争对手竞争？②竞争给供应链成员企业以及整个供应链采取的决策和绩效带来了什么？③零售商应该如何操纵零售价格以利用上游竞争？

绿色供应链面临产品回收责任不明确、决策差异化挑战、渠道竞争对供应链企业的影响、技术多样性标准的选择等问题。本书对于绿色供应链中技术许可、制造/再制造与回收决策进行研究，具体研究问题如下：①在两种许可模式（模型 F 和模型 R）中，从制造商（许可方）的角度来看，哪种模式更好？②两个逆向渠道之间的竞争如何影响制造商和再制造商的生产数量与退货率、制造商向再制造商收取的许可费以及渠道绩效？③支付意愿比率如何影响供应链参与者的决策？

绿色供应链面临回收网络设计复杂性以及闭环供应链中废旧产品回收的不确定性对于构建有效再制造逆向物流网络选址的影响。本书对于共享单车回收的第三方回收服务商选择与网络设计进行研究，具体研究问题如下：①基于交付路径和交付点安排的共享双循环研究，重点关注回收网络的设计；②基于封闭储备回收网络整体效益最大化的原则，设计最佳回收路线，包括共享自行车公司、3PLs（third party logistics supplier，第三方物流供应商）和工厂；③首先采用模糊评估方法选择3PLs；其次，建立数学模型来设计回收网络；④将 IT2FSs（interval type-2 fuzzy sets，区间二型模糊集理论）与 VIKOR（vise kriterijumska optimizacija I kompromisno resenje，多准则妥协解排序法）相结合，考虑个人后悔、动态时间和团队效率。

绿色供应链面临不同决策模式下租赁商的最优退租品库存、再制造及转运策略的优化问题以及闭环供应链中激烈回收竞争对于效率的影响问题。本书对于租赁返回产品的回收再制造活动协调机制进行研究，重点关注租赁产品的回收库存和再制造以及新产品生产计划与协调问题，具体研究问题如下：①研究分散式决策模式下租赁商的到期返回产品最优库存、再制造策略和产品转运（给制造商）策略；②集中式决策模式下系统的最优库存和再制造策略；③提出激励租赁商库存和刷新系统最优退回产品数量的协调策略。

综上所述，本书深入研究企业在绿色产品设计领域中与竞争对手的定价决策互动，并讨论了制造商在绿色设计方面的不对称与对称竞争。进一步在双寡头博弈框架下，探索了固定费用和特许权两种许可模式对制造商收益的影响。以废旧共享单车回收为例，引入了两阶段决策模型，研究时间动态、个体及组织行为等多元因素下，如何通过多属性群体决策优选第三方物流服务提供商的问题。在回收系统中，结合单车企业、第三方物流公司与制造商，设计了兼顾经济效益与环境保护的最优回收路径。此外，还研究了不同决策模式（集中或分散）下，租赁商在回收产品时的最佳库存策略以及产品返回至制造商的运输策略。

1.3.3 低碳供应链管理

针对 1.1 节提到的碳排放约束下供应链企业产能扩张问题以及需求信息对其运营决策的影响问题，碳排放约束下可持续易逝品供应链协调问题以及可持续易逝品目标规划模型优化问题，在广泛吸收现有文献研究成果的基础上试图分析低碳供应链的产能扩张、供应链协调、信息不对称等问题。本书主要分析了低碳供应链的碳排放约束、信息不对称与易逝品产品质量如何影响供应链成员企业决策和绩效，旨在解决产能设计、供应链协调、经营策略和库存等低碳供应链管理问题。

本书探讨低碳供应链中制造商在限额交易机制、碳税规制等碳排放约束下做出基于技术选择的产能扩张决策、零售商在碳排放总量控制和总量控制与交易制度下有关库存成本和不确定性需求的采购决策、易腐易逝品在碳排放约束政策下储存运输及供应链协调等问题。

随着全球气候变化问题的日益严重，各国政府纷纷出台碳排放法规以限制温室气体排放。对于供应链企业而言，这意味着在设计产能时，需要额外考虑如何降低碳排放，同时还要保持竞争力。如何在碳排放约束下做出合理的产能扩张决策，是供应链企业面临的重要问题。为解决企业在碳排放法规下供应链产能设计问题，本书考虑技术创新因素，建立一个两阶段随机模型来研究限额交易和碳税管制下的物流产能扩张问题，得到了最优产能扩张和生产决策，并研究了碳排放法规对产能扩张的影响。通过建模具体研究以下问题：①技术创新下企业产能扩张决策问题；②研究限额交易和碳税政策对产能扩张决策的影响；③碳排放规制下企业生产和衍生物流领域基于技术选择的产能扩张问题。

由于市场需求的不稳定性和不确定性，企业难以全面预测需求信息。在碳排放法规约束下，企业如何在部分需求信息已知的情况下，制定出既能满足市场需求又能降低碳排放的经营决策，是供应链成员企业需要面对的挑战。在整合已有碳排放法规下报童问题研究的基础上，将碳排放问题引入需求分布的均值和方差已知且需求信息不完全的报童问题。总量控制、总量控制和交易制度下，分别建立了两个使极端情况下的预期利润最大化的分布式鲁棒的模型，探讨部分需求信息已知时两种碳排放法规对企业经营决策的影响。解决以下具体问题：①建立碳限额和限额与交易约束下的分布式鲁棒性报童模型，分析减排和部分需求信息对报童经营决策的影响；②在存在部分需求信息的报童问题下，比较碳限额规制和限额交易规制的绩效。

易逝品（如农产品、生鲜产品等）的供应链管理需要快速、高效地运输和储存产品以保持新鲜度与品质。然而，这也意味着大量的能源消耗和碳排放。如何在保持产品新鲜度和品质的同时，降低碳排放，实现易逝品供应链的可持续发展，是当前需要解决的问题。本书研究了碳排放总量控制和交易制度下，由单制造商和单零售商组成的两级可持续易逝品供应链系统，其需求随时间变化且受零售商提供的促销力度、产品销售价格和制造商确定的可持续水平三个内生变量的影响，提出并比较了用于协调该供应链系统的收益和促销成本共享合同与两部定价合同。具体研究以下问题：①分析碳监管和可持续技术投资对碳减排的影响；②分析比较收益和促销成本共享合同与两部定价合同在限额与交易监管下用于协调具有易逝品的供应链的情况。

由于市场环境的复杂性和不确定性，易逝品供应链管理面临着更大的挑战。如何在控制易逝品新鲜度和碳排放的同时，实现供应链的可持续发展，是易逝品供应链管理需要解决的问题。因此，如何克服这些挑战，实现低碳供应链管理的有效实施，是当前供应链成员企业需要面对的重要现实问题。本书以经济成本和碳排放量最小化、产品新鲜度最大化为目标，提出一个易逝品的多目标规划模型，将配送中心的碳排放纳入模型，并将速度作为灵敏度分析的变量来映射结果的变化。通过建模解决了以下问题：①综合考虑易逝品供应链的选址、库存和路线问题，实现了集成优化；②考虑产品的新鲜度和碳排放量，在控制易逝品新鲜度和碳排放的同时，对制造商和配送中心的位置库存路径进行集成优化，构建可持续的易逝产品供应链；③提出一种新的求解方法——YALMIP 工具箱，以解决多目标规划问题。

本书在分析现实运营状况和相关研究成果的基础上，开展了理论型研究，探讨了碳排放约束政策对供应链管理的影响。随着碳排放约束政策的加强，低碳约束政策和交易机制成为供应链管理中重要的影响因素。制造商在碳排放约束下需要基于技术选择做出产能扩张决策，而零售商作为产品直接供应方则需面对需求的不稳定性和不确定性，在碳排放控制和交易制度下做出库存成本与采购决策。此外，碳排放量与产品品类直接相关，易腐易逝品的碳排放量较高，因此在碳排放约束政策下，研究该类产品的储存、运输和供应链协调等问题。通过研究不同合同机制和运输中的选址、库存、路径集成，可以有效降低供应链的碳排放量，实现供应链的有效管理。

1.4　本书的篇章设计与思路

1.4.1　本书的基本框架

本书以可持续供应链管理为主题，围绕可持续供应链管理的低碳、闭环和技术这三个核心议题展开。

第一篇是绪论与文献综述，为全书奠定理论基础。第 1 章概述研究背景、内容、意义、方法和创新点，为后续章节奠定基础。第 2 章对低碳、闭环和技术在可持续供应链中的应用进行梳理，对绿色技术与产能投资、供应链系统设计与优化、运营策略与协调机制以及政策治理进行深入综述，为后续章节提供理论支持。

第二篇聚焦闭环供应链的渠道结构、回收努力与广告策略，分别从不同视角探讨渠道领导结构、回收模式以及政府奖惩机制对供应链决策和绩效的影响，揭示闭环供应链中各参与者的决策行为和政策效应。第 3～第 5 章聚焦于闭环供应链的决策问题，使用 Stackelberg 博弈，分别研究不同领导结构下的供应链绩效，通过构建三级闭环供应链模型，探讨原始设备制造商、零售商和第三方在回收模式中的角色，以及政府在奖惩机制中的影响。第 6 章探讨回收责任分担对旧产品回收的影响，通过构建不同渠道结构的闭环供应链模型，研究企业决策和供应链绩效，探讨回收模式和责任分担对供应链的影响。

第三篇主要讨论产能、技术与回收策略，分别研究绿色设计策略、技术许可模式、共享单车回收和租赁产品再制造的决策问题，展示技术进步和环保策略对供应链运营的影响。第 7～第 8 章关注制造商的绿色设计策略和技术许可选择，分析制造商在绿色设计中的策略，技术许可对生产决策的影响。第 9～第 10 章涉及第三方物流服务选择和租赁产品回收网络设计，关注共享单车回收的物流服务选择和网络设计，最后研究租赁产品的回收再制造协调机制。

第四篇关注低碳供应链的市场、减排与规划，分别探讨碳排放约束下的产能设计、需求不确定条件下的碳减排决策、易逝品供应链协调和多目标优化问题，揭示环保政策和信息不对称对供应链管理的挑战与解决方案。第 11～第 12 章深入到产能设计、生产计划和碳排放管理，研究碳排放约束下的产能设计和生产计划，碳排放对报童问题的影响。第 13～第 14 章则探讨易腐易逝品供应链的储存、运输、协调和多目标优化问题。

第五篇是结论与展望，对全书的研究成果进行归纳，提出未来可能的研究方向，形成一个逻辑严谨、内容丰富的研究体系，旨在为可持续供应链管理提供理论支持和实践指导。

本书从理论到实践，从微观到宏观，系统地探讨可持续供应链管理的各个方面，形成一套完整的理论框架和实证分析。每篇的写作思路都是从理论框架出发，通过模型构建、决策变量分析和政策研判，得出结论，并为下篇的研究提供理论支撑。这种结构使得全书逻辑严谨，内容丰富，既具有理论深度，又具有实践指导价值。本书的技术路线图如图 1.1 所示。

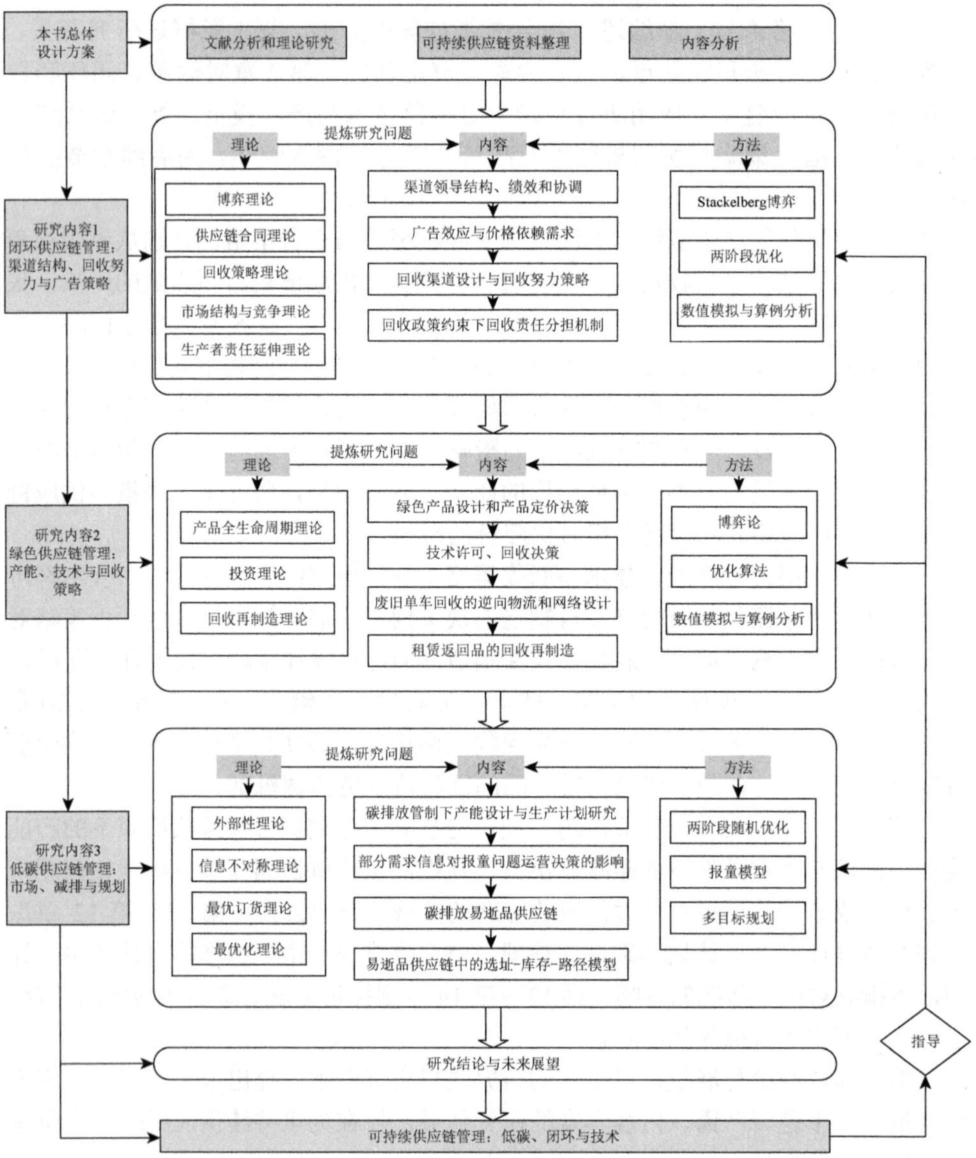

图 1.1　全书技术路线图

1.4.2　本书的章节设计

本书所探讨的研究问题是围绕着可持续供应链中的绿色、闭环和低碳三个方面综合展开的。本书共 16 章，核心部分为第 3～第 14 章，具体安排如下。全书研究框架如图 1.2 所示。

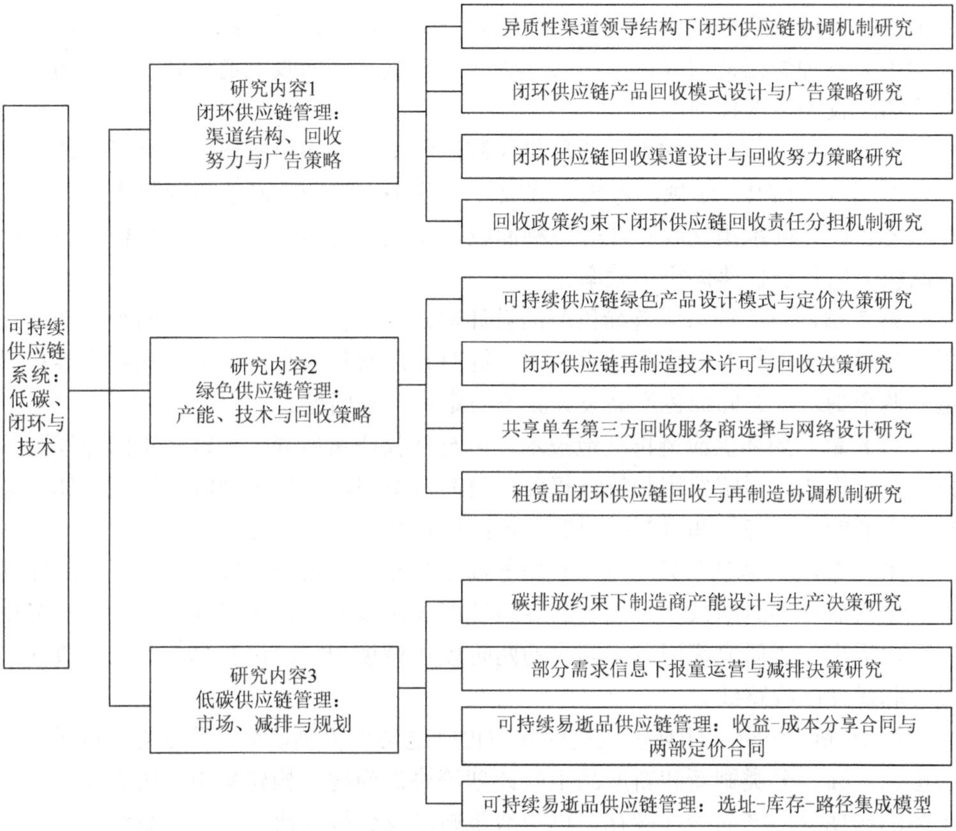

图 1.2　研究框架图

第 1 章，绪论。系统性介绍全书研究问题的源起、挑战，设计全书的研究内容与研究框架，提出全书的主要创新，并阐述有益补充可持续供应链管理的理论、实践意义。

第 2 章，文献综述。对绿色技术与产能投资、绿色供应链系统设计与优化、可持续供应链运营策略与协调机制以及可持续供应链系统政策治理四个方面的深入研究，以此为基础，提炼出全书待研究的问题。

第 3 章，异质性渠道领导结构下闭环供应链协调机制研究。通过构建一个由零售商、回收商和制造商组成的三级闭环供应链模型，研究异质性渠道领导结构下闭环供应链企业成员的决策和供应链绩效。

第 4 章，闭环供应链产品回收模式设计与广告策略研究。通过构建一个由零售商、回收商和制造商组成的三级闭环供应链模型，研究异质性渠道领导结构下闭环供应链企业成员的运营决策和供应链系统绩效。

第 5 章，闭环供应链回收渠道设计与回收努力策略研究。基于原始设备制造商主导的闭环供应链运作场景，设计原始设备制造商、零售商、第三方回收商交互竞争的三种供应链回收渠道模式，研究闭环供应链回收渠道模式下的新旧产品定价和回收渠道选择问题。

第 6 章，回收政策约束下闭环供应链回收责任分担机制研究。基于生产者责任延伸制度（EPR）法规，考虑无回收责任分担、仅制造商承担回收责任、制造商和零售商共同承担回收责任等三种回收场景，研究差异化责任分担模式下旧产品回收的回收责任奖惩机制效率。

第 7 章，可持续供应链绿色产品设计模式与定价决策研究。在两个制造商绿色产品设计对称与非对称两种模式下，针对开发密集型绿色产品研究共享零售渠道的两个制造商之间绿色产品设计竞争与定价竞争问题。

第 8 章，闭环供应链再制造技术许可与回收决策研究。探讨古诺博弈模型下技术许可模式（固定费用和特许权使用费）效率问题，研究回收渠道竞争如何影响制造商的技术许可和再制造商的回收决策以及产品回收与供应链绩效。

第 9 章，共享单车第三方回收服务商选择与网络设计研究。考虑包含时序动态、个人后悔和组织效率等因素的多属性群体决策问题来选择第三方物流服务供应商，提出一类研究废旧单车回收的两阶段决策模型，探讨共享单车的回收网络设计和最佳回收路线。

第 10 章，租赁品闭环供应链回收与再制造协调机制研究。重点关注租赁产品的退回库存、分类刷新和新产品生产计划等协调问题。构建集中式决策模式下租赁商的到期返回产品最优库存、再制造策略以及分散式决策模式下系统的最优库存与再制造策略等模型。

第 11 章，碳排放约束下制造商产能设计与生产决策研究。构建两阶段随机优化模型，探讨总量控制与交易和碳税两种政策法规下制造类企业的最优产能扩张与生产计划决策问题，重点研究制造类企业如何通过引进新技术应对碳排放政策规制。

第 12 章，部分需求信息下报童运营与减排决策研究。研究一个需求分布的均值和方差已知，但需求信息不完全且碳排放受约束的报童决策问题，构建总量控制与交易制度下分布式鲁棒报童模型，分析碳减排政策下报童企业的产品采购策略和碳减排决策。

第 13 章，可持续易逝品供应链管理：收益-成本分享合同与两部定价合同。针对易腐易逝品的供应链协调问题，构建由单制造商和单零售商组成的两级可持续供应链系统模型。比较分析收益和促销成本共享合同和两部定价合同在协调该供应链系统中的作用。

第 14 章，可持续易逝品供应链管理：选址-库存-路径集成模型。构建一类易逝品选址-库存-路径的多目标规划决策模型，研究易腐易逝品供应链中经济成本、碳排放和产品新鲜度之间的相互制约关系以及车速对目标函数的影响。

第 15～第 16 章，全书总结与展望。总结全书的研究问题和研究结论，并提出未来研究方向。

1.5 本书的特色与创新之处

本书致力于探索可持续供应链管理的前沿议题，特别关注绿色、低碳、闭环以及技术四个核心维度，涉及绿色技术与产能投资、绿色供应链系统设计与优化、可持续供应链运营策略与协调机制以及可持续供应链系统政策治理四个方面。本书的研究内容涵盖了闭环供应链的渠道结构、回收努力与广告策略、竞争性制造商的绿色设计策略、低碳供应链的排放问题，以及信息与物流管理问题，具有以下特色与创新之处。

（1）异质性渠道领导结构与逆向渠道选择的闭环供应链创新。现有的渠道领导结构文献多集中于正向供应链管理领域，忽略了闭环供应链管理问题，特别是在关于再制造的逆向渠道选择中，竞争环境下的逆向渠道选择决策问题。本书在可持续供应链管理的研究中，深入探索了闭环供应链的异质性渠道领导结构以及逆向渠道竞争的影响。本书重点关注异质性渠道领导结构及其协调模式，探索零售商回收模式并扩展研究到回收商参与旧产品回收的三级供应链协调问题，考察异质性渠道领导结构下闭环供应链成员企业决策和供应链绩效，进一步探索闭环供应链的协调机制设计，研究并行和串行的闭环供应链协调方案；此外，在三种逆向渠道的基础上，对比了竞争回收模式与非竞争回收模式以说明竞争强度如何影响最优决策，进一步考虑两种逆向渠道之间的竞争对逆向渠道决策和渠道绩效的影响。

（2）竞争、技术许可与回收再制造的绿色创新。目前已有多位学者从垄断角度研究供应链绿色技术投资、绿色产品设计和产能优化、绿色技术评估及绿色供应链网络设计等，部分学者从竞争的角度研究了废旧产品的回收问题。首先，本书扩展研究了对称情况下两个制造商之间的绿色水平的竞争问题，并考虑了竞争对手的绿色产品设计带来的增强替代效应，通过比较绿色产品设计的不对称竞争和对称竞争来验证竞争模式对零售商决策和绩效的影响；其次，本书探讨技术许可如何促进绿色技术的传播和应用，进而提升整个供应链的绿色水平；针对租赁返回产品的回收再制造活动，本书构建注重绿色可持续性的协调框架，以实现新产品生产、回收、库存和再制造等环节的绿色协同。这些创新性研究不仅为绿色供应链管理提供了新的理论支撑，也为推动供应链绿色转型提供了实用的策略指导。

（3）碳排放规制下的产能投资与易逝品供应链协调策略创新。近几十年来，碳排放法规有效抑制了全球企业活动中的温室气体排放，现有关于考虑产能投资的研究侧重于运输能力投资和生产能力投资，同时多位学者考虑碳排放的报童问题，以解决个别企业的最优经营决策和碳排放对供应链协调的影响。而在协调易逝品供应链系统研究中，过去多位研究者针对不同的易逝品分别提出了集中式供应链系统与分散式供应链系统的协调策略。本书关注了碳排放背景下的生产和物流问题，结合技术创新因素，研究了企业在限额交易与碳税两种规制下使用新技术的最优产能扩张决策，填补了考虑碳排放的产能投资与物流管理的研究空白；将碳价或碳税作为企业成本和产能扩张决策的一部分，扩展研究了碳排放规制下运输或物流领域产能投资的报童问题。针对易腐易逝品的供应链协调问题，本书创新性地考虑了碳排放总量控制和交易制度，巧妙比较了用于协调该供应链系统的收益-成本分享合同和两部定价合同。

第2章　文献综述

本书旨在研究绿色、闭环、低碳、技术等因素与可持续供应链运营、协调、政策治理等之间的交互关系。因此，本节将对绿色技术与产能投资、绿色供应链系统设计与优化、可持续供应链运营策略与协调机制以及可持续供应链系统政策治理四个方面的已有研究进行梳理和总结。具体地，绿色技术与产能投资探讨如何设计和采用绿色技术，以及如何评估这些技术在实际生产中的应用效果；绿色供应链系统设计与优化研究如何优化绿色物流系统、绿色出行服务运营系统以及闭环供应链系统，以降低能源消耗和环境影响；可持续供应链运营策略与协调机制研究如何制定可持续供应链运营策略，以及如何协调供应链中各环节的利益关系；可持续供应链系统政策治理探讨如何设计和实施可持续供应链政策，以促进企业在环保、节能、资源循环利用等方面的创新和发展。旨在为政府相关部门和绿色制造业的研究及实践提供参考与指导。

2.1　绿色技术与产能投资

2019年4月，国家发展改革委、科技部联合发布的《关于构建市场导向的绿色技术创新体系的指导意见》明确指出，绿色技术是指降低消耗、减少污染、改善生态，促进生态文明建设、实现人与自然和谐共生的新兴技术，包括节能环保、清洁生产、清洁能源、生态保护与修复、城乡绿色基础设施、生态农业等领域，涵盖产品设计、生产、消费、回收利用等方面。2020年12月31日，国家发展改革委、科技部、工业和信息化部、自然资源部组织编制了《绿色技术推广目录（2020年）》，主要涵盖节能环保产业、清洁生产产业、清洁能源产业、生态环境产业四个方面。为推动绿色技术在生产、消费和回收利用等过程中的采用，企业需要对设备、场地等生产资料进行投资，这种投资称为“绿色产能投资”。

基于此，本节通过对运营与供应链管理领域中绿色技术的设计、采用与评估，以及绿色技术许可等方面的研究进行综述，旨在为企业的可持续发展提供借鉴和指导。首先，介绍了绿色技术在运营和供应链管理中的应用现状，包括产品的绿色化和产品流通过程中的绿色化。其次，探讨了如何评估和选择合适的绿色技术，以及如何将其应用于实际生产和经营活动中。最后，讨论了绿色技术许可问题，包括企业在合作与竞争中如何选择合适的合作伙伴以及如何平衡利益分配等问题。

2.1.1 绿色技术设计、采用与评估

绿色技术设计涵盖的内容包括产品的原材料是否为可降解材料、原材料的消耗量、产品的功效等产品本身的性质、产品从生产端到消费端的流通过程及回收再制造过程中涉及的能耗节约、污染降低等事项。绿色技术在运营与供应链全流程的广泛应用，得到了学术界的深度关注（Zhang et al.，2015a；Zhu and He，2017；Ghosh and Shah，2012；Chung and Wee，2008；Chen et al.，2018）。Chung 和 Wee（2008）考虑绿色零部件的生命周期价值设计，研究绿色产品设计、再制造和新技术对生产库存策略的影响。许格妮等（2020）考虑零售商与制造商共同承担回收责任的竞争性供应链，研究产品绿色研发成本三种不同分担模式下的定价策略问题，并分析产品零售价格、生产产品对环境的影响（产品绿色度）和供应链成员企业收益的影响。Ma 等（2022）研究电动汽车制造商投资绿色研发的基本模型对电动汽车供应链及其成员的运营决策问题。苏屹和魏仕鹏（2022）构建绿色技术创新演化过程中政府、企业和第三方的博弈模型，探讨不同参数对绿色技术创新演化的影响。程粟粟等（2022）建立以单个制造商和单个零售商组成的二级绿色供应链微分博弈模型，比较集中式和分散式决策模式下的最优绿色技术投入，并使用动态批发价机制协调供应链成员利润。刘丽等（2023）引入绿色技术创新过程，利用随机停止模型刻画绿色技术创新对供应链成员绿色研发投入决策的影响，基于微分博弈研究绿色竞争供应链成员的绿色研发投入决策。

绿色技术的采用是指行业或企业在绿色技术设计完成后采用绿色技术生产产品或者实现从生产端到消费端及回收再制造流程减少能耗及污染。在管理科学领域，已有研究探索采用绿色技术或绿色产品设计对产品的订货量、库存、绿色水平以及定价等运营决策的影响。针对产品自身性质的绿色技术采用问题，Ghosh 和 Shah（2012）考虑消费者对绿色服装需求的敏感性和绿色成本对绿色服装的绿色水平、价格，以及供应链和成员企业利润的影响。Zhang 等（2015b）考虑消费者环保意识对绿色产品订单量和供应链的影响。Zhu 和 He（2017）将采用绿色技术生产的产品分为边际成本密集型绿色产品和开发密集型绿色产品，分别在单一供应链和两条供应链中零售商竞争的背景下，研究采用不同绿色产品技术对产品价格和绿色水平决策的影响。Li 等（2020）考虑零售商的公平关切行为，研究包含单一制造商和两个零售商的供应链中绿色产品设计投资与定价竞争问题。Du 等（2020）探讨制造商关于绿色产品设计的不对称竞争和对称竞争，并考察采用绿色技术对零售商定价决策和供应链成员及供应链整体绩效的影响。Wang 等（2021a）考虑一项创新绿色技术的效益在企业之间既具有不确定性又具有关联性，企业的决策表现出战略可替代性（一项新绿色技术的营销效益会随着企业参与数量的增

加而降低）和互补性（采用企业数量越多标准越严格）。杨振华等（2022）考虑消费者对质量差异化产品的异质性偏好以及环保意识，研究竞争供应链中制造商的环保技术投资策略。余娜娜等（2022）考虑制造商产品绿色度对需求的提升效应和双渠道需求之间的搭便车效应，构建集中式和分散式博弈模型，研究直销渠道和传统渠道中产品价格和产品绿色度的关系。Wang 等（2022）研究四种供应链结构中的最优金融对冲策略和产品的绿色度，发现在竞争环境下绿色度竞争损害了制造商和零售商的利润，并降低产品的绿色度。Hafezi 等（2023）研究相互竞争的企业采用协作和非协作策略对绿色产品的价格与环境质量的影响。

学者也开始关注政府参与下的企业绿色技术采用问题。罗谦等（2017）构建 Stackelberg 博弈模型分析了分散式决策系统中政府和企业对绿色技术采用的决策行为，发现企业对绿色技术的选择由技术成本和产品经济效益对成本的补偿程度决定。Yang 等（2021）构建包含政府和两个竞争企业的博弈模型，研究两个竞争企业改进生产技术、减少能源消耗的均衡解决方案，并分析了政府补贴的作用。Wang 等（2021b）研究竞争、政府监管和不确定条件下企业对绿色技术的开发和采用决策。李婉红等（2021）为探讨绿色技术创新活动中利益相关主体的角色和作用，构建政府、企业和公众的三群体演化博弈模型，得出政府征收污染税费并采取技术创新激励会推动企业采纳绿色技术创新等结论。杨晓辉和游达明（2022）构建包含绿色产品与普通产品生产企业的双寡头竞争模型和 Stackelberg 博弈模型，考虑环保者的消费意识、政府补贴，分析企业的绿色技术创新驱动因素和投资时机。徐乐等（2022）综合探究政府、公众、企业在绿色技术创新中的行为策略选择和系统演化轨迹，发现企业绿色技术创新行为与其成本收益密切相关，且有效的公众参与为企业进行绿色技术创新行为提供了可能。王兴棠（2022）引入绿色研发补贴政策，发现在供应链运营决策中成员企业的研发模式对政府研发补贴政策具有一定的替代作用。Zolfagharinia 等（2023）研究政府补贴政策对绿色产品开发投入的影响和对企业在关于大众营销和市场细分策略选择的影响。

在供应链及供应链成员决策是否设计和采用绿色技术前后，对绿色技术准确评估也是十分重要的问题。Hui 等（2002）建立定量评价模型来评估制造过程对环境的影响，并在环境影响评估中考虑权重因子的不确定性。Li 等（2010）从环境战略的角度制定绿色技术选择组合的方法，以使用时间、成本、服务、质量、资源消耗和环境影响等因素来评估企业效益。Luthra 等（2016）使用层次分析法确定并评估供应链中采用可持续消费和生产举措相关的 15 个难点，以确定其相对重要性，并以印度一个塑料制造企业为例加以验证。徐建中和贾君（2017）从绿色创新投入能力、绿色创新产出能力和绿色创新支撑能力三个方面构建制造企业绿色创新能力评价指标体系。Khan 等（2021）研究物流运作与社会、环境和经济等指标之间的关系，并认为绿色技术的应用可以减轻物流运输对社会和环境可持续性的负面影响。Deeney 等（2021）提出一种基于实践相关的实物期权决策支持工具，以评估生产能源商品的二氧化碳回收技术的绿色研发投资潜力。Zekhnini 等（2022）分析精益生产、绿色、可持续性和供应链绩效之间的关系，提出一个路线图模型，以评估结合精益生产的绿色供应链绩效。Wang 等（2022）表明供应链网络的网络力量和凝聚力对企业绿色创新产出均有正向影响，但网络力量和凝聚力的交互作用对企业绿色创新产出有负向影响，环境信息披露可以正向调节网络力量与绿色创新产出、网络凝聚力与绿色创新产出的关系。邢青松等（2023）基于马尔可夫概率转移矩阵，分别评估并对比分析考虑与不考虑环境规制两种情形下，企业绿色技术合作创新过程中的互惠主义和机会主义策略扎根概率、平均扎根时间和平均退出时间。

2.1.2　绿色技术许可

2019 年 4 月，为保证科技创新引领，加快推进生态文明建设，推动高质量发展，国家发展改革委、科技部对构建市场导向的绿色技术创新体系提出《关于构建市场导向的绿色技术创新体系的指导意见》，强调健全绿色技术知识产权保护制度，强化绿色技术研发、示范、推广、应用、产业化各环节知识产权保护。在运营与供应链管理领域，企业为提升产品本身的绿色度以及流通过程中的绿色水平，有目的地参与研发绿色技术，并将绿色环保专利技术和绿色工艺充分应用于生产、经营和销售等一系列创新活动，而运营过程中的绿色技术许可是供应链相关企业在合作与竞争中关注的重要问题，特别是绿色产品研发、产品再制造等绿色技术的许可问题。

技术许可管理逐渐成为研究热点，引起学者广泛关注（Arora et al.，2013；Avagyan et al.，2014；Bagchi and Mukherjee，2014；Crama et al.，2013；Erkal and Minehart，2014；Lin and Kulatilaka，2006；Mukherjee and Pennings，2006；Rockett，1990；Zhao et al.，2014；黄祖庆等，2022）。Rockett（1990）研究双寡头垄断市场中的最优技术许可策略，发现对于仿造成本较低和易仿造的产品来说，固定费用许可方式比特许权使用费许可方式占优。谢瑞强和朱雪忠（2023）从技术许可关键环节的违约风险识别角度，总结技术许可过程中信息不对称产生的主要风险因素，构建基于风险矩阵方法的技术许可违约风险分析和量化系统，并提出针对技术许可违约主要风险的应对策略和方式。陈婷和侯文华（2021）研究原始设备制造商不同外包战略下，其技术许可决策对备用型合同制造商发展自有品牌实现战略转型决策行为的影响。Chen 等（2021）研究限额与交易政策下两个竞争制造商之间的低碳技术转让对经济、环境和社会福利的影响。金亮等（2023）针对由专利持有企业、品牌企业以及原始设备制造商组成的系统，建立不对称信息下包含专利授权和生产外包的博弈模型，研究最优专利授权合同设计与企业社会责任投入策略。

产品再制造技术许可问题是绿色技术许可研究中的重要部分。Oraiopoulos 等（2012）研究制造商向第三方再制造商收取的最优许可费用，分析维持活跃的二级市场带来的间接收益（转售价值效应）能否超过销售二手产品影响新产品销售所带来的潜在负面影响（蚕食效应），并得出刺激或阻碍二级市场的条件。Bagchi 和 Mukherjee（2014）探讨差异化寡头市场中外部再制造商的最优许可决策，发现从再制造商和社会的角度来看，当技术许可市场中有足够数量的潜在技术许可制造商时，特许权许可将比拍卖产生更好的效果。Hong 等（2017）对比固定费用和专利权使用费两种技术许可模式下的闭环供应链生产与回收决策，重点分析许可模式对消费者的支付意愿比率和供应链成员企业参与决策的影响。刘志等（2018）研究消费者异质需求下再制造专利许可对闭环供应链生产决策、利润和环境效益的影响。许民利等（2021）在考虑再制造产品产出不确定性的闭环供应链场景中，研究两种专利费收取模式下制造商和第三方再制造商的竞争与合作问题。

2.1.3 绿色产能投资与优化

产能是指在计划期内，企业参与生产的全部固定资产，在既定的组织技术条件下，所能生产的产品数量，或者能够处理的原材料数量。绿色产能是指在计划期内，企业参与生产绿色产品的全部固定资产，在既定的组织技术条件下，所能生产的绿色产品数量，或者能够处理绿色产品原材料的数量。在运营与供应链管理领域中，绿色产能投资不仅涉及生产过程，也包含从生产到销售及回收再制造的流通过程，绿色供应链的产能投资是指供应商、制造商、零售商等供应链上下游企业围绕绿色生产、库存、运输、仓储、再制造等过程进行的生产设备、运载工具等的投资。绿色产能投资聚焦于碳排放约束下各行业的产能投资，产能投资的相关研究大致可分为生产能力投资和物流能力投资。近年来，随着各国政府对于环境保护的重视程度逐渐提升，国内外学者逐渐对绿色产能投资与优化开展研究，探讨碳排放约束下的产能投资。

关于生产能力投资，Ahmed 等（2003）利用情景树方法提出一个多周期整数规划模型，解决需求和成本参数不确定的产能扩张问题。Goyal 和 Netessine（2007）研究需求不确定下竞争对技术选择和产能投资的影响，通过分析技术博弈、产能博弈和生产博弈，发现灵活性溢价并非总是应对竞争的最佳方案。Anupindi 和 Jiang（2008）分析需求不确定环境下双寡头制造商的产能、生产和价格决策，为不同柔性战略的企业提供产能策略指导。Boyabatlı 和 Toktay（2011）研究在资本市场不完善的随机需求环境下内生信贷条件对产能投资和技术选择的影响。

关于绿色产品生产能力投资，Yenipazarli（2016）考虑再制造产品对新产品需求的蚕食效应和再制造的低排放优势，通过构建 Stackelberg 博弈模型研究排放税对再制造商生产和定价决策的影响。Song 等（2017）研究碳排放限额交易和碳税管制下绿色产能投资问题，构建了一个两阶段随机模型探讨企业使用绿色技术的产能扩张问题。徐莹莹等（2018）研究发现企业选择开放式低碳技术创新模式的前提条件是开放式低碳技术创新策略的竞争性收益大于投入成本且选择该模式的初始企业比例达到一定水平。曹细玉和张杰芳（2018）研究碳减排技术创新投入补贴比例对供应链的最优碳减排量、订货量、生产量及期望利润的影响。Wei 等（2020）在碳排放约束背景下建立包含以社会福利最大化为目标的监管者与追求利润最大化的制造商的 Stackleberg 博弈模型，探讨制造商的绿色产能水平和生产策略等绿色产能投资决策问题。Vedantam 和 Iyer（2021）利用贝叶斯更新求解随机动态规划问题，研究新产品的制造商面对不确定的可再生能源技术选择时的产能扩张决策。徐浩鑫等（2023）考虑低碳技术创新投资的不确定性，分别在具有失望规避行为的制造商主导、完全理性零售商主导及双方权力对等三种渠道权利结构下，通过构建博弈模型研究了低碳供应链最优减排水平、生产与定价等相关决策问题。Fu 等（2023）考虑在碳排放不对称和碳税的作用下供应链成员对绿色技术的生产和投资决策。

关于物流能力投资，Liu 等（2015b）引入标准批量大小和订购时间点降低资源占用及能源投入，基于实际需求更新信息，研究一个物流服务集成商在考虑需求信息更新时向功能性物流服务提供商采购物流服务的两阶段最优批量订购策略。Li 和 Zhang（2015）研究两个竞争型货运代理的运力购买决策问题，货运代理之间可以相互购买各自从承运人订购的运力，提高运载工具利用率，结果表明货运代理运力合作能够实现承运人和货运代理的双赢。Bilegan 等（2022）提出一种基于资源和收益管理模型的计划服务网络设计模型，该模型选择下一周期需要重复运行的服务和计划，分配支撑所选服务的主要运力，确定各起点和目的地之间路径的运力需求量，以匹配多式联运货运承运人的战略规划。

2.2　绿色供应链系统设计与优化

通过绿色供应链设计，可以使产品从物料获取、加工、包装、仓储、运输、使用到报废处理的整个过程中对环境的负面影响最小、资源效率最高，需要企业综合考虑经济、环境、社会等多方面的指标，在经济增长、资源消耗和环境保护之间取得平衡。因此，绿色供应链系统设计与优化成为企业获取和保持竞争优势的重要手段。与此同时，绿色出行、新能源产业的普及也催生出许多新的研究问题。

2.2.1 绿色物流系统联合决策与优化

随着经济发展模式的不断变化，高能耗、高污染的传统物流系统已经朝着低能耗、低排放的绿色物流系统方向转变。对于绿色物流系统而言，其基本功能要素由绿色采购、绿色运输、绿色仓储、绿色包装和绿色流通加工等活动构成。当前绿色物流系统的研究重点及实践的发展趋势是研究选址、路径、库存、运输等多个环节在内的物流系统决策问题，并形成了以低碳减排等绿色研究为基础的选址-库存-路径问题等系统性研究问题。

选址-库存-路径问题（location-inventory-routing problem，LIRP）指的是选址、库存和运输的综合优化。Nekooghadirli 等（2014）考虑顾客的随机出行时间和随机需求，构建一个双目标 LIRP 模型，并使用多目标帝国竞争算法（multi-objective imperialist competitive algorithm，MOICA）、多目标并行模拟退火算法（multi-objective parallel simulated annealing algorithm，MOPSA）、非支配排序遗传算法Ⅱ（non-dominated sorting genetic algorithm，NSGA-Ⅱ）和帕累托存档进化策略（Pareto archived evolutionary strategies，PAES）等四种多目标元启发式算法求解该模型，并对比发现 MOICA 的有效性。唐金环等（2017a）针对自愿减排驱动下的顾客低碳行为偏好对选址-路径-库存决策的影响进行研究，给出自愿减排和监管减排两种机制共同作用下的企业减排方案和灵敏度分析结果。唐金环等（2017b）针对产供销一体化企业中的选址-路径-库存系统联合优化问题，引入碳配额差值系数，构建考虑碳配额差值和选址-路径-库存经济成本多目标模型。Forouzanfar 等（2018）构建一个双目标非线性整数规划模型，并使用 NSGA-Ⅱ和 MOPSA 算法求解该模型。Chen 和 Ulya（2019）考虑时间窗口，为协调食品配送物流网络中的高运输成本和服务质量，提出一个考虑可用时间窗的位置-路径-库存两阶段问题。第一阶段，提出了可用时间窗的位置-路径-库存问题；第二阶段，建立具有车辆限制的运输问题；最后，设计一种能够提高收敛速度的混合启发式算法。Biuki 等（2020）介绍物流系统优化中的三个关键问题：选址、路径和库存。将可持续发展的经济指标、环境指标、社会指标纳入供应链，构建了两阶段综合模型，并通过组合的遗传算法和粒子群优化算法求解该模型。Soleimani 等（2022）以总利润、能源消耗和创造就业机会为目标，涉及再制造、回收和处理退回商品三种选择，提出一种改进拉格朗日松弛和快速启发式方法，用于设计可持续闭环供应链中选址、分配和库存决策的实际问题。Tavana 等（2024）研究一种拉格朗日松弛算法的人工物联网优化模型以解决多周期和多产品可持续循环供应链网络中异构车辆的选址-库存-路径问题。

2.2.2 绿色出行服务运营系统设计与优化

2020 年中国交通运输部、国家发改委、生态环境部等联合印发了《绿色出行创建行动方案》，要求通过开展绿色出行创建行动，倡导简约适度、绿色低碳的生活方式，引导公众出行优先选择公共交通、步行和自行车等绿色出行方式，整体提升我国各城市的绿色出行水平。从提高交通运行效率的角度，出行方式可以分为公共交通和私人交通两种。随着新能源技术的研发，共享电瓶车、电动公交车、新能源网约车和电力动车等绿色出行方式也成为公众的主要选择。当前绿色出行的主要研究和发展趋势是公共交通、新能源车、绿色共享平台、共享单车、共享汽车。

公共交通是为了满足城市居民的出行需求，具有公共性、共享性、大众化和多样性的交通服务方式（卢盛荣，2015；Lorenzo Varela et al.，2018；孙军笑，2023），包括公共汽车、电车、城市轨道交通（如地铁、轻轨、有轨电车、索道、缆车）、民航、铁路、公路、水运等客运交通设施。它可以提供便捷、经济、环保和可持续的出行选择，是一种高效、环保、经济的出行方式，对于城市的可持续发展有着重要的推动作用（Woods and Masthoff，2017；Yang et al.，2018）。目前学者对公共交通的研究主要包括公交车辆路径、车辆类型、居民乘坐研究等方面。肖海燕（2019）采用演化博弈方法研究公共交通、共享汽车以及私家车三者之间的博弈关系，模拟出行者的选择行为，分析博弈均衡点稳定性及参数条件。Naumov 等（2020）探讨自动驾驶汽车和共享对消费者模式选择的影响，以及对道路和公共交通系统性能的影响。研究发现自动驾驶汽车和共享的部署可以有效地加速向可持续城市交通的过渡，但前提是要制定政策，降低驾驶的吸引力。李金培等（2020）以公共交通消费为例，研究公交服务和尊重需要对消费者行为的影响，研究发现城市优先发展公共交通战略需要关注尊重需要对民众公共交通消费行为的作用，正确引导交通消费观，同时不断提高公共交通服务质量。Bertsimas 等（2021）认为公共交通仍然是为密集的通勤人口提供服务的最有效方式，提供一种使用列生成来设计运输网络的整体方法，并在波士顿真实数据的案例研究中证明了它的有用性。Schmaranzer 等（2021）提出一种基于多目标仿真的复杂城市快速交通系统行进优化方法，提出了一种将单目标协方差矩阵适应进化策略与多向局部搜索相结合的两阶段算法。Luo 和 Xu（2021）考虑候车平台和车辆内的乘客分布，研究不确定性下的轨道交通中断恢复问题，考虑公共交通网络特征和通勤者在中断中的行为，强调运营铁路和公交线路的闲置容量可以为中断的通勤者提供补充服务，应在中断恢复计划中加以考虑。王佳（2022）识别城市交通设施供给效率与城市规模协同影响城市生产率的理论机制，利用 2004～2016 年地级市及以上城市面板数据进行实证检验，发现城市规模扩大获得的边际收益随交通设施与公共服务总体供给效率的提高而提高。李卫红等（2022）在一个考虑居民收入水平差异性的线性单中心城市中，构建交通出行模式和居住区位选择均衡模型，探讨可能存在的出行分布模式，研究了公交票价补贴、增加发车频率或提高公交运行速度等运营策略对居民效用和政府租金收入的影响。贺韵竹等（2022）考虑预约乘客等待时间的需求响应公交运营模式，基于客流量变化实时更新公交车发车时刻，以缩短乘客等车时长，提高公交满载率，提升乘客满意度，增加公交运营者收益。

随着共享单车的增多，如何设置共享单车的投送点以及处理废弃共享单车显得尤为重要。相关研究成果可以分为以下两个方面。①定性研究：分析共享单车行业的发展和优缺点。②定量研究：车站布局问题（陈伟等，2016；Frade and Ribeiro，2015）和共享单车的重新定位问题（Chen et al.，2018；Faghih-Imani et al.，2017；Supriyo et al.，2017）。随着人们对非机动交通模式重要性认识的逐渐提高，共享单车也越来越引发人们的关注。Frade 和 Ribeiro（2015）从共享单车的社会影响角度出发，利用优化方法设计了共享单车系统，系统设计和优化主要包括三个方面，即共享单车站点的最佳位置、站点共享单车数量和站点容量。Guo 等（2017）建立二元概率模型，探讨影响共享单车使用率和满意度的因素。结果表明，用户性别、站点位置和家庭收入是三个重要的影响因素。Faghih-Imani 等（2017）针对共享单车分布的再平衡问题构建一个三阶段研究框架：第一阶段，利用线性混合模型分析站点数量和人口分布特征等因素对共享单车流量的影响；第二阶段，建立二元逻辑模型，确定再平衡周期和再平衡量；第三阶段，使用巴塞罗那和塞维利亚的数据进行验证分析。Supriyo 等（2017）研究共享单车的重新定位问题，该方法考虑共享单车重调度路线的设计和优化，通过实际数据验证有效性。Pelechrinis 等（2017）通过定量分析研究共享单车对人们健康、空气质量和道路交通的积极影响，分析匹兹堡房地产市场的数据，发现共享单车甚至会对该地区房屋租赁和销售价格产生影响，提出两个相关公共政策指导城市共享单车的发展。Chen 等（2018）建立最大化需求满足的数学规划模型，研究共享单车的重新定位问题，并通过相关计算验证了模型的有效性。Mix 等（2022）以刺激需求和捕获乘客量为目的，基于建筑环境和可达性的变量对共享单车出行的需求和系统中车站的最佳位置进行建模，并使用智利圣地亚哥共享单车系统的信息对结果进行验证。Liu 等（2019）重点研究回收网络的设计，使用模糊评估方法选择 3PLs，并基于闭环逆向回收网络整体效益最大化的原则设计了包括共享单车企业、3PLs 和制造商的最优回收路线，以形成完善的回收网络。徐国勋等（2020）基于共享单车随取随用的优势，提出一种基于红包奖励的顾客主动参与共享单车调度激励方式。孙一榕和郑国华（2022）针对故障共享单车回收站选址库存问题，考虑国内无桩共享单车分布的分散性，在现有选址模型的基础上结合实际情况加入共享单车回收站库存成本和回收投放周期等因素，以物流系统总成本最小化为目标，建立一个新的共享单车回收站选址库存模型，并设计一种改进的自适应遗传算法来求解。Sun 等（2023）介绍废弃自行车回收系统中生产者责任延伸和绿色税两种 WEEE 回收方法，并构建基于地方政府监管和企业回收策略的两方博弈模型以研究废弃共享单车回收问题。

在共享经济模式下，拥有闲置资源和服务意愿的个体成为提供方，企业成为促进服务供需连接的平台，为拥有资源和要求资源的参与者提供资源使用交易的服务（杨学成和涂科，2017）。共享出行的便利性、经济性和环境效益使其受到了极大的关注，组织共享活动的平台成为重要研究对象。Zhu 和 Liu（2021）总结共享经济中消费者对消费者和企业对消费者两方面的基本机制。朱晗（2021）分别选取 C2C（customer to customer，用户对用户）与 B2C（business to customer，企业对用户）模式各自代表性的共享经济平台进行分析，重点关注 C2C 模式内的定价问题和 B2C 模式内的资源管理问题，以探究共享经济尤其是平台经济的研究发展趋势。宋亚楠等（2024）考虑共享出行平台中驾驶人的努力因素对平台定价和补贴的影响，构建平台采取不补贴策略、只对乘客补贴策略、只对驾驶人补贴策略与同时对乘客和驾驶人补贴策略的决策模型，比较平台采取不同定价和补贴策略的结果，研究发现驾驶人提高服务努力水平对乘客需求有很大提升，而平台对乘客补贴不适用于平台的长期运营。Zhao 等（2023b）构建考虑政府补贴和客户绿色偏好的乘车采购市场双寡头竞争模型，一个平台采用购买新能源汽车的自营模式，另一个平台采用驾驶员自有车辆的特许经营模式，客户的绿色偏好和补贴偏好对自营平台比对加盟平台更有利。Li 和 Schoenherr（2023）对中国四大共享经济行业（拼车、物流共享、共享单车和共享汽车）的平台管理者进行访谈，发现与网络利益相关者进行交流与合作的重要性，以及通过适应商业模式对新问题做出有效反应的重要性。Naumov 和 Keith（2023）认为拼车模式是提高网约车可持续性、减少温室气体排放和交通拥堵，通过低廉价格吸引价格敏感人群的有效解决方案。

新能源交通是指使用可再生能源、低碳能源或清洁能源驱动的交通方式，以减少对传统石油燃料的依赖并降低温室气体排放，提供更环保、高效和可持续的交通服务。新能源汽车是指不使用汽油、柴油（或使用汽油、柴油、但采用新型动力装置），具有新技术、新结构的汽车，可以分成混合动力电动汽车、纯电动汽车（包括太阳能汽车）、燃料电池电动汽车、其他新能源（如超级电容器、飞轮等高效储能器）汽车等四大类型。新能源的发展对于交通运输业有着重要意义，能够有效减少碳排放。Zheng 等（2023）探讨静态和动态碳税下新能源汽车制造商与地方政府互动的演化策略和机制，构建静态和动态碳税机制下新能源汽车制造商与地方政府的演化博弈模型。Zhao 等（2020）基于政府补贴新能源汽车市场的背景，构建无财政补贴、政府补贴不同对象等场景下，供应链成员的利润分配闭环模型，对比不同补贴对象下各供应链成员的销售渠道定价、回收渠道定价、各供应链成员利润变化和闭环供应链利润分配比例，研究利润是如何转移的，并分析不同政府补贴对供应链竞争力的影响。贾俊秀和赵学科（2022）揭示政府采取不同补贴策略对新能源汽车供应链各主体决策行为的影响，建立以电池生产商为领导者，新能源汽车制造商为跟随者的 Stackelberg 博弈模型，研究无政府补贴、电池生产商补贴和新能源汽车制造商补贴三种策略下供应链成员企业的运营决策问题。刘丛等（2022）在考虑消费者技术偏好、积分交易价格和技术创新成本等多种因素影响供应链成员创新行为的基础上，分别探讨成本分担契约、收益共享契约对创新水平及供应链成员利润的影响，发现供应商创新水平随积分交易价格的增加而增加，而新能源汽车销售价格随积分交易价格的增加而降低。汪和平和高瑞（2024）针对当前电动货车推广存在的问题，分析电动货车发展规模对区域碳排放的影响，构建包含社会经济、电动货车发展规模与碳排放三个子系统的系统动力学模型，对比不同场景下电动货车发展对碳减排的影响。

2.2.3 闭环供应链系统设计与优化

闭环供应链将产品回收、筛选、报废、再制造和再销售等环节与传统供应链相融合，将各逆向活动置于传统供应链框架下，并将各类流程进行重组，形成新的闭环结构，使所有物料都在其中循环流动，实现对产品全生命周期的有效管理，减少供应链活动对环境的不利影响。产品回收、逆向物流、再制造和再销售是闭环供应链系统设计与优化的重要研究方向。

逆向产品回收是闭环供应链系统设计与优化的重要研究方向。相关研究包括回收产品、回收渠道、回收努力、回收平台等方向。Guide 和 van Wassenhove（2009）关注从回收产品中获利的价值回收，用五个阶段来描述从狭小的、专注于技术的生态位领域发展到公认的供应链管理子领域这一进化过程。Hong 和 Yeh（2012）提出一种零售商回收报废产品，制造商与第三方公司合作处理废旧产品的零售商回收模型，以及一种非零售商回收模型，制造商将回收工作分包给第三方公司。Huang 等（2013）研究具有双回收渠道的闭环供应链的最优策略。基于博弈论，从定价决策和回收策略两个方面研究了分散式和集中式渠道情景下的供应链绩效。Atasu 等（2013）讨论回收成本结构对制造商再制造产品的最优逆向渠道选择的影响。侯艳辉等（2019）通过设定互联网回收平台的宣传效应系数，探讨政府补贴拆解商和互联网回收平台进行宣传投入对逆向供应链定价决策和利润的影响。程东波和霍佳震（2019）研究发现，在政府监督和补贴强度不变、市场外部变量相同的条件下，多闭环供应链的 EOL（end of lifetime，寿命末期）产品回收量更大，循环利用更充分。于春海等（2020）基于回购契约，研究二级闭环供应链（制造商风险中性、零售商风险偏好）的协调决策问题。林贵华等（2020）研究闭环供应链系统回收渠道的选择问题，并综合分析政府补贴政策对不同主体回收策略选择的影响。黄少辉等（2020）为确定最优的回收渠道，研究由单个制造商、零售商和第三方组成的闭环供应链系统的运营机制。黄祖庆等（2022）研究回收量不确定且原始设备制造商技术授权第三方再制造商进行再制造情形下闭环供应链的产品定价问题。Xie 等（2023）回顾闭环供应链中区块链技术应用的相关文献，提出一个用于在回收链中实现区块链技术应用的新概念框架。Lu 等（2022）提出一个考虑经济成本与重金属污染权衡的复杂产品结构下多级电子装配过程绿色制造回收网络设计方法。Scheller 等（2023）提出一个新的多阶段、多产品、多周期的锂离子电池闭环供应链生产计划方法，考虑收集、回收、再利用和生产的空间分布，以及原始设备制造商和供应商的设施。黄宗盛和张媛（2023）构建制造商提供资金支持或劳动联合的动态回收微分博弈模型，求解无合作模式、资金支持模式以及劳动联合模式下的最优定价、回收投入、成本分担比例及各方利润水平。

逆向物流是绿色供应链系统设计与优化的重要研究方向，相关研究主要集中在设施选址（Kilic et al.，2015；Afshari et al.，2016）、资源分配和网络设计（Alshamsi and Diabat，2015；Suyabatmaz et al.，2014；Hatefi and Jolai，2014；Bing et al.，2014）等方面。在逆向物流系统中针对设施设备的选址问题，Kilic 等（2015）为土耳其设计一个用于回收确定储存设施和回收设施的最优电气和电子废物（WEEE）逆向物流系统。Shi 等（2023）研究环保意识和收集中心网络密度对电子产品逆向回收的影响。Govindan 等（2016）设计一个基于成本最小化和环境效益最大化的逆向物流网络，并提出多目标粒子群优化算法对模型进行求解。Tosarkani 等（2020）在优化配置电气和电子设备逆向物流网络时考虑固定和可变成本、需求和退货数量以及退货产品质量相关的不确定性，利用蒙特卡罗模拟来分析模型的性能。Reddy 等（2022）研究一种改进的 Benders 分解的启发式方法以解决多周期绿色逆向物流网络设计问题。Alshamsi 和 Diabat（2015）考虑初始投资实际规模、逆向物流供应不确定性、站点优化选择、检测中心和再制造设施的容量等因素，构建混合整数线性规划模型，研究设计逆向物流系统运输网络设计问题。Sanni 等（2020）建立逆向物流的经济订单数量模型，提出一种更加简洁的非线性最大化问题优化算法，并证明了该模型的有效性。Che 等（2022）提出一种具有多级产能选择的混合整数线性规划模型，以确定家用电器的逆向物流网络中拆解中心和再制造工厂的位置与产能。Gong 和 Zhang（2022）提出一种 Benders 分解方法求解分布稳健的风险规避模型，用于再制造系统中具有价格依赖性和退货质量不确定性的定价与逆向物流网络设计。Gholizadeh 等（2022）使用交叉熵、遗传算法和模拟退火三种元启发式方法生成混合整数非线性规划型的初始解，应用鲁棒优化来解决可持续绿色综合逆向物流网络中不确定性的问题。Prakash 和 Barua（2017）提出一种基于模糊层次分析法和解释排序法的灵活方法来评估影响逆向物流系统实施的障碍因素，从而使电子公司通过在运营中采用灵活稳健的策略，优先减轻这些障碍的影响，从而有效地采用逆向物流。Reddy 等（2022）分析一个具有动态特征的多梯队、多设施绿色逆向物流网络设计问题，通过考虑碳排放、车辆选择、设施之间的分配和多周期设置，建立全面的混合整数线性规划模型。

再制造和再销售在闭环供应链管理的研究中占据重要地位。再制造是统筹考虑产品零部件全生命周期管理的系统工程，是利用原有零部件并采用再制造成型技术，使零部件恢复尺寸、形状和性能，形成再制造的产品。再销售是对再制造产品进行销售，使其重新流入市场的一种方式。Ferguson 和 Toktay（2006）研究制造商在面对再制造产品市场竞争威胁时的应对策略，分析垄断制造商生产的新产品和再制造产品之间的竞争，描述由于外部再制造竞争造成的潜在利润损失，并分析两种进入威慑策略：再制造和抢先回收。Galbreth 和 Blackburn（2006）研究再制造商从第三方购买未分类旧产品的问题。针对再制造商面临的确定性需求和不确定性需求，推导出在存在二手产品状态可变性情况下的最优获取和分类策略。Liang 等（2009）提出一个模型来评估核心部件的收购价格。该模型将核心部件收购价格与产品的销售价格联系起来，但假设物流和再制造等其他成本是确定的。Atasu 等（2010）发现再制造产品并不总是蚕食新产品的销售。为了尽量减少蚕食并创造额外利润，企业管理者需要了解消费者如何看待再制造产品。Zhou 等（2011）以某大型能源公司为研究对象，研究一种多类型产品的单产品、周期评审库存系统，该系统通过对不同状态下的退货进行订购和再制造的选择来管理库存。Amin 和 Zhang（2012）提出一个包括制造商、再制造商和第三方回收商的两阶段综合模型：第一阶段，设计 3PLs 选择的标准框架；第二阶段，建立多目标 MILP（mixed integer linear programming，混动整数线性规划）模型，以确定闭环供应链网络中最合适的 3PLs 和最优零部件数量及产品数量。Gunasekara 等（2021）构建一个综合考虑所有主要业务组件的汽车部件再制造业务模型，为汽车再制造行业的投资者和企业家提供决策支持。夏西强等（2022a）在授权再制造下，构建由一个原始设备制造商和一个再制造商参与的分散式决策博弈模型和集中式决策博弈模型，对比分析政府碳交易政策对两种决策结构下最优解的影响。王麟翔等（2023）结合回收目标责任制，构建包括制造商和零售商的 Stackelberg 博弈模型，考虑制造商再制造和零售商再制造两种模式，分析再制造绩效水平并探讨回收再利用目标与折扣系数对再制造绩效水平的影响。代业明和于双（2023）考虑公平偏好与损失厌恶两种行为偏好，在多级闭环供应链下研究再制造商将再制造产品转售给制造商而非直接销售的模型。

2.3 可持续供应链运营策略与协调机制

随着社会环保意识的提高，消费者和政府对企业的环保责任要求越来越高，对供应链的环保要求也在不断提升。因此，对可持续供应链进行运营策略优化和协调机制设计，帮助企业适应环保的要求、降低对环境的影响显得尤为重要。具体来说，可持续供应链运营策略优化和协调机制设计是指针对供应链管理中的可持续发展问题，通过优化和协调供应链中各个环节的策略与机制，以实现可持续发展目标和提高整体绩效。首先，在可持续供应链运营策略优化方面，可以通过制定符合环保标准的采购策略、推动资源循环利用的生产定价和库存策略以及推动绿色物流和包装的渠道策略等，来优化供应链中的各个环节，降低对环境的影响。其次，在可持续供应链协调机制设计方面，可以建立供应链中各个环节的协调机制，通过采用绿色技术、采用低碳减排、协调闭环供应链以及分担废旧产品回收责任等行为来推动可持续供应链的建设和优化。基于此，本章主要对可持续供应链运营策略与协调机制的相关文献进行综述，其中可持续供应链运营策略优化相关研究主要从生产定价决策、渠道选择策略、库存决策、努力决策以及广告营销策略等方面进行回顾；可持续供应链协调机制设计相关研究主要从绿色技术的采用、低碳减排、闭环供应链协调以及废旧产品回收责任分担等方面进行回顾。

2.3.1 可持续供应链运营策略优化

可持续供应链是指通过防止过度消耗资源，减少环境污染等行动来维持可持续发展的物流系统。其核心是提高质量和效率，包括采购、运输、制造和销售各种流程的集成，旨在减少危害环境和健康的行为。供应链运营策略优化问题一直是国内外学者关注的重点问题之一，近些年环境保护、绿色、可持续等问题逐渐引起政府及众多学者重视。按照可持续供应链的产品流通环节划分，可持续供应链的运营策略可分为生产定价决策、渠道选择策略、库存决策和努力决策，同时还需考虑贯穿供应链各个环节的广告营销策略。

生产定价决策在可持续供应链管理中至关重要，它不仅直接影响企业的经济利益，还能推动整个供应链向可持续发展的方向迈进。随着可持续供应链的发展，生产定价决策受到越来越多学者的关注，主要涉及产品生命周期成本、社会责任等方面（Seuring and Müller，2008；Pagell and Wu，2009；Sarkis，2012；Klassen and Vereecke，2012；Zhu，2004）。基于上述文献，可持续供应链生产定价决策是在考虑环境、社会和经济因素的情况下，制定产品生产定价策略的过程。这种定价决策需要综合考虑产品的生命周期成本、环境影响、社会责任和市场需求等因素，以实现可持续发展的目标。Govindan 等（2016）构建一个多目标整数规划模型来研究闭环供应链中的产品产量与设施间的运输量分配策略。Chan 等（2018）建立考虑季节性需求的闭环供应链动态均衡模型，研究发现季节性需求对企业的最优生产量和交易量有显著影响。傅端香等（2019）在政府推行补贴政策背景下，通过建立博弈模型研究政府补贴、制造商和零售商的风险规避对绿色供应链定价策略、产品绿色度、供应链各方利润及整体利润的影响。Mahmoudi 等（2021）研究政府干预和第三方物流合作的情景下绿色和非绿色多渠道的产品定价问题。

除了新产品的定价，在产品回收过程中，回收方还应合理决策回收价格。Heese 等（2005）假设制造商在决定建立再制造产能时就需要决策提供给消费者的新产品价格折扣作为产品回收的激励。Bakal 和 Akcali（2006）研究回收率对逆向供应链定价决策的影响，并分析良率波动对再制造盈利能力的影响、将定价决策推迟到良率实现之后的收益，以及完美良率信息的价值。Karakayali 等（2007）研究在集中式、再制造商主导和回收商主导的分散式三种回收模式下制造商和第三方回收商的回收价格策略。Liang 等（2009）同时研究回收旧产品的批发价格与销售价格，考虑回收旧产品的销售价格遵循几何布朗运动，并以此来评估回收旧产品的收购价格，进而确定销售价格。Kaya（2010）在集中式和分散的决策下研究三类模型以考察制造商的最优回收激励策略。Bulmus 等（2014a, b）主要研究代工企业与第三方再制造企业之间的销售竞争和回收价格竞争。类似地，Wu（2015）研究原始设备制造商和再制造企业之间的销售价格策略竞争和回收价格策略竞争。Matsui（2022）研究废旧产品收购价格的最优公布时机对逆向供应链双回收渠道的决策影响。Choi 等（2013）研究供应链权利结构对闭环供应链最优回收模式、最优回收率和绩效的影响。Ma 等（2016）研究闭环供应链中制造商回收价格策略。其中，制造商作为 Stackelberg 博弈的领导者，通过零售商销售新产品和再制造产品，并通过双回收渠道回收二手产品。

产品回收之后通常由原始设备制造商或第三方再制造商对产品进行再制造，并将再制造产品投入到销售过程，因此再制造主体应做好再制造产品的生产定价决策。Majumder 和 Groenevelt（2001）率先研究关于原始设备制造商和再制造商的两阶段竞争模型，为竞争环境下的定价决策提供了重要启示。其后，Ferguson 和 Toktay（2006）建立了一个两阶段决策模型，研究存在本地再制造商的市场竞争威胁时原始设备制造商的产品回收和再制造策略。此外，Ferrer 和 Swaminathan（2006）扩展了上述模型，研究垄断和双寡头竞争环境下两期、多期和无限期场景下的产量和价格最优策略。Ferrer 和 Swaminathan（2010）根据上述模型扩展研究再制造产品不同于新产品的情况，并获得重要的启示。Mitra 和 Webster（2008）构建一个两阶段模型研究竞争环境下制造商与再制造商的定价策略，以及政府补贴对定价策略的影响。Wu（2015）研究闭环供应链中的原始设备制造商和第三方再制造商的服务与价格竞争。李勇建和许垒（2012）研究制造商和租赁商都具有产品再制造能力时的最优库存与再制造策略。Qiang（2015）研究多个制造商竞争情形下产品的可再制造性和产量竞争。路应金等（2018）针对闭环供应链双渠道回收结构决策问题进行建模，刻画了第三方规模经济性对供应链双渠道回收再制造中各节点价格决策的影响趋势。韩小花等（2019）针对两阶段闭环供应链系统，研究古诺竞争型闭环供应链中的“以旧换新”生产策略选择问题。

可持续供应链中渠道选择对于实现可持续供应链管理的目标至关重要，可以在环境、社会和经济层面上带来多方面的益处。目前相关研究主要集中于环境影响评估、社会责任考量、经济效益分析以及合作伙伴关系管理等方面（Sarkis et al.，2011；Pagell and Wu，2009；Seuring and Müller，2008；Carter and Rogers，2008；Klassen and Vereecke，2012）。基于以上文献，可以认为可持续供应链渠道选择策略是在考虑环境、社会和经济因素的情况下，选择最适合企业可持续发展目标的产品流通渠道和合作伙伴关系的决策过程。此外，渠道选择策略的实施需要综合考虑渠道的环境影响、社会责任、经济效益以及利益相关者的需求，以实现可持续供应链管理的目标。因此，考虑到可持续供应链的结构问题，以下主要从产品销售过程中的销售渠道选择、第三方物流商选择以及产品回收过程中的回收渠道选择等三个方面对渠道选择策略的研究进行综述。关于 3PLs 选择标准的研究主要包括：绿色形象（Kafa et al.，2015；Cohen and Muñoz，2016）、财务能力（Kafa et al.，2015；Jin et al.，2014；Cohen and Muñoz，2016）、回收能力（Kafa et al.，2015；Senthil et al.，2014）、污染和排放（Sasikumar and Haq，2011；Tsai and Hung，2009；Abdulrahman et al.，2014；Xu et al.，2017）以及搜索能力（Zhang et al.，2015b）。此外，在逆向渠道选择方面，Savaskan 等（2004）首先比较了制造商回收、零售商回收、第三方回收商回收三种回收渠道模式下闭环供应链的绩效。Hong 等（2013）研究制造商担任 Stackelberg 博弈领导者时从客户回收二手产品的最佳逆向渠道选择策略。然而，该研究未考虑回收竞争。Huang 等（2013）研究具有双回收渠道的二手产品物流供应链的逆向渠道选择策略，结果表明逆向渠道的最优选择取决于零售商与第三方的竞争强度。Chuang 等（2014）建立两种回收成本模型，比较不同回收渠道结构制造商的最优生产决策。De Giovanni 和 Zaccour（2014）研究再制造商是否应回收自己的废旧产品或将废旧产品外包给第三方回收商。Wang 等（2018）研究发现在竞争激烈的回收市场和产品市场中，制造商总是选择在回收市场中通过回收和再制造产品与再制造商竞争。

可持续供应链中的剩余库存决策是指在供应链管理中，针对剩余库存（即未售出的库存）的决策过程，旨在最大限度地减少库存浪费、降低环境影响、提高社会责任，同时保持良好的经济效益。这一决策过程通常涉及库存管理、再制造、再利用、捐赠、回收等方面的考量，以实现可持续发展目标。因此在产品的销售末期，供应商和零售商更应做好剩余产品的库存决策，其中对于易逝品的库存管理尤其重要。由于易逝品的特殊性质及储存和运输过程中的严苛要求，易逝品供应链系统将会增加二氧化碳排放。其中易腐品就是一种特殊的易逝品，产品的易腐性是指产品在运输、储存和销售过程中质量或数量的变质（Ghare and Schrader，1963）。以往研究集中在易逝品供应链的两个关键组成部分：库存控制和技术投资。Shin 等（2019）和 Bhaula 等（2019）分别研究动态时间和临时价格折扣下的易腐库存模型。考虑到易腐品的变质率，Lin C 和 Lin Y（2007）考虑在供应商或买方库存期间以及在交付期间，由单供应商和单买方组成的二级易逝品供应链系统，在允许库存短缺前提下寻找最优合作库存策略以最小化系统总成本。Yang 和 Wee（2003）、Hoque（2011）、Giri 和 Maiti（2012）、Ghiami 等（2013）、Sarkar（2013）、Chang（2014）、Chakraborty 等（2015）也进行了相关研究。

考虑到努力决策在可持续供应链运营管理的重要性，本节将重点综述逆向渠道中的回收努力决策和广告宣传努力决策。首先，逆向渠道中的回收努力是指企业为了实现资源再利用和减少环境影响而进行的积极努力，包括建立回收网络、推动回收技术创新、提高回收率等活动。在相关研究中，Wei 和 Zhao（2011）在正向渠道存在零售竞争的条件下研究了制造商的回收努力策略。Wu（2021）研究正向渠道中原始设备制造商和第三方再制造商的服务与价格竞争，以及再制造商的回收努力策略。Yi 等（2016）研究建筑设备闭环供应链在制造商与第三方回收商的回收努力竞争。Hong 等（2017）研究制造商和再制造商之间的废旧产品回收竞争和零售数量竞争问题，其中再制造商是被许可人，二者在两阶段 CLSC（closed-loop supply chain，闭环供应链）中竞争性地从市场上回收旧产品。广告作为一种销售努力对运营管理具有重要影响。具体来说，逆向渠道中的广告宣传努力是指企业通过各种媒介和方式，向消费者和其他利益相关者传递关于产品回收和可持续发展的信息，以提高公众意识和参与度。其相关研究也一直受到运营管理领域学者的广泛关注。Berger（1973）首次研究初级合作广告模型。Dant 和 Berger（1996）、Huang 等（2002）、Yan（2010）利用静态模型扩展研究 Berger 的供应链框架。对本地广告的研究表明，许多零售商通常将广告视为影响品牌转换和渠道替代（Simester et al.，2009）、降低价格敏感性（Shankar and Krishnamurthy，1996），或建立商店形象和提高商店流量（Iyer et al.，2005）的关键营销工具。已有研究也证明广告可以提升消费意识和提高品牌忠诚度（McAlister et al.，2007）。学者还发现合作广告可以实现供应链协调（Li et al.，2002；Yue et al.，2006；Wang et al.，2011）。在再制造背景下，广告在刺激消费需求和促进旧产品回收方面也发挥着重要作用（Johnson，2013；Sabharwal and Garg，2013），但鲜见研究探索广告这一重要营销工具在闭环供应链模型中的作用。Hong 等（2013）建立 Stackelberg

博弈模型，研究集中式和分散式闭环供应链中本地广告、二手产品收集和定价的最优决策。Hong 等（2015）重点关注闭环供应链环境下零售商的定价决策和广告决策，通过研究发现合作广告虽不能实现闭环供应链协调，但可以结合两部定价合同来协调闭环供应链。牛水叶和李勇建（2017）基于竞争性的制造和再制造双供应链系统建立供应链博弈模型，探究再制造商的营销策略选择（以“投保策略”替代“广告策略”）对供应链成员生产决策的影响。

关于其他可持续运营策略问题，Atasu 和 Çetinkaya（2006）研究回收率、回收时间和再利用率与活跃的市场需求和供应相匹配的条件，并重点考虑制造商的生产、库存、再制造决策和成本受到回收商回收废旧产品的时间和数量的影响，结果发现最快的逆向供应链不一定是最有效的。Galbreth（2006）增加对回收再制造产品的分类研究，将分析扩展到分拣策略的产量不确定的情况，提出启发式方法以及用于确定最优策略的精确算法。Vercraene 等（2014）研究回收产品接收/拒绝策略。Li 等（2018）主要关注回收中心的回收范围分配策略，研究具有第三方物流的闭环供应链中的位置-库存决策问题。

2.3.2 可持续供应链协调机制设计

可持续供应链协调机制设计是为了实现可持续发展目标，通过协调供应链各个环节的活动和利益相关者之间的合作关系，设计出一套有效的管理机制和流程。该机制旨在最大限度地减少资源浪费，降低环境影响，提高社会责任，同时保持经济效益。此外，可持续供应链的优化不仅在于供应链各主体运营策略的优化，还应考虑供应链整体的利益，从协调供应链的角度出发，充分发挥“1 + 1>2”的优势。基于此，在可持续供应链协调中，本书主要从绿色技术的采用、低碳减排及闭环供应链等三方面进行综述，其中在闭环供应链的研究中还重点梳理了回收责任分担协调相关的文献。

在可持续闭环供应链中，绿色技术的设计与采用是指通过整合环保、节能、资源循环利用等方面的技术，以减少对环境的负面影响，提高资源利用效率，实现供应链的可持续发展。这一流程包括了绿色技术的筛选、设计、应用和监控等环节，以确保其在整个供应链中的有效实施。目前有关可持续供应链中绿色技术的研究主要包括绿色技术的应用、设计和评估，以及在供应链中的影响和效果。从技术层面看，可持续闭环供应链协调离不开绿色技术的设计与采用。Heydari 等（2021）开发“绿色成本分摊”和“收入共享”合同的混合体，解决消费者环保意识下绿色供应链中的渠道协调和定价问题，研究表明“绿色成本分摊”和“收入共享”合同能够实现渠道协调，而供应链成员企业可以获得更多利润。Ranjbar 等（2023）研究由制造商通过零售商销售绿色产品的绿色供应链中的渠道协调问题。

Tao 等（2023）研究绿色供应链的最优渠道结构，讨论四种渠道结构并分析调查消费者的绿色意识以及线上和线下消费者的比例对绿色技术水平、利润和零售价格的影响。

可持续供应链中的低碳减排是指在供应链管理中采取一系列措施，以减少温室气体排放和环境影响，从而实现更环保、更可持续的运营方式。其实施流程主要包括评估和识别排放源、制定低碳减排策略、合作伙伴合作、采用清洁能源、监测和报告、持续改进等关键步骤。与此同时，从实现可持续的途径来看，供应链可持续性的目标必须通过低碳减排来实现，因此可持续供应链的协调也必须有低碳减排的参与。李友东和谢鑫鹏（2017）考虑消费者的环保意识，分别研究零售商参与减排成本分摊契约和双方纳什讨价还价成本分摊契约两种形式对碳减排、产品定价和整个供应链及其成员企业收益的影响。王道平等（2019）研究发现产品碳排放量的最优轨迹具有多种敛散性，且在集中式决策下能够实现供应链利润和环境绩效的双赢。林欢等（2021）基于企业社会责任的视角，研究二级供应链中的最优策略及供应链在“收益共享-减排成本分摊”合同下的协调问题。夏西强等（2022b）基于外包制造分别构建低碳产品制造商、普通产品制造商及零售商参与的分散式决策博弈模型与集中式决策博弈模型，以探究碳交易对低碳供应链的影响及协调机制。

闭环供应链协调是指在产品生命周期内，各个环节的供应链成员之间进行合作和协调，以实现产品材料和资源的循环利用，最大限度地减少资源浪费和环境影响，同时提高整个供应链的效率和可持续性。其协调流程主要包括产品设计、供应链成员协作、生产技术优化、物流网络的优化等。目前关于闭环供应链协调的研究主要集中在合作模式和合同设计、信息共享和透明度、环境政策和法规等方面。关于闭环供应链协调，以“收益共享与成本分担”为代表的合同机制是保证闭环供应链协调的重要手段，Savaskan 等（2004）研究由制造商主导的三类回收渠道（即制造商回收、零售商回收和第三方回收），发现通过设计简单的供应链合同可以激励零售商的回收努力。此后，Savaskan 和 van Wassenhove（2006）将 Savaskan 等（2004）扩展到“正向供应链”中两家零售商竞争销售的情景，并研究直接和间接回收模式的协调问题。在多阶段供应链协调的研究中，Majumder 和 Srinivasan（2006）探索两部制收费合同如何协调供应链中不同领导的位置，然而，该研究仅限于具有两部制收费合同的串行供应链。Karakayali 等（2007）在研究耐用品行业中再制造商驱动和回收商驱动的报废品的分散回收和处理操作问题时涉及渠道领导结构。van der Rhee 等（2010）对串行供应链结构进行研究，并提出跨主体成本分担合同以实现供应链协调。Choi 等（2013）考察不同渠道领导下闭环供应链的绩效，发现零售商主导模式最为有效。Vercraene 等（2014）分析制造、再制造和制造/再制造混合系统中新产品制造、再制造产品制造与回收产品验收的协调问题，研究确定性需求和随机需求情况下的生产和采购最优定价决策。He（2015）研究确定性和随机性需求情景下新产品和再制造产品的最优生产与回收定价决策，发现制造与再制造的成本差异是导致双重边际效应的重要原因之一。聂佳佳等（2017）研究再制造闭环供应链中制造商激励合同设计策略，发现回收激励合同能够有效提高零售商对废旧产品的回收比例，降低产品的零售价格。邹宗保等（2017）比较考虑新产品和再制造产品的五种供应链渠道结构，研究结果表明零售商竞争可缓和供应链上下游的双重边际效应，增加供应链总利润，同时提高消费者剩余和社会福利。Taleizadeh 等（2018）研究在三种模型（制造商为投资者，零售商为投资者，集中式决策的闭环供应链模型）下营销努力对闭环供应链成员的最优决策和利润的影响，并提出一个两部定价契约来协调闭环供应链。谢家平等（2018）针对单一线上平台商与单一线下渠道服务商的闭环供应链系统，讨论双方如何在正向供应链进行收益共享、逆向供应链进行渠道成本分担情境下的产品定价和服务优化决策。王文宾等（2019）研究零售商主导的闭环供应链奖惩机制问题，研究表明政府对制造商实施奖惩机制、政府对回收商实施奖惩机制以及政府同时对制造商和回收商实施奖惩机制三种情形下零售价、回收率、批发价及总利润相等。闫彦超和马祖军（2022）研究制造商在正向和逆向渠道中与服务商进行收益共享情况下的最优销售/回收定价决策和最优服务水平决策。周晓阳等（2022）研究政府再制造补贴下供应链的决策及合同选择问题，以集中式决策为基准，分析零售商的不同竞争行为、竞争强度及政府补贴对最优结果以及闭环供应链的决策及利润的影响。在可持续供应链协调过程中，废旧产品回收责任分担是一类重要的协调工具。可持续供应链协调过程中的废旧产品回收责任分担是指在闭环供应链中，各个供应链成员共同承担废旧产品回收的责任，通过合作和协调实现废旧产品的高效回收和再利用，从而实现资源的循环利用和环境的可持续发展。其相关流程主要包括责任分担协商、回收网络建设、数据共享和追溯、技术支持和再加工、绩效评估和改进等步骤。目前有关废旧产品回收责任分担的研究主要集中于回收责任分担机制、环境政策和法规以及技术创新和数字化转型等方面。Atasu 和 Subramanian（2012）发现，与生产者集体承担责任模式相比，生产者独立承担责任模式可以更有效地激励旧产品回收。Jacobs 和 Subramanian（2012）建立了一个由供应商和制造商共同分担回收责任的两级模型，研究政府鼓励回收对回收活动的影响。Corsini 等（2017）认为 EPR 是产品生命周期管理的支柱，但受多因素制约，其影响机制仍不确定。Cruz（2013）建立了一个全球供应链网络来分析企业社会责任。类似地，Airike 等（2016）定性研究全球供应链中的企业社会责任问题。Panda 和 Modak（2016）研究社会责任如何影响供应链的利润分配和对供应链渠道的协调。黄宗盛等（2019）研究闭环供应链纵向合作回收的模式选择问题，构建制造商成本分担和任务分担两种合作回收下的供应链博弈模型，发现制造商的合作回收策略总能有利于产品市场价格的降低以及需求和产品回收率的增加。谢家平等（2017）研究动力电池回收体系不完善问题，发现当回收再制造利润空间满足一定条件时，生产商倾向选择多渠道回收模式，且渠道竞争加剧于消费者和上游企业皆有利。Cheng 等（2017）研究闭环供应链成员如何转移环境保护责任。Wang 等（2015）研究不同权利结构的渠道下旧产品回收的责任分担问题，并在不同的闭环供应链中引入多种政府激励行业回收努力的奖惩机制。同样地，Wang 等（2017b）为零售商回收设计一个信息筛选合同，研究发现制造商会为努力回收的零售商提供更低的批发价格和更高的回购价格。Cao 等（2022）研究原始制造商为渠道领导者、第三方回收平台参与废旧产品回收的闭环供应链，并比较四种组合的联盟决策在闭环供应链的整体效益。Qiu 等（2023）研究不同权利结构下的回收平台整合对供应链及其成员的价格、需求、利润以及消费者剩余的影响。Jiang 和 Zheng（2023）将消费者的回收行为纳入再制造决策，研究考虑消费者的定价决策和再制造策略回收行为。Hosseini-Motlagh 等（2023）使用供应链协调契约分析旧产品回收中断对双回收渠道逆向供应链系统效率的影响，探讨两种回收渠道竞争（回收商回收渠道和再制造商回收渠道）对作为消费者退回旧产品激励计划的影响。

针对特殊产品的供应链，越来越多的学者倾向使用不同的合同来研究易逝品供应链系统的协调机制。由于易逝品具有时效性、保鲜性和特殊的运输要求，其可持续运营协调问题显得尤为重要。与此同时，易逝品的供应链管理的有效协调对于保障产品质量、降低损耗、减少环境影响以及提高供应链效率至关重要。目前易逝品供应链可持续运营协调问题的研究主要涉及供应链合同、物流与运输协调等。Yan 等（2022）研究不同运输方式对生鲜产品供应链绩效的影响，分析供应链在无协调合同、批发价格合同和收益分成合同三种情况下的运行策略。考虑到系统的两个参与者合作投资库存技术以减少变质，Zhang 等（2015a）建立单制造商和单零售商组成的两级易逝品供应链模型，提出一个收益共享和合作投资合同以协调该系统，并得出实现双赢的条件。其他研究者，如 Wang 等（2011）、Chen 和 Wei（2012）、Bai 等（2015）也围绕易逝品供应链的可持续运营协调问题开展研究。

除上述研究之外，还有部分学者针对供应链渠道领导结构、关系管理、信息共享、公平关切、合作策略等对可持续供应链协调机制设计进行了深入研究。首先，渠道领导结构是指供应链中各个渠道成员之间的权利和责任分配关系，以及决策制定和执行的组织结构。这包括了渠道成员之间的垂直关系（上下游关系）、横向关系（同级关系）以及与外部合作伙伴的关系。有效渠道领导结构对于提高供应链的效率和可持续性具有重要意义，相关研究也已成为可持续供应链协调研究中新兴且有趣的问题。以往关于供应链管理与协调的研究通常假设供应商（制造商）是供应链领导者，零售商是追随者（Jeuland and Shugan，1983；McGuire and Staelin，1983；Savaskan et al.，2004）。随着沃尔玛、国美、乐购等在供应链中拥有巨大市场力量的零售巨头的崛起，供应链领导权力向下游转移，由零售商主导的供应链管理结构成为热点问题（Messinger and Narasimhan，1995；Cachon and Zipkin，1999；Ertek and Griffin，2002）。例如，Dong 等（2007）研究了涉及降低订单成本的高效补货业务流程，设计了制造商和零售商采用 ER 获得更多收益的条件，并证明了零售商领导的渠道利润增量高于制造商领导的渠道利润增量。Majumder 和 Srinivasan（2008）考虑供应链网络中的领导位置，并得出渠道领导者与市场接近程度的最佳位置。Almehdawe 和 Mantin（2010）考虑由单制造商和多零售商组成的供应链，比较制造商主导和零售商主导的两种情景下的供应链效率，发现零售商主导的供应链模式可降低批发价格。在关系管理、信息共享、公平关切和合作策略等方面，谢家平等（2017）针对不同批发价情景，重点研究正逆供应链分成比例对于制造商和零售商的利润最大化策略的影响，解决无消费偏好市场下分散式决策的收益分配协调问题。Tautenhain 等（2021）提出一种拉格朗日启发式方法，以解决社会环境责任是否与利润相容的多目标问题。Khan 等（2021）采用偏最小二乘法模型研究区块链技术对中小型企业可持续供应链实践的影响，表明区块链技术和绿色信息系统对可持续供应链实践产生了积极影响。Wang 等（2021b）研究利他偏好下占主导地位的零售商和中小型制造商形成的低碳供应链决策与协调，研究发现利他偏好有助于提高中小型制造商的利润和系统效率，但会降低零售商的利润。夏良杰等（2021）研究碳交易规制下制造商减排服务外包时供应链各成员的最优决策和绩效问题，对比分析定制和订购两种减排模式下的供应链博弈均衡与供应链成员绩效。Raj 等（2021）考虑供应商和买方的绿色化与企业社会责任两种因素，并构建四种不同的决策方案，研究买方边际生产成本的信息不对称对可持续供应链的影响。肖敏和张耀（2022）运用 Stackelberg 博弈对产能约束下制造商的合作策略选择进行研究，并分析不同合作策略对新产品和再制造产品产量以及供应链整体利润的影响。

随着市场的发展，可持续运营管理的重要性不容忽视。从 2004 年“新兴市场”提出以来，国内外学者关于新兴市场的研究重点集中于供应链成员的识别和有效合作、新兴市场的外包和销售与产品召回、跨国公司与本土竞争对手之间的订单时间均衡问题，区块链在供应链中的应用现状以及品牌原产国定位等方面（Steven and Britto，2016；Pournader et al.，2020；Porto et al.，2023）。目前对于新兴市场的研究还有待进一步发展。关于新兴市场中的可持续供应链运营管理与协调，Choi 和 Luo（2019）通过建立理论模型，分析数据质量与新兴市场可持续服装供应链运作之间的关系，发现数据质量差会降低供应链的利润和社会福利，而区块链技术的应用可以提高社会福利，但同时可能降低供应链的盈利和协调能力。

Jonnalagedda 和 Saranga（2019）为适应性产品设计和定制同步设计建立一个分析模型，并指出新兴市场日趋重要且其需求的特殊性促使汽车制造商考虑替代产品开发方法。Mangla 等（2019）以乳制品行业为例提出物流和配送对印度企业可持续运营和管理的挑战，对影响因素进行排名，制定相关指标以实现供应链的协调和物流企业的可持续。Kumar 等（2019）认为物流、仓库或冷库之间缺乏合作将导致碳排放增加。以印度汽车公司为例，实验表明通过团队合作保证供应链协调是绿色供应链管理的重要部分。Adhikari 和 Bisi（2020）研究了供应链成员的公平关切对绿色化和定价决策的影响，以解决新兴市场绿色服装生产面临的合作实践和企业盈利能力问题。Liu 等（2020）构建概念模型，并运用实证研究方法研究新兴市场的绿色供应链，研究发现必要的绿色技术投入可以获得经济、环境和运营绩效。Amaya 等（2020）研究利益相关方对新兴市场可持续城市货运政策的看法，以解决城市之间的物流运输问题。Malacina 和 Teplov（2022）确定绿色供应链创新、知识管理与协作、供应链集成等 12 个专题研究集群，并开发一个供应链创新矩阵，系统地构建供应链创新过程，以设计供应链创新战略。

2.4 可持续供应链系统政策治理

可持续供应链系统是整个商品与服务流通周期的环境、社会与经济影响管理的良好监督方案。提倡可持续性供应链的主要目的是让商品与服务循环周期内所涉及的所有关系者共同建立、保护与发展长期性的环境、社会与经济价值。通过联合国全球契约原则与供应链关系的结合，企业除了能够加强自身可持续能力外，还能获得更广泛的可持续发展目标。2000 年以前，可持续发展几乎等同于生态环境保护，但如今，可持续发展涵盖的内容更加全面。为实现社会、环境与经济的多重协调发展，全球颁布了各类供应链政策力图打造可持续性供应链系统。绿色、低碳和闭环是现代可持续供应链重要的三要素，这一点在可持续性供应链政策治理中同样适用，因此本节将从绿色供应链政策治理、低碳供应链政策治理以及闭环供应链政策治理三个方面对可持续性供应链系统政策治理展开论述。

2.4.1 绿色供应链政策治理

消费者环保意识的增强和电商的兴起使产品和购物的选择比以往任何时候都要多。为了提高竞争力，企业需要采用有助于增强供应链韧性的解决方案，而通过将环境责任原则和政府奖惩政策融入供应链管理，可以帮助供应链成员企业打造绿色供应链。绿色供应链政策治理是指以政策为驱动力，采用补贴、惩罚、财政政策等手段，在整个供应链中综合考虑环境影响和资源效率的现代管理模式，它以政策管理和供应链管理技术为基础，涉及供应商、生产厂、销售商和用户，其目的是使得产品从物料获取、加工、包装、仓储、运输、使用到报废处理的整个过程中，对环境的影响最小，资源效率最高。在绿色供应链政策治理方面，目前学者主要关注消费者绿色偏好、政府补贴等奖赏政策以及碳税等惩罚性措施。这些研究对于推动企业实现可持续发展目标和提高整体绩效具有重要意义。

为推进绿色生产，降低环境污染，政府制定相关鼓励性政策，这类鼓励性政策主要分为保护性政策、推广性政策和倾斜性政策，本节主要关注绿色补贴等倾斜性政策。蔡乌赶和李广培（2018）探讨制造商等企业生态创新研发与政府碳交易制度之间的联系，比较了不同研发策略下政府最优碳排放基准和社会福利等。王文宾等（2018）研究政府如何设置最优节能程度来实现企业利润和社会责任的均衡问题。Chen 和 Ulya（2019）研究绿色供应链管理中闭环供应链成员在政府奖惩机制下的行为，发现实施政府奖惩机制可以提高回收率和绿色努力。江世英和方鹏骞（2019）在政府对制造商研发补贴背景下，研究以绿色制造商和零售商组成的二级绿色供应链。Huang 等（2020）研究三种碳政策和绿色技术对二级供应链综合库存的影响，以帮助供应链成员企业确定最优产量、交付量和绿色投资金额，以最大限度地降低绿色成本。Marchi 和 Zanoni（2023）在 Huang 等（2020）研究的基础上进一步讨论在寄售库存政策下单一供应商和买方供应链综合库存管理的问题下，三种碳政策对供应链综合库存的影响。韩同银等（2022）分析政府不补贴和政府补贴两种情形下零售商公平关切对供应链最优定价、绿色度决策及供应链成员利润的影响，结果表明，政府补贴不仅能够增加供应链利润，还能协调零售商公平关切对产品定价与绿色度决策的影响。贾俊秀和赵学科（2022）研究了无政府补贴、电池生产商补贴和新能源汽车制造商补贴三种策略下供应链主体的最优决策问题。

政府通过宣传绿色行动提高消费者环保意识使消费者产生更倾向于绿色产品、绿色服务的示意，迫使供应链企业迎合消费者的绿色偏好已成为鼓励企业进行绿色技术投入及绿色产品生产的重要因素。邓万江等（2017）在寡头垄断市场中，研究两家碳排放制造商面对碳限额交易制度和消费者的绿色产品偏好时，如何制定包含绿色技术在内的最优市场竞争策略。徐春秋（2018）考虑消费者具有绿色产品偏好的情况，研究需求随机且受减排影响的供应链期权合同。刘名武等（2018）在碳交易和消费者具有低碳偏好的环境下，研究供应链绿色技术减排投入与合作的动态优化问题。卢超等（2021）在市场需求受汽车价格、绿色偏好和续航因素影响下，研究汽车供应链的优化决策及三种不同供应链契约的协调效果，以探究双积分政策下价格、绿色偏好及续航技术层面对汽车供应链的影响。

Zhao 等（2023b）考虑政府补贴和消费者绿色偏好，探讨约车市场双寡头竞争问题，研究表明政府补贴将更有利于自营平台的效益，提高社会福利。刘振等（2022）在政府碳配额、碳交易市场机制和消费者低碳偏好背景下，研究制造商与绿色技术提供商合作下的碳减排外包问题。

面对越来越严峻的污染形势，世界各国政府及各类组织逐渐开始关注温室气体排放产生的环境影响，并制定了限制以二氧化碳为主的温室气体排放量，形成碳税等惩罚性措施，且并不断完善碳交易市场机制。运营及供应链管理领域的学者也逐渐开始关注碳税等惩罚性税收政策在该领域中的应用。Krass 等（2013）在市场监管者为主导的情形下，研究了环境税在通过绿色技术投资减少污染方面的作用。Choi 等（2013）在碳税法规下提出一个针对时装行业绿色生产的快速反应系统，并研究了碳税管制对单订单和双订单快速响应系统最优库存策略的影响。He 等（2023）关于消费者需求、产品替代和碳排放的一些准实验证据，研究税收抵免激励措施对美国汽车行业绿色和非绿色汽车销售的影响。

我国从 2017 年开启碳排放交易体系的建设工作，至今碳交易已成为重要的市场化降碳手段，绿色供应链治理中围绕碳市场机制形成的财税政策研究也在不断发展完善。Drake 等（2016）研究在限额交易和碳税规制下绿色供应链成员企业的清洁等绿色生产技术选择问题，研究结果为产能投资、技术选择和法规制定提供新启示。杨光勇和计国君（2021）研究排放上限、排放交易两类排放规制及高、低环境意识两类顾客行为情形组合下，制造商的绿色制造创新与绿色使用创新的组合策略。王文利和程天毓（2021）分析探究在碳限额交易政策下制造商主导的二级供应链中制造商的减排和零售商的绿色营销策略。An 等（2021）研究具有碳排放限制的绿色信贷融资和传统贸易信贷投资的绿色投资方式对供应链可持续发展的影响。刘振等（2022）在政府碳配额、碳交易市场机制和消费者低碳偏好背景下，研究制造商与绿色技术提供商合作下的碳减排外包问题。Yu 等（2019）研究碳排放税收政策和产品差异化对竞争企业的影响，并比较不同政策（统一排放税率、累进排放税和政府指令控制法规与排放标准）对均衡需求、价格、总排放量和整体利润的影响。王文宾等（2016）研究政府采取对制造商征收环境税、对回收商进行补贴的奖惩措施对提高逆向供应链回收率的有效性。

2.4.2 低碳供应链政策治理

低碳供应链政策治理是指政府通过制定低碳约束性政策与碳减排政策对供应链的产品生产决策、运输与库存决策、采购与营销决策、供应链企业合作与竞争等各环节融入可持续发展与减少碳排放的概念，使整条供应链充分实现低碳化与运作的高效率的一种管理模式。它不但要强调提高供应链成员企业与环境相容的程度，而且要充分考虑供应链全流程的碳排放指标。低碳供应链是指在企业正常生产生活中，在保证信息流、知识流、物流等环节正常工作的前提下，对企业生产的环境效益、资源效益、经济效益等问题充分考虑，对生产过程如加工、采购、生产、储存、包装、使用、消费等过程进行具有低碳意义的改造。其最主要的特点是借由政府政策的强约束力使供应链与环境之间的资源效益、经济效益和环境效益进行有效协调，以低消耗、低排放、高效率为基本特征，符合可持续发展理念的经济增长模式。

低碳约束涉及碳税、碳限额、碳交易等多种约束方式。欧盟碳排放交易体系形成以后，碳交易成为影响许多行业成本及收益的因素，低碳供应链各成员企业为降低碳排放成本，把握碳市场发展趋势，降低碳税，适应低碳约束性政策是不可避免的。近年来，国家、地方陆续出台了部分低碳供应链相关支持政策，包括我国“十三五”规划、《关于积极推进供应链创新应用的指导意见》《“无废城市”建设试点工作方案》《关于加快建立健全绿色低碳循环发展经济体系的指导意见》《碳排放权交易管理暂行条例》等，均提出要积极构建低碳供应链，推动全产业链的绿色低碳化改造。这些支持政策的出台明确我国供应链低碳发展的方向与路径。除了国家层面的法律政策外，一些地方政府也出台地方性的法律政策，对指导地方相关行业开展绿色供应链管理起到积极的推动作用。

《巴黎协定》签订以来，全球越来越多的国家参与到碳中和政策的制定与实施之中，以欧盟、法国、美国等国家为代表关注各国的碳减排、碳中和政策。2021 年，欧盟委员会公布了名为“Fit for 55”（“减碳 55”）的一揽子计划，范围覆盖气候、能源、交通和社会等方面，提出扩大欧盟碳交易市场、停售燃油车、扩大可再生能源占比、设立碳边境税等多项全新法案，为“到 2030 年底碳排放较 1990 年减少 55%”的承诺提供实质性路径。法国政府 2015 年通过《绿色增长能源转型法》和首个《国家低碳战略》，提出至 2050 年减排目标，2020 年 4 月以法令形式通过修订后的《国家低碳战略》，提出 2050 年实现“碳中和”的目标。日本 2020 年发布《绿色增长战略》，将应对全球变暖、实现绿色转型视为拉动经济持续复苏的新增长点，并预计到 2030 年该战略每年带来 90 万亿日元的经济效益。巴西在 2021 年启动了《国家绿色增长计划》，着力推动应对气候变化与经济增长的有效融合。2021 年美国签署了“应对国内外气候危机的行政命令”，同年 11 月发布《迈向 2050 年净零排放的长期战略》。

国内外多位学者研究了低碳供应链中成员企业碳税、碳限额与交易机制等多种低碳约束方式下的决策行为，主要包括生产决策、采购决策、运输及库存决策、营销决策等。除此之外，低碳供应链成员企业上下游以及同级企业之间的竞争与合作关系也将对供应链碳排放及成员企业生产决策产生影响。

众多学者选择将其作为低碳供应链政策治理的一个切入点。Zhang 等（2011）将碳市场的碳信用作为一个必要因素，研究了随机需求下的供应链企业生产决策问题。Jaber 等（2013）首先在供应链和运营管理背景下考虑欧盟排放交易系统，研究一种具有协调机制的两级（买卖双方）供应链模型中成员企业制造过程中的温室气体排放量成本最小化的排放交易方案。Du 等（2013）将政府分配的排放依赖型制造商的排放上限视为一种环境政策，研究其对制造商生产及相关排放依赖型供应链决策的影响以及社会福利中的分配公平性。Zhang 和 Xu（2013）分析限额交易机制下的多项目生产决策，并比较了限额交易制度和碳税规制。Du 等（2015）研究限额交易机制下排放依赖供应链中具有排放许可的供应商和排放依赖型公司受政府环境政策、市场风险等几种外生因素影响的行为和决策。Xu 等（2015）考虑碳排放总量管制和交易制度下由单制造商和单零售商组成的分散的按订单生产的供应链系统，并以制造商为博弈领导者，推导出该系统的最优生产计划和定价策略。黄志成等（2017）提出一类考虑碳排放交易制度差异的国际供应链生产计划模型，为国际供应链制订生产计划以及工厂选址提供决策支持。Mahmoudi 和 Rasti-Barzoki（2018）研究三个旨在减少生产者对环境影响的政府政策，发现征收碳税是最有效的政策。Drake（2018）研究当排放法规的严格程度因地区而异时生产过程中的碳泄漏问题。结果表明，碳泄漏可以降低碳关税下的碳排放，提高排放监管的有效性。Bai 等（2022）研究排放税和强制性排放能力法规在不确定环境下对制造商的最佳生产决策的影响。范丹等（2022）利用双重差分模型设计碳排放权交易试点政策的准自然实验，从微观企业层面探究碳排放权交易试点政策对全要素生产率的影响及作用机制。杨建华和解雯倩（2022）基于碳限额交易机制，通过构建制造商三种购买情形下的优化模型，并从经济和环境角度分析上述三种情形下的最优生产与减排决策，以探究碳限额总量和平台推广服务对减排成本差异化的竞争制造商生产与减排决策的影响。杨玉香等（2022b）分析两种减排政策：碳税和碳限额与交易政策，构建两种减排政策下的制造商、销售商和需求市场的三级供应链网络均衡模型，探讨两种减排政策下供应链网络成员的生产决策优化问题及均衡条件，以及两种减排政策的均衡条件。Chaleshigar Kordasiabi 等（2023）建立混合整数线性规划模型，讨论碳限额和碳排放税两种碳减排政策。

低碳供应链政策对供应链在位企业的运输及库存决策有着重大影响，在现行的低碳政策约束与消费者绿色环保意识增强背景下，企业运输过程中是否存在碳排放，库存过程中碳排放是否超标均会影响企业产品的销量。Hua 等（2011）研究碳排放交易机制下供应链的成员企业如何在库存管理中管理碳信用，推导出一个最优订单量，并研究了碳排放交易机制对企业绩效的影响。Schaefer 和 Konur（2015）分析碳上限、限额和交易、限额和抵消以及税收政策下供应链中的运输和库存中非卡车装载及卡车装载的联合库存控制与运输规划问题。Arikan 和 Jammernegg（2014）假设碳排放是由订购和储存过程中产生的，在总量控制制度下建立两种供应选择的决策模型，并分析总量控制制度对最优订货量决策的影响。Toptal 等（2014）分析了一家零售商在三种碳排放监管政策下对库存补充和碳减排投资的共同决策。Bazan 等（2015）考虑供应商管理库存和寄售库存协议策略，研究不同策略下使得供应链总成本最小的库存决策。Toptal 和 Çetinkaya（2017）研究碳排放限额交易和碳税法规下由一个买方和一个卖方组成的可持续供应链系统的协调问题，对每种法规下的分散模型和集中模型求最优解。Choi（2018）在碳排放约束政策下考虑具有利率、预算和利润目标考虑因素的时尚产品的多期风险最小化购买模型。柏庆国和徐贤浩（2017）研究碳政策下易变质产品的库存优化问题，构建碳限额与交易政策下易变质产品的库存优化模型，探讨相关参数对零售商库存策略的影响。葛显龙等（2018）提出在物流配送中引入新的碳交易机制来降低碳排放的策略。

产品采购及营销决策是供应链管理不可或缺的内容，但在低碳供应链政策的约束下，传统的供应链管理理论与方法已无法满足目前低碳绿色的需求，所以在低碳约束政策下有大量的研究是基于采购及营销决策问题开展的。Bai 和 Chen（2016）考虑碳排放法规对双重采购报童问题的影响。刘超和慕静（2017）研究历史法和标杆法两种碳排放政策对于供应链决策的影响，并建立四种不同类型的低碳供应链模型，发现一定条件下采用标杆法求解得到的订货量和减排量均大于采用历史法时的最优值。柏庆国和徐贤浩（2018）研究碳排放政策下二级易变质产品供应链的运作策略问题，得出在碳限额与交易政策和碳税政策下，存在唯一的最优订购策略使得供应链的利润值最大。Xu 等（2018）考虑总量控制和总量控制与交易制度下存在短缺，且订购和储存阶段都产生碳排放的报童问题，重点比较当部分需求信息已知时两种碳排放法规对经营决策的影响。黄瑞芬等（2020）在总量控制与交易机制下，研究零售商受资金约束的供应链优化问题。周艳菊等（2019）探讨制造商竞争情形下基于碳税政策的供应链成员定价策略和社会福利问题，研究表明碳税政策的实施均会使普通产品和低碳产品的批发及零售价格上升，且普通产品的价格变化较低碳产品更加明显。

考虑供应链成员竞争与合作不同情形下低碳供应链政策治理问题已有学者进行研究，主要可分为关于供应链同级企业间的竞争与合作、供应链上下游企业间的竞争与合作。供应链同级企业间的竞争与合作的研究在低碳供应链治理下多集中于产品转移方式的决策，产品投资、产品定价等方面。Manikas 和 Kroes（2015）在总量控制与交易制度下研究供应链中同级企业的碳排放许可交易决策，并设计一个前向购买启发式算法来确定最优的生产计划和排放交易策略。李辉等（2018）构建碳配额和减排双重约束下两个制造商的利润优化模型，以探究双方进行产品转移的最优决策问题。许舒婷等（2020）在碳税制度下构建包含两家制造商的双寡头模型，分别研究四种不同决策方案下两家制造商的均衡定价与最优利润以及制造商产品升级的条件。李小燕和王道平（2021）在碳交易机制下考虑制造商竞争且减排成本为低碳制造商私有信息的情况，分别研究信息完全对称和信息非对称对低碳制造商减排率和产品销售价格的影响问题。郑清和阿布都热合曼·卡的尔（2022）研究碳税机制下双寡头制造商分别实施不同低碳策略的动态博弈模型，分析博弈模型纳什均衡解处的稳定性及参数对系统稳定域的影响。Lin 等（2022）研究低碳制造商之间的兼并对价格和碳排放的影响，得出限额与交易监管是反垄断机构进一步保护消费者和环境的有效政策的结论。刘伟伟等（2022）研究政府碳交易机制下生产多种替代/互补产品的两家制造商竞争市场份额的问题。

不同于供应链同级企业间的竞争与合作，在低碳政策约束下关于供应链上下游企业间竞争与合作方式的决策研究多集中于合同设计、供应链协调社会福利等方面。Dong 等（2016）考虑碳排放总量控制和交易制度下的两级供应链，探讨收益共享合同对于系统的协调问题。Xu 等（2016）考虑在总量控制和排放交易制度下由单供应商和单制造商组成的两级供应链，发现下游制造商投资可持续技术能够减少生产过程中的碳排放。周艳菊等（2017）构建基于政府、制造商和零售商的三阶段 Stackelberg 博弈模型，分别分析零售市场在垄断、竞争情形下，碳税在市场参与者间的转嫁和重新分配等因素对均衡决策与社会福利的影响。程永伟等（2017）建立碳交易-碳税（环境税）并行政策下的两阶段供应链减排决策模型，研究混合碳政策对供应链定价、产能、利润、减排率及最优的有偿配额比例、竞价底价、混合策略等的影响。Bai 等（2017）研究碳排放总量控制和交易制度下的可持续易逝品供应链系统，同时提出并比较用于协调该供应链系统的收益-成本分享合同和两部定价合同。王婷婷和王道平（2020）基于微分博弈理论，研究由制造商和零售商构成的低碳供应链长期纵向合作减排、政府补贴问题等。杨惠霄和欧锦文（2020）基于政府征收碳税且消费者偏好绿色产品背景下，研究在单生产商单零售商的供应链中，生产商及供应链成员合作方式对碳减排决策及成员收益的影响。王道平和王婷婷（2021）针对低碳供应链减排、促销以及政府补贴策略问题，构建政府参与下由制造商和零售商构成的供应链微分博弈模型，分析不同的合同机制下政府和供应链的均衡策略。卓四清和韩雪（2022）在政府低碳补贴政策下，考虑投资减排技术的时滞效应。张令荣等（2023）考虑碳配额约束、碳交易价格等，构建单一线下渠道减排、双渠道不减排和双渠道减排决策模型，研究发现双渠道供应链中消费者低碳偏好对减排决策及供应链各主体利润有正向影响。

2.4.3 闭环供应链政策治理

随着环境的恶化、可持续发展思想的深入，许多国家规定某些产品必须进行回收处理以及包装容器必须回收等强制措施。2003 年初，欧盟正式公布了《废弃电子电器设备回收指令》（WEEE），我国也从 2003 年起要求电子产品生产商必须负责回收废旧产品。在环境持续恶化以及相关法律法规限制的背景下，供应链不得不考虑产品的回收、再利用等问题。因此，企业必须同时考虑从制造商到最终用户的正向流和从最终用户到制造商的逆向流，由此产生了闭环供应链。而闭环供应链政策治理是指通过政策实施来保障供应链的产品回收、产品再制造、再销售以及企业的延伸责任等各环节的执行符合可持续循环发展的理念，使整条供应链充分考虑环境因素，实现环境效益、资源效益和经济效益的多重协调发展。

鉴于政府在闭环供应链和绿色供应链管理中的关键作用，有大量关于定价和回收问题的研究是基于政府规制展开的，包含了强制回收政策、不同经营制度下的回收法规、回收的奖惩机制等。Atasu 等（2013a）提出有必要从政府的角度强制执行废旧电器和电子产品的回收。Atasu 等（2013b）比较“制造商经营形式和国家经营形式”两种形式的旧产品回收法规。Wang 等（2019b）研究多级闭环供应链中核心回收责任的政府奖惩机制和供应链成员企业的定价和回收决策问题，发现制造商承担回收责任产生最高的旧产品回收率和社会福利，政府应该对制造商施加较高的奖罚强度。Modak 和 Kelle（2021）提出碳排放税下考虑社会工作捐赠和回收投资的预期利润最大化的数学模型，研究发现用户的社会工作捐赠对回收有积极的影响。Lyu 等（2022）研究不同类型的政府减排法规对制造商回收利用决策的影响。

回收的产品经过再制造过程发挥剩余价值并增添新的价值，政策治理下运营及供应链管理中有关再制造的研究集中于政府对于再制造商的补贴、新旧产品的定价、消费者需求等。Mitra 和 Webster（2008）比较三种干预场景，包括政府①仅补贴制造商；②仅补贴再制造商；③同时补贴制造商和再制造商。Aksen 等（2009）建议政府应该补贴制造商。Plambeck 和 Wang（2009）发现“处置费”政策可以激励制造商设计可回收的产品。Zhao 等（2012）利用“风险容限”的概念，用博弈论分析制造商降低产品生命周期的策略，以降低材料和碳排放的环境风险。Liu 等（2015a）研究三种碳排放法规对零部件再制造系统的影响。Wang 等（2017a）研究制造商产品生产规划问题，考虑资金和碳排放限制下提出三种数学模型来确定新产品和再制造产品的最佳产量以使得制造商总利润最大。董雅文和任慧（2018）研究产品制造过程对经济、环境和社会的影响，以资源约束为主线，考虑产品制造过程中可回收利用材料的使用比例，结合制造过程中安排操作工人的人数，综合优化产品制造过程的生产成本、排放物及单位工人的工作量。吕宝龙等（2019）研究闭环供应链在增加的投资额与降低的碳排放量之间如何权衡，构建考虑碳税和产品绿色度的闭环供应链网络，探讨最优的生产/再制造与定价策略问题。王玉燕等（2021）考虑政府奖励机制，构建公平中性的分散式决策、零售商公平关切的分散式决策及集中式决策三种决策模式，分析新动能创新投入成本、公平关切系数对闭环供应链定价、新动能创新投入、回收率及各方利润的影响。Wu（2021）以动态视角研究政府干预的竞争性闭环供应链，探讨政府干预（征税或补贴）对环境负担、企业利润、消费者剩余和社会福利的影响。杨玉香等（2022b）考虑两种碳税政策：单一比例碳税政策和超额累进碳税政策，分别量化两种碳税政策下工厂需支付的碳税，对比分析两种碳税政策对闭环供应链网络成员企业新产品产量、需求、价格等的影响。梁佳平等（2023）基于政府碳排放奖惩机制，分析不同渠道结构下政府碳排放奖惩力度对各渠道成员定价及渠道选择决策的影响。

再制造产品的销售是决定逆向供应链能否与正向供应链形成闭环的关键一步，将影响产品的回收与再制造流程。再制造产品的销售问题同样涉及销售渠道、消费者购买意愿与定价等问题。Xu等（2017）调查四个在线交易阶段（即信息、协议、履行和售后阶段）的电子服务产品对拍卖和固定价格交易中客户对再制造产品的购买意愿的影响。Pinçe等（2016）研究原始设备制造商面对轻度使用的退回产品应如何在产品生命周期内在履行保修索赔和再营销翻新产品之间动态分配问题。Steeneck和Sarin（2013）研究新产品和再制造产品的定价问题。邹宗保等（2017）研究再制造产品销售渠道决策问题，分析比较新制造产品和再制造产品五种渠道结构。Schepler等（2024）研究二手消费电子产品的以旧换新、处理和再销售相关的流程与资源规划问题。

生产者责任延伸制度是一种环境保护策略，借由政府政策条例明确规范实施，旨在确保产品生产商对其产品的整个生命周期负责，特别是在其产品的回收和最终处置方面，减少产品及其包装对环境的总体影响。生产者责任延伸的主要责任在于生产者，生产者负责设计和营销决策。Zhao等（2019）探索可持续供应链治理和生产者责任延伸机制下的再制造产品营销问题。Cao等（2022）研究生产者责任延伸如何影响再制造决策，并分析了收集率和生产者利润等相关绩效。Choi和Siqin（2022）探讨政府如何正确制定生产者责任延伸政策（惩罚或补贴），并将其强加给制造商，以诱使制造商设定最佳污染物排放信息披露水平，从而最大限度地提高社会福利。Sun等（2023）研究生产者责任延伸和绿色税这两种废弃电器电子电气设备在中国废弃自行车回收系统中的回收问题。Alev等（2022）研究不同的生产者责任延伸实施模型对药品的有效性，并比较由此产生的生产者利润、环境影响和社会福利。Rahmani 等（2021）研究在生产者责任延伸的背景下的回收技术选择，以及它与产品设计的相互作用，以推动回收系统的环境效益。Alev 等（2020）研究耐用品的生产者责任延伸立法实施与非耐用品实施的不同之处。

2.5 本章小结

本章主要针对可持续供应链管理中的低碳、闭环、技术进行了聚焦，涉及绿色技术与产能投资、绿色供应链系统设计与优化、可持续供应链运营策略与协调机制以及可持续供应链系统政策治理四个方面，对相关文献进行了梳理和详述。首先从多个方面探讨了绿色技术的重要性，包括如何设计、采用和评估绿色技术，以及如何在实际生产中应用和评估这些技术。并涉及了如何设计和优化绿色物流系统联合决策与优化、绿色出行服务运营系统设计与优化以及闭环供应链系统设计与优化等问题。然后关注可持续供应链运营策略优化和协调机制设计方面的研究，其中包括如何制定符合环保标准的采购策略、推动资源循环利用的生产定价和库存策略以及推动绿色物流和包装的渠道策略等来优化供应链中的各个环节。最后讨论了解决闭环供应链系统中回收、再制造存在问题的途径，如价格依赖需求相关渠道领导结构、融合广告效应到混合制造/再制造系统市场需求、制造商设立双回收渠道开展竞争性旧产品回收以及最优决策等方面的研究。

第二篇　闭环供应链管理：渠道结构、回收努力与广告策略

本篇主要分析闭环供应链成员企业进行回收、制造和再制造活动业务时，受到闭环供应链中渠道结构、回收努力和广告策略等方面的影响。该篇前半部分关注异质性渠道领导结构及其协调模式而非回收选择问题，探索零售商回收模式并扩展研究到回收商参与旧产品回收的三级供应链协调问题。系统地比较三种逆向渠道结构，研究两种逆向渠道之间的竞争如何影响供应链成员企业的最优决策和渠道绩效。该篇后半部分在上述三种逆向回收结构下研究最优定价策略、零售商的广告投入和旧产品回收率，分析了市场需求和旧产品供给受零售价格、回收价格和广告投资影响时供应链各成员的决策。并且补充闭环供应链中关于废弃电子电器设备（WEEE）回收问题，从政府的角度研究当强加给制造商回收责任以及制造商和零售商共同分担回收责任时奖惩机制的有效性。

第3章　异质性渠道领导结构下闭环供应链协调机制研究

3.1　概　　述

产品再制造的商业价值已得到了学术界和产业界的普遍认可，但该商业实践仍存在盈利不确定性难题，因此企业需要在闭环供应链回收、制造和再制造活动中关注高效节能减排目标。闭环供应链主要包含三种类型的参与者：零售商、制造商/再制造商和第三方回收商（Savaskan et al.，2004），三类参与者在商业实践中具有不同的市场地位。部分零售商凭借其平台技术和资源优势在供应链中拥有巨大市场势力，如沃尔玛、国美、乐购等零售巨头（Chiu et al.，2011）。西姆斯金属管理公司（SIMS Metal Management），IBM 全球资产续用服务部（IBM's Global Asset Recovery Services）和 AER 全球（AER Worldwide）等回收商也扮演了市场领导者的角色（Karakayali et al.，2007）。异质性渠道领导结构会影响闭环供应链运作效率。目前已有的渠道领导结构文献多集中于正向供应链管理领域，忽略了闭环供应链管理问题。鉴于此，本章讨论闭环供应链管理的渠道领导结构问题。研究一类由单制造商、单零售商和单回收商组成的多级闭环供应链，考察不同渠道领导结构下闭环供应链成员企业决策和供应链绩效。通过构建模型解决如下研究问题：①比较闭环供应链管理中不同渠道领导结构对零售价格、转让价格、回收努力和渠道绩效的影响；②分析制造商主导、零售商主导和回收商主导哪种渠道领导结构更有利于闭环供应链整体绩效；③设计激励协调机制以协调不同渠道领导结构下的闭环供应链。

3.2 节介绍研究问题及四种供应链领导结构相关模型假设。3.3 节分析四种供应链领导结构决策问题，构建模型并推导出最优策略。3.4 节比较模型扩展下闭环供应链中四种领导结构的结果。3.5 节拓展两类供应链合同，分析闭环供应链的渠道协调机制设计。3.6 节为本章小结。

3.2　问 题 描 述

3.2.1　基本问题

考虑一类由单制造商、单零售商和单回收商组成的闭环供应链系统，该闭环供应链拥有完善的回收体系和再制造体系，使用可回收原材料，并可以同时进行新产品与再制造品的生产与销售。其生产、销售和回收具体包括以下过程：①制造商生产新产品并同时以价格 c_t 从回收商处收回旧产品开展再制造，新产品的生产成本为 c_m，旧产品的再制造成本为 c_r。②制造商以批发价格 w 将产品出售给零售商，零售商以零售价格 p 向市场出售产品。③回收商以回收努力 τ 从市场回收废旧产品；假设 $c_m > c_r$，意味着再制造旧产品的成本比制造新产品的成本低，$\overline{C} = c_m(1-\tau) + c_r\tau$ 表示制造业的平均单位成本。需要注意的是，再制造产品和新产品具备相同的质量特征，且再制造产品提供与新产品相同的保修和服务合同（Thierry et al.，1995；Savaskan and van Wassenhove，2006）。例如，柯达一次性成像相机，相机包装明确表明相机包含“再制造零部件”（Atasu et al.，2010）。另一行业案例是施乐公司的高价值复印机，施乐公司选择回收二手复印机并重新组装成新复印机（Savaskan et al.，2004）。

假设市场需求函数为确定性环境下的线性需求函数，即 $D(p) = \alpha - \beta p$，$\alpha > 0$，$\beta > 0, \alpha > \beta c_m$。其中 α 为基础市场规模，β 为价格弹性系数。这种需求函数形式常用于闭环供应链管理研究中（Bulow，1982；Weng，1995；Lee and Staelin，1997）①。

$\tau D(p)$ 表示回收数量②，其中 $0 \leqslant \tau \leqslant 1$，$\tau$ 即表示回收渠道的回收绩效，也可表示为产品回收努力函数（Savaskan et al.，2004）。此外，τ 也表示回收产品中再制造“新”产品的比例。具体而言，假设所有回收的旧产品都可以成功地再制造并转售③。函数 $C(\tau)$ 表示总回收成本，即 $C(\tau) = c_\tau \tau^2 + c_a \tau D(p)$④，$c_a$ 表示回收和处理退回产品的可变单位成本(例如，向退回旧产品的消费者支付的固定费用)。需要注意的是，二次成本函数 $c_\tau \tau^2$ 刻画的是关于 τ 的投资收益递减的特征，为了确保再制造过程的经济可行性，假设 $c_a < c_m - c_r$。

---

① 在实践中，产品需求具有随机性和复杂性。本章参考了生产经济学和运营管理中在确定性环境下关于再制造相关主题的大量文献，以便能够提供管理启示（Bulow，1982；Weng，1995；Savaskan et al.，2004；Ferrer and Swaminathan，2006，2010）。模型考虑一类由单制造商、单零售商和单回收商组成的三级供应链，最优决策依赖于需求函数的凸性。在模型中使用确定的线性需求以便于求解，否则将不会有任何解析解。

② 关于消费者退货政策的更多信息，见 Choi 等（2013）及 Ruiz-Benitez 和 Muriel（2013）的相关研究。

③ 实际中，回收旧产品后会进行测试、分类、修理、再制造、回收等一系列的过程。本质上讲，回收的废旧产品只有一部分可以进行再制造和转售，因为回收的产品可以按照质量等级进行分类，只有在一定程度上回收的产品才能进行再制造，有些是直接销毁的（Zhou et al.，2011）。关于产品再制造的工业案例有很多，如 IBM，施乐，惠普等企业都回收和再制造二手产品，并将再造品作为替代品转售。但从建模的角度来看，回收率和再造率作为决策变量没有本质区别。例如，假设回收的产品中可以再造的比率为 θ。已知回收率 τ，则再造品率为 θ。由于 θ 是外生的，因此它不改变模型的属性。不失一般性地，本章假设 $\theta = 1$，即回收的所有产品都可以成功再制造。这种假设在研究中也很常见，如 Savaskan 等（2004）、Hong 和 Yeh（2012）及 Atasu 等（2013）的相关研究。

④ 需要注意的是，二次成本函数在再制造的研究中已经被普遍使用，如 Hong 和 Yeh（2012）、Atasu 等（2013）、Savaskan 等（2004）的研究中均有介绍。

3.2.2　模型构建

本章考虑回收商、制造商和零售商分别充当闭环供应链渠道领导者的三种分散式决策模式。为了提供能与三种分散式模型进行比较的基准模型，本章考虑由中心决策者来决定零售价格和回收努力的集中式决策模式（Model I），如图 3.1 所示。在图 3.2～图 3.4 中，实线表示正向产品流，虚线表示逆向产品流。

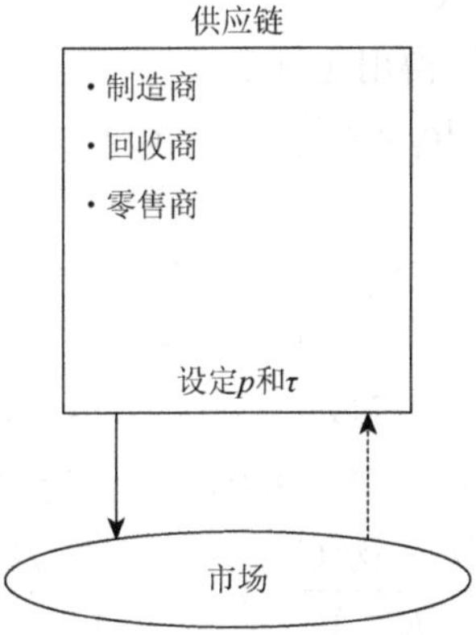

图 3.1　集中式决策模式

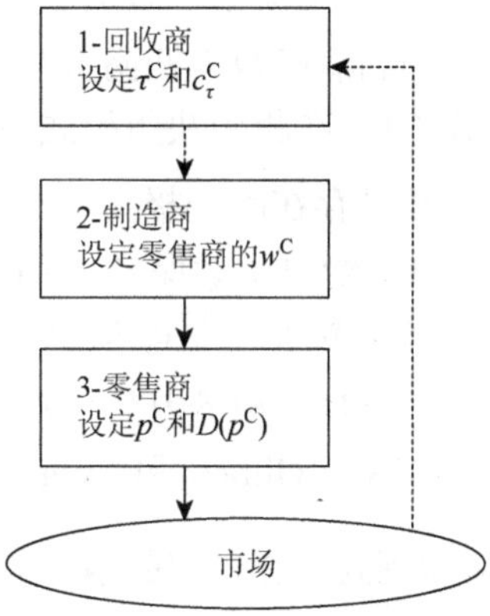

图 3.2　回收商主导的供应链分散式决策模式

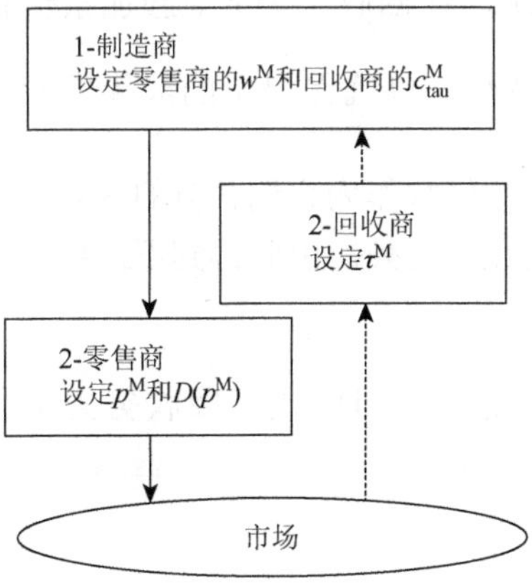

图 3.3　制造商主导的供应链分散式决策模式

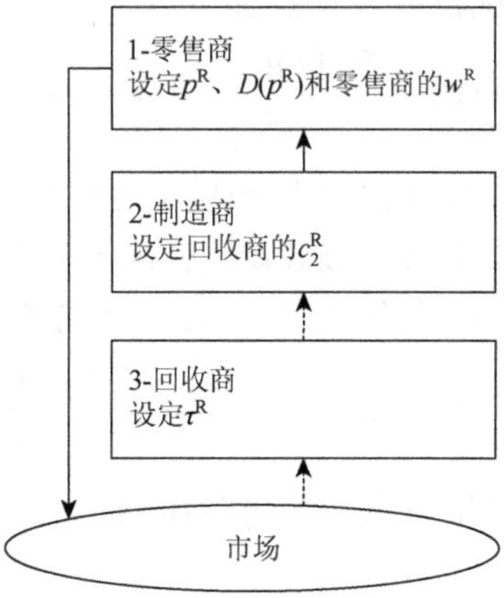

图 3.4　零售商主导的供应链分散式决策模式

在闭环供应链系统中，假设制造商对旧产品进行回收再制造，其再制造产品与新产品具备相同的质量特征，且再制造产品提供与新产品相同的保修和服务合同（Thierry et al.，1995；Savaskan and van Wassenhove，2006）。

3.3 供应链领导结构决策问题

3.3.1 集中式决策模式（Model I）

集中式闭环供应链为比较不同分散式闭环供应链的供应链成员企业利润和渠道绩效提供了参考基准。由于集中式模式下存在系统统一决策者，内部价格转移参数（批发价格 w，转让价格 c_τ）无决策意义，则系统决策者的利润函数为

$$\pi = \max_{p,\tau}\left\{pD(p)-c_m(1-\tau)D(p)-c_r\tau D(p)-c_\tau\tau^2-c_a\tau D(p)\right\} \quad (3.1)$$

为保证利润函数为凹函数且有唯一极大值，可得出定理 3.1。

定理 3.1 在集中决策模式下，当参数 c_τ 满足 $4c_\tau > \beta C_\Delta{}^2\left(c_m-c_r-c_a=C_\Delta\right)$ 时，π 为凹函数且存在唯一极大值。

定理 3.1 给出了确保式（3.1）存在最优解的数学条件。需要注意的是，当再制造成本足够高时（即 c_τ 足够大），各条件很容易满足，以保证再制造所有的旧产品经济上可行。后续分析中，将假设 $4c_\tau > \beta C_\Delta{}^2$ 始终成立。此假设与 Gupta 和 Loulou（1998）、Gilbert 和 Cvsa（2003）以及 Savaskan 等（2004）的假设相似。基于此，可得到式（3.1）的最优解为：$p^* = \dfrac{(\alpha+\beta c_m)2c_\tau-\alpha\beta C_\Delta^2}{\beta\left(4c_\tau-\beta C_\Delta^2\right)}$，$\tau^* = \dfrac{(\alpha-\beta c_m)C_\Delta}{4c_\tau-\beta C_\Delta{}^2}$。

需要注意的是，式（3.1）的最优解可能在回收努力 $\tau=0$ 或 1 时出现。然而这种情况没有管理意义，本章不考虑这两类情况。在回收努力 τ 上施加条件使一阶导数满足 $\left.\dfrac{\partial\pi(\tau)}{\partial\tau}\right|_{\tau=1}<0$（Savaskan et al.，2004），以确保得出的最优回收努力在 0～1，以便将四个模型（图 3.1～图 3.4）的最优解作为它们各自的内点解进行比较。另外，该假设还使回收努力 $\tau=1$ 在规模经济之外。由此得到不同模式下回收努力最优解的条件范围，如定理 3.2 所示。

定理 3.2 如果一阶导数 $\left.\dfrac{\partial\pi(\tau)}{\partial\tau}\right|_{\tau=1}<0$，则有不同模式下回收努力最优解 τ^*，τ^{C*}，τ^{M*}，τ^{R*} 均在 0～1。

3.3.2 回收商主导的供应链分散式决策模式（Model C）

在回收商主导的供应链分散式决策模式（Model C）下，大型回收商有很强的市场势力决定回收数量 $\tau D(p)$ 和转让价格 c_t^{C}。回收商主导模式下的供应链成员企业决策顺序如下：首先回收商决定旧产品的回收率 τ^{C} 和转让价格 c_τ^{C}，然后制造商

确定零售商的批发价格 w^{C}，最后零售商决定零售价格 p^{C} 和订货量 $D\left(p^{\mathrm{C}}\right)$。

则有零售商的利润函数为

$$\pi_{\mathrm{R}}^{\mathrm{C}}=\max_{p^{\mathrm{C}}}\left\{p^{\mathrm{C}}D\left(p^{\mathrm{C}}\right)-w^{\mathrm{C}}D\left(p^{\mathrm{C}}\right)\right\} \tag{3.2}$$

制造商的利润函数为

$$\pi_{\mathrm{M}}^{\mathrm{C}}=\max_{w^{\mathrm{C}}}\left\{w^{\mathrm{C}}D\left(p^{\mathrm{C}}\right)-c_t^{\mathrm{C}}\tau^{\mathrm{C}}D\left(p^{\mathrm{C}}\right)-c_m\left(1-\tau^{\mathrm{C}}\right)D\left(p^{\mathrm{C}}\right)-c_r\tau^{\mathrm{C}}D\left(p^{\mathrm{C}}\right)\right\} \tag{3.3}$$

由于零售价格和转让价格满足 $c_t^{\mathrm{C}}<w^{\mathrm{C}}$，回收商的利润函数为

$$\pi_{\mathrm{P}}^{\mathrm{C}}=\max_{\tau^{\mathrm{C}},b^{\mathrm{C}}}\left\{\left(c_t^{\mathrm{C}}\tau^{\mathrm{C}}-c_a\tau^{\mathrm{C}}\right)D\left(p^{\mathrm{C}}\right)-c_\tau\left(\tau^{\mathrm{C}}\right)^2\right\} \tag{3.4}$$

$$\text{s.t. } c_t^{\mathrm{C}}<w^{\mathrm{C}} \tag{3.5}$$

根据上述模型可推导出供应链成员企业的最优定价策略，得到定理 3.3。

定理 3.3　在零售商主导模式下，供应链成员企业的最优定价策略为 $c_t^{\mathrm{C}*}=\dfrac{8c_\tau}{\beta C_\Delta}+c_a$，$w^{\mathrm{C}*}=\dfrac{12c_\tau\alpha-\alpha\beta C_\Delta{}^2+4c_\tau\beta c_m}{\beta\left(16c_\tau-\beta C_\Delta{}^2\right)}$，$p^{\mathrm{C}*}=\dfrac{14c_\tau\alpha-\alpha\beta C_\Delta{}^2+2c_\tau\beta c_m}{\beta\left(16c_\tau-\beta C_\Delta{}^2\right)}$，$\tau^{\mathrm{C}*}=\dfrac{\left(\alpha-\beta c_m\right)C_\Delta}{16c_\tau-\beta C_\Delta{}^2}$。

3.3.3　制造商主导的供应链分散式决策模式（Model M）

在制造商主导的供应链分散式决策模式（Model M）下，制造商有权决定批发价格 w^{M} 和转让价格 b^{M}。此外，制造商将回收旧产品的活动外包给第三方，该第三方在客户和制造商之间充当中间人。制造商主导模式下的供应链成员企业决策顺序如下：首先制造商确定转让价格 c_2^{M} 和批发价格 w^{M}，然后回收商决定旧产品的回收率 τ^{M}，同时零售商决定订货量 $D\left(p^{\mathrm{M}}\right)$ 和销售价格 p^{M}。

则制造商主导模式下回收商的利润函数为

$$\begin{aligned}\pi_{\mathrm{P}}^{\mathrm{M}}&=\max_{\tau^{\mathrm{M}}}\left\{c_t^{\mathrm{M}}\tau^{\mathrm{M}}D\left(p^{\mathrm{C}}\right)-C\left(\tau^{\mathrm{M}}\right)\right\}\\&=\max_{\tau^{\mathrm{M}}}\left\{c_t^{\mathrm{M}}\tau^{\mathrm{M}}D\left(p^{\mathrm{C}}\right)-c_\tau\left(\tau^{\mathrm{M}}\right)^2-c_a\tau^{\mathrm{M}}D\left(p^{\mathrm{C}}\right)\right\}\end{aligned} \tag{3.6}$$

在制造商主导模式下零售商的利润函数为

$$\pi_{\mathrm{R}}^{\mathrm{M}}=\max_{p^{\mathrm{M}}}\left\{p^{\mathrm{M}}D\left(p^{\mathrm{C}}\right)-w^{\mathrm{M}}D\left(p^{\mathrm{C}}\right)\right\} \tag{3.7}$$

由于转让价格和零售价格满足 $p^{\mathrm{M}}>w^{\mathrm{M}}>c_t^{\mathrm{M}}>0$，且回收率满足 $0\leqslant\tau^{\mathrm{M}}\leqslant1$，因此制造商主导模式下制造商的利润函数转换为

$$\pi_{\mathrm{M}}^{\mathrm{M}}=\max_{w^{\mathrm{M}},b^{\mathrm{M}}}\left\{\left(w^{\mathrm{M}}-c_m\right)D\left(p^{\mathrm{C}}\right)-\left(c_t^{\mathrm{M}}-c_m+c_r\right)\tau^{\mathrm{M}}D\left(p^{\mathrm{C}}\right)\right\} \tag{3.8}$$

$$\text{s.t. } \frac{\alpha}{\beta} > w^{\mathrm{M}} > 0 \tag{3.9}$$

根据上述模型可推导出供应链成员企业的最优定价策略，得到定理 3.4。

定理 3.4　制造商主导模式下，供应链成员企业的最优定价策略为 $c_t^{\mathrm{M}*} = \frac{C_\Delta}{2} + c_a$，$w^{\mathrm{M}*} = \frac{8c_\tau(\alpha + \beta c_m) - \alpha\beta C_\Delta{}^2}{\beta(16c_\tau - \beta C_\Delta{}^2)}$，$\tau^{\mathrm{M}*} = \frac{(\alpha - \beta c_m)C_\Delta}{16c_\tau - \beta C_\Delta{}^2}$，$p^{\mathrm{M}*} = \frac{12c_\tau\alpha + 4c_\tau\beta c_m - \alpha\beta C_\Delta{}^2}{\beta(16c_\tau - \beta C_\Delta{}^2)}$。

3.3.4　零售商主导的供应链分散式决策模式（Model R）

在零售商主导的供应链分散式决策模式（Model R）下，供应链成员企业决策顺序如下：首先零售商决定零售价格 p^{R} 和批发价格 w^{R}，然后制造商决定转让价格 c_t^{R}，同时回收商决定旧产品回收率 τ^{R}。

则零售商主导模式下回收商的利润函数为

$$\pi_{\mathrm{P}}^{\mathrm{R}} = \max_{\tau^{\mathrm{R}}}\left\{c_t^{\mathrm{R}}\tau^{\mathrm{R}}D\left(p^{\mathrm{R}}\right) - C\left(\tau^{\mathrm{R}}\right)\right\} = \mathrm{Max}_{\tau^{\mathrm{R}}}\left\{c_t^{\mathrm{R}}\tau^{\mathrm{R}}D\left(p^{\mathrm{C}}\right) - c_\tau\left(\tau^{\mathrm{R}}\right)^2 - c_a\tau^{\mathrm{R}}D\left(p^{\mathrm{R}}\right)\right\} \tag{3.10}$$

零售商主导模式下制造商的利润函数为

$$\pi_{\mathrm{M}}^{\mathrm{R}} = \max_{b^{\mathrm{R}}}\left\{w^{\mathrm{R}} - c_m - \left(c_t^{\mathrm{R}} - c_m + c_r\right)\tau^{\mathrm{R}}\right\}\left(\alpha - \beta p^{\mathrm{R}}\right) \tag{3.11}$$

零售商主导模式下零售商的利润函数为

$$\pi_{\mathrm{R}}^{\mathrm{R}} = \max_{p^{\mathrm{R}},w^{\mathrm{R}}}\left\{\left(p^{\mathrm{R}} - w^{\mathrm{R}}\right)\left(\alpha - \beta p^{\mathrm{R}}\right)\right\} \tag{3.12}$$

根据上述模型可推导出供应链成员企业的最优定价策略，得到定理 3.5。

定理 3.5　零售商的批发价格必须满足 $w^{\mathrm{R}} \geqslant c_m - \frac{C_\Delta{}^2}{8c_\tau}\left(\alpha - \beta p^{\mathrm{R}}\right)$。

根据定理 3.5 能够推导出定理 3.6，定理 3.6 表明零售商主导模式下最优定价策略。

定理 3.6　零售商主导模式下供应链成员企业的最优定价策略为 $c_t^{\mathrm{R}*} = \frac{C_\Delta}{2} + c_a$，$w^{\mathrm{R}*} = \frac{8c_\tau(\alpha + \beta c_m) - \alpha\beta C_\Delta{}^2}{\beta(16c_\tau - \beta C_\Delta{}^2)}$，$\tau^{\mathrm{R}*} = \frac{2(\alpha - \beta c_m)C_\Delta}{16c_\tau - 3\beta C_\Delta{}^2}$，$p^{\mathrm{R}*} = \frac{12c_\tau\alpha + 4c_\tau\beta c_m - \alpha\beta C_\Delta{}^2}{\beta(16c_\tau - \beta C_\Delta{}^2)}$。

3.4　四种闭环供应链模型的绩效比较

对比分析四种闭环供应链模型的绩效，可得到以下关于分散式闭环供应链结构绩效的观察结果。

定理 3.7　在回收商主导模式、制造商主导模式和零售商主导模式下的最优转让价格和最优批发价格分别满足以下关系：$c_t^{C*} > c_t^{R*} = c_t^{M*}$，$w^{C*} > w^{M*} > w^{R*}$。

可见回收商主导模式下的最优转让价格最大。此外，零售商主导模式与制造商主导模式下的转让价格相同。如果制造商设定的转让价格很大，回收商会增加投资，同时，再制造产生的净利润会减少。因此，制造商面临转让价格的权衡。无论零售商还是制造商充当供应链领导者，当转让价格为$c_t^* = \frac{C_\Delta}{2} + c_a$时，批发价格对制造商利润的直接和间接影响将达到平衡。Savaskan 等（2004）研究也表明，制造商主导模式下的最优转让价格为$c_t^* = \frac{C_\Delta}{2} + c_a$。

对于最优批发价格，可以直观看到零售商主导模式下最优批发价格最小，因为零售商有强烈的动机将批发价格降到最低。但反直觉地，回收商主导模式下的最优批发价格大于制造商主导模式，是三个模式下最大的，这一发现为三级供应链管理提供了重要启示，即回收商（领导者）与市场接近程度最低，设定批发价格最高（伴随零售价格上涨）。从图 3.1～图 3.4 可以看出，回收商主导模式下与市场接近程度最低，其次是制造商主导模式，最后是零售商主导模式。

这是由于供应链领导者位置在回收商和制造商之间、制造商和零售商之间产生了一种“重复的双重边缘化”，导致批发价格和零售价格（见定理 3.8）与集中式决策模式下发生了偏差。

定理 3.8　①在回收商主导模式、制造商主导模式和零售商主导模式下的最优零售价格满足以下关系：$p^{C*} > p^{M*} > p^{R*} > p^*$。②因此有$D\left(p^*\right) > D\left(p^{R*}\right) > D\left(p^{M*}\right) > D\left(p^{C*}\right)$。

批发价格直接影响零售价格，这种价格传导的二级效应由转让价格决定。由于批发价格和转让价格分别满足$w^{C*} > w^{M*} > w^{R*}$，$c_t^{C*} > c_t^{R*} = c_t^{M*}$。零售商主导模式下的零售价格低于其他分散式决策模式的零售价格，因此，集中式决策模式下的价格低于其他三种分散式决策模式下的价格（从回收努力中获得的绩效收益可以有效地与市场共享，从而增加需求和利润）。

定理 3.9　在回收商主导模式、制造商主导模式和零售商主导模式下的最优产品回收率满足以下关系：$\tau^{R*} > \tau^* > \tau^{M*} > \tau^{C*}$。

定理 3.9 有两个含义：①在回收商主导模式和制造商主导模式下的最优回收率均小于集中式决策模式下的最优回收率；②零售商作为供应链领导者时，最优回收率大于集中式决策模式时的最优回收率。

回收率直接取决于回收商回收旧产品的利润。此外，回收旧产品产生的利润直接影响转让价格和零售数量。

基于定理 3.9 发现：随着供应链领导者与市场的接触程度变高，“旧产品的回收努力”和“在渠道中再制造产品的比例”都将得到改善（由图 3.1 和 τ 的定义可知）。有趣的是，当零售商作为供应链领导者时，回收率是最大的，而非预期的当回收商是领导者时回收率是最大的。

定理 3.10 ①在回收商主导模式、制造商主导模式和零售商主导模式下各供应链成员企业的利润分别满足以下关系：$\pi_{\mathrm{M}}^{\mathrm{M}*} > \pi_{\mathrm{M}}^{\mathrm{C}*} > \pi_{\mathrm{M}}^{\mathrm{R}*}$，$\pi_{\mathrm{R}}^{\mathrm{R}*} > \pi_{\mathrm{R}}^{\mathrm{M}*} > \pi_{\mathrm{R}}^{\mathrm{C}*}$，$\pi_{\mathrm{P}}^{\mathrm{R}*} > \pi_{\mathrm{P}}^{\mathrm{C}*} > \pi_{\mathrm{P}}^{\mathrm{M}*}$。②四种模式下的最优利润满足以下关系：$\pi^{*} > \pi^{\mathrm{R}*} > \pi^{\mathrm{M}*} > \pi^{\mathrm{C}*}$。

定理 3.10 表明了不同渠道领导结构下分散式闭环供应链的利润大小。由定理 3.9 和定理 3.10 可知，供应链系统整体利润与旧产品回收量呈正相关关系。除了集中式决策模式外，零售商主导模式下供应链系统整体利润最大。此外，回收商主导模式下回收商的利润小于零售商主导模式下回收商的利润，这是因为市场需求 $D\left(p^{\mathrm{C}*}\right)$ 和回收努力 $\tau^{\mathrm{C}*}$ 在回收商主导模式下是最低的（定理 3.8 和定理 3.9），由于旧产品的供应量受市场需求和回收努力的影响，所以旧产品供应量也较低。

3.5 闭环供应链的协调机制设计

鉴于本章所研究的渠道领导结构都是基于现实考虑，研究如何协调闭环供应链具有较强的理论意义和现实意义。即使回收商主导模式次于零售商主导模式的供应链绩效，通过适当的协调措施可实现供应链绩效达到系统最优。根据闭环供应链中不同渠道领导结构场景，如图 3.1～图 3.4 所示，回收商主导模式和零售商主导模式的闭环供应链为串行供应链，有 Stackelberg 博弈的领导者、一级追随者（次级领导）和次级追随者。相反，制造商主导模式下，制造商是 Stackelberg 博弈的领导者，而零售商和回收商是“并行”追随者；因此称制造商主导模式为并行供应链，回收商主导模式和零售商主导模式为串行供应链。由此展开研究串行和并行的闭环供应链协调机制。

3.5.1 并行闭环供应链的协调设计（Model M）

并行闭环供应链中，制造商是供应链领导者，决定新产品的批发价格和旧产品的转让价格，零售商和回收商是追随者，分别决定零售价格和回收努力。与 Savaskan 等（2004）以及 Savaskan 和 van Wassenhove（2006）的研究不同的是，本章研究一个三级闭环供应链系统，而非单制造商和单零售商组成的二级供应链系统。此外，所构建的模型中，制造商需要协调正向供应链和逆向供应链。为实现供应链协调，分散式决策模式下零售价格和回收努力应与集中式决策模式下的零售价格和回收努力相同。根据定理 3.8 和定理 3.9，如果制造商是领导者，零售价格和回收努力将分别满足如下关系：$p^{M*} > p^*$ 和 $\tau^{M*} < \tau^*$，只要使零售价格和回收努力与集中式决策模式下的结果相等，就可以实现并行闭环供应链协调。基于此，本节考虑了两类供应链合同，以协调并行闭环供应链系统。

首先检验两部定价合同对协调供应链的有效性（Cachon and Kök，2010）。在制造商主导模式下，制造商作为领导者能够确定两类合同 $W\left(p^{M}\right)=\left(w^{M}\left(p^{M}\right),F_1\right)$ 和 $B\left(\tau^{M}\right)=\left(c_t^{M}\left(\tau^{M}\right),F_2\right)$，分别为正向合同和逆向合同。此外 $w^{M}\left(p^{M}\right)$ 表示依据零售价格设定的批发价格定价方案，$c_t^{M}\left(\tau^{M}\right)$ 表示依据回收努力设定的转让价格定价方案。另外，F_1 和 F_2 分别为零售商和回收商支付给制造商的固定成本，在实际问题中，F_1 可看作零售商向制造商支付的许可费，以获得在市场上销售产品的权利，F_2 则是回收商向制造商支付的许可费，以获得回收旧产品的权利。

在制造商主导模式下制造商的最优决策问题如下：

$$\pi_{M}^{M*}=\max\left\{w^{M}D\left(p^{M}\right)-b^{M}\tau^{M}D\left(p^{M}\right)-c_m\left(1-\tau^{M}\right)D\left(p^{M}\right)-c_r\tau^{M}D\left(p^{M}\right)\right\}+F_1+F_2 \tag{3.13}$$

$$\text{s.t.}\quad\begin{cases}\tau^{M*}=\tau^*\\ p^{M*}=p^*\\ \pi_{P}^{M*}\left(c_t^{M}\left(\tau^{M}\right)\right)\geqslant\pi_{C}^{M*}\\ \pi_{R}^{M*}\left(w^{M}\left(p^{M}\right)\right)\geqslant\pi_{R}^{M*}\\ \pi_{M}^{M*}\left(w^{M}\left(p^{M}\right)\right),c_t^{M}\left(\tau^{M}\right))\geqslant\pi_{M}^{M*}\end{cases} \tag{3.14}$$

令 $\left(w^{M*}\left(p^{M}\right),F_1^*\right)=\left\{\left(w^{M},F_1\right)\middle|p^{M*}=p^*,F_1^*=\pi_{R}^{M*}\left(W\left(p^{M}\right)\right)-\pi_{R}^{M*}\right\}$，

$\left(c_t^{M*}\left(\tau^{M}\right),F_2^*\right)=\left\{\left(c_t^{M},F_2\right)\middle|\tau^{M*}=\tau^*,F_2^*=\pi_{P}^{M*}\left(B\left(\tau^{M}\right)\right)-\pi_{P}^{M*}\right\}$。

由此可得到并行供应链中渠道协调机制，如定理 3.11 所示。

定理 3.11　在并行闭环供应链中，制造商分别给零售商和回收商提供最优合同 $\left(w^{M*}\left(p^{M}\right),F_1^*\right)$ 和 $\left(c_t^{M*}\left(\tau^{M}\right),F_2^*\right)$ 以协调供应链，即确保零售商制定供应链最优协调零售价格，回收商制定供应链最优协调回收努力。

虽然有证据表明众多零售商使用两部定价合同，但它并非适用于所有情况（Cachon and Kök，2010）。下面介绍一种新的合同，即基于常用的批发价格收益共享合同演化而来的跨主体收益成本分享（cross-subject revenue and cost sharing，SRCS）合同，该合同中领导者与其他供应链成员企业同时协商收益共享合同参数，与 van der Rhee 等（2010）提出的合同相似。为实施 SRCS 合同，制造商给零售商提供收入共享合同 $W\left(p^{\mathrm{M}}\right)=\left(w^{\mathrm{M}}\left(p^{\mathrm{M}}\right),\phi_1\right)$，其中下标 1 表示正向供应链合同；同时给回收商提供跨主体成本分担合同 $B\left(\tau^{\mathrm{M}}\right)=\left(c_t^{\mathrm{M}}\left(\tau^{\mathrm{M}}\right),\phi_2\right)$，下标 2 表示逆向供应链合同；其中 ϕ_1 和 ϕ_2 分别表示零售商的收入共享比例和回收商的成本分摊比例。因此，制造商、零售商和回收商的决策问题分别如下：

$$\pi_{\mathrm{M}}^{\mathrm{M}*}=\max\left\{\begin{array}{c}\left(1-\phi_1\right)p^{\mathrm{M}}D\left(p^{\mathrm{M}}\right)w^{\mathrm{M}}D\left(p^{\mathrm{M}}\right)-c_t^{\mathrm{M}}\tau^{\mathrm{M}}D\left(p^{\mathrm{M}}\right)\\-\left(1-\phi_2\right)C\left(\tau^{\mathrm{M}}\right)-c_m\left(1-\tau^{\mathrm{M}}\right)D\left(p^{\mathrm{M}}\right)-c_r\tau^{\mathrm{M}}D\left(p^{\mathrm{M}}\right)\end{array}\right\} \tag{3.15}$$

$$\pi_{\mathrm{R}}^{\mathrm{M}*}=\max\left\{\phi_1 p^{\mathrm{M}}D\left(p^{\mathrm{M}}\right)-wD\left(p^{\mathrm{M}}\right)\right\} \tag{3.16}$$

$$\pi_{\mathrm{P}}^{\mathrm{M}*}=\max\left\{c_t^{\mathrm{M}}\tau^{\mathrm{M}}D\left(p^{\mathrm{M}}\right)-\phi_2 C\left(\tau^{\mathrm{M}}\right)\right\} \tag{3.17}$$

令 $\left(w^{\mathrm{M}*}\left(p^{\mathrm{M}}\right),\phi_1^*\right)=\left\{\left(w^{\mathrm{M}},\phi_1\right)\middle|p^{\mathrm{M}*}=p^*,\pi_{\mathrm{R}}^{\mathrm{M}*}\left(W\left(p^{\mathrm{M}}\right)\right)=\pi_{\mathrm{R}}^{\mathrm{M}*},0<\phi_1\leqslant 1\right\}$，

$\left(c_t^{\mathrm{M}*}\left(\tau^{\mathrm{M}}\right),\phi_2^*\right)=\left\{\left(c_t^{\mathrm{M}},\phi_2\right)\middle|\tau^{\mathrm{M}*}=\tau^*,\pi_{\mathrm{P}}^*\left(B\left(\tau^{\mathrm{M}}\right)\right)=\pi_{\mathrm{P}}^*,0<\phi_2\leqslant 1\right\}$。

定理 3.12 在并行闭环供应链中，制造商分别给零售商和回收商提供最优的 SRCS 合同 $\left(w_t^{\mathrm{M}*}\left(p^{\mathrm{M}}\right),\phi_1^*\right)$ 和 $\left(c_t^{\mathrm{M}*}\left(\tau^{\mathrm{M}}\right),\phi_2^*\right)$ 以协调供应链，即确保零售商制定供应链最优的协调零售价格，回收商制定供应链最优的协调回收努力。

3.5.2 串行闭环供应链的协调设计（Model R 和 Model C）

三级串行供应链由单领导者、单追随者和单终级追随者组成。例如，回收商为供应链领导者时，制造商为追随者，零售商为终级追随者，这种类型的供应链应逐级协调。以协调供应链整体绩效最大化为目标，本章首先提出了回收商主导模式的协调合同（三种分散式决策模式中回收商主导模式的供应链系统整体绩效最差），然后讨论零售商主导模式的协调合同。

供应链协调意味着分散式决策模式下的零售价格和回收努力与集中式决策模式下的结果相同。根据定理 3.8 和定理 3.9，当回收商为供应链领导者时，零售价格和回收努力分别满足 $p^{\mathrm{C}*}>p^*$ 和 $\tau^{\mathrm{C}*}<\tau^*$。因此，只要零售价格降低到集中式决

策模式下的零售价格或回收努力增加到集中式决策模式下的回收努力，供应链就能实现协调。回收商主导模式的供应链成员企业协调决策顺序如下：首先回收商设计供应合同$B\left(\tau^{\mathrm{C}}\right)=\left(c_t^{\mathrm{C}}\left(\tau^{\mathrm{C}}\right),F_2\right)$并提供给制造商，制造商基于合同决定制造和再制造水平，然后制造商设计批发合同$W\left(p^{\mathrm{C}}\right)=\left(w^{\mathrm{C}}\left(p^{\mathrm{C}}\right),F_1\right)$并提供给零售商以协调供应链中的制造商—零售商组成的供应链子系统。采用逆向归纳方法求解最优决策时，首先讨论制造商—零售商供应链子系统的协调，然后讨论回收商—制造商供应链子系统的协调。

制造商—零售商供应链子系统的协调：制造商作为供应链领导者且有能力决定合同$\left(w^{\mathrm{C}*}\left(p^{\mathrm{C}}\right),F_1^*\right)$，其中$w^{\mathrm{C}}\left(p^{\mathrm{C}}\right)$表示依据零售价格设定的批发价格定价方案，$F_1$可看作零售商向制造商支付的固定费用，以获得在市场上销售产品的权利。因此，制造商的最优决策问题如下：

$$\pi_{\mathrm{M}}^{\mathrm{C}*}=\max\left\{w^{\mathrm{C}}D\left(p^{\mathrm{C}}\right)-c_t^{\mathrm{C}}\tau^{\mathrm{C}}D\left(p^{\mathrm{C}}\right)-c_m\left(1-\tau^{\mathrm{C}}\right)D\left(p^{\mathrm{C}}\right)-c_r\tau^{\mathrm{C}}D\left(p^{\mathrm{C}}\right)\right\}+F_1 \tag{3.18}$$

$$\text{s.t.}\quad\begin{cases}p^{\mathrm{C}*}=p^*\\ \pi_{\mathrm{R}}^{\mathrm{C}*}\left(W\left(p\right)\right)\geqslant\pi_{\mathrm{R}}^{\mathrm{C}*}\\ \pi_{\mathrm{M}}^{\mathrm{C}*}\left(W\left(p\right)\right)\geqslant\pi_{\mathrm{M}}^{\mathrm{C}*}\end{cases} \tag{3.19}$$

关于回收商—制造商供应链子系统的协调：回收商为供应链领导者，制造商为追随者。需要注意的是，回收商能够直接确定最优的回收努力。根据定理 3.9，当回收商为供应链领导者时，回收努力满足$\tau_{\mathrm{P}}^*<\tau^*$。为了协调回收商—制造商组成的供应链子系统，回收商必须增加回收努力直到等于集中式决策模式下的回收努力。回收商需要设置最优的转让价格b_{C}^*和回收努力τ_{P}^*，同时确保$\left(c_t^{\mathrm{C}*}\left(\tau^{\mathrm{C}}\right),F_2^*\right)=\left\{\left(c_t^{\mathrm{C}},F_2\right)\middle|F_2^*=\pi_{\mathrm{M}}^{\mathrm{C}*}\left(B\left(\tau^{\mathrm{C}}\right)\right)-\pi_{\mathrm{M}}^{\mathrm{C}*}\right\}$。因此，回收商可提供协调回收商—制造商供应链子系统的合同，如定理 3.13 所示。

定理 3.13　在回收商主导模式下的串行闭环供应链，可通过扩展的两部定价合同协调供应链：①回收商提供合同$\left(c_t^{\mathrm{C}*}\left(\tau^{\mathrm{C}}\right),F_2^*\right)=\left\{\left(c_t^{\mathrm{C}},F_2\right)\middle|\tau^{\mathrm{C}*}=\tau^*,F_2^*=\pi_{\mathrm{M}}^{\mathrm{C}*}\left(B\left(\tau^{\mathrm{C}}\right)\right)-\pi_{\mathrm{M}}^{\mathrm{C}*}\right\}$给制造商；②制造商向零售商提供合同$\left(w^{\mathrm{C}*}\left(p^{\mathrm{C}}\right),F_1^*\right)=\left\{\left(w^{\mathrm{C}},F_1\right)\middle|p^{\mathrm{C}*}=p^*,F_1^*=\pi_{\mathrm{R}}^{\mathrm{C}*}\left(W\left(p^{\mathrm{C}}\right)\right)-\pi_{\mathrm{R}}^{\mathrm{C}*}\right\}$。

除了定理 3.13 的协调方案外，商业实践中许多制造商根据如生产者责任延伸制（EPR）的产品回收法回收报废产品（Atasu and Subramanian，2012），因此，制造商有动机负责产品整个生命周期，以实现更高效的闭环供应链。本章引入了收益成本分担（profit revenue and cost sharing，PRCS）合同，该合同假定主体间的所有合同都是同时制定的。制造商—零售商组成的供应链子系统中，制造商决定合同$W\left(p^{C}\right)=\left(w^{C}\left(p^{C}\right),\phi_1\right)$并提供给零售商，其中$w^{C}\left(p^{C}\right)$表示依据零售价格设定的批发价格定价方案，$\phi_1$代表零售商的收入共享比例。因此，制造商的最优决策问题如下：

$$\pi_{M}^{C*}=\max\left\{\begin{array}{c}\left(1-\phi_1\right)p^{C}D\left(p\right)-c_t^{C}\tau^{C}D\left(p^{C}\right)\\-\left(1-\phi_2\right)C\left(\tau^{C}\right)-c_m\left(1-\tau^{C}\right)D\left(p^{C}\right)-c_r\tau^{C}D\left(p^{C}\right)\end{array}\right\} \tag{3.20}$$

$$\pi_{R}^{C*}=\max\left\{\phi_1 p^{C}D\left(p^{C}\right)-w^{C}D\left(p^{C}\right)\right\} \tag{3.21}$$

关于回收商—制造商组成的供应链子系统，与上文的两部定价合同相似，根据定理 3.9，回收商为供应链领导者时，回收努力满足$\tau^{C*}<\tau^{*}$。为了协调回收商—制造商组成的供应链子系统，回收商必须增加回收努力直到等于集中式决策下的回收努力。因此，回收商可向制造商提供合同$B\left(\tau^{C}\right)=\left(c_t^{C}\left(\tau^{C}\right),\phi_2\right)$以协调供应链，其中$\left(c_t^{C*}\left(\tau^{C}\right),\phi_2^{*}\right)=\left\{\left(c_t^{C},\phi_2\right)\middle|\tau_{M}^{*}=\tau^{*},\pi_{M}^{C*}\left(B\left(\tau^{C}\right)\right)=\pi_{M}^{C*},0<\phi_2\leqslant 1\right\}$。因此，可得到 PRCS 下的协调机制，如定理 3.14 所示。

定理 3.14　在回收商主导模式下的串行闭环供应链，同时满足以下两个条件时：①回收商提供合同$\left(c_t^{C*}\left(\tau^{C}\right),\phi_2^{*}\right)=\left\{\left(c_t^{C},\phi_2\right)\middle|\tau_{M}^{*}=\tau^{*},\pi_{M}^{C*}\left(B\left(\tau^{C}\right)\right)=\pi_{M}^{C*},0<\phi_2\leqslant 1\right\}$给制造商；②制造商向零售商提供合同$\left(w^{C*}\left(p^{C}\right),\phi_1^{*}\right)=\left\{\left(w^{C},\phi_1\right)\middle|p_{M}^{*}=p^{*},\pi_{R}^{*}\left(W\left(p^{C}\right)\right)=\pi_{R}^{*},0<\phi_1\leqslant 1\right\}$，可通过 PRCS 合同协调供应链。

综上所述，闭环供应链管理背景下，两部定价合同和 PRCS 合同已用于实践（Majumder and Srinivasan，2006；Karakayali et al.，2007；van der Rhee et al.，2010）。但由于旧产品的潜在剩余价值不同，制造商会向回收商提供不同的合同；若旧产品的回收价值较低，制造商会向回收商提供两部定价合同，如药品废物、废旧电池等有毒废物的回收通常基于两部定价合同完成；对于空调、冰箱等回收价值较高的产品，制造商倾向于与回收商签订 PRCS 合同，如知名第三方物流公司 Channel Velocity 以 PRCS 合同形式与多家制造商合作来处理计算机和家电废弃物，在中国提供废物管理服务的 Sinorrr 公司也提供 PRCS 合同。

定理 3.15　在零售商主导模式下的串行闭环供应链，可通过扩展的两部定价合同协调供应链：①零售商提供合同$\left(w^{R*}\left(p^{R}\right),F_1^{*}\right)=\left\{\left(w^{R},F_1\right)\middle|p^{R*}=p^{*},F_1^{*}=\pi_{M}^{R*}\left(W\left(p^{R}\right)\right)-\pi_{M}^{R*}\right\}$给制造商。②制造商提供合同$\left(c_t^{R*}\left(\tau^{R}\right),F_2^{*}\right)=\left\{\left(c_t^{R},F_2\right)\middle|\tau^{R*}=\right.$

$=\tau^{*}, F_{2}^{*}=\pi_{\mathrm{P}}^{\mathrm{R}*}\left(B\left(\tau^{\mathrm{R}}\right)\right)-\pi_{\mathrm{P}}^{\mathrm{R}*}\}$ 给回收商。

定理 3.16　在零售商主导模式下的串行闭环供应链，可以通过以下条件协调供应链：①零售商提供合同 $\left(w^{\mathrm{R}*}\left(p^{\mathrm{R}}\right), \phi_{1}^{*}\right)=\left\{\left(w^{\mathrm{R}}, \phi_{1}\right) \middle| p^{\mathrm{R}*}=p^{*}, \pi_{\mathrm{M}}^{\mathrm{R}*}\left(W\left(p^{\mathrm{R}}\right)\right)=\pi_{\mathrm{M}}^{\mathrm{R}*}, 0<\phi_{1} \leqslant 1\right\}$ 给制造商；②制造商提供合同 $\left(b^{\mathrm{R}*}\left(\tau^{\mathrm{R}}\right), \phi_{2}^{*}\right)=\left\{\left(b^{\mathrm{R}}, \phi_{2}\right) \middle| \tau^{\mathrm{R}*}=\tau^{*}, \pi_{\mathrm{P}}^{\mathrm{R}*}\left(B\left(\tau^{\mathrm{R}}\right)\right)=\pi_{\mathrm{P}}^{\mathrm{R}*}, 0<\phi_{2} \leqslant 1\right\}$ 给回收商。

3.6 本章小结

异质性渠道领导结构影响闭环供应链成员企业的渠道关系和渠道绩效，本章通过分析零售价格、转让价格、回收努力等重要决策的影响，并对异质性渠道领导结构的供应链渠道绩效进行比较，可得到以下关于异质性供应链渠道领导结构下的闭环供应链管理领域的相关管理启示。

（1）以零售商主导的分散式决策模式具有较优的供应链绩效：以往关于闭环供应链管理研究通常假设制造商为具有领导议价能力的领导者。但分析结果表明制造商作为供应链领导者并不是最优的，而零售商作为供应链领导者能够产生更优的供应链绩效，这一发现为闭环供应链中的渠道领导结构从上游制造商到下游零售商的转移提供了新的科学依据。

（2）集中式决策模式下旧产品的回收率可能并不是最优的：从旧产品回收率角度看，直观上会认为在回收商主导模式下的回收率最高，但分析结果表明零售商主导模式下是最优的（零售商是供应链中与客户接触最密切的代理）。因为在零售商主导模式下零售商有动机确保产品较高的市场需求，同时旧产品回收的可能性增加，回收商也会更倾向于提升产品的回收能力。

（3）供应链领导者越靠近供应链上游，供应链的绩效越差。值得说明的是，回收商充当原材料供应商时，回收商作为领导者会收取更高的转让价格，进而导致较高的批发价格和零售价格以及较低的市场需求。

本章为不同渠道领导结构下具有价格依赖需求的闭环供应链管理提供了新颖且实用性强的渠道协调机制。根据不同的渠道领导结构将闭环供应链分为并行和串行结构，并针对每种供应链渠道领导结构提出确保供应链实现系统最优的协调机制。这些协调机制的背景和侧重点不同，因而可以为不同行业提供参考。

本章仍有一系列有待未来研究的科学问题：尽管本研究是在阅读大量文献并经过行业实践获得启发后开展的，但本章仍做了一些假设以便于未来开展研究。

例如，本章的模型假设只有一个零售商，然而现实中常存在多个竞争的零售商；此外，本章仅研究了具有确定性的闭环供应链模型，研究诸如：①随机性和非线性如何影响供应链代理人的决策和绩效；②不同供应链代理的风险规避程度或风险相关的替代性优化目标如何影响供应链绩效；③再制品的可用性如何影响制造决策和供应链协调机制等重要问题更具有挑战性。

第 4 章　闭环供应链产品回收模式设计与广告策略研究

4.1　概　　述

再制造在实现经济与环境可持续发展方面发挥的重要作用已得到越来越多的认可（Mukhopadhyay and Ma，2009），逆向渠道的有效管理是产品再制造中的一个重要问题。Savaskan 等（2004）认为制造商有三种回收旧产品的方式：①直接从市场回收旧产品（制造商回收模式）；②提供适当的激励措施以促使零售商从事回收工作（零售商回收模式）；③将回收业务外包给第三方物流（第三方回收模式）。再制造背景下，广告在刺激消费需求和促进旧产品回收方面发挥着重要作用（Johnson，2013；Sabharwal and Garg，2013），但尚未有研究探索广告这一重要营销工具在闭环供应链模型中的作用。基于 Savaskan 等（2004）的三种回收旧产品模式，本章构建了一个由零售商、回收商和制造商组成的二级闭环供应链模型，考察在上述三种逆向回收模式下的最优定价策略、零售商的广告投入和旧产品回收率，通过构建模型解决如下问题：①比较闭环供应链管理中不同逆向回收模式下的最优定价策略、零售商的广告投入和旧产品回收率；②考虑一个单周期的供应链系统，分析集中式和分散式供应链的零售价格、广告投资和旧产品回收率决策问题；③分析市场需求和旧产品供给受价格和广告投资影响时供应链成员企业的决策问题。

4.2 节介绍研究问题并做出假设。4.3 节建立四种闭环供应链领导结构模型并推导出最优策略。4.4 节比较模型扩展下闭环供应链中四种领导结构的模型结果。4.5 节拓展合作广告模式和两部定价合同，分析闭环供应链的渠道协调机制设计。4.6 节为本章小结。

4.2　问 题 描 述

本章研究一类由单制造商和单零售商或者由单制造商、单零售商和第三方企业组成的供应链系统。制造商拥有制造/再制造生产线，可以直接使用新部件和新材料生产新产品，同时开展旧产品的再制造活动，并通过零售商分销新产品和再制造产品。假设所有旧产品都可以成功地再制造并出售（Liang et al.，2009；Choi et al.，2013），且再制造产品具备新产品相同的功能质量与相同售价（Savaskan et al.，2004；Savaskan and van Wassenhove，2006；Ferrer and Swaminathan，2006；Choi et al.，2013）。此外，假设再制造的产品不能满足所有的需求，因此制造商还需要生产新产品（Savaskan et al.，2004）。在回收过程中，制造商可采取三种可替代的逆向回收渠道。①制造商回收模式：制造商直接从客户处回收。②零售商回收模式：制造商可以提供适当的激励措施来促使零售商回收旧产品。③第三方回收模式：制造商委托第三方公司开展旧产品回收业务。为了刺激市场需求，零售商实施本地广告活动[①]，广告策略可以间接影响定价和回收决策，进而对不同回收模式下的供应链成员企业利润产生影响。

已有研究表明再制造可以帮助制造商节省大量材料采购和生产成本（Guide and van Wassenhove，2009；Savaskan et al.，2004；Choi et al.，2013）。为了保证再制造活动具有生产的经济性，假设新产品的单位生产成本小于制造商进行旧产品再制造的单位生产成本，即$c_m < c_r$，并使用$C_\Delta = c_m - c_r$表示再制造活动产生的单位成本节省，c_m表示新产品的单位生产成本，c_r表示制造商进行旧产品再制造的单位生产成本。τ表示逆向渠道的旧产品回收率，平均单位生产成本为$\overline{C} = (1-\tau)c_m + \tau c_r = c_m - \tau C_\Delta$，Savaskan 等（2004），Hong 等（2013），Kumar Jena 和 Sarmah（2014），Wei 和 Zhao（2011）等都采用了类似的假设。给定旧产品的回收渠道，使用$c(\tau)$来刻画不同供应链成员企业的总回收成本，$c(\tau)$为严格凸函数，且有一阶导数$\partial c(\tau)/\partial\tau > 0$和二阶导数$\partial^2 c(\tau)/\partial\tau^2 > 0$。借鉴已有研究关于回收成本的设计方式（Savaskan and van Wassenhove，2006；Wu，2021），本章假设回收商在回收旧产品时的回收成本函数为$c(\tau) = c_\tau \tau^2$，其中c_τ表示规模系数。为便于后面的分析比较，假设参数c_τ在本章所设计的各类闭环供应链模型中都是相同的。c_t表示间接回收渠道下制造商支付给回收代理的单位回购费用，w表示制造商将产品批发给零售商的单位批发价格，p表示零售商的零售价格，C_a表示零售商的广告投资规模。

基于 Desiraju 和 Moorthy（1997），Tsay 和 Agrawal（2000），Chen 和 Xiao（2009）等的研究，假设市场需求为一般的线性需求函数，$D(p,C_a) = \alpha - \beta p + \theta\sqrt{C_a}$，s.t.$\alpha,\beta,\theta > 0$且$\alpha > \beta c_m$。其中，$\alpha$表示市场规模，$\beta$表示价格弹性系数，$\theta$表示需求对零售商广告投资水平的敏感度。假设零售商的需求函数是零售价格单调减函数，是广告投资的单调增函数。

① 假设零售商仅实施本地广告，这种假设是适当的，因为零售商通常更了解本地客户的偏好和有效的本地广告渠道（Yue et al.，2013）。

π_i^j 表示模型 j 中供应链成员企业 i 的利润函数，上标 $j \in \{\mathrm{I,M,R,P}\}$ 分别表示集中式供应链系统、制造商回收模式供应链、零售商回收模式供应链和第三方回收模式供应链。下标 $i \in \{\mathrm{M,R,P,T}\}$ 分别表示制造商、零售商、第三方企业和供应链系统。

假设供应链系统中的各类信息具有对称性，关于对称信息的假设在运营管理与供应链管理研究中已有普遍使用（Savaskan et al.，2004；Hua et al.，2010）。

4.3　模型构建及分析

在集中式闭环供应链基准模型中，存在系统统一决策者控制所有的决策（旧产品回收率 τ 、零售价格 p 和广告投资 C_a ）以最大化其利润；在分散式闭环供应链中，每个供应链企业成员都做出使自己的利润最大化的决策。借鉴已有研究关于供应链领导结构的设计（McGuire and Staelin，1983；Savaskan et al.，2004；Hua et al.，2010；Lee and Ren，2011；Choi et al.，2013），假设制造商是 Stackelberg 博弈的领导者，其他供应链企业成员为跟随者。

4.3.1　集中式闭环供应链模式（模型Ⅰ）

在集中式闭环供应链模式（模型Ⅰ）中，供应链系统的利润函数如下：

$$\pi^{\mathrm{I}} = \left(p - c_m + C_\Delta \tau\right)\left(\alpha - \beta p + \theta\sqrt{C_a}\right) - c_\tau \tau^2 - C_a \tag{4.1}$$

为了使供应链系统利润最大化，从式（4.1）可推导出以下关于供应链系统的利润函数 π^{I} 的命题。

命题 4.1　集中式模式下供应链系统的利润函数 π^{I} 是关于零售价格 p 和旧产品回收率 τ 的联合凹函数，是关于广告投资 C_a 的严格凹函数。

由命题 4.1 亦可得出，仅使用一阶条件并不能得到最优的零售价格、旧产品回收率和广告投资。但对于任何给定的广告投资 C_a， π^{I} 都存在关于零售价格 p 和旧产品回收率 τ 的唯一最优解，因此可以使用两阶段优化法求解此问题（Dan et al.，2012），即首先对于给定 C_a 时求出 π^{I} 的最优值，然后推导出最优的广告投资 C_a 。

基于式（4.1）和命题 4.1，可得到关于零售商最优定价策略的定理 4.1。

定理 4.1　对于给定 C_a 值，零售商的最优零售价格和最优旧产品回收率可表示为

$$p^{\mathrm{I}*}(C_a)=\frac{\left(2c_\tau-\beta C_\Delta{}^2\right)\theta\sqrt{C_a}+2c_\tau\left(\alpha+\beta c_m\right)-\alpha\beta C_\Delta^2}{\beta\left(4c_\tau-\beta C_\Delta{}^2\right)},$$

$$\tau^{\mathrm{I}*}(C_a)=\frac{C_\Delta\left(\alpha+\theta\sqrt{C_a}-\beta c_m\right)}{4c_\tau-\beta C_\Delta{}^2} \tag{4.2}$$

定理 4.1 的结果表明，最优零售价格 $p^{\mathrm{I}*}(C_a)$ 和最优旧产品回收率 $\tau^{\mathrm{I}*}(C_a)$ 是关于广告投资 C_a 的单调增函数。直观地讲，广告投资的增加意味着经营成本的增加，因此零售商会提高零售价格。在实践中，零售商将广告策略作为刺激需求的重要手段，广告投资的增加会引发需求的增加，需求的增加也会对旧产品回收率产生间接影响。需求增加使旧产品的回收更有利可图，因此，零售商有更多的动机致力于旧产品的回收。

基于边际收益递减原则，企业不会无限制地增加广告投资（Zhang et al.，2013b），假设广告投资 C_a 有上界，即 $0\leqslant C_a\leqslant \mathbb{N}$，其中 $\mathbb{N}$ 是一个足够大的常数。

将式（4.2）代入式（4.1），可得到关于广告投资 C_a 的总利润函数 $\pi^{\mathrm{I}}(C_a)$ 为

$$\pi^{\mathrm{I}}(C_a)=\frac{c_\tau(\alpha+\theta\sqrt{C_a}-\beta c_m)^2}{\beta\left(4c_\tau-\beta C_\Delta{}^2\right)}-C_a \tag{4.3}$$

为得到使总利润 $\pi^{\mathrm{I}}(C_a)$ 最大化的最优广告投资 C_a，求解 $\pi^{\mathrm{I}}(C_a)$ 对 C_a 的一阶条件，可得到零售商的最优广告投资为 $C_a^{\mathrm{I}*}=\left[\dfrac{c_\tau\theta\left(\alpha-\beta c_m\right)}{\beta\left(4c_\tau-\beta C_\Delta{}^2\right)-c_\tau\theta^2}\right]^2$，所以有

$$\tau^{\mathrm{I}*}=\frac{C_\Delta\beta\left(\alpha-\beta c_m\right)}{\beta\left(4c_\tau-\beta C_\Delta{}^2\right)-c_\tau\theta^2},\quad p^{\mathrm{I}*}=\frac{c_\tau\left(2\alpha-\theta^2c_m+2\beta c_m\right)-\alpha\beta C_\Delta{}^2}{\beta\left(4c_\tau-\beta C_\Delta{}^2\right)-c_\tau\theta^2}。$$

为了确保所有模型都有内点解，假设规模系数 c_τ 足够大，使得 $\tau^{\mathrm{I}^*}<1$。根据 $\tau^{\mathrm{I}^*}<1$，可推导出 $c_\tau>\dfrac{\beta C_\Delta\left(\alpha-\beta c_m+\beta C_\Delta\right)}{4\beta-\theta^2}$ 和 $0<\theta<2\sqrt{\beta}$。将最优广告投资代入式（4.2）和式（4.3），可得到供应链的最优零售价格和总利润。

4.3.2 分散式闭环供应链模型-制造商回收模式（模型 M）

在制造商回收模式中，制造商承担旧产品的回收责任，即直接从消费市场上回收旧产品。例如，惠普回收计算机和外围设备、施乐回收复印和打印盒（Savaskan et al.，2004）就是此类闭环供应链产品回收的典型案例。

在该模式中，给定任意的批发价格 w 和旧产品回收率 τ，零售商的利润函

数为

$$\max_{p,C_a}\pi_{\mathrm{R}}^{\mathrm{M}}=(p-w)\left(\alpha-\beta p+\theta\sqrt{C_a}\right)-C_a \tag{4.4}$$

制造商的利润函数为

$$\max_{w,\tau}\pi_{\mathrm{M}}^{\mathrm{M}}=(w-c_m+\tau C_\Delta)\left(\alpha-\beta p+\theta\sqrt{C_a}\right)-c_\tau\tau^2 \tag{4.5}$$

为了使零售商的利润函数 $\pi_{\mathrm{R}}^{\mathrm{M}}$ 最大化，研究以下关于零售商的利润函数 $\pi_{\mathrm{R}}^{\mathrm{M}}$ 的命题。

命题 4.2　零售商的利润函数 $\pi_{\mathrm{R}}^{\mathrm{M}}$ 是关于零售价格 p 的严格凹函数。

基于式（4.4）和式（4.5），可得到关于制造商最优定价策略的定理 4.2。

定理 4.2　对给定的任意 C_a 值，制造商的最优批发价、最优旧产品回收率和零售商的最优零售价格分别为 $w^{\mathrm{M}*}(C_a)=\dfrac{\left(4c_\tau-\beta C_\Delta^{\ 2}\right)\left(\alpha+\theta\sqrt{C_a}\right)+4c_\tau\beta c_m}{\beta\left(8c_\tau-\beta C_\Delta^{\ 2}\right)}$，$\tau^{\mathrm{M}*}(C_a)=\dfrac{C_\Delta\left(\alpha-\beta c_m+\theta\sqrt{C_a}\right)}{8c_\tau-\beta C_\Delta^{\ 2}}$，$p^{\mathrm{M}*}(C_a)=\dfrac{\left(6c_\tau-\beta C_\Delta^{\ 2}\right)\left(\alpha+\theta\sqrt{C_a}\right)+2c_\tau\beta c_m}{\beta\left(8c_\tau-\beta C_\Delta^{\ 2}\right)}$。

根据定理 4.2 的结果，不难发现：制造商回收模式下的最优零售价格 $p^{\mathrm{M}*}(C_a)$、最优批发价格 $w^{\mathrm{M}*}(C_a)$、最优旧产品回收率 $\tau^{\mathrm{M}*}(C_a)$、最优利润函数 $\pi_{\mathrm{M}}^{\mathrm{M}}(C_a)$ 均是广告投资 C_a 的单调增函数。因此，得到如下管理启示：消费者对广告越敏感，其零售价格、批发价格、旧产品回收率和制造商的利润越可能增加。

将最优零售价格 $p^{\mathrm{M}*}(C_a)$ 和最优批发价格 $w^{\mathrm{M}*}(C_a)$ 代入式（4.5），给定任意的广告投资 C_a，零售商的最优利润函数为 $\pi_{\mathrm{R}}^{\mathrm{M}}(C_a)=\dfrac{4c_\tau^{\ 2}(\alpha+\theta\sqrt{C_a}-\beta c_m)^2}{\beta(8c_\tau-\beta C_\Delta^{\ 2})^2}-C_a$。

为了得到使零售商利润 $\pi_{\mathrm{R}}^{\mathrm{M}}(C_a)$ 最大化的最优广告投资 C_a，求解 $\pi_{\mathrm{R}}^{\mathrm{M}}(C_a)$ 对 C_a 的一阶条件，可得到零售商的最优广告投资为 $C_a^{\mathrm{M}*}=\left(\dfrac{4\theta c_\tau^2\ (\alpha-\beta c_m)}{\beta(8c_\tau-\beta C_\Delta^2)^2-4c_\tau^{\ 2}\theta^2}\right)^2$。

将 $C_a^{\mathrm{M}*}$ 代入制造商和零售商的最优决策中，可以得出制造商的最优批发价格、旧产品回收率以及零售商的最优零售价格。

4.3.3　分散式闭环供应链模型–零售商回收模式（模型 R）

在零售商回收模式下，零售商销售新产品和再制造产品，并负责旧产品的回收，制造商按单位旧产品支付回购成本 c_t，以激励零售商从顾客手中回收旧产品。这种回收模式在产业界普遍存在，如电子产品制造商让其零售商参与二手电视机和计算机的回收活动。

给定任意的批发价格 w ，零售商的利润函数为

$$\max_{p,\tau,C_a}\pi_{\mathrm{R}}^{\mathrm{R}}=\left(p-w+c_t\tau\right)\left(\alpha-\beta p+\theta\sqrt{C_a}\right)-c_\tau\tau^2-C_a \tag{4.6}$$

给定任意的广告投资 C_a ，制造商的利润函数为

$$\max_w\pi_{\mathrm{M}}^{\mathrm{R}}=\left(w-c_m+\tau\left(C_\Delta-c_t\right)\right)\left(\alpha-\beta p+\theta\sqrt{C_a}\right) \tag{4.7}$$

为了使零售商回收模式下零售商的利润 $\pi_{\mathrm{R}}^{\mathrm{R}}$ 最大化，以下研究有关零售商回收模式下零售商的利润 $\pi_{\mathrm{R}}^{\mathrm{R}}$ 的命题 4.3。

命题 4.3 零售商回收模式下零售商的利润函数 $\pi_{\mathrm{R}}^{\mathrm{R}}$ 是关于零售价格 p 和旧产品回收率 τ 的联合凹函数。

同时，从式（4.6）和式（4.7）可得出以下关于制造商最优定价策略的定理 4.3。

定理 4.3 给定任意的广告投资 C_a ，制造商的最优批发价格、零售商的最优零售价格和最优旧产品回收率分别为

$$w^{\mathrm{R}*}\left(C_a\right)=\frac{\left(4c_\tau+\beta c_t^2-2\beta C_\Delta c_t\right)\left(\alpha+\theta\sqrt{C_a}\right)+\beta\left(4c_\tau-\beta c_t^2\right)c_m}{2\beta\left(4c_\tau-\beta c_tC_\Delta\right)},$$

$$p^{\mathrm{R}*}\left(C_a\right)=\frac{\left(3c_\tau-\beta c_tC_\Delta\right)\left(\alpha+\theta\sqrt{C_a}\right)+c_\tau\beta c_m}{\beta\left(4c_\tau-\beta c_tC_\Delta\right)},\quad \tau^{\mathrm{R}*}\left(C_a\right)=\frac{c_t\left(\alpha+\theta\sqrt{C_a}+\beta c_m\right)}{2\left(4c_\tau-\beta C_\Delta\right)}。$$

类似于制造商回收模式中的相关条件，容易证明最优零售价格 $p^{\mathrm{R}*}\left(C_a\right)$、最优批发价格 $w^{\mathrm{R}*}\left(C_a\right)$ 和最优旧产品回收率 $\tau^{\mathrm{R}*}\left(C_a\right)$ 均是广告投资 C_a 的单调增函数。

将 $p^{\mathrm{R}*}\left(C_a\right)$、$w^{\mathrm{R}*}\left(C_a\right)$ 和 $\tau^{\mathrm{R}*}\left(C_a\right)$ 代入式（4.6），给定任意的 C_a ，零售商的利润函数为 $\pi_{\mathrm{R}}^{\mathrm{R}}\left(C_a\right)=\dfrac{c_\tau(\alpha+\theta\sqrt{C_a}-\beta c_m)^2\left(4c_\tau-\beta c_t^2\right)}{4\beta(4c_\tau-c_tC_\Delta\beta)^2}-C_a$ 。

为了得到使零售商的利润 $\pi_{\mathrm{R}}^{\mathrm{R}}\left(C_a\right)$ 最大化的最优广告投资 C_a ，分析广告投资 C_a 的一阶条件，可得到零售商的最优广告投资为 $C_a^{\mathrm{R}*}=\left(\dfrac{\theta c_\tau\left(4c_\tau-\beta c_t^2\right)\left(\alpha-\beta c_m\right)}{4\beta(4c_\tau-c_t\beta C_\Delta)^2-c_\tau\theta^2\left(4c_\tau-\beta c_t^2\right)}\right)^2$ 。将 $w^{\mathrm{R}*}$、$p^{\mathrm{R}*}$ 和 $C_a^{\mathrm{R}*}$ 代入式（4.7），可得到制造商的利润函数为 $\pi_{\mathrm{M}}^{\mathrm{R}}=\dfrac{8\beta c_\tau(\alpha-\beta c_m)^2(4c_\tau-C_\Delta\beta c_t)^3}{\left(4\beta(4c_\tau-c_t\beta C_\Delta)^2-c_\tau\theta^2\left(4c_\tau-\beta c_t^2\right)\right)^2}$ 。

求制造商的利润函数 $\pi_{\mathrm{M}}^{\mathrm{R}}$ 关于 c_t 的一阶导数，可得到以下观察结果。

观察结果 4.1 当 $c_t=C_\Delta$ 时，制造商可以实现其利润最大化。

实践中，供应链成员企业将从这一看似违反直觉的决策中受益。从零售商的

角度出发，单位回购成本 c_t 的增加具有以下三方面影响：①对于给定的旧产品回收率 τ 值，单位回购成本 c_t 的增加会促使零售商降低价格，进而促进市场需求增加，最终导致利润增加。②广告投入 C_a 也随着单位回购成本 c_t 的增加而增加，单位回购成本 c_t 起到了刺激需求的作用。③更高的市场需求使旧产品的回收对零售商来说更有利可图，这反过来又激励零售商增加对旧产品回收的投资，并使旧产品回收率 τ 增加。

制造商倾向于将所有节省的成本转移给零售商的原因如下。首先，旧产品回收率 τ 随着单位回购价格 c_t 增加，这使得制造商的平均单位成本降低（即 $c_m-\tau C_\Delta$ 减小）。其次，由于供应链中存在双重边际化效应，如果不设定 $c_t=C_\Delta$，在零售商更新其零售价格时，节约的部分单位成本将转化为零售商的利润率。因此，广告投入、旧产品回收投资和最终需求都会降低。一般来说，制造商的最优策略是将节约的所有单位成本都转移给零售商。

通过代入最优广告投资 $C_a^{\mathrm{R}*}$，容易得到最优的零售价格、批发价格、旧产品回收率和各供应链成员企业的利润。

4.3.4　分散式闭环供应链模型-第三方回收模式（模型 P）

在第三方回收模式中，许多原始设备制造商更倾向于委托独立的第三方回收商协助其回收旧产品，因为第三方回收商一般会具备专业的回收旧产品经验和处理能力（Savaskan et al.，2004）。此模式下，假设零售商和第三方回收商同时做出决策，并开展伯川德（Bertrand）定价博弈（Hong and Yeh，2012）。

对于给定的批发价格 w，零售商和第三方回收商的利润函数分别为

$$\max_{p,C_a}\pi_{\mathrm{R}}^{\mathrm{P}}=(p-w)\left(\alpha-\beta p+\theta\sqrt{C_a}\right)-C_a \tag{4.8}$$

$$\max_{\tau}\pi_{\mathrm{P}}^{\mathrm{P}}=c_t\tau\left(\alpha-\beta p+\theta\sqrt{C_a}\right)-c_\tau\tau^2 \tag{4.9}$$

对于给定的广告投资 C_a，制造商的利润函数为

$$\max_{w}\pi_{\mathrm{M}}^{\mathrm{P}}=\left(w-c_m+\tau\left(C_\Delta-c_t\right)\right)\left(\alpha-\beta p+\theta\sqrt{C_a}\right) \tag{4.10}$$

为了使第三方回收模式下零售商和第三方回收商的利润 $\pi_{\mathrm{R}}^{\mathrm{P}}$ 和 $\pi_{\mathrm{P}}^{\mathrm{P}}$ 最大化，研究以下关于第三方回收模式下零售商和第三方回收商的利润函数 $\pi_{\mathrm{R}}^{\mathrm{P}}$ 和 $\pi_{\mathrm{P}}^{\mathrm{P}}$ 的命题 4.4。

命题 4.4　①零售商的利润函数 $\pi_{\mathrm{R}}^{\mathrm{P}}$ 是关于零售价格 p 的严格凹函数；②第三方回收商的利润函数 $\pi_{\mathrm{P}}^{\mathrm{P}}$ 是关于旧产品回收率 τ 的严格凹函数。

由命题 4.4 亦可得出，仅使用零售商利润函数 $\pi_{\mathrm{R}}^{\mathrm{P}}$ 的一阶条件并不可能得到最优的零售价格和广告投资。因此，下面使用两阶段优化方法来求解此问题。

从式（4.10）可得出以下关于制造商最优定价策略的定理 4.4。

定理 4.4 给定任意的广告投资 C_a，制造商的最优批发价格、最优旧产品回收率和零售商的最优零售价格分别为

$$w^{\mathrm{P}*}\left(C_a\right)=\frac{\left(2c_\tau-b\beta C_\Delta+\beta c_\tau^2\right)\left(\alpha+\theta\sqrt{C_a}\right)+2\beta c_\tau c_m}{\beta\left(4c_\tau-c_t\beta C_\Delta+\beta c_t^{\ 2}\right)},$$

$$\tau^{\mathrm{P}*}\left(C_a\right)=\frac{c_t\left(\alpha+\theta\sqrt{C_a}+\beta c_m\right)}{2\left(4c_\tau-c_t\beta C_\Delta+\beta c_t^{\ 2}\right)},$$

$$p^{\mathrm{P}*}\left(C_a\right)=\frac{\left(3c_\tau-b\beta C_\Delta+\beta c_t^{\ 2}\right)\left(\alpha+\theta\sqrt{C_a}\right)+\beta c_\tau c_m}{\beta\left(4c_\tau-c_t\beta C_\Delta+\beta c_t^{\ 2}\right)}$$

类似于制造商和零售商回收模式，容易证明最优零售价格 $p^{\mathrm{P}*}\left(C_a\right)$、最优批发价格 $w^{\mathrm{P}*}\left(C_a\right)$ 和最优旧产品回收率 $\tau^{\mathrm{P}*}\left(C_a\right)$ 均是广告投资 C_a 的单调增函数。

将 $w^{\mathrm{P}*}\left(C_a\right)$ 和 $p^{\mathrm{P}*}\left(C_a\right)$ 代入式（4.8），给定任意 C_a，零售商的利润函数为 $\pi_{\mathrm{R}}^{\mathrm{P}}\left(C_a\right)=\dfrac{c_\tau^2(\alpha+\theta\sqrt{C_a}-\beta c_m)^2}{\beta(4c_\tau-c_t\beta C_\Delta+\beta c_t^2)^2}-C_a$。

为了找到使零售商的利润 $\pi_{\mathrm{R}}^{\mathrm{P}}\left(C_a\right)$ 最大化时的最优广告投资 C_a，求零售商的利润函数 $\pi_{\mathrm{R}}^{\mathrm{P}}\left(C_a\right)$ 关于广告投资 C_a 的一阶条件，可得到零售商的最优广告投资为 $C_a^{\mathrm{P}*}=\left(\dfrac{\theta c_\tau^2\left(\alpha-\beta c_m\right)}{\beta(4c_\tau-c_t\beta C_\Delta+\beta c_t^2)^2-c_\tau^2\theta^2}\right)^2$。将 $w^{\mathrm{P}*}$、$\tau^{\mathrm{P}*}$ 和 $C_a^{\mathrm{P}*}$ 代入式（4.10）中，可得到制造商的利润为 $\pi_{\mathrm{M}}^{\mathrm{P}}=\dfrac{\beta c_\tau(4c_\tau-c_t\beta C_\Delta+\beta c_t^2)^3(\alpha-\beta c_m)^2}{2\left(\beta(4c_\tau-c_t\beta C_\Delta+\beta c_t^2)^2-c_\tau^2\theta^2\right)^2}$。

分析制造商的利润函数 $\pi_{\mathrm{M}}^{\mathrm{P}}$ 关于单位回购价格 c_t 的一阶条件，得到观察结果 4.2。

观察结果 4.2 当 $c_t=C_\Delta/2$ 时，制造商可以实现其利润最大化。

观察结果 4.2 表明，在第三方回收模式中，制造商处于进退两难的境地，因为当制造商付给第三方回收商回购成本 c_t 时必须做出权衡：较大的回购成本将直接鼓励第三方在旧产品回收上投入更多的资金，并导致较高的旧产品回收率，而制造商的利润是回购成本的单调减函数，这是因为在零售商回收模式和第三方回收模式下，单位回购成本对供应链的利润有完全不同的影响。在零售商回收模式下，零售价格随着回购成本的增加而降低，最终导致市场需求增加。但是在第三

方回收模式下，回购成本是供应链的直接成本。最后，制造商设定最优回购成本 $c_t = C_\Delta / 2$ 以使其利润最大化。

通过代入 $C_a^{\mathrm{P}*}$，可得到最优零售价格、批发价格、旧产品回收率和各供应链成员企业的利润。

4.4　四种闭环供应链模型的结果比较

对比分析四种闭环供应链模型的结果，可得到以下关于分散式闭环供应链结构绩效的观察结果。

命题 4.5　在四种闭环供应链模式下，最优的零售价格与广告投资的关系分别为 $p^{\mathrm{I}*} < p^{\mathrm{R}*} < p^{\mathrm{M}*} < p^{\mathrm{P}*}$ 和 $C_a^{\mathrm{I}*} > C_a^{\mathrm{R}*} > C_a^{\mathrm{M}*} > C_a^{\mathrm{P}*}$，其需求关系为 $D^{\mathrm{I}*} > D^{\mathrm{R}*} > D^{\mathrm{M}*} > D^{\mathrm{P}*}$。

零售价格主要受批发价格和市场对旧产品回收投资的影响。在第三方回收模式下，广告投资只对第三方有利，较低的批发价格对零售价格只有间接影响。在制造商回收模式下，广告投资对零售价格产生直接影响，因为制造商向零售商提供较低的批发价格来刺激需求，从而通过再制造获得更高的利润。因此，制造商回收模式下的零售价格低于第三方回收模式下的零售价格。在三种分散式决策模式中，零售商回收模式下的零售价格最低，这是因为制造商和零售商的决策起到了相同的作用：一方面，零售商的定价策略可以直接反映最终需求中节约的单位成本，因此，零售商会设定一个较低的零售价格来增加其采购。另一方面，较低的批发价格对零售价格产生二阶效应（Savaskan et al.，2004；Choi et al.，2013）。集中式供应链的零售价格低于三种分散式供应链的零售价格，因为供应链成员企业作为一个整体共同寻求最优决策，从而避免双重边际化问题，并能有效地共享协调供应链成员企业产生的收益，从而提高需求和利润。

广告投资水平不仅受广告效果的影响，还受零售商盈利能力的影响。根据 4.3 节可发现，零售商的利润随着广告效果的增加而增加。因此，当其收入增加时，零售商会在广告上投入更多资金。根据上述分析，第三方回收模式的零售价格高于制造商回收模式，进而导致市场需求降低，从而降低了零售商的盈利能力。因此，较高的零售价格加上疲软的市场需求将使零售商减少广告投资。容易发现，零售商回收模式会比制造商回收模式产生更大的市场需求，则零售商回收模式下零售商的盈利能力比制造商回收模式的高。因此，在零售商回收模式下，零售商将在广告上投入更多资金。然而，与集中式决策模式相比，分散式决策模式存在零售价格高、市场需求低、广告投入少等特点的效率损失现象。

命题 4.6　在四种闭环供应链模式下，最优旧产品回收率关系满足 $\tau^{\mathrm{I}*} > \tau^{\mathrm{R}*} > \tau^{\mathrm{M}*} > \tau^{\mathrm{P}*}$。

命题 4.6 的结果表明，集中式决策模式是回收旧产品的最佳选择，而第三方回收渠道是最不可行的方式。这是因为旧产品回收率主要受再制造的边际收益影响。第三方回收模式中，再制造的边际收益由 c_t^{P*} 给出，在制造商回收模式中，边际收益由 C_Δ 给出。根据观察结果 4.2，第三方回收模式的边际收益小于制造商回收模式的边际收益。因此，与制造商回收模式相比，第三方回收模式下第三方不愿意在旧产品回收上投入更多资金。

比较制造商回收模式和零售商回收模式，从观察结果 4.1 可以看出，制造商和零售商在提高产品回收率方面具有相同的投资边际收益，这一结果与 Savaskan 等（2004）的结果相同。然而，零售商可以通过设定较低的零售价格来直接影响市场需求，而制造商只能通过批发价格间接影响市场需求。因此，制造商回收模式的回收率低于零售商回收模式的回收率。

集中式决策模式的产品回收率高于分散式决策模式中的三种场景。这是因为只有一个决策者同时决定所有决策，使整个供应链系统的利润最大化。因此，系统决策者可以充分协调所有决策，此场景下的旧产品回收投资最高，进而导致最高的产品回收率。

命题 4.7　在分散式决策供应链系统中，供应链成员企业的利润关系分别满足 $\pi_M^{R^*} > \pi_M^{M^*} > \pi_M^{P*}$ 和 $\pi_R^{R*} > \pi_R^{M*} > \pi_R^{P*}$。集中式决策模式的利润总是高于分散式决策模式，具体地说，即 $\pi_T^{I*} > \pi_T^{R*} > \pi_T^{M*} > \pi_T^{P*}$。

命题 4.7 表明，在分散式决策供应链系统中，零售商回收模式中制造商、零售商和供应链系统的整体利润总是高于其他两种回收模式。从另一个角度来看，不同的回收渠道结构反映了供应链成员企业的不同利益。在非合作博弈中，零售商回收模式的社会效益最好，因为旧产品回收率和市场需求都高于其他两种模式（即制造商回收模式和第三方回收模式）。因此，集中式供应链和零售商回收模式更有利于节约资源和保护环境。

从命题 4.5～命题 4.7 得到以下关于分散式决策下制造商最优策略的推论 4.1。

推论 4.1　在分散式决策模式下，制造商授权零售商回收旧产品是最优方案。

制造商作为 Stackelberg 博弈的领导者，拥有更多的市场力量来控制渠道，并决定选择哪种回收模式。在非合作博弈中，制造商将选择零售商回收模式。因为与其他两种分散式决策模式相比，零售商回收模式的零售价格最低，而广告投入、旧产品回收率、制造商和零售商的利润以及渠道的整体利润都是最高的。

从命题 4.5～命题 4.7 可以得出，非合作博弈必然导致双重边际化问题，从而导致供应链系统的效率损失。因此，有必要寻找解决这些问题的方法以实现供应链的利润最大化。

4.5　闭环供应链的协调机制设计

本节研究了使制造商利润进一步提高到零售商回收模式下的利润协调机制。为强调激励问题，假设所有的成本参数都是确定的且基于常识的（McGuire and Staelin，1983；Choi，1991；Tsay and Agrawal，2000；Savaskan et al.，2004）。首先考虑制造商向零售商提供一种其愿意承担本地广告成本的参与率，即制造商和零售商之间的合作广告。其次仍使用 Stackelberg 博弈模型来求解协调问题（即制造商是 Stackelberg 博弈领导者，零售商是跟随者）。但是，分析表明合作式广告并不能协调分散式闭环供应链，最后设计了两部定价合同来协调闭环供应链。

4.5.1　合作广告模式

合作广告是制造商经常使用的一种成本分担与促销机制，制造商向零售商支付本地广告成本的一定比例，以影响零售绩效（Xie and Wei，2009；Zhang et al.，2013b；Yue et al.，2013）。作为一种协调机制，合作广告对协调供应链中的广告活动具有重要的战略意义（Yan，2010；Ahmadi-Javid and Hoseinpour，2012）。已有研究表明，合作广告可以有效地协调正向供应链（Li et al.，2002；Yue et al.，2006；Wang et al.，2011）。但合作广告能否有效地协调闭环供应链仍是有待研究的问题。为回答这个问题，假设制造商投资本地广告的比例为ϕ（$0\leqslant\phi\leqslant1$），以激励零售商在本地广告上投入更多。因此，合作广告模式（CA）下制造商的利润函数转化为

$$\max_{w,t}\pi_{\mathrm{M}}^{\mathrm{CA}}=\left(w-c_m+\left(C_\Delta-c_t\right)\tau\right)\left(\alpha-\beta p+\theta\sqrt{C_a}\right)-\phi C_a \tag{4.11}$$

$$\text{s.t.}\begin{cases}p=\operatorname{argmax}_p\pi_{\mathrm{R}}^{\mathrm{CA}}\left(w,\ \phi\right)\\ \tau=\operatorname{argmax}_\tau\pi_{\mathrm{R}}^{\mathrm{CA}}\left(w,\ \phi\right)\\ C_a=\operatorname{argmax}_A\pi_{\mathrm{R}}^{\mathrm{CA}}\left(w,\ \phi\right)\end{cases} \tag{4.12}$$

其中，合作广告模式下零售商的利润函数为

$$\pi_{\mathrm{R}}^{\mathrm{CA}}\left(w,\phi\right)=\left(p-w+c_t\tau\right)\left(\alpha-\beta p+\theta\sqrt{C_a}\right)-c_\tau\tau^2-\left(1-\phi\right)C_a \tag{4.13}$$

同样，很容易证明合作广告模式下零售商的利润函数$\pi_{\mathrm{R}}^{\mathrm{CA}}\left(w,\phi\right)$是关于零售价格$p$和旧产品回收率$\tau$的联合凹函数，是关于广告投资$C_a$的严格凹函数，但不是关于零售价格$p$、旧产品回收率$\tau$和广告投资$C_a$的联合凹函数，用两阶段优化方法求解该模型。

通过简单代数运算可得到以下关于合作广告机制能否协调供应链的命题 4.8。

命题 4.8 合作广告模式不能协调闭环供应链。

命题 4.8 给出了一个有趣的管理启示：合作广告可以有效协调正向供应链，但不能协调闭环供应链。在闭环供应链中，制造商可以通过有效的管理逆向渠道来获得足够的利润，这也可能是制造商不愿意补贴零售商广告费用的原因。

4.5.2 两部定价合同模式

本节研究渠道协调机制设计，通过单一的两部定价合同 $(w^{\mathrm{T}}(\tau),F)$ 进一步提高零售商回收模式的利润，其中上标 T 表示两部定价合同，$w(\tau)$ 表示批发定价方案，该方案是关于旧产品回收率 τ 和单位生产成本 c_m 的线性函数，F 表示零售商支付给制造商的固定成本。

根据两部定价合同 $\left(w^{\mathrm{T}}(\tau),F^{\mathrm{T}}\right)$，两部定价合同模式下制造商的利润函数为

$$\max_{(w(\tau),\tau,F)}\pi_{\mathrm{M}}^{\mathrm{T}}=\left(w-c_m+\left(C_{\Delta}-c_t\right)\tau\right)\left(\alpha-\beta p+\theta\sqrt{C_a}\right)+F \tag{4.14}$$

$$\text{s.t.}\begin{cases}p=\operatorname{argmax}_p\pi_{\mathrm{R}}^{\mathrm{T}}\left(w(\tau),c_t\right)\\ \tau=\operatorname{argmax}_\tau\pi_{\mathrm{R}}^{\mathrm{T}}\left(w(\tau),c_t\right)\\ C_a=\operatorname{argmax}_A\pi_{\mathrm{R}}^{\mathrm{T}}\left(w(\tau),c_t\right)\\ \pi_{\mathrm{R}}^{\mathrm{T}}\left(w(\tau),c_t\right)\geqslant\pi_{\mathrm{R}}^{\mathrm{R}*}\end{cases} \tag{4.15}$$

$\pi_{\mathrm{R}}^{\mathrm{R}*}$ 是零售商回收模式中零售商的利润，$\pi_{\mathrm{R}}^{\mathrm{R}}\left(w(\tau),c_t\right)=\left(p-w+c_t\tau\right)\cdot\left(\alpha-\beta p+\theta\sqrt{C_a}\right)-c_\tau\tau^2-C_a-F$ 是合同 $\left(w^{\mathrm{T}}(\tau),F^{\mathrm{T}}\right)$ 下零售商的利润函数。前三个约束分别是保证 p 、τ 和 C_a 能够最大化零售商利润的激励相容约束，最后一个约束是保证零售商接受合同的制造商个体理性约束。

为保证零售商的广告投入、零售价格和旧产品回收率能够达到与集中式模式相同的水平，采用 $w^{\mathrm{T}*}(\tau)=c_m-\left(C_{\Delta}-c_t\right)\tau$ 和 $F^{\mathrm{T}*}=\pi^{\mathrm{I}*}-\pi_{\mathrm{R}}^{\mathrm{R}*}$，其中 $\pi^{\mathrm{I}*}$ 表示集中式模式下的总利润。

通过简单的代数运算可得到两部定价合同模式下制造商和零售商的利润分别为

$$\pi_{\mathrm{M}}^{\mathrm{T}*}=\frac{3c_\tau\beta\left(4c_\tau-\beta C_{\Delta}{}^2\right)(\alpha-\beta c_m)^2}{\left(4\beta\left(4c_\tau-\beta C_{\Delta}{}^2\right)-c_\tau\theta^2\right)\left(\beta\left(4c_\tau-\beta C_{\Delta}{}^2\right)-c_\tau\theta^2\right)} \tag{4.16}$$

$$\pi_{\mathrm{R}}^{\mathrm{T}*}=\frac{c_\tau(\alpha-\beta c_m)^2}{\beta\left(4c_\tau-\beta C_{\Delta}{}^2\right)-c_\tau\theta^2} \tag{4.17}$$

由此可得到如下关于两部定价合同作用的观察结果 4.3 和命题 4.9。

观察结果 4.3　在两部定价合同$\left(w^{\mathrm{T}}(\tau),F^{\mathrm{T}}\right)$下，单位回购成本$c_t$对制造商和零售商的利润没有影响。

命题 4.9　两部定价合同$\left(w^{\mathrm{T}}(\tau),F^{\mathrm{T}}\right)$可以有效地协调闭环供应链。

需要注意的是，在两部定价合同$\left(w^{\mathrm{T}}(\tau),F^{\mathrm{T}}\right)$下，为了确保零售商的最优广告投资、零售价格和旧产品回收率与协调渠道的水平一致，制造商收取了比零售商回收模式下更低的批发价格（即$w^{\mathrm{T}*}<w^{\mathrm{R}*}$）。此外，零售商应该向制造商提供固定成本$F^{\mathrm{T}*}$以弥补制造商的损失。具体地说，制造商和零售商在两部定价合同中的利润不低于零售商回收模式下的利润（即$\pi_{\mathrm{M}}^{\mathrm{T}*}>\pi_{\mathrm{M}}^{\mathrm{R}*},\pi_{\mathrm{R}}^{\mathrm{T}*}=\pi_{\mathrm{R}}^{\mathrm{R}*}$），且供应链系统的总利润等于集中式模式下的总利润（即$\pi^{\mathrm{I}*}=\pi_{\mathrm{M}}^{\mathrm{T}*}+\pi_{\mathrm{R}}^{\mathrm{T}*}$），因此，该合同可以有效地协调闭环供应链。

4.6　本章小结

本章通过将广告效应融入到制造与再制造活动的市场需求来弥补理论研究的空白。利用 Stackelberg 博弈和两阶段优化方法，建立一个两级供应链模型，研究四种不同闭环供应链模型下的广告投资、旧产品回收率和价格的最优决策，为渠道成员企业提供决策支持，分析本地广告对渠道成员企业定价策略、旧产品回收决策和利润的影响。分析结果表明：①本地广告对渠道成员企业的定价策略、旧产品回收决策和利润均有正向影响。②从制造商的角度来看，将回收活动承包给零售商是最优方案。③合作广告不能协调供应链，但简单的两部定价合同可以激励制造商和零售商达到与集中式决策系统相同的绩效。

本章仍有一系列有待未来研究的科学问题：首先，假设只有零售商实施本地广告，未来的研究可以放宽这一假设，研究制造商的全国广告和零售商的本地广告决策之间的博弈。其次，考虑了单周期环境下的博弈问题，研究多周期博弈或无限重复博弈可能更有意义。最后，假设所有供应链成员企业间共享信息，未来的研究可以扩展该假设，研究信息不对称的博弈情形。

第5章　闭环供应链回收渠道设计与回收努力策略研究

5.1　概　　述

近年来，日益增长的环境意识激励原始设备制造商（original equipment manufacturer，OEM）回收旧产品并生产生态友好型产品（Bulmus et al.，2014a；Wei and Zhao，2011；Yenipazarli，2016）。越来越多的OEM将再制造生产活动纳入其原始生产流程中，并建立逆向渠道以回收用于再制造的旧产品（Wu，2021）。但增加回收渠道必然会造成逆向渠道竞争，因此，在商业实践中，OEM需要决定是否开设回收渠道并选择回收模式。本章重点比较三种逆向渠道结构，并探究两种逆向渠道竞争如何影响供应链成员的最优决策和渠道绩效。基于此，本章构建一个由零售商、OEM和第三方回收商组成的多级供应链，设计三种渠道竞争回收模式：OEM和零售商双重回收模式、OEM和第三方双重回收模式以及零售商和第三方双重回收模式，研究三种闭环供应链回收模式下的产品定价和逆向渠道选择决策问题。通过构建模型解决如下研究问题：①探讨两种逆向渠道之间的竞争对供应链成员的最优决策和渠道绩效的影响；②分析哪种博弈模式更有利于OEM；③竞争强度如何影响OEM的逆向渠道选择。

5.2节介绍研究问题即相关假设。5.3节构建三种渠道竞争回收模型并进行分析。5.4节比较分析三种渠道竞争回收模型下的最优转移价格、最优回收率、最优零售价格和各供应链成员企业最优利润。5.5节分析原始设备制造商的逆向渠道选择决策问题。5.6节为本章小结。

5.2　问 题 描 述

本章考虑一类由制造商和零售商或制造商、零售商和第三方回收商组成的闭环供应链系统，其中制造商通过双回收渠道回收旧产品，并通过零售商销售其产品。假设所有旧产品都可以成功再制造并出售（Liang et al.，2009；Choi et al.，2013），且再制造产品具备新产品相同的功能质量与相同售价（Savaskan et al.，2004；Savaskan and van Wassenhove，2006；Ferrer and Swaminathan，2006；Choi et al.，2013）。假设所有供应链成员企业都是风险中性决策者，制造商是Stackelberg

博弈的领导者，其他供应链成员企业是追随者。为了确保再制造活动的经济性，假设使用旧产品进行再制造的单位成本低于使用原始材料生产新产品的单位成本，即 $c_r < c_m$。类似的假设已广泛应用于再制造模型（Choi et al., 2013; Kumar Jena and Sarmah，2014；Hong and Yeh，2012）。在制造与再制造并行生产场景下，制造商的平均单位生产成本可表示为 $\overline{C} = (1-\tau)c_m + \tau c_r$ 或 $c_m - \tau C_\Delta (C_\Delta = c_m - c_r)$。其中 C_Δ 表示从事再制造所节省的单位成本，$c_t (0 < c_t \leqslant C_\Delta)$ 表示制造商支付给零售商或第三方回收商以激励回收旧产品的单位转让成本。

假设两个回收渠道之间存在竞争，θ 表示两个回收渠道之间的竞争强度，θ 值越大，表示两家供应链成员企业的回收渠道竞争越激烈，且 $0 \leqslant \theta \leqslant 1$。Huang 等（2013）关于两个回收企业之间的对称性竞争设计，采用以下回收率函数表示制造商和第三方回收商的回收率[①]：

$$\tau_{\mathrm{M}} = \sqrt{\frac{C_{a\mathrm{M}} - \theta C_{a\mathrm{P}}}{c_\tau}}, \quad \tau_{\mathrm{P}} = \sqrt{\frac{C_{a\mathrm{P}} - \theta C_{a\mathrm{M}}}{c_\tau}}, \quad 0 \leqslant \tau_{\mathrm{M}} + \tau_{\mathrm{P}} \leqslant 1$$

其中，$C_{a\mathrm{M}}$ 和 $C_{a\mathrm{P}}$ 分别表示制造商和第三方回收商在回收过程中的投资规模，c_τ 表示规模系数。采用 τ_{T} 表示三类回收模式下的总回收率，并假设规模系数 c_τ 足够大以使得 $\tau_{\mathrm{T}} < 1$ 始终成立，以确保所有的最优值都是正值。τ_i^j 表示模型 j 中供应链企业 i 的旧产品回收率，π_i^j 是模型 j 中供应链企业 i 的利润函数，上标 $j \in \{\mathrm{MR，MP，RP}\}$ 分别表示制造商和零售商竞争回收模式、制造商和第三方回收商竞争回收模式以及零售商和第三方回收商竞争回收模式。下标 $i \in \{\mathrm{M,R,P,T}\}$ 分别表示制造商、零售商、第三方回收商和供应链系统。

基于以上分析以及 Savaskan 等（2004）与 Hong 和 Yeh（2012）的研究成果，本章假设零售商的市场需求为线性需求函数，即 $D = \alpha - \beta p$，其中 α 表示潜在的市场规模，β 表示价格弹性系数，满足 $\alpha > 0$，$\beta > 0$，且 $\alpha - \beta c_m > 0$。

5.3　三种渠道竞争回收模式

5.3.1　制造商与零售商竞争回收模式（MR）

在制造商与零售商竞争回收模式下，制造商采取直接回收与委托零售商回收两种回收渠道：即直接从消费者手中回收旧产品，同时向零售商提供统一的转让价格 c_t，以委托零售商回收旧产品。该模式下供应链成员企业的决策顺序为：①制造商设定回收率 τ_{M}、批发价格 w 和向零售商或第三方支付的统一转让价格 c_t 以使自身利润 $\pi_{\mathrm{M}}^{\mathrm{MR}}$ 最大化；②零售商作为追随者确定回收率 τ_{R} 和零售价格 p 以使

① 类似地，可以使用同样的方法来描述其他两个回收渠道的成本结构。

自身利润 $\pi_{\mathrm{R}}^{\mathrm{MR}}$ 最大化。

则制造商和零售商的利润函数分别如下所示：

$$\begin{aligned}\pi_{\mathrm{M}}^{\mathrm{MR}} &= \left(w-c_m+C_\Delta\left(\tau_{\mathrm{M}}+\tau_{\mathrm{R}}\right)\right)\left(\alpha-\beta p\right)-C_{a\mathrm{M}}-c_t\tau_{\mathrm{R}}\left(\alpha-\beta p\right)\\ &= \left(w-c_m+C_\Delta\left(\tau_{\mathrm{M}}+\tau_{\mathrm{R}}\right)\right)\left(\alpha-\beta p\right)-\frac{c_\tau\tau_{\mathrm{M}}^2+\alpha c_\tau\tau_{\mathrm{R}}^2}{1-\theta^2}-c_t\tau_{\mathrm{R}}\left(\alpha-\beta p\right)\end{aligned} \tag{5.1}$$

$$\begin{aligned}\pi_{\mathrm{R}}^{\mathrm{MR}} &= \left(p-w\right)\left(\alpha-\beta p\right)+c_t\tau_{\mathrm{R}}\left(\alpha-\beta p\right)-C_{a\mathrm{R}}\\ &= \left(p-w\right)\left(\alpha-\beta p\right)+c_t\tau_{\mathrm{R}}\left(\alpha-\beta p\right)-\frac{c_\tau\tau_{\mathrm{R}}^2+\theta c_\tau\tau_{\mathrm{M}}^2}{1-\theta^2}\end{aligned} \tag{5.2}$$

由此可得出该回收模式下供应链企业的最优定价决策如定理 5.1 所示。

定理 5.1　在制造商与零售商竞争回收模式下，制造商与零售商的最优决策分别为

$$p^{\mathrm{MR}*}=\frac{\left(6c_\tau-\beta {C_\Delta}^2\left(1-\theta^2\right)\left(3-\theta\right)\right)\alpha+2c_\tau\beta c_m}{\beta\left(8c_\tau-\beta {C_\Delta}^2\left(1-\theta^2\right)\left(3-\theta\right)\right)}$$

$$w^{\mathrm{MR}*}=\frac{\left(4c_\tau-\beta {C_\Delta}^2\left(1-\theta^2\right)\left(2-\theta\right)\right)\alpha+\left(4c_\tau-\beta {C_\Delta}^2\left(1-\theta^2\right)\right)\beta c_m}{\beta\left(8c_\tau-\beta {C_\Delta}^2\left(1-\theta^2\right)\left(3-\theta\right)\right)}$$

$$b^{\mathrm{MR}*}=C_\Delta,\quad \tau_{\mathrm{M}}^{\mathrm{MR}*}=\frac{C_\Delta\left(1-\theta^2\right)\left(\alpha-\beta c_m\right)}{8c_\tau-\beta {C_\Delta}^2\left(1-\theta^2\right)\left(3-\theta\right)}$$

$$\tau_{\mathrm{R}}^{\mathrm{MR}*}=\frac{C_\Delta\left(1-\theta^2\right)\left(\alpha-\beta c_m\right)}{8c_\tau-\beta {C_\Delta}^2\left(1-\theta^2\right)\left(3-\theta\right)}$$

基于定理 5.1 的研究结果，采用算例分析可得到图 5.1 和图 5.2 关于竞争强度 θ 对供应链成员企业最优决策的影响。

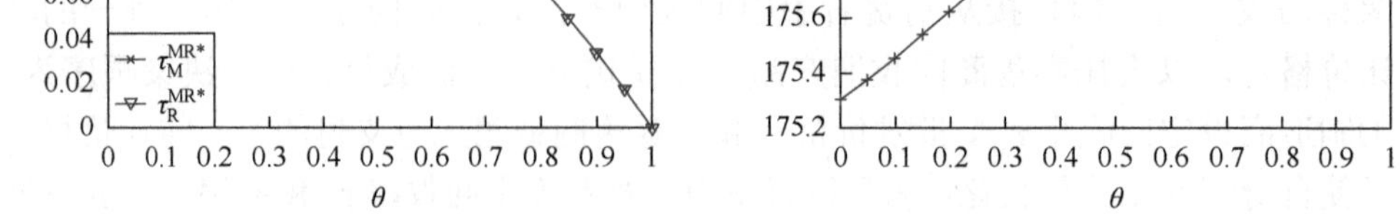

(a) 回收率与竞争强度　　(b) 批发价格与竞争强度

图 5.1　MR 模式下回收率、批发价格与竞争强度关系图

图 5.1（a）显示在制造商与零售商竞争回收模式下，制造商和零售商有相同的旧产品回收率，并且回收率随着竞争强度 θ 的增加而降低。这是因为与不存在竞争的双回收渠道相比，回收渠道间竞争强度越大，要获得相同的回收率就需要投入更多的回收成本。给定制造商的平均单位生产成本是 $c_m - \tau C_\Delta$，总体回收率（$\tau_{\mathrm{T}}^{\mathrm{MR}*} = \tau_{\mathrm{M}}^{\mathrm{MR}*} + \tau_{\mathrm{R}}^{\mathrm{MR}*}$）的下降导致平均单位生产成本增加，进而导致更高的批发价格［图 5.1（b）］和零售价格（图 5.2）。

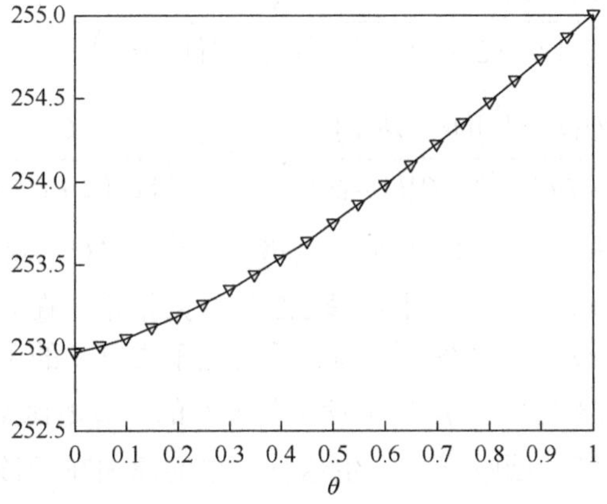

图 5.2　MR 模式下零售价格与竞争强度关系图

5.3.2　制造商与第三方回收商竞争回收模式（MP）

制造商与第三方回收商竞争回收模式（MP）下，制造商采取直接回收与委托第三方回收商回收两种回收渠道：即直接从市场上回收旧产品，同时还委托第三方回收商回收旧产品。该模式下，供应链成员企业的决策顺序为：①制造商设置回收率 τ_{M}、批发价格 w 和向零售商或第三方回收商支付的统一转让价格 c_t；②零售商和第三方回收商作为跟随者，分别根据制造商的决策决定零售价格 p 和回收率 τ_{P}。在制造商与第三方回收商竞争回收模式下，制造商、零售商和第三方回收商的利润函数分别为

$$\pi_{\mathrm{M}}^{\mathrm{MP}} = \left(w - c_m + C_\Delta\left(\tau_{\mathrm{M}} + \tau_{\mathrm{P}}\right)\right)\left(\alpha - \beta p\right) - \frac{c_\tau \tau_{\mathrm{M}}^2 + \theta c_\tau \tau_{\mathrm{P}}^2}{1-\theta^2} - c_t \tau_{\mathrm{P}}\left(\alpha - \beta p\right) \tag{5.3}$$

$$\pi_{\mathrm{R}}^{\mathrm{MP}} = \left(p - w\right)\left(\alpha - \beta p\right) \tag{5.4}$$

$$\pi_{\mathrm{P}}^{\mathrm{MP}} = c_t \tau_{\mathrm{P}}\left(\alpha - \beta p\right) - \frac{c_\tau \tau_{\mathrm{P}}^2 + \theta c_\tau \tau_{\mathrm{M}}^2}{1-\theta^2} \tag{5.5}$$

根据式（5.3）～式（5.5），可以得到制造商与第三方回收商竞争回收模式下供应链成员企业的最优定价决策如定理 5.2 所示。

定理 5.2　制造商与第三方回收商竞争回收模式下，供应链成员企业的最优决策分别为

$$p^{\mathrm{MP}*}=\frac{2c_\tau(2+\theta)(3\alpha+\beta c_m)-\beta C_\Delta^2\,\alpha(3+\theta)(1-\theta^2)}{\beta\left(8c_\tau(2+\theta)-\beta C_\Delta^2\,(3+\theta)(1-\theta^2)\right)}$$

$$w^{\mathrm{MP}*}=\frac{4c_\tau(2+\theta)(\alpha+\beta c_m)-\beta C_\Delta{}^2\alpha(3+\theta)(1-\theta^2)}{\beta\left(8c_\tau(2+\theta)-\beta C_\Delta{}^2(3+\theta)(1-\theta^2)\right)},\quad c_t^{\mathrm{MP}*}=\frac{C_\Delta}{2+\theta}$$

$$\tau_{\mathrm{M}}^{\mathrm{MP}*}=\frac{C_\Delta(2+\theta)(1-\theta^2)(\alpha-\beta c_m)}{8c_\tau(2+\theta)-\beta C_\Delta{}^2(3+\theta)(1-\theta^2)},\quad \tau_{\mathrm{P}}^{\mathrm{MP}*}=\frac{C_\Delta(1-\theta^2)(\alpha-\beta c_m)}{8c_\tau(2+\theta)-\beta C_\Delta^2\,(3+\theta)(1-\theta^2)}$$

基于定理 5.2，本章进一步分析回收渠道竞争强度对供应链企业最优决策的影响。

根据图 5.3 和图 5.4，可得出定理 5.2 的直接推论：在制造商与第三方回收商竞争回收模式下，最优回收率 $\tau_{\mathrm{M}}^{\mathrm{MP}*}$ 和 $\tau_{\mathrm{P}}^{\mathrm{MP}*}$ 是竞争强度 θ 的单调减函数，相反，最优批发价格 $w^{\mathrm{MP}*}$ 和零售价格 $p^{\mathrm{MP}*}$ 是竞争强度 θ 的单调增函数，并且第三方回收商的回收率低于制造商的回收率。产生这种结果的原因在于该模式下的最优单位转让价格也低于零售商与第三方回收商竞争回收模式下的最优单位转让价格（即 $c_t^{\mathrm{MP}*}=\dfrac{C_\Delta}{2+\theta}<c_t^{\mathrm{RP}*}=C_\Delta$），从而直接影响第三方回收商的回收积极性。

显然，制造商与第三方回收商竞争回收模式的总体回收率是竞争强度的单调减函数。因此，平均单位生产成本 $c_m-\tau C_\Delta$ 相对于竞争强度增加，进而导致批发价格 $w^{\mathrm{MP}*}$ 和零售价格 $p^{\mathrm{MP}*}$ 最终都增加［图 5.3（b）和图 5.4］。

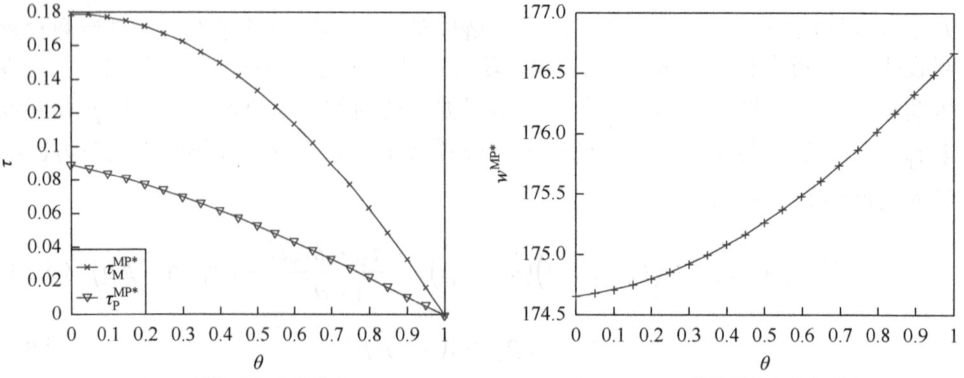

(a) 回收率与竞争强度　　(b) 批发价格与竞争强度

图 5.3　MP 模式下回收率、批发价格与竞争强度关系图

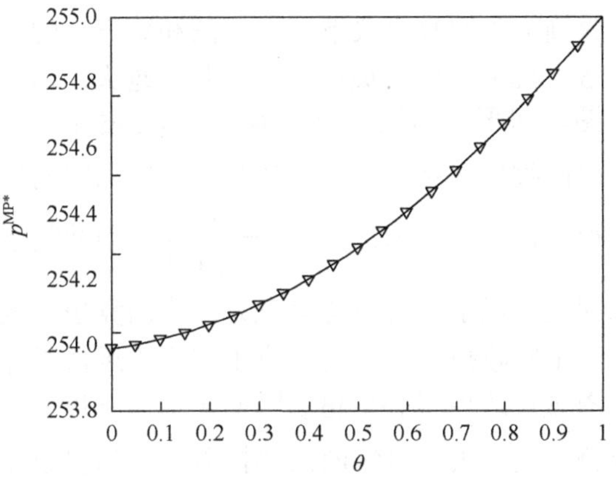

图 5.4　MP 模式下零售价格与竞争强度关系图

5.3.3　零售商与第三方回收商竞争回收模式（RP）

零售商与第三方回收商竞争回收模式（RP）下，制造商将回收业务分包给零售商和第三方回收商。该模式下，供应链成员企业的决策顺序为：首先制造商设置批发价格 w 和转让价格 c_t，然后零售商作为跟随者，根据制造商的决策决定回收率 τ_{R} 和零售价格 p，同时，第三方回收商在伯川德竞争中确定旧产品的回收率 τ_{P}。

在该回收模式下，制造商、零售商和第三方回收商的利润函数分别为

$$\pi_{\mathrm{M}}^{\mathrm{RP}}=\left(w-c_m+C_\Delta\left(\tau_{\mathrm{R}}+\tau_{\mathrm{P}}\right)\right)(\alpha-\beta p)-c_t\tau_{\mathrm{R}}(\alpha-\beta p)-c_t\tau_{\mathrm{P}}(\alpha-\beta p) \quad (5.6)$$

$$\pi_{\mathrm{R}}^{\mathrm{RP}}=(p-w)(\alpha-\beta p)+c_t\tau_{\mathrm{R}}(\alpha-\beta p)-\frac{c_\tau\tau_{\mathrm{R}}^2+\alpha c_\tau\tau_{\mathrm{P}}^2}{1-\theta^2} \quad (5.7)$$

$$\pi_{\mathrm{P}}^{\mathrm{RP}}=c_t\tau_{\mathrm{P}}(\alpha-\beta p)-\frac{c_\tau\tau_{\mathrm{P}}^2+\alpha c_\tau\tau_{\mathrm{R}}^2}{1-\theta^2} \quad (5.8)$$

利用上述模型可推导出关于该模式下供应链成员企业最优定价策略的定理 5.3。

定理 5.3　在零售商与第三方回收商竞争回收模式下，供应链成员企业的最优决策分别为 $p^{\mathrm{RP}*}=\dfrac{\left(3c_\tau-C_\Delta{}^2\beta\left(1-\theta^2\right)\right)\alpha+c_\tau\beta c_m}{\beta\left(4c_\tau-C_\Delta{}^2\beta\left(1-\theta^2\right)\right)}$，$w^{\mathrm{RP}*}=\dfrac{\alpha+\beta c_m}{2\beta}$，$c_t^{\mathrm{RP}*}=C_\Delta$，

$\tau_{\mathrm{R}}^{\mathrm{RP}*}=\dfrac{C_\Delta\left(1-\theta^2\right)\left(\alpha-\beta c_m\right)}{2\left(4c_\tau-C_\Delta{}^2\beta\left(1-\theta^2\right)\right)}$，$\tau_{\mathrm{P}}^{\mathrm{RP}*}=\dfrac{C_\Delta\left(1-\theta^2\right)\left(\alpha-\beta c_m\right)}{2\left(4c_\tau-C_\Delta{}^2\beta\left(1-\theta^2\right)\right)}$。

从定理 5.3 可以发现制造商的最优批发价格仅取决于潜在市场规模、新产品的单位生产成本和价格弹性系数。与制造商与零售商竞争回收模式和制造商与第三方回收商竞争回收模式相比，这一看似反直觉结果产生的原因如下：一方面，

零售商与第三方回收商竞争回收模式下，零售商和第三方的回收率随竞争强度的增加而降低［见图 5.5（a)］。回收渠道间竞争强度越大，旧产品回收活动对制造商来说就越无利可图，即平均单位生产成本 $c_m - \tau C_\Delta$ 增加。另一方面，与制造商与第三方回收商竞争回收模式相比，零售商与第三方回收商竞争回收模式的最优单位转让价格要高得多，即 $c_t^{\mathrm{RP}*} = C_\Delta > c_t^{\mathrm{MP}*} = \dfrac{C_\Delta}{2+\theta}$，因此制造商与第三方回收商竞争回收模式的总回收率低于零售商与第三方回收商竞争回收模式，这使得零售商与第三方回收商竞争回收模式的平均单位生产成本远低于零售商与第三方回收商竞争回收模式。图 5.6 表明零售价格 $p^{\mathrm{RP}*}$ 对于竞争强度 θ 是单调递增的。事实上，回收渠道间竞争强度越大，零售商需要投入更多的资金才能达到相同的回收率，最终也导致更高的零售价格。

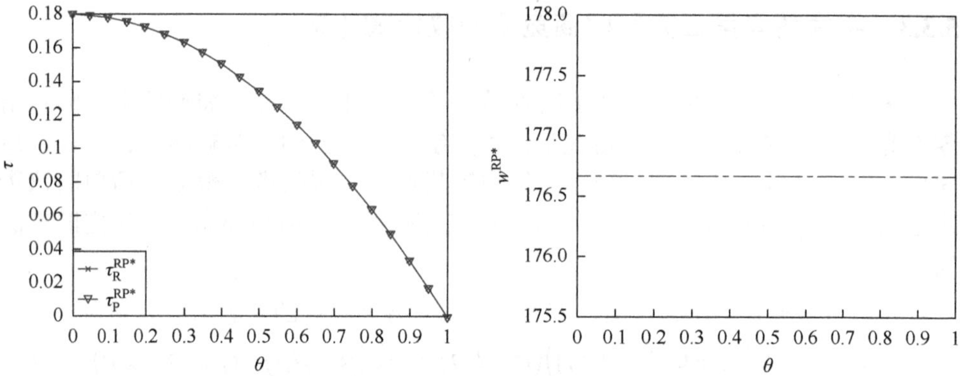

(a) 回收率与竞争强度　　(b) 批发价格与竞争强度

图 5.5　RP 模式下回收率、批发价格与竞争强度关系图

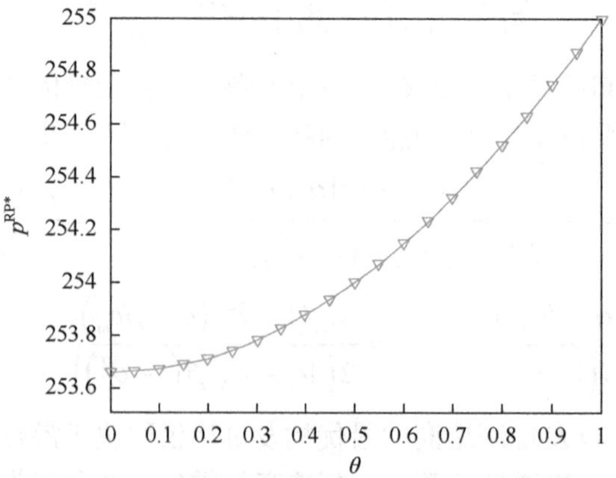

图 5.6　RP 模式下零售价格与竞争强度关系图

5.4　三种回收渠道模式比较分析

命题 5.1　三种回收渠道模式下的最优转让价格和最优旧产品总回收率分别满足以下关系：$c_t^{\text{MR}*} = c_t^{\text{RP}*} > c_t^{\text{MP}*}$ 和 $\tau_{\text{T}}^{\text{MR}*} > \tau_{\text{T}}^{\text{RP}*} > \tau_{\text{T}}^{\text{MP}*}$。

命题 5.1 给出了回收渠道间竞争强度对制造商的转让价格的影响。结果表明，制造商与第三方回收商竞争回收模式的最优转让价格最低。此外，制造商与零售商竞争回收模式下的转让价格与零售商与第三方回收商竞争回收模式下的转让价格相同。作为制造商与第三方回收商竞争回收模式下 $a = 0$ 的特例，Hong 和 Yeh（2012）还发现转让价格的均衡值为 $c_t^* = \dfrac{C_\Delta}{2}$。

命题 5.1 还表明，虽然最优的旧产品回收率受回收渠道间竞争强度的影响，但不同回收渠道模式下的回收率关系与竞争强度无关。制造商与零售商竞争回收模式下的最优总回收率最高，而制造商与第三方回收商竞争回收模式下的最优总回收率最低。这一结论与 Hong 和 Yeh（2012）的结论是一致的。研究发现，在没有渠道间竞争的情况下，制造商和零售商竞争回收模式是制造商偏好意愿最高的回收模式，而制造商和第三方回收商竞争回收模式是制造商偏好意愿最低的回收模式。

命题 5.2　三种回收渠道模式下的最优零售价格满足以下关系：$p^{\text{MR}*} < p^{\text{RP}*} < p^{\text{MP}*}$，且有 $D^{\text{MR}*} < D^{\text{RP}*} < D^{\text{MP}*}$。

命题 5.2 表明回收渠道间的竞争强度并不影响零售商的最优零售价格 p^*。制造商与零售商竞争回收模式下的零售价格低于其他两种渠道回收模式，而制造商与第三方回收商竞争回收模式下的零售价格最高。主要有两个因素影响零售商定价决策：批发价格 w 和转让价格 c_t。批发价格直接影响，转让价格间接影响。

命题 5.3　在三种回收模式下，制造商和零售商的利润分别满足如下关系：$\pi_{\text{M}}^{\text{MR}*} > \pi_{\text{M}}^{\text{RP}*} > \pi_{\text{M}}^{\text{MP}*}$ 和 $\pi_{\text{R}}^{\text{MR}*} > \pi_{\text{R}}^{\text{RP}*} > \pi_{\text{R}}^{\text{MP}*}$。相应地，供应链系统利润满足如下关系：$\pi_{\text{T}}^{\text{MR}*} > \pi_{\text{T}}^{\text{RP}*} > \pi_{\text{T}}^{\text{MP}*}$。

命题 5.3 表明，无论回收渠道间的竞争强度 θ 如何，制造商与零售商竞争回收模式下，制造商、零售商和供应链的整体利润都是三种回收渠道模式中最大的。结合命题 5.1 可得出以下结论，旧产品的重复使用率越高，供应链成员企业可以获得的利润越多（Choi et al.，2013）。然而，在制造商与第三方回收商竞争回收模式下，制造商、零售商和供应链系统利润都低于其他渠道回收模式，这是因为与其他渠道回收模式相比，该渠道回收模式下的市场需求量 $D^{\text{MP}*}$ 和旧产品总回收率 $\tau_{\text{T}}^{\text{MP}*}$ 最小。

根据上述命题，容易得出推论 5.1。

推论 5.1　①三种渠道回收模式下均衡决策的顺序关系与回收渠道间的竞争

强度无关。②无论从制造商、零售商还是供应链系统角度来看，制造商与零售商竞争回收模式都优于制造商与第三方回收商竞争回收模式和零售商与第三方回收商竞争回收模式。

推论 5.1 为企业延伸责任制下的最优旧产品回收渠道选择提供了理论参考。从命题 5.1、命题 5.2 和命题 5.3 得出，无论从制造商和消费者的角度，还是从供应链系统的角度，制造商与零售商竞争回收模式都是最优的。因为与另外两种回收渠道模式相比，制造商与零售商竞争回收模式的零售价格最低，而旧产品的回收率、制造商和零售商的利润以及供应链系统的总利润都达到了最高水平，这是因为与另外两种回收渠道模式相比，制造商与零售商竞争回收模式下的零售价格最低，而旧产品回收率、制造商和零售商的利润以及供应链系统的总利润都最高。因此，与零售商与第三方回收商竞争回收模式和制造商与第三方回收商竞争回收模式相比，制造商在选择合适的回收渠道回收旧产品时更倾向于制造商与零售商竞争回收模式。

5.5　制造商回收渠道决策问题

下面分别将本章求解的最优值与 Hong 和 Yeh（2012）、Savaskan 等（2004）的最优值进行比较，以说明竞争强度如何影响最优决策，并从 OEM 的角度找到最优逆向渠道选择决策。

5.5.1　制造商与零售商竞争回收模式（MR）与 Hong 和 Yeh（2012）中 $\widetilde{\mathrm{MR}}$ 模式的比较

基于制造商与零售商竞争回收模式中的均衡决策和 Hong 和 Yeh（2012）中 $\widetilde{\mathrm{MR}}$ 模式中的最优值，通过代数运算可得出以下命题。

命题 5.4　在制造商与零售商竞争回收模式和 $\widetilde{\mathrm{MR}}$ 模式中，最优零售价格、最优旧产品回收率、制造商和供应链系统的最优利润满足如下关系：$p^{\widetilde{\mathrm{MR}}*} < p^{\mathrm{MR}*}$，$\tau^{\widetilde{\mathrm{MR}}*} > \tau^{\mathrm{MR}*}$，$\pi_{\mathrm{M}}^{\widetilde{\mathrm{MR}}*} > \pi_{\mathrm{M}}^{\mathrm{MR}*}$，$\pi_{\mathrm{T}}^{\widetilde{\mathrm{MR}}*} > \pi_{\mathrm{T}}^{\mathrm{MR}*}$。

显然，在以上两类回收渠道模式下，零售价格、产品回收率、制造商和供应链系统整体利润的均衡决策关系与回收渠道间的竞争强度无关。从命题 5.4 可以看出，制造商在 $\widetilde{\mathrm{MR}}$ 模式下的利润要大于在制造商与零售商竞争回收模式下的利润，这说明制造商的双回收渠道选择并不是最优的。因此，从制造商角度来看，不存在竞争的双回收渠道优于竞争的双回收渠道。另外，$\widetilde{\mathrm{MR}}$ 模式下的供应链系统利润和总的旧产品回收率都大于制造商与零售商竞争回收模式。因此，从供应链系统角度来看，与制造商与零售商竞争回收模式相比，$\widetilde{\mathrm{MR}}$ 模式为占优模式。

且当制造商在双回收渠道回收旧产品时，更倾向于分散的市场（如地理位置分散的市场）而不是竞争市场。

5.5.2　制造商与零售商竞争回收模式（MR）与 Savaskan 等（2004）中零售商回收（R）模式的比较

基于制造商与零售商竞争回收模式中的均衡决策和 Savaskan 等（2004）中零售商回收（R）模式中的最优值，通过代数运算可得出以下命题。

命题 5.5　在 MR 模式和 R 模式下制造商的最优利润满足如下关系：

（1）若 $0 \leqslant \theta < 0.4608$，则 $\pi_{\mathrm{M}}^{\mathrm{MR}^*} > \pi_{\mathrm{M}}^{\mathrm{R}^*}$；

（2）若 $\theta = 0.4608$，则 $\pi_{\mathrm{M}}^{\mathrm{MR}^*} = \pi_{\mathrm{M}}^{\mathrm{R}^*}$；

（3）若 $0.4608 < \theta < 1$，则 $\pi_{\mathrm{M}}^{\mathrm{MR}^*} < \pi_{\mathrm{M}}^{\mathrm{R}^*}$。

命题 5.5 表明，当两个回收渠道之间的竞争不是很激烈时，MR 模式可以获得比 R 模式更大的利润。否则，制造商可以选择将回收活动分包给零售商。这是因为当 $0.4608 < \theta < 1$ 时，制造商在 MR 模式下的绩效低于 R 模式下的绩效。在这种情况下，建议制造商不要在竞争激烈的市场中设立双回收渠道。

命题 5.6　在 MR 模式和 R 模式下的最优零售价格满足如下关系：

（1）若 $0 \leqslant \theta < 0.4608$，则 $p^{\mathrm{MR}^*} < p^{\mathrm{R}^*}$；

（2）若 $\theta = 0.4608$，则 $p^{\mathrm{MR}^*} = p^{\mathrm{R}^*}$；

（3）若 $0.4608 < \theta < 1$，则 $p^{\mathrm{MR}^*} > p^{\mathrm{R}^*}$。

命题 5.6 的结果表明，在 MR 模式和 R 模式下零售价格关系与竞争强度有关。当 $0 \leqslant \theta < 0.4608$ 时，制造商与零售商竞争回收模式下的零售价格低于 R 模式下的零售价格，而 p^{MR^*} 和 p^{R^*} 竞争强度的排序没有变化。

图 5.7（a）表示，当两个回收渠道之间的竞争相对激烈时（即竞争强度 θ 大约高于 0.707），R 模式的旧产品回收率大于 MR 模式制造商和零售商双回收渠道的产品回收率，反之亦然。此外，从图 5.7（b）可以发现，当两个回收渠道之间的竞争相对较低时（即 $\theta < 0.434$），MR 模式的总利润总是大于 R 模式的总利润，反之亦然。因此，从整个供应链的角度来看，当两个回收渠道之间的竞争相对较低时（即 $\theta < 0.434$），MR 模式优于 R 模式。

通过以上分析，对 MR 模式和 R 模式进行比较得出以下推论。

推论 5.2　当两个回收渠道之间的竞争强度处于温和状态时，MR 模式优于 R 模式。

当制造商和零售商之间的竞争不是很激烈（即 $\theta < 0.434$）时，MR 模式下的制造商和供应链的整体利润与回收率高于 R 模式，而零售价格低于 R 模式。

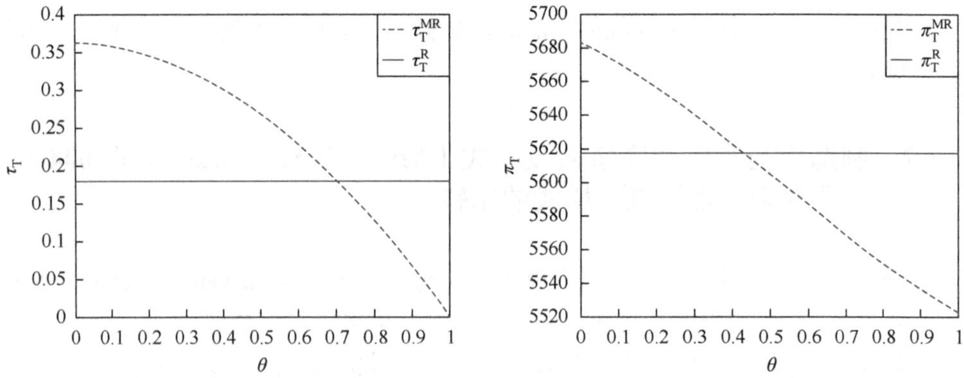

(a) 旧产品回收率　　(b) 总利润

图 5.7　MR 模式和 R 模式的旧产品回收率和总利润对比图

5.6 本章小结

本章研究了闭环供应链成员企业的最优决策，其中制造商通过设立双回收渠道开展竞争性旧产品回收。分析结果表明，尽管大多数均衡解受回收渠道间竞争强度的影响，但三种回收渠道模式中某些最优决策关系与竞争强度无关。另外，不依赖于竞争强度，制造商与零售商竞争回收模式始终是制造商的最佳选择。为了更好地理解回收渠道选择问题，本章对 Hong 和 Yeh（2012）的制造商与零售商竞争回收模式和 $\widetilde{\mathrm{MR}}$ 模式以及 Savaskan 等（2004）的 R 模式在同样的情况下进行了比较。分析结果表明，在其他条件相同的情况下，$\widetilde{\mathrm{MR}}$ 模式优于制造商与零售商竞争回收模式。也就是说，双回收渠道之间的竞争并不利于制造商。这一发现为回答这一问题提供了一个新的视角：为什么原始设备制造商倾向于在不同的市场承担回收过程，即使运输和处理成本会高于同一市场的成本。另外，只有当双回收渠道间竞争不是很激烈时，制造商与零售商竞争回收模式才优于 R 模式。

本章仍有一系列有待将来研究的科学问题：考虑供应链企业成员信息不对称情形，并研究信息不对称和竞争强度如何共同影响渠道成员的决策；为了简化计算，本章的需求函数是线性价格响应函数，在实践中，这并非是永远成立的。一个可行的研究方向是将线性价格响应函数推广到非线性情况；假设新产品和再制造产品都是完全可替换的，并以相同的零售价格在同一市场上销售。在现实中，这一假设并不是永远成立的。本章一个有意义的扩展是考虑消费者对两种产品具有不同支付意愿的情形。

第6章　回收政策约束下闭环供应链回收责任分担机制研究

6.1　概　　述

技术的快速更新迭代缩短了电子产品的生命周期，废旧电器和电子产品中的塑料和有毒重金属对健康和环境造成危害（Zhang and Min，2009），政府为减轻污染制定了《废旧电器电子产品回收处理管理条例》。在政策引导下，制造类企业开始意识到回收和再制造的重要性，并在政府的奖惩或者补贴政策下主动进行产品的回收与再制造。本章旨在补充闭环供应链管理研究中 WEEE 的回收研究，从政府的角度考虑当强加给制造商回收责任时，研究了制造商和零售商共同分担回收责任奖惩机制（reward and punishment mechanism，RPM）的有效性。基于 EPR 法规，本章研究了一类由单制造商、单零售商和单回收商组成的闭环供应链系统，考虑无回收责任分担、仅制造商承担回收责任、制造商和零售商共同承担回收责任三种场景，研究了三种责任分担模式下旧产品回收的最优 RPM：①无 RPM 的闭环供应链；②仅对制造商实施 RPM 的闭环供应链；③对制造商和零售商都实施 RPM 的闭环供应链。通过构建模型解决如下研究问题：①在不同的回收责任分担模型下政府应如何实施 RPM；②通过比较回收率和社会福利，政府的 RPM 下确定最优的回收责任分担模型；③基于 RPM 和回收责任分担模式，探讨制造商、零售商和回收商如何做出最优决策。

6.2 节介绍研究问题及做出相关假设。6.3 节构建无 RPM 实施的基础模型，在此基础上分别构建有废旧产品回收责任分担和无废旧产品回收责任分担两种情形。6.4 节通过对模型求解并对不同模型的批发价格、零售价格、回购价格、回收率等进行比较分析。6.5 节通过数值算例实验对比分析回收率、利润与奖惩强度和回收责任分担比例，并比较不同责任分担模式下闭环供应链成员的利润、环境成本及社会福利等问题。6.6 节为本章小结。

6.2　问 题 描 述

本章考虑一类由单制造商、单零售商和单回收商组成的闭环供应链系统

（图 6.1），其中制造商作为 Stackelberg 博弈的领导者，分别使用新材料和 WEEE 的废料生产与再制造最终产品。在正向供应链中，制造商以单位批发价格 w 向零售商销售最终产品，零售商以零售价格 p 向消费者销售产品。在逆向供应链中，回收商决定废旧电器和电子产品的回收数量（即回收率 τ），并以单位回收成本 c_a 向消费者回收废旧电器和电子产品。然后，制造商以单位价格 b 向回收商回购废电器和电子产品，以便再制造①。设 $C_a = c_\tau \tau^2 / 2$ 为回收率 τ 下回收商的回收成本，c_τ 为回收 WEEE 的难度，还包括建立回收网络的成本。假设用新材料生产新产品的单位成本高于用废弃电子电器设备（即 WEEE）生产新产品的单位成本，即 $c_m > c_r$。为了方便起见，本章定义 $C_\Delta = c_m - c_r$（Savaskan et al.，2004）。假设生产产品的平均单位成本是 $\overline{C}$，因为新产品包含了新的组件、材料以及 WEEE，所以有 $\overline{C} = \tau c_r + (1-\tau)c_m = c_m - \tau(c_m - c_r) = c_m - \tau C_\Delta$。

为了促使闭环供应链系统回收更多的旧产品，政府设计了具有奖惩强度 k 和目标回收率 τ_0 的奖惩机制（RPM）。此外，假设 $\phi(0<\phi<1)$ 表示制造商承担的回收比例，C_s 表示消费者剩余，W 表示社会福利，c_W 为每单位未被回收的 WEEE 对环境的单位危害成本，C_W 为未被回收的 WEEE 对环境的总危害成本。本章使用了经典的线性需求函数 $D(p)=\alpha - p$，其中 $\alpha > p > 0$，α 表示潜在市场规模。

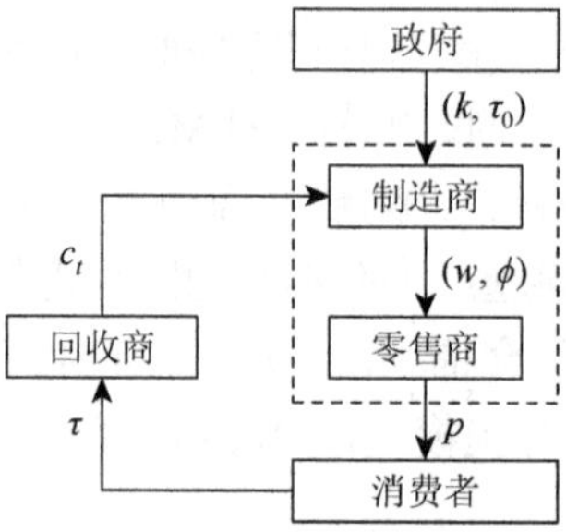

图 6.1　奖惩机制下闭环供应链结构

6.3　闭环供应链成员企业决策问题

制造商、零售商和回收商的利润函数分别为

$$\begin{aligned}\pi_{\mathrm{M}} &= (w-\overline{C})(\alpha-p) - c_t\tau(\alpha-p) \\ &= (w - c_m + \tau(C_\Delta - c_t))(\alpha - p)\end{aligned} \tag{6.1}$$

① 假设回收的所有 WEEE 都可用于再制造，从而避免了再制造率低的假设，并且此假设不影响本章的研究。当有 WEEE 时，制造商会优先使用 WEEE 制造新产品，只有当 WEEE 耗尽时，制造商才会使用新材料制造产品。

$$\pi_{\mathrm{R}}=(p-w)(\alpha-p) \tag{6.2}$$

$$\pi_{\mathrm{P}}=(c_t-c_a)\tau(\alpha-p)-\frac{c_\tau\tau^2}{2} \tag{6.3}$$

其中，$(w-\overline{C})(\alpha-p)$ 表示制造商的销售收入，$c_t\tau(\alpha-p$ ）表示制造商从回收商回购废旧电器和电子产品的成本。

6.3.1　基础情形：无奖惩机制情形

制造商、零售商以及回收商的目标函数分别为

$$\max_{w,b}\pi_{\mathrm{M}}=(w-c_m+C_\Delta\tau)(\alpha-p)-c_t\tau(\alpha-p)+k(\tau-\tau_0) \tag{6.4}$$

$$\max_p \pi_{\mathrm{R}}=(p-w)(\alpha-p) \tag{6.5}$$

$$\max_\tau \pi_{\mathrm{P}}=(c_t-c_a)\tau(\alpha-p)-c_\tau\tau^2/2 \tag{6.6}$$

对于无奖惩机制的基础模型，本章采用逆向归纳法求解相应决策的均衡解，可得到制造商、零售商和回收商各自的均衡解分别为

$$w^{\mathrm{N}}=\left(4c_\tau(\alpha+c_m)-\alpha(C_\Delta-c_a)^2\right)/\left(8c_\tau-(C_\Delta-c_a)^2\right)$$

$$c_t^{\mathrm{N}}=(C_\Delta+c_a)/2$$

$$p^{\mathrm{N}}=\left(2c_\tau(3\alpha+c_m)-\alpha(C_\Delta-c_a)^2\right)/\left(8c_\tau-(C_\Delta-c_a)^2\right)$$

$$\tau^{\mathrm{N}}=(\alpha-c_m)(C_\Delta-c_a)/\left(8c_\tau-(C_\Delta-c_a)^2\right)$$

$$\pi_{\mathrm{M}}^{\mathrm{N}}=c_\tau(\alpha-c_m)^2/\left(8c_\tau-(C_\Delta-c_a)^2\right)$$

$$\pi_{\mathrm{R}}^{\mathrm{N}}=\left(2c_\tau(\alpha-c_m)\right)^2/\left(8c_\tau-(C_\Delta-c_a)^2\right)^2$$

$$\pi_{\mathrm{P}}^{\mathrm{N}}=c_\tau\left((\alpha-c_m)(C_\Delta-c_a)\right)^2/2\left(8c_\tau-(C_\Delta-c_a)^2\right)^2$$

其中，上标 N 表示无奖惩机制情形，下标$\{$M，R，P$\}$分别表示制造商、零售商和回收商。

在这种情形下，消费者剩余、生产消费活动对环境的总危害成本、社会总福利可表示为

$$C_s^{\mathrm{N}}=\frac{1}{2}(\alpha-p^{\mathrm{N}})^2=\frac{1}{2}\left(\frac{2c_\tau(\alpha-c_m)}{8c_\tau-(C_\Delta-c_a)^2}\right)^2 \tag{6.7}$$

$$C_{\mathrm{W}}^{\mathrm{N}}=c_{\mathrm{W}}\left(1-\tau^{\mathrm{N}}\right)\left(\alpha-p^{\mathrm{N}}\right)=\frac{2c_{\tau}c_{\mathrm{W}}\left(\alpha+c_{m}\right)\left(8c_{\tau}-\left(C_{\Delta}-c_{a}\right)^{2}-\left(\alpha-c_{m}\right)\left(C_{\Delta}-c_{a}\right)\right)}{\left(8c_{\tau}-\left(C_{\Delta}-c_{a}\right)^{2}\right)^{2}}$$

（6.8）

$$W^{\mathrm{N}}=\pi_{\mathrm{M}}^{\mathrm{N}}+\pi_{\mathrm{R}}^{\mathrm{N}}+\pi_{\mathrm{P}}^{\mathrm{N}}+C_{s}^{\mathrm{N}}-C_{\mathrm{W}}^{\mathrm{N}}=\frac{c_{\tau}\left(\alpha-c_{m}\right)^{2}}{8c_{\tau}-\left(C_{\Delta}-c_{a}\right)^{2}}+\frac{3\left(2c_{\tau}\left(\alpha-c_{m}\right)\right)^{2}+c_{\tau}\left(\alpha-c_{m}\right)^{2}\left(C_{\Delta}-c_{a}\right)^{2}}{2\left(8c_{\tau}-\left(C_{\Delta}-c_{a}\right)^{2}\right)^{2}}$$

$$-\frac{2c_{\tau}c_{W}\left(\alpha-c_{m}\right)\left(8c_{\tau}-\left(C_{\Delta}-c_{a}\right)^{2}-\left(\alpha-c_{m}\right)\left(C_{\Delta}-c_{a}\right)\right)}{\left(8c_{\tau}-\left(C_{\Delta}-c_{a}\right)^{2}\right)^{2}} \quad (6.9)$$

无奖惩机制下的解决方案为有奖惩机制的模型提供了参考基准。在具有 RPM 的闭环供应链中，存在以下两种情形：一是分散责任情形；二是制造商和零售商共同承担回收责任情形。

6.3.2　情形 1：分散责任情形

政府使用 RPM 来激励制造商。政府决定 τ_0（目标回收率）和 k（奖惩强度）以加强 WEEE 的回收。当制造商的回收量达到既定目标回收率时，政府提供 RPM 奖励制造商，否则将惩罚。对制造商奖励或惩罚的金额为 $k\left(\tau-\tau_0\right)$（Wang et al., 2015，2017b；Chen and Ulya，2019）。

假设政府规定的奖惩强度是相等的。在 RPM 下，制造商、零售商以及回收商的利润函数分别为

$$\max_{w,b}\pi_{\mathrm{M}}=\left(w-c_{m}+C_{\Delta}\tau\right)\left(\alpha-p\right)-c_{t}\tau\left(\alpha-p\right)+k\left(\tau-\tau_{0}\right) \quad (6.10)$$

$$\max_{p}\pi_{\mathrm{R}}=\left(p-w\right)\left(\alpha-p\right) \quad (6.11)$$

$$\max_{\tau}\pi_{\mathrm{P}}=\left(c_{t}-c_{a}\right)\tau\left(\alpha-p\right)-c_{\tau}\tau^{2}/2 \quad (6.12)$$

同样，在只有制造商承担回收责任的模型中，采用逆向归纳法确定其各自的均衡解分别为

$$w^{\mathrm{O}}=\left(4c_{\tau}\left(\alpha+c_{m}\right)-\alpha\left(C_{\Delta}-c_{a}\right)^{2}-2k\left(C_{\Delta}-c_{a}\right)\right)/\left(8c_{\tau}-\left(C_{\Delta}-c_{a}\right)^{2}\right)$$

$$c_{t}^{\mathrm{O}}=\left(C_{\Delta}+c_{a}/2+\left(8c_{\tau}-\left(C_{\Delta}-c_{a}\right)^{2}\right)k\right)/\left(4c_{\tau}\left(\alpha-c_{m}\right)+2k\left(C_{\Delta}-c_{a}\right)\right)$$

$$p^{\mathrm{O}}=\left(2c_{\tau}\left(3\alpha+c_{m}\right)-\alpha\left(C_{\Delta}-c_{a}\right)^{2}-k\left(C_{\Delta}-c_{a}\right)\right)/\left(8c_{\tau}-\left(C_{\Delta}-c_{a}\right)^{2}\right)$$

$$\tau^{\mathrm{O}}=\left(\left(\alpha-c_{m}\right)\left(C_{\Delta}-c_{a}\right)+4k\right)/\left(8c_{\tau}-\left(C_{\Delta}-c_{a}\right)^{2}\right)$$

$$\pi_{\mathrm{M}}^{\mathrm{O}}=\left(c_\tau\left(\alpha-c_m\right)^2+k\left(\alpha-c_m\right)\left(C_\Delta-c_a\right)+2k^2-8c_\tau k\tau_0+k\tau_0\left(C_\Delta-c_a\right)^2\right)/\left(8c_\tau-\left(C_\Delta-c_a\right)^2\right)$$

$$\pi_{\mathrm{R}}^{\mathrm{O}}=\left(2c_\tau\left(\alpha-c_m\right)+k\left(C_\Delta-c_a\right)\right)^2\Big/\left(8c_\tau-\left(C_\Delta-c_a\right)^2\right)^2$$

$$\pi_{\mathrm{P}}^{\mathrm{O}}=c_\tau\left(\left(\alpha-c_m\right)\left(C_\Delta-c_a\right)+4k\right)^2\Big/2\left(8c_\tau-\left(C_\Delta-c_a\right)^2\right)^2$$

其中，上标 O 表示只有制造商承担回收责任情形。

此情形下，消费者剩余、生产消费活动对环境的总危害成本以及社会总福利可以表示为

$$C_s^{\mathrm{O}}=\frac{1}{2}\left(\alpha-p^{\mathrm{O}}\right)^2=\frac{1}{2}\left(\frac{2c_\tau\left(\alpha-c_m\right)+k\left(C_\Delta-c_a\right)}{8c_\tau-\left(C_\Delta-c_a\right)^2}\right)^2 \tag{6.13}$$

$$\begin{aligned}C_{\mathrm{W}}^{\mathrm{O}}&=c_{\mathrm{W}}\left(1-\tau^{\mathrm{O}}\right)\left(\alpha-p^{\mathrm{O}}\right)\\&=\frac{c_{\mathrm{W}}\left(8c_\tau-\left(C_\Delta-c_a\right)^2-\left(\alpha-c_m\right)\left(C_\Delta-c_a\right)-4k\right)\left(2c_\tau\left(\alpha-c_m\right)+k\left(C_\Delta-c_a\right)\right)}{\left(8c_\tau-\left(C_\Delta-c_a\right)^2\right)^2}\end{aligned} \tag{6.14}$$

$$\begin{aligned}W^{\mathrm{O}}&=\pi_{\mathrm{M}}^{\mathrm{O}}+\pi_{\mathrm{R}}^{\mathrm{O}}+\pi_{\mathrm{P}}^{\mathrm{O}}+C_s^{\mathrm{O}}-C_{\mathrm{W}}^{\mathrm{O}}\\&=\frac{c_\tau\left(\alpha-c_m\right)+k\left(\alpha-c_m\right)\left(C_\Delta-c_a\right)+2k^2-8c_\tau k\tau_0+\left(C_\Delta-c_a\right)^2k\tau_0}{8c_\tau-\left(C_\Delta-c_a\right)^2}\\&\quad+\frac{3\left(2c_\tau\left(\alpha-c_m\right)+k\left(C_\Delta-c_a\right)\right)^2+c_\tau\left(\left(\alpha-c_m\right)\left(C_\Delta-c_a\right)+4k\right)^2}{2\left(8c_\tau-\left(C_\Delta-c_a\right)^2\right)^2}\\&\quad-\frac{c_W\left(8c_\tau-\left(C_\Delta-c_a\right)^2-\left(\alpha-c_m\right)\left(C_\Delta-c_a\right)-4k\right)\left(2c_\tau\left(\alpha-c_m\right)+k\left(C_\Delta-c_a\right)\right)}{\left(8c_\tau-\left(C_\Delta-c_a\right)^2\right)^2}\end{aligned} \tag{6.15}$$

6.3.3　情形 2：责任分担情形

企业延伸责任制要求零售商参与回收废旧电器和电子产品也是合理的。然而，政府如何对制造商和零售商都实施 RPM。双方都有责任回收旧电器和电子产品吗？如果有，他们应该如何分担回收责任？基于此，本节研究旧产品回收的责任分担的情形。$\phi(0<\phi<1)$ 表示制造商承担的回收责任的比例，$1-\phi$ 表示零售商承担的比例，制造商、零售商以及回收商的决策利润函数转化为

$$\max_{w,b}\pi_{\mathrm{M}}=\left(w-c_m+\tau\left(C_\Delta-c_t\right)\right)\left(\alpha-p\right)+\phi k\left(\tau-\tau_0\right) \tag{6.16}$$

$$\max_{p}\pi_{\mathrm{R}}=\left(p-w\right)\left(\alpha-p\right)+\left(1-\phi\right)k\left(\tau-\tau_0\right) \tag{6.17}$$

$$\max_{\tau}\pi_{\mathrm{P}}=\left(c_t-c_a\right)\tau\left(\alpha-p\right)-c_\tau\tau^2/2 \tag{6.18}$$

在回收责任分担情形下，本章依然采用逆向归纳法确定其各自的均衡解分别如下：

$$w^{\mathrm{T}}=\frac{8c_\tau^{\ 2}\left(\alpha+c_m\right)-2c_\tau\alpha\left(C_\Delta-c_a\right)^2+k\left(C_\Delta-c_a\right)\left(4c_\tau\left(1-2\phi\right)-\left(1-\phi\right)\left(C_\Delta-c_a\right)^2\right)}{2c_\tau\left(8c_\tau-\left(C_\Delta-c_a\right)^2\right)} \tag{6.19}$$

$$c_t^{\mathrm{T}}=\frac{C_\Delta+c_a}{2}+\frac{\left(8c_\tau-\left(C_\Delta-c_a\right)^2\right)\phi k}{4c_\tau\left(\alpha-c_m\right)+2k\left(C_\Delta-c_a\right)} \tag{6.20}$$

$$p^{\mathrm{T}}=\frac{2c_\tau\left(3\alpha+c_m\right)-\alpha\left(C_\Delta-c_a\right)^2-k\left(C_\Delta-c_a\right)}{8c_\tau-\left(C_\Delta-c_a\right)^2} \tag{6.21}$$

$$\tau^{\mathrm{T}}=\frac{2c_\tau\left(\alpha-c_m\right)\left(C_\Delta-c_a\right)+\left(\left(C_\Delta-c_a\right)^2\left(1-\phi\right)+8c_\tau\phi\right)k}{2c_\tau\left(8c_\tau-\left(C_\Delta-c_a\right)^2\right)} \tag{6.22}$$

$$\pi_{\mathrm{M}}^{\mathrm{T}}=\frac{4c_\tau^{\ 2}\left(\alpha-c_m\right)^2+4c_\tau\left(\alpha-c_m\right)\left(C_\Delta-c_a\right)k+\left(1-\phi^2\right)\left(C_\Delta-c_a\right)^2k^2+8c_\tau\phi^2k^2}{4c_\tau\left(8c_\tau-\left(C_\Delta-c_a\right)^2\right)}-\phi k\tau_0 \tag{6.23}$$

$$\begin{aligned}\pi_{\mathrm{R}}^{\mathrm{T}}=&\frac{\left(2c_\tau\left(\alpha-c_m\right)+k\left(C_\Delta-c_a\right)\right)\left(4c_\tau^{\ 2}\left(\alpha-c_m\right)-k\left(C_\Delta-c_a\right)\left(2c_\tau\left(3-4\phi\right)-\left(1-\phi\right)\left(C_\Delta-c_a\right)^2\right)\right)}{2c_\tau\left[8c_\tau-\left(C_\Delta-c_a\right)^2\right]^2}\\&+\left(1-\phi\right)k\left(\frac{2c_\tau\left(\alpha-c_m\right)\left(C_\Delta-c_a\right)+\left(\left(1-\phi\right)\left(C_\Delta-c_a\right)^2+8c_\tau\phi\right)k}{2c_\tau\left(8c_\tau-\left(C_\Delta-c_a\right)^2\right)^2}-\tau_0\right)\end{aligned}$$

$$\pi_{\mathrm{P}}^{\mathrm{T}}=\frac{\left(2c_\tau\left(\alpha-c_m\right)\left(C_\Delta-c_a\right)+\left(8c_\tau\phi+\left(1-\phi\right)\left(C_\Delta-c_a\right)^2\right)k\right)^2}{8c_\tau\left(8c_\tau-\left(C_\Delta-c_a\right)^2\right)^2} \tag{6.24}$$

$$\pi_{\mathrm{P}}^{\mathrm{T}}=\frac{\left(2c_\tau(\alpha-c_m)(C_\Delta-c_a)+\left(8c_\tau\phi+(1-\phi)(C_\Delta-c_a)^2\right)k\right)^2}{8c_\tau\left(8c_\tau-(C_\Delta-c_a)^2\right)^2} \tag{6.25}$$

其中，上标 T 表示制造商和零售商均承担回收责任情形。

在该情形下，消费者剩余、生产消费活动对环境的危害成本以及社会总福利可表示为

$$C_{\mathrm{s}}^{\mathrm{T}}=\frac{1}{2}\left(\alpha-p^{\mathrm{T}}\right)^2=\frac{1}{2}\left(\frac{2c_\tau(\alpha-c_m)+k(C_\Delta-c_a)}{8c_\tau-(C_\Delta-c_a)^2}\right)^2 \tag{6.26}$$

$$C_{\mathrm{W}}^{\mathrm{T}}=c_{\mathrm{W}}\left(1-\tau^{\mathrm{T}}\right)\left(\alpha-p^{\mathrm{T}}\right)$$

$$=\frac{c_{\mathrm{W}}\left(2c_\tau(\alpha-c_m)+k(C_\Delta-c_a)\right)}{8c_\tau-(C_\Delta-c_a)^2}\left(1-\frac{2c_\tau(\alpha-c_m)(C_\Delta-c_a)+\left((C_\Delta-c_a)^2(1-\phi)+8c_\tau\phi\right)k}{2c_\tau\left(8c_\tau-(C_\Delta-c_a)^2\right)}\right) \tag{6.27}$$

$$W^{\mathrm{T}}=\pi_{\mathrm{M}}^{\mathrm{T}}+\pi_{\mathrm{R}}^{\mathrm{T}}+\pi_{\mathrm{P}}^{\mathrm{T}}+C_{\mathrm{s}}^{\mathrm{T}}-C_{\mathrm{W}}^{\mathrm{T}}$$

$$=\frac{4c_\tau^2(\alpha-c_m)^2+4c_\tau(2-\phi)(\alpha-c_m)(C_\Delta-c_a)k+(\phi^2-4\phi+3)(C_\Delta-c_a)^2k^2+8(2-\phi)\phi c_\tau k^2}{4c_\tau\left(8c_\tau-(C_\Delta-c_a)^2\right)^2}$$

$$-k\tau_0+\frac{\left(2c_\tau(\alpha-c_m)+k(C_\Delta-c_a)\right)\left(4c_\tau^2(\alpha-c_m)-k(C_\Delta-c_a)\left(2c_\tau(3-4\phi)-(1-\phi)(C_\Delta-c_a)^2\right)\right)}{2c_\tau\left(8c_\tau-(C_\Delta-c_a)^2\right)^2}$$

$$+\frac{\left(2c_\tau(\alpha-c_m)(C_\Delta-c_a)+\left(8c_\tau\phi+(1-\phi)(C_\Delta-c_a)^2\right)k\right)^2}{8c_\tau\left(8c_\tau-(C_\Delta-c_a)^2\right)^2}+\frac{1}{2}\left(\frac{2c_\tau(\alpha-c_m)+k(C_\Delta-c_a)}{8c_\tau-(C_\Delta-c_a)^2}\right)^2$$

$$-\frac{c_W\left(2c_\tau(\alpha-c_m)+k(C_\Delta-c_a)\right)}{8c_\tau-(C_\Delta-c_a)^2}\left(1-\frac{2c_\tau(\alpha-c_m)(C_\Delta-c_a)+\left((C_\Delta-c_a)^2(1-\phi)+8c_\tau\phi\right)k}{2c_\tau\left(8c_\tau-(C_\Delta-c_a)^2\right)}\right) \tag{6.28}$$

6.4　情形比较分析与结果拓展

6.4.1　供应链成员决策情景对比分析

表 6.1 总结了供应链成员决策结果对比分析。

表 6.1　三种情形下主要研究结果

情形	τ	w	c_t	p
情形 0	$\dfrac{(\alpha-c_m)(C_\Delta-c_a)}{8c_\tau-(C_\Delta-c_a)^2}$	$\dfrac{4c_\tau(\alpha+c_m)-\alpha(C_\Delta-c_a)^2}{8c_\tau-(C_\Delta-c_a)^2}$	$\dfrac{C_\Delta+c_a}{2}$	$\dfrac{2c_\tau(3\alpha+c_m)-\alpha(C_\Delta-c_a)^2}{8c_\tau-(C_\Delta-c_a)^2}$
情形 1	$\dfrac{(\alpha-c_m)(C_\Delta-c_a)+4k}{8c_\tau-(C_\Delta-c_a)^2}$	$\dfrac{4c_\tau(\alpha+c_m)-\alpha(C_\Delta-c_a)^2-2k(C_\Delta-c_a)}{8c_\tau-(C_\Delta-c_a)^2}$	$\dfrac{C_\Delta+c_a}{2}+\dfrac{\left(8c_\tau-(C_\Delta-c_a)^2\right)k}{4c_\tau(\alpha-c_m)+2k(C_\Delta-c_a)}$	$\dfrac{2c_\tau(3\alpha+c_m)-\alpha(C_\Delta-c_a)^2-k(C_\Delta-c_a)}{8c_\tau-(C_\Delta-c_a)^2}$
情形 2	$\dfrac{2c_\tau(\alpha-c_m)(C_\Delta-c_a)+\left((C_\Delta-c_a)^2(1-\phi)+8c_\tau\phi\right)k}{2c_\tau\left(8c_\tau-(C_\Delta-c_a)^2\right)}$	$\dfrac{8c_\tau^2(\alpha+c_m)-2c_\tau\alpha(C_\Delta-c_a)^2+k(C_\Delta-c_a)\left(4c_\tau(1-2\phi)-(1-\phi)(C_\Delta-c_a)^2\right)}{2c_\tau\left(8c_\tau-(C_\Delta-c_a)^2\right)}$	$\dfrac{C_\Delta+c_a}{2}+\dfrac{\left(8c_\tau-(C_\Delta-c_a)^2\right)\pi k}{4c_\tau(\alpha-c_m)+2k(C_\Delta-c_a)}$	$\dfrac{2c_\tau(3\alpha+c_m)-\alpha(C_\Delta-c_a)^2-k(C_\Delta-c_a)}{8c_\tau-(C_\Delta-c_a)^2}$

命题 6.1　不同回收责任分担模式下，批发价格与零售价格分别满足如下关系：

（1）如果 $0<\phi<1-\dfrac{4c_\tau}{8c_\tau-(C_\Delta-c_a)^2}$，$w^{\mathrm{T}}>w^{\mathrm{N}}>w^{\mathrm{O}}$，则有 $w^{\mathrm{N}}\geqslant w^{\mathrm{T}}>w^{\mathrm{O}}$；

（2）$p^{\mathrm{O}}=p^{\mathrm{T}}<p^{\mathrm{N}}$。

从命题 6.1 可以发现情形 1 的批发价格低于情形 0 和情形 2 的批发价格。这个结果表明只对制造商实施 RPM 对零售商有利，在制造商和零售商分担回收责任的情形下，当制造商承担大部分回收责任时，批发价格低于没有 RPM 的情形。根据命题 6.1，回收废旧电器和电子产品越困难，制造商必须承担的责任比率就越高，以确保批发价格低于没有 RPM 的批发价格。

情形 1 和情形 2 的零售价格是一致的，均低于没有 RPM 零售价格的情形。这表明 RPM 迫使制造商和零售商在这两种情形下同等地降低新产品的价格，从而使消费者受益，增加消费者剩余。换句话说，与情形 0 相比，从消费者的角度看情形 1 和情形 2 是最优的，而从零售商和消费者的角度看情形 1 是最优的。因此，从零售商和消费者的角度看，政府有必要对闭环供应链实施干预，通过 RPM 降低批发价格和零售价格。

命题 6.2　不同回收责任分担模式下，回购价格满足如下关系：$c_t^{\mathrm{N}}<c_t^{\mathrm{T}}<c_t^{\mathrm{O}}$。

命题 6.2 表明，回购价格在无 RPM（情形 0）中处于最低值，而在仅对制造商实施 RPM 中（情形 1）处于最高值。因此可以得出：RPM 提高了回购价格，可以激励回收商提升回收价格以提高旧产品回收率。因此，情形 1 是回收商的最优情形。但对于制造商来说，它可能不是最好的，因为制造商可能更偏向于情形 0。然而，制造商也需要考虑他的总利润的变化：高回购价格提高了回收率，并且随着更多的 WEEE 回收，制造商可以生产更多的再制造产品，再制造产品比例的增加降低了平均单位成本，因此批发价格下降。

命题 6.3　不同回收责任分担模式下，回收率满足如下关系：$\tau^{\mathrm{O}} > \tau^{\mathrm{T}} > \tau^{\mathrm{N}}$。

命题 6.3 表明提供 RPM 机制下的旧产品回收率高于没有 RPM 的回收率，该结果证明了 RPM 机制的有效性。此外，与情形 2 相比，情形 1 中的机制可以更好地激励制造商提高旧产品回收率。因此，从政府和社会福利角度考虑，情形 1 是所有情形中最理想的。这与本章在命题 6.2 中所关注的问题一致，制造商不会选择没有 RPM 的情形，不仅是因为回购价格在情形 0 中是最低的，相反，制造商会考虑许多其他因素。

命题 6.4　不同回收责任分担模式下，消费者剩余满足如下关系：$C_{\mathrm{s}}^{\mathrm{O}} = C_{\mathrm{s}}^{\mathrm{T}} > C_{\mathrm{s}}^{\mathrm{N}}$。

命题 6.4 表明，由于零售价格在情形 1 和情形 2 中是相同的，因此在 RPM 下，两种情形下的消费者剩余是相同的。RPM 机制增加了消费者剩余，从而证明了情形 1 和情形 2 对消费者都是最优的。

命题 6.5　未被回收的电子废弃物对环境的危害成本满足如下关系：

（1）$C_{\mathrm{W}}^{\mathrm{O}} < C_{\mathrm{W}}^{\mathrm{T}}$；

（2）如果奖惩强度超过某一临界值，$C_{\mathrm{W}}^{\mathrm{T}} < C_{\mathrm{W}}^{\mathrm{N}}$；否则 $C_{\mathrm{W}}^{\mathrm{T}} \geqslant C_{\mathrm{W}}^{\mathrm{N}}$。

情形 0 和情形 2 环境危害成本与奖惩强度关系对比图如图 6.2 所示。

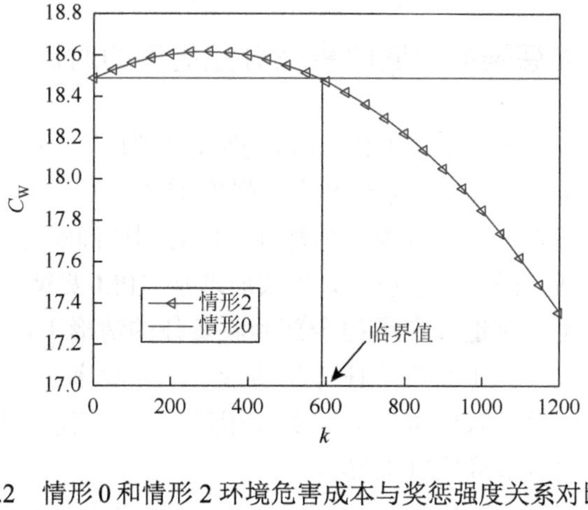

图 6.2　情形 0 和情形 2 环境危害成本与奖惩强度关系对比图

命题 6.5 表明在环境保护方面情形 1 优于情形 2。此外，当奖惩强度较高时，情形 2 优于情形 0。这些都表明情形 1 对政府和社会福利是最优的。

6.4.2 研究结果拓展

前面假设在政府建立的 RPM 中奖惩强度相等，都为k，本节将扩展到一个政府施加奖惩强度不相等的情形。基于此，本节讨论关于 RPM 的一些问题：如果奖惩强度不相等呢？使制造商和回收商利润最大化的奖励强度和惩罚强度之间的关系是什么？为了使闭环供应链系统中的回收和再制造活动激励效果最大化，政府需要在更多方面改进 RPM。

具体来说，当实际回收率大于目标回收率时，奖励强度为k_r；反之，当实际回收率小于目标回收率时，惩罚强度为k_p。可推导出以下命题。

命题 6.6 政府建立的RPM中应满足奖励强度大于等于惩罚强度，即$k_r \geqslant k_p$。

命题 6.6 表明奖励强度应该大于惩罚强度，即政府应该以奖励手段为主，激励供应链成员企业开展旧产品回收再制造。然后本节考察了可以优化 RPM 的奖惩比例k_p / k_r的值，6.5 节通过数值研究讨论此问题。

6.5 算 例 分 析

结合实际情形，本节假设 WEEE 的参数分别为：$c_m = 60$，$C_\Delta = 30$，$c_a = 10$，$\alpha = 100$，$c_\tau = 800$，$k = 1200$，$\phi = 0.3$，$c_W = 2$和$\tau_0 = 0.5$。并进行数值验证，图 6.3～图 6.10 为结果总结。

6.5.1 回收率与奖惩强度和回收责任分担比例的对比

根据情形 0，可发现没有实施 RPM 时的回收率为$\tau^N = 0.133$。图 6.3（a）中，观察到情形 1 和情形 2 中的回收率随奖惩强度增加。对于给定奖惩强度k，情形 1 中的回收率高于情形 2。这表明情形 1（仅对制造商实施 RPM）优于情形 2（零售商与制造商共同分担回收责任）。当政府增加 RPM 奖惩强度k时，差异变得更加明显。由此可见，制造商在承担全部回收责任的情形下，回收再制造的动机变得更大，因而回收率高于回收责任分担情形下的回收率。此外，高奖惩强度可以使激励效应更加明显。政府可以通过实施相对较高的奖惩强度的 RPM 来提高回收率，且最好仅对制造商实施 RPM。

图 6.3（b）表明情形 2 中的回收率随着制造商回收责任分担比例增加而增加，这表明制造商应该承担更多的责任。当制造商承担全部责任时，回收率达到最高水平，也进一步表明了制造商承担全部回收责任的优势。

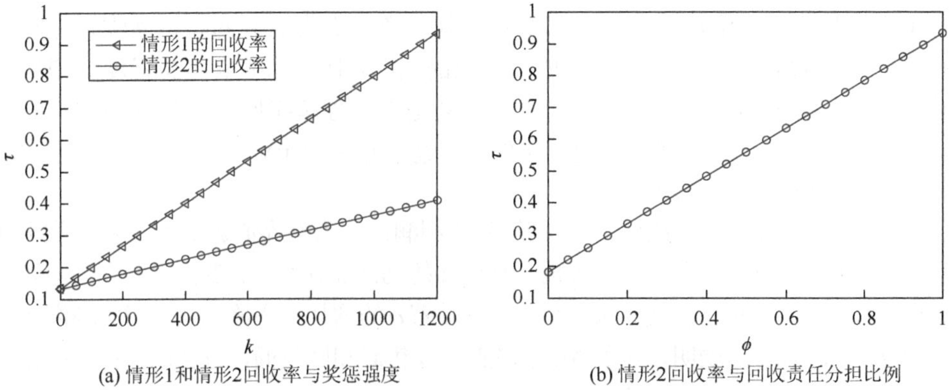

(a) 情形1和情形2回收率与奖惩强度　(b) 情形2回收率与回收责任分担比例

图 6.3　不同情形回收率与奖惩强度、回收责任分担比例关系对比图

6.5.2　奖惩强度和回收责任分担比例结果对比分析

图 6.4 表明，当奖惩强度相对较小时，制造商的利润低于没有 RPM 的情形（即当 $k=0$ 时）。只有当 k 超过某一水平时，才能增加制造商的利润。相反，零售商和回收商的利润是奖惩强度的单调增函数，且回收商利润的增加更加明显。当奖惩强度较小时，制造商的利润随着其批发价格的降低和支付给回收商的回购价格的增加而减少。如果奖惩强度大于某一水平，制造商有更大的动机进行产品回收和再制造活动。因此，奖惩强度增大带来的制造商利润增加足以弥补批发价格降低和回购价格增加导致的利润损失。总之，在情形 1 下，制造商、零售商和回收商都希望政府提供高额的奖惩强度。

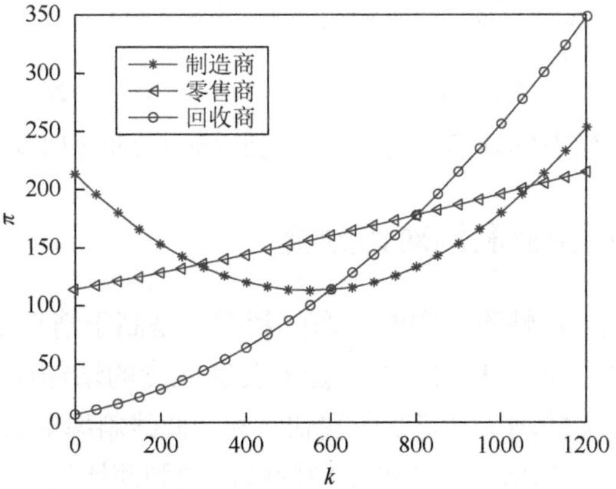

图 6.4　情形 1 利润与奖惩强度关系对比图

图 6.5（a）表明，情形 2 中零售商在较高的 k 值下获得更高的利润，而制造

商和回收商的利润增加较少。这表明，当制造商和零售商共同承担回收责任时，RPM 可以提高闭环供应链中所有成员企业的利润，且利润随着奖惩强度的增加而增加。结合图 6.4 和图 6.5（a），无论制造商是否单独承担回收责任或与零售商共同分担回收责任，政府都可以通过实施高奖惩强度的 RPM 来鼓励闭环供应链成员进行回收和再制造活动。

图 6.5（b）表明，情形 2 中，制造商的利润在达到临界值ϕ_2之前随着回收责任分担比例ϕ的上升而下降，大于ϕ_2时，制造商的利润随ϕ增加。零售商的利润会随着ϕ的增加而增加，并在ϕ_1达到最大值，然后随着ϕ的增加而下降。回收商的利润随着ϕ的增加而增加。这表明，为了激励制造商、零售商和回收商，适当地分担旧产品回收的责任是很重要的。在本节中，制造商不愿意承担责任，而零售商愿意承担更多的责任$1-\phi_1$。此外，当制造商承担更多的责任时，回收商会从中收益更多。因此，在设定回收责任分担比例时，政府需要全面考虑所有成员的利润，以最大限度地发挥激励作用。如果政府想要更多地激励制造商和零售商，它应该让零售商承担更多的回收责任；如果政府想要激励回收商，最好是让制造商承担全部责任。

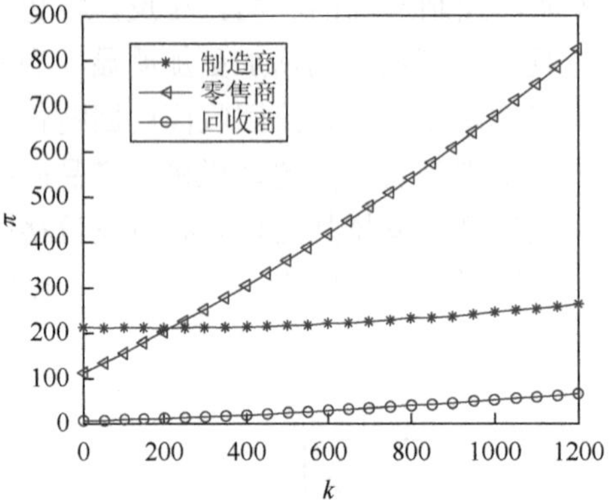

(a) 情形2利润与奖惩强度

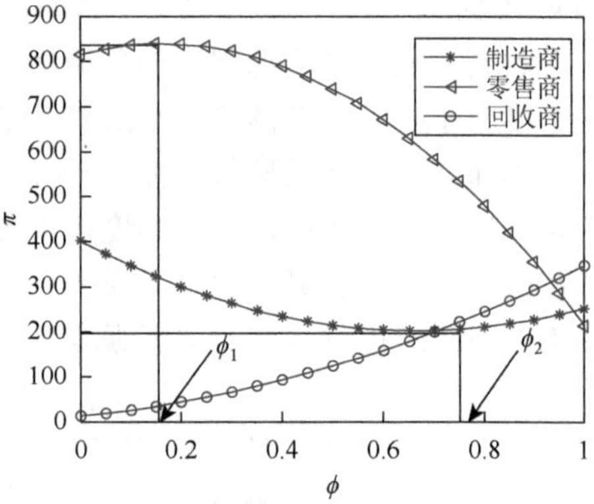

(b) 情形2利润与回收责任分担比例

图 6.5　不同情形利润与奖惩强度、回收责任分担比例关系对比图

6.5.3　供应链成员企业利润对比分析

图 6.6（a）表明，在情形 2 中制造商的利润总是高于情形 1。同样，图 6.6（b）表明零售商的利润在情形 1 和情形 2 中随着奖惩强度的增加而增加，而且在情形 2 零售商的利润中随着k的增加其增加得更快（利润曲线斜率更大）。相反，图 6.6（c）表明，随着奖惩强度k的增加，情形 1 中回收商的利润比情形 2 的增加得更快。

根据图 6.6，可以发现制造商和零售商更偏向于情形 2，即共同承担旧产品的回收责任。然而，回收商更偏向于情形 1，因为在该情形下可以获得更高的收益。对于制造商来说，与单独承担责任相比，与零售商共同承担回收责任可以降低因未能达到回收目标而受到惩罚的风险，因此在情形 2 下，制造商的利润更高。相反，在情形 1 中，旧产品的回收率大于回收责任分担时的回收率。此时，回收商可以回收更多的产品，获得更高的利润。总之，这些结论进一步为政府建立具有合理回收责任分担模式的奖惩机制提供了理论基础。

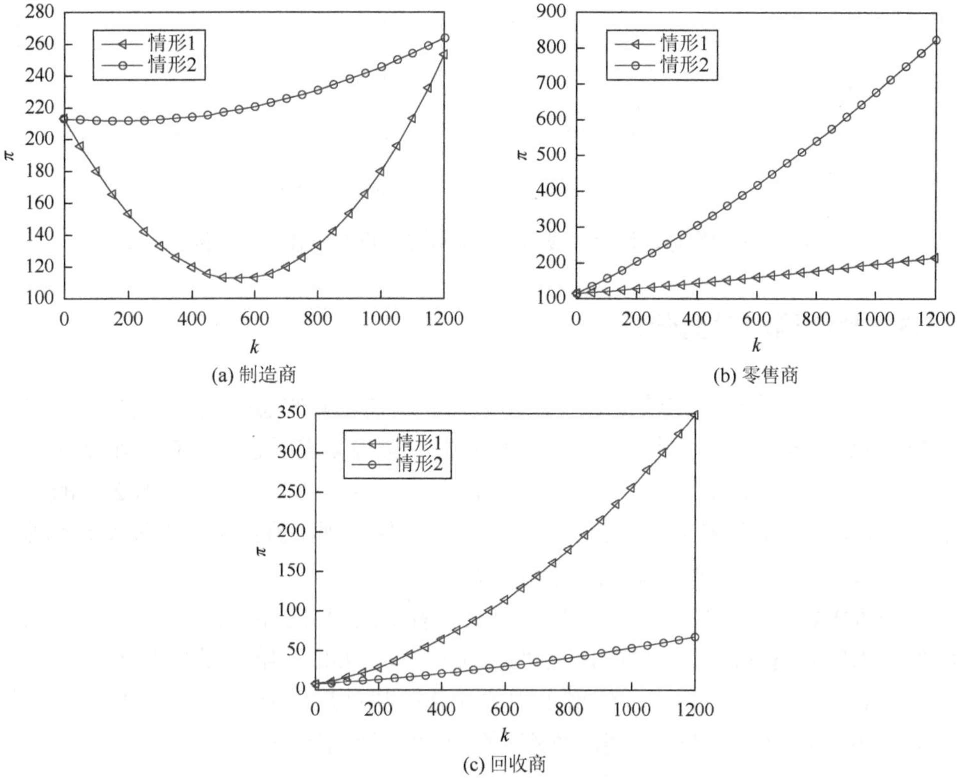

图 6.6　不同供应链成员企业的利润与奖惩强度关系对比图

6.5.4　环境危害成本对比分析

图 6.7（a）表明，情形 1 下的环境危害成本低于情形 2，这意味着仅对制造商提供 RPM 机制比对制造商和零售商同时提供该机制更有利，环境危害成本随着奖惩强度的增加而减少。此外，通过图 6.7（b）发现在情形 2 中，环境危害成本随着回收责任比例的增加而减少。这意味着在情形 2 下，制造商承担主要责任对整体社会福利是有利的。以上研究结果表明，当制造商完全承担回收责任且奖惩强度较高时，制造商将更加积极地开展产品回收和再制造活动，从而减少产品对环境的危害。从环境保护的角度出发，政府应该规定制造商承担主要回收责任，并对其实行高奖惩强度的奖惩机制。

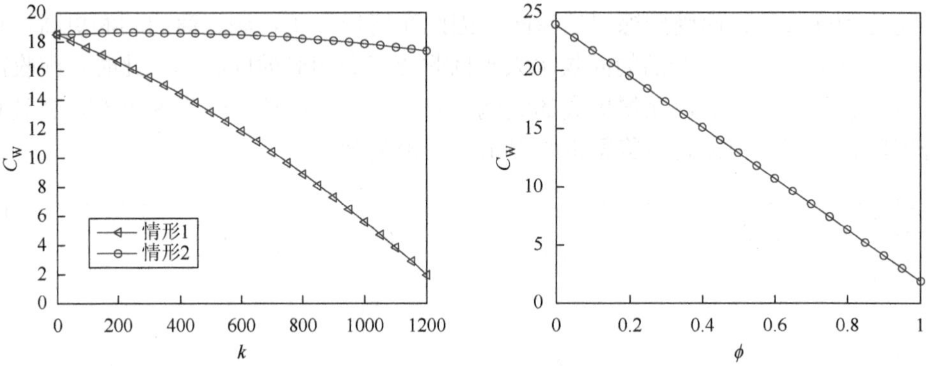

(a) 情形1和2环境危害成本与奖惩强度　　(b) 情形2环境危害成本与回收责任分担比例

图 6.7　不同情形环境危害成本与奖惩强度、回收责任分担比例关系图

6.5.5　社会福利对比分析

图 6.8（a）表明，在情形 1 下，社会福利起初随着奖惩强度 k 的增加而下降，但当 $k>k_1$ 时开始上升。由图 6.8（a）可知奖惩强度 k 需要超过一定的水平（在本章中为 $k=200$ 时）才能提高社会福利。同样，图 6.8（b）表明，情形 2 下的社会福利在 $k=k_2$ 之前随着 k 的增加而下降，此后开始呈现上升趋势。这表明在情形 2 下，政府应该提高奖惩强度以改善社会福利。

图 6.9 表明，在情形 2 中，社会福利随着制造商分担回收责任比例的增加而增加。当回收责任比例 $\phi=1$ 时，点“A”（$W^{\mathrm{T}}=714.43$）给出了情形 1 的结果。从图 6.8 和图 6.9 可以得出，情形 1 中的社会福利总是高于情形 2 中的社会福利。分析表明：为了提高社会福利，政府不但应该只让制造商承担回收责任，而且应对制造商实施更高的奖惩强度。

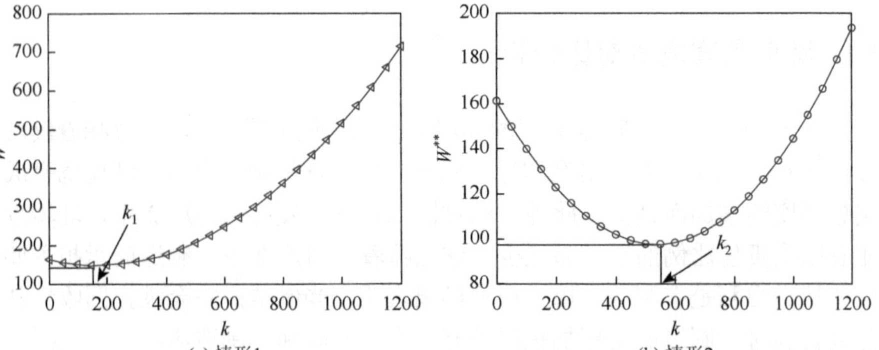

(a) 情形1　　(b) 情形2

图 6.8　不同情形社会福利与奖惩强度关系图

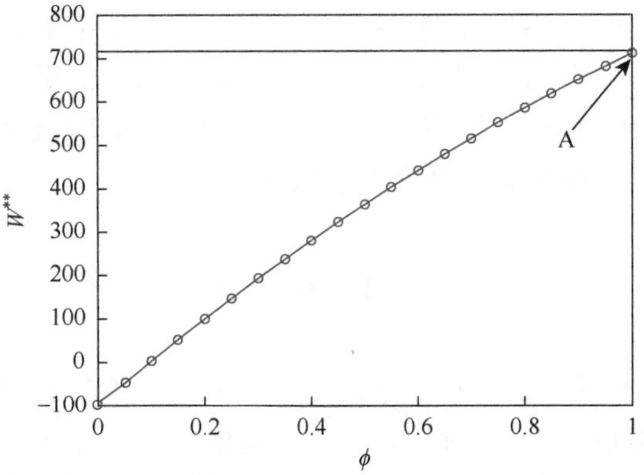

图 6.9　情形 2 社会福利与回收责任分担比例关系图

6.5.6　惩罚与奖励强度影响对比分析

本节旨在讨论奖励强度和惩罚强度之间的最优关系，进而优化奖惩机制。假设奖励强度 $k_r = 500$。从图 6.3 可得，当奖励强度 $k_r = 500$ 时，情形 1 和情形 2 中的回收率都没有达到目标回收率，因此制造商或零售商会受到政府奖惩比率为 k_p / k_r 强度的惩罚。下面分析奖惩比率 k_p / k_r 的变化对回收率和对环境危害程度的影响。

图 6.10（a）表明情形 1 和情形 2 中的回收率随着奖惩比率 k_p / k_r 的增加而增加，这意味着当政府设置相同的奖惩强度时，回收率可达到最大值。此外，在图 6.10（b）中，情形 2 中环境危害程度随着奖惩比率 k_p / k_r 的增加基本保持不变，但情形 1 中的环境危害程度随着回收责任比例的增加明显减少。因此，给定一个固定的奖励强度，随着惩罚强度的增加，当回收率低于目标回收率时，制造商或

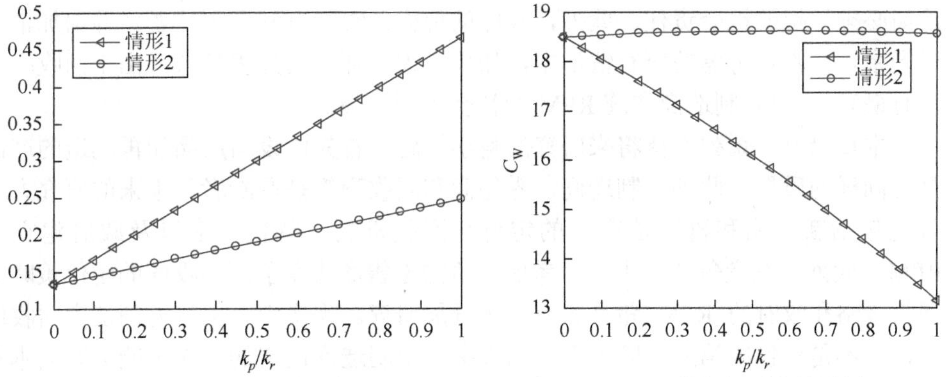

(a) 回收率与奖惩比率　　(b) 环境危害程度与奖惩比率

图 6.10　不同情形回收率、环境危害程度与奖惩比率关系对比图

零售商将面临更严重的惩罚，这种惩罚机制对他们有很强的警示作用并促使其积极开展回收和再制造活动，以提高回收率。同时，回收商更倾向于回收旧产品，所以回收率增加，对环境的危害程度下降。因此，政府应该建立一个有相同奖励和惩罚强度的 RPM，而非奖励强度大于惩罚强度。

6.6 本章小结

基于 WEEE 回收率，本章研究了政府强制的奖惩机制对闭环供应链成员企业的有效性和最佳实施模式。通过构建三种决策模型：①无 RPM 的闭环供应链；②仅对制造商实施 RPM 的闭环供应链；③对制造商和零售商同时实施 RPM 的闭环供应链。本章还开展了数学分析和数值验证，证明了 RPM 的有效性，并确定了 RPM 的最佳实施模式。本章的主要研究发现包括以下内容。

（1）给定一个 WEEE 的目标回收率，只对制造商实施 RPM 的闭环供应链的效果优于无 RPM 实施的闭环供应链和对制造商与零售商都实施 RPM 的闭环供应链。这一发现不仅证明了 RPM 的有效性，且分析结果表明，为了有效地提高回收率，政府应该只对制造商实施 RPM，而不是要求零售商分担责任。这一发现与 EPR 制度一致。

（2）就社会福利而言，政府将回收责任单独强加给制造商是最优的。此外，即使制造商和零售商共同承担回收责任，但随着废旧电器和电子产品回收难度的增加，制造商必须承担更多责任以确保批发价格低于没有 RPM 情景下的批发价格（情形 2）。

（3）当政府只对制造商实施 RPM 时，回购价格是最高的。这为回收商提供了强烈的回收动机，为了最大限度地增加自己的利润会试图达到最高的回收。对于制造商来说，较低的批发价格和较高的回购价格可能会降低其利润，但这是制造商必须承担的社会责任。此外，较低的价格最终将有利于消费者，并增加消费者剩余。在本章考虑的所有情形中，如果考虑对环境的危害最低（由于回收率在此时最高），只对制造商实施 RPM 的社会福利是最高的。

本章仍有一系列有待将来研究的科学问题：首先假设新产品和再制造的产品具有同样的质量。此外，制造商、零售商和回收商都是垄断者。未来的研究方向可能包括新产品和再制造产品的定价与回收机制、替代效应以及政府建立的 RPM。此外，在竞争环境中，如考虑竞争的零售商或竞争的回收商的定价策略、回收策略和政府的 RPM 策略也有助于开展研究。现实中普遍认为制造商回收废品，而不是外包给第三方回收商，回收率是由制造商决定的，这可能会影响本章的结论。

本篇总结

通过对闭环供应链中回收、再制造存在的问题进行聚焦，本篇进行了与价格依赖需求相关的渠道领导结构、融合广告效应到制造与再制造业务的市场需求、制造商设立双回收渠道开展竞争性旧产品回收以及最优决策、政府强制的奖惩机制对闭环供应链成员企业的有效性和最佳实施模式等的研究。首先，讨论闭环供应链管理与价格依赖需求相关的渠道领导结构问题。研究在一个三级闭环供应链中，不同渠道领导结构下闭环供应链企业成员的决策和供应链绩效。然后，构建了一个由零售商、回收商和制造商组成的二级闭环供应链模型，考察在三种逆向回收模式下的最优定价策略、零售商的广告投入和旧产品回收率。考虑一个单周期的供应链决策问题，给出集中式和分散式供应链的零售价格、广告投资和旧产品回收率决策的分析框架，并分析市场需求和旧产品的供给受价格与广告投资影响时各供应链企业成员的决策。接着，从 OEM 的角度来研究闭环供应链的运作，设计了三种渠道间竞争的回收模式：OEM 和零售商双重回收模式、OEM 和第三方双重回收模式以及零售商和第三方双重回收模式，研究三种闭环供应链回收模式下的产品定价和逆向渠道选择决策问题。最后，从政府的角度研究当强加给制造商回收责任时，以及制造商和零售商共同分担回收责任时奖惩机制（RPM）的有效性。基于 EPR 法规，考虑无回收责任分担、仅制造商承担回收责任、制造商和零售商共同承担回收责任三种场景，研究了三种责任分担模式下旧产品回收的最优 RPM。得出以下研究结论：①由零售商主导的闭环供应链优于传统供应链系统，并且供应链领导者越靠近供应链上游，供应链绩效越差。②合作广告不能协调供应链，但简单的两部定价合同可以激励制造商和零售商达到与集中式决策模式相同的绩效。③在其他条件相同情况下，MR 模式优于制造商与零售商竞争回收模式，双回收渠道之间的竞争并不利于制造商。④给定一个 WEEE 的目标回收率，只对制造商实施 RPM 的闭环供应链的效果优于无 RPM 实施的闭环供应链和对制造商和零售商都实施 RPM 的闭环供应链。

本章小结

第三篇　绿色供应链管理：产能、技术与回收策略

随着人类生产活动对环境造成的影响日趋严重，企业在绿色闭环供应链中的生产、技术投资和回收策略研究也更加紧迫。基于此，本篇首先研究企业在考虑绿色产品设计方面和竞争对手之间的定价决策问题，并探讨制造商绿色产品设计中的不对称竞争和对称竞争问题。在技术层面，本篇还在古诺博弈模型下探讨两种技术许可模式（固定费用和特许权使用费）哪种更有利于制造商等问题。同时，本篇以废旧单车为例，提出一种研究废旧单车回收的两阶段方法，考虑包含时序动态、个人后悔和组织效率等因素的多属性群体决策问题来选择第三方物流服务供应商；在由共享单车企业、3PLs和制造商组成的闭环废弃共享单车回收链中，基于整体经济效益和环境效益最大化的原则规划回收路径。最后，本篇拓展考虑租赁返回品回收再制造业务蕴含的潜在利润驱动因素，研究集中式和分散式决策模式下租赁商的到期返回产品最优库存、再制造策略和产品转运策略。

第7章　可持续供应链绿色产品设计模式与定价决策研究

7.1　概　　述

在政府法规推动和市场需求拉动的双重作用下，制造类企业开始引进绿色产品设计技术。然而，绿色产品设计技术需要巨额投资，并有可能使企业陷入与竞争对手的激烈“绿色技术竞争”中。在电子商务的推动下，上游供应商绿色产品设计竞争不断加剧，同时下游零售商渠道权力不断增强，大型零售商有机会通过调整零售价格在与制造商竞争中占得先机。因此如何在绿色产品设计方面与竞争对手竞争是当前企业需要解决的一个重要问题。本章在 Ma 等（2022）研究的基础上扩展研究了对称情况下两个制造商之间的绿色水平的竞争问题，并考虑了竞争对手的绿色产品设计带来的增强替代效应；在 Liu 等（2012）研究的基础上，通过比较绿色产品设计的不对称竞争和对称竞争来验证竞争模式对零售商决策和绩效的影响。基于此，本章构建了由两个竞争制造商通过一个零售商销售研发密集型绿色产品（design intensive green products，DIGP）的供应链结构，考虑无制造商绿色产品设计（no manufacturer design，NMG）、单一制造商绿色产品设计（one manufacturer design，OMG）、两制造商绿色产品设计（two manufacturer design，TMG）三种场景，探讨制造商绿色产品设计中的不对称及对称竞争，并研究其对零售商的定价和供应链成员企业以及整个供应链绩效的影响。具体研究问题如下：①制造商应如何投资绿色产品设计以与其竞争对手竞争？②竞争给供应链成员企业以及整个供应链的决策和绩效带来了什么影响？③零售商应该如何利用上游竞争管控零售价格？

7.2 节给出了问题描述。7.3 节构建了无制造商绿色产品设计、单一制造商绿色产品设计、两制造商绿色产品设计三个模式并求解每种模式下供应链成员企业的最优决策。7.4 节对三个模式的批发价格、零售价格、利润等进行对比分析。7.5 节采用数值分析的方法验证了最优价格、绿色度等参数对供应链成员企业利润的影响。7.6 节为本章小结。

7.2　问 题 描 述

本章考虑由两个相互竞争的制造商和一个零售商组成的供应链，其中制造商

$i(i=1,2)$ 以单位批发价格 w_i 向零售商提供产品，零售商分别以单位零售价格 p_i 向消费者销售产品，这两种产品为替代品。供应链成员企业决策目标为各自利润最大化。由于消费者具有环保意识，制造商可以采用绿色产品设计策略提高产品的“绿色指数”或“绿色度”。制造商 i 产品的“绿色度”用参数 $\tau_i(\tau_i>0)$ 表示，τ_i 越大表明产品 i 的绿色度越高（即意味着碳排放更低和环境影响更小）。实际上，为了能够帮助消费者更快速地识别出产品的绿色度，企业可以向消费者宣传其产品的绿色度。例如，可展示新产品中使用的绿色技术（如空调变频技术）。如果制造商 i 采用绿色产品设计策略，除了决策价格外，其还需要同时决策产品的绿色度 τ_i 以实现利润最大化。本章假设供应链成员具有独立、风险中性且完整的需求信息和成本结构信息。

7.3 模型构建及分析

本章通过建立制造商均不采用绿色产品设计策略模式、一个制造商采用绿色产品设计策略模式（鉴于两个制造商的对称性，假设制造商 1 采用绿色产品设计策略）和两个制造商都采用绿色产品设计策略模式，研究竞争制造商的绿色产品设计策略对每个供应链成员企业的定价、绿色产品设计决策以及利润的影响，其中两个制造商为 Stackelberg 博弈的领导者，零售商为跟随者，两个制造商之间进行纳什博弈。

7.3.1 无制造商绿色产品设计模式

为了便于与 OMG 模式和 TMG 模式进行比较，设定 NMG 模式为基准模型，在此模型中，每个制造商决策其批发价格 w_i，零售商决策其零售价格 p_i，每个企业最大化各自的利润。两种产品的市场需求函数分别为：$D_1^{\mathrm{N}}=\alpha_1-p_1+\hat{\beta}p_2$、$D_2^{\mathrm{N}}=\alpha_2-p_2+\hat{\beta}p_1$，其中 α_i 表示产品 i 的市场需求潜量，$\hat{\beta}$ 表示交叉价格弹性系数，且 $0<\hat{\beta}<1$（即相较于其替代产品零售价格的变化，自身产品的需求对其零售价格的变化更加敏感）。制造商 1、制造商 2 以及零售商的利润函数分别为

$$\pi_{\mathrm{M1}}^{\mathrm{N}}(w_1)=(w_1-c_1)D_1^{\mathrm{N}},\ \ \pi_{\mathrm{M2}}^{\mathrm{N}}(w_2)=(w_2-c_2)D_2^{\mathrm{N}}$$
$$\pi_{\mathrm{R}}^{\mathrm{N}}(p_1,p_2)=(p_1-w_1)D_1^{\mathrm{N}}+(p_2-w_2)D_2^{\mathrm{N}}$$

在 NMG 模式中，两个制造商首先同时做出定价决策，零售商再根据制造商的决策确定使其利润最大化的零售价格，通过逆向归纳法求解出 NMG 模式中供应链各成员的最优决策。

命题 7.1　在 NMG 模式中，供应链各成员的最优定价决策如下所示：

$$w_1^{N*} = \frac{2(\alpha_1 + c_1) + \hat{\beta}(\alpha_2 + c_2)}{4 - \hat{\beta}^2} \tag{7.1}$$

$$w_2^{N*} = \frac{\hat{\beta}(\alpha_1 + c_1) + 2(\alpha_2 + c_2)}{4 - \hat{\beta}^2} \tag{7.2}$$

$$p_1^{N*} = \frac{w_1^{N*}}{2} + \frac{(\hat{\beta}\alpha_2 + \alpha_1)}{2(1 - \hat{\beta}^2)} \tag{7.3}$$

$$p_2^{N*} = \frac{w_2^{N*}}{2} + \frac{(\hat{\beta}\alpha_1 + \alpha_2)}{2(1 - \hat{\beta}^2)} \tag{7.4}$$

显然，由命题 7.1 可知，一个制造商成本的上升对其自身和零售商的利润有不利影响，但其批发价格和零售价格的提高有利于另一个制造商。为此利用推论 7.1 来描述交叉价格弹性系数 $\hat{\beta}$ 对最优价格 p^{N*} 的影响。

推论 7.1　在 NMG 模式中，交叉弹性系数 $\hat{\beta}$ 对两种产品的最优批发价格 w_1^{N*} 和 w_2^{N*}、最优零售价格 p_1^{N*} 和 p_2^{N*}、成员的最优利润 π_{M1}^{N*}、π_{M2}^{N*}、π_{R}^{N*} 有积极影响。

交叉价格弹性系数 $\hat{\beta}$ 越大，产品的差异化程度越大，相互替代性越小。事实上，$\hat{\beta}$ 的增加不仅提高了批发价格，还增加了两种产品的需求。因此，可以通过提高利润率和刺激需求使所有供应链成员企业同时受益。

7.3.2　单一制造商绿色产品设计模式

在 OMG 模式中，采用绿色产品设计策略的制造商 i（下称绿色制造商）同时决策绿色度 τ_i 和批发价格 w_i，不采用绿色产品设计策略的制造商 i（下称非绿色制造商）决策其批发价格 w_i。基于 Zhu 和 He（2017）的研究，本章假设采用绿色产品设计策略的制造商生产的产品为研发密集型绿色产品(DIGP)，且 DIGP 的成本为关于绿色度 τ_i 递增的二次函数 $c_\tau \tau_i^2$，其与产量无关，参数 c_τ 为绿色产品设计的成本参数。鉴于两个制造商的对称性，假设只有制造商 1 采用绿色产品设计策略，两个产品的需求函数为线性函数，受到自身零售价格、替代产品零售价格及产品 1 绿色度的影响（Zhu and He，2017；Yan et al.，2015）。得出两个产品各自的需求函数分别为：$D_1^{O} = \alpha_1 - p_1 + \hat{\beta}p_2 + \gamma\tau_1$、$D_2^{O} = \alpha_2 - p_2 + \hat{\beta}p_1 - \hat{\gamma}\tau_1$。其中 γ 表示绿色度弹性系数，$\hat{\gamma}$ 表示交叉绿色度弹性系数（即两种产品之间的绿色竞争强度），且 $0 < \hat{\gamma} < \gamma < 1$（产品 1 的绿色程度对自身需求的影响大于对产品 2 需求的影响）。为了保证两个制造商具有初始生产能力，本章假设

$$c_\tau > \max\left\{\frac{\gamma\left(2\gamma-\eta\hat{\beta}\right)}{4\left(4-\hat{\beta}^2\right)},\frac{\gamma\left(\eta\alpha_1+\left(\hat{\beta}\gamma-\hat{\gamma}\right)c_1+\gamma\alpha_2-\left(\gamma-\hat{\gamma}\hat{\beta}\right)c_2\right)}{4\left(\hat{\beta}\left(\alpha_1+c_1\right)+2\alpha_2-\left(2-\hat{\beta}^2\right)c_2\right)}\right\}。$$

制造商 1 的利润函数 $\left(\pi_{M1}^{O}\left(w_1,\tau_1\right)\right)$、制造商 2 的利润函数 $\left(\pi_{M2}^{O}\left(w_2\right)\right)$，以及零售商的利润函数 $\left(\pi_{R}^{O}\left(p_1,p_2\right)\right)$ 分别为：$\pi_{M1}^{O}\left(w_1,\tau_1\right)=\left(w_1-c_1\right)D_1^{O}-c_\tau\tau_1^2$，$\pi_{M2}^{O}\left(w_2\right)=\left(w_2-c_2\right)D_2^{O}$，$\pi_{R}^{O}\left(p_1,p_2\right)=\left(p_1-w_1\right)D_1^{O}+\left(p_2-w_2\right)D_2^{O}$。

在 OMG 模式中，两个制造商作为 Stackelberg 博弈的领导者，首先进行纳什博弈，同时决策绿色度和批发价格，然后零售商决策两种产品的最优零售价格，实现自身利润最大化。通过逆向归纳法可得 OMG 模式中供应链成员企业的最优决策，如命题 7.2 所述。

命题 7.2　在 OMG 模式中，供应链成员企业的最优决策如下所示：

$$w_1^{O*}=\frac{8c_\tau\left(\alpha_1+c_1\right)+4c_\tau\hat{\beta}\left(\alpha_2+c_2\right)+\gamma c_1\left(\hat{\beta}\hat{\gamma}-2\gamma\right)}{\left(16-4\hat{\beta}^2\right)c_\tau+\gamma\left(\hat{\beta}\hat{\gamma}-2\gamma\right)} \tag{7.5}$$

$$w_2^{O*}=\frac{4c_\tau\hat{\beta}\left(\alpha_1+c_1\right)+\left(8c_\tau-\gamma^2\right)\left(\alpha_2+c_2\right)+\gamma\left(\hat{\gamma}-\hat{\beta}\gamma\right)c_1-\hat{\gamma}\gamma\alpha_1}{\left(16-4\hat{\beta}^2\right)c_\tau+\gamma\left(\hat{\beta}\hat{\gamma}-2\gamma\right)} \tag{7.6}$$

$$\tau_1^{O*}=\frac{\gamma\left(2\alpha_1+c_1\left(\hat{\beta}^2-2\right)+\hat{\beta}\left(\alpha_2+c_2\right)\right)}{\left(16-4\hat{\beta}^2\right)c_\tau+\gamma\left(\hat{\beta}\hat{\gamma}-2\gamma\right)} \tag{7.7}$$

$$p_1^{O*}=\frac{\gamma-\hat{\beta}\hat{\gamma}}{2\left(1-\hat{\beta}^2\right)}\tau_1^{O*}+\frac{1}{2}w_1^{O*}+\frac{\alpha_2\hat{\beta}+\alpha_1}{2\left(1-\hat{\beta}^2\right)} \tag{7.8}$$

$$p_2^{O*}=\frac{\hat{\beta}\gamma-\hat{\gamma}}{2\left(1-\hat{\beta}^2\right)}\tau_1^{O*}+\frac{1}{2}w_2^{O*}+\frac{\alpha_1\hat{\beta}+\alpha_2}{2\left(1-\hat{\beta}^2\right)} \tag{7.9}$$

基于命题 7.2 对最优决策的分析，本章用推论 7.2～推论 7.4 来表示上述参数对供应链成员企业最优决策的影响，并用推论 7.5 和推论 7.6 来表示上述参数对制造商最优利润的影响。

推论 7.2　在 OMG 模式中，对绿色制造商来说，最优批发价格 w_1^{O*} 和最优绿色度 τ_1^{O*} 都是关于绿色产品设计的成本参数 c_τ 和交叉绿色度弹性系数 $\hat{\gamma}$ 的单调递减函数，是关于交叉价格弹性系数 $\hat{\beta}$ 和绿色度弹性系数 γ 的单调递增函数。

推论 7.3　在 OMG 模式中，对非绿色制造商来说，当 $\frac{\hat{\gamma}}{\gamma}<\frac{\hat{\beta}}{2}$ 时，最优批发价格 w_2^{O*} 是关于绿色产品设计的成本参数 c_τ 的单调递减函数，否则为单调

递增函数。当 $c_\tau > \dfrac{\hat{\gamma}^2}{2\hat{\beta}^2}$ 且 $\hat{\gamma} < \dfrac{8\hat{\beta}c_\tau}{8c_\tau+1}$ 时，最优批发价格 w_2^{O*} 在区间 $\left(0,2\left(2\hat{\beta}c_\tau-\sqrt{2c_\tau\left(2\hat{\beta}^2c_\tau-\hat{\gamma}^2\right)}\right)/\hat{\gamma}\right)$ 上是关于绿色度弹性系数 γ 的单调递减函数，在区间 $\left[\dfrac{2\left(2\hat{\beta}c_\tau-\sqrt{2c_\tau\left(2\hat{\beta}^2c_\tau-\hat{\gamma}^2\right)}\right)}{\hat{\gamma}},1\right)$ 上是关于绿色度弹性系数 γ 的单调递增函数；否则最优批发价格 w_2^{O*} 始终是绿色度弹性系数 γ 的单调递减函数或者最优批发价格 w_2^{O*} 是关于交叉绿色度弹性系数 $\hat{\gamma}$ 的单调递减函数。

推论 7.4　对于 OMG 模式中的零售商：

（1）最优零售价格 p_1^{O*} 是关于绿色产品设计的成本参数 c_τ 和交叉绿色度弹性系数 $\hat{\gamma}$ 的单调递减函数；最优零售价格 p_1^{O*} 在区间 $\left(0,2\left(6c_\tau\left(2-\hat{\beta}^2\right)-\sqrt{\left(36\left(2-\hat{\beta}^2\right)^2c_\tau-\hat{\gamma}^2\hat{\beta}^2\left(5-2\hat{\beta}^2\right)\right)c_\tau}\right)/\hat{\gamma}\hat{\beta}\right)$ 上是关于交叉绿色度弹性系数 $\hat{\gamma}$ 的单调递减函数，在区间 $\left[2\left(6c_\tau\left(2-\hat{\beta}^2\right)-\sqrt{\left(36\left(2-\hat{\beta}^2\right)^2c_\tau-\hat{\gamma}^2\hat{\beta}^2\left(5-2\hat{\beta}^2\right)\right)c_\tau}\right)/\hat{\gamma}\hat{\beta},1\right)$ 上是关于交叉绿色度弹性系数 $\hat{\gamma}$ 的单调递增函数。

（2）当 $\hat{\gamma}/\gamma<\hat{\beta}\left(5-2\hat{\beta}^2\right)/3\left(2-\hat{\beta}^2\right)$ 时，最优零售价格 p_2^{O*} 是关于绿色产品设计的成本参数 c_τ 的单调递减函数，否则最优零售价格 p_2^{O*} 是关于绿色产品设计的成本参数 c_τ 的单调递增函数；当 $c_\tau>3\hat{\gamma}^2\left(2-\hat{\beta}^2\right)\left(3-2\hat{\beta}^2\right)/4\hat{\beta}^2\left(5-2\hat{\beta}^2\right)^2$ 且 $\hat{\gamma}<8\hat{\beta}c_\tau\left(5-2\hat{\beta}^2\right)/12c_\tau\left(2-\hat{\beta}^2\right)+3-2\hat{\beta}^2$ 时，最优零售价格 p_2^{O*} 在区间 $\left(0,2\left(2\hat{\beta}c_\tau\left(5-2\hat{\beta}^2\right)-\sqrt{\left(4\hat{\beta}^2\left(5-2\hat{\beta}^2\right)^2c_\tau-3\hat{\gamma}^2\left(2-\hat{\beta}^2\right)\left(3-2\hat{\beta}^2\right)\right)c_\tau}\right)/\hat{\gamma}\left(3-2\hat{\beta}^2\right)\right)$ 上是关于绿色度弹性系数 γ 的单调递减函数，在区间 $\left[2\left(2\hat{\beta}c_\tau\left(5-2\hat{\beta}^2\right)-\sqrt{\left(4\hat{\beta}^2\left(5-2\hat{\beta}^2\right)^2c_\tau-3\hat{\gamma}^2\left(2-\hat{\beta}^2\right)\left(3-2\hat{\beta}^2\right)\right)c_\tau}\right)/\hat{\gamma}\left(3-2\hat{\beta}^2\right),1\right)$ 上是关于绿色度弹性系数 γ 的单调递增函数，否则最优零售价格 p_2^{O*} 是关于绿色度弹性系数 γ 的单调递减函数；最优零售价格 p_2^{O*} 是关于交叉绿色度弹性系数 $\hat{\gamma}$ 的单调递减函数。

由此可见，绿色产品设计的成本参数 c_τ 的增加意味着制造商绿色产品设计投资效率降低，在大多数情况下两种产品的零售价格也随之降低。只有当绿色产品设计通过拉大需求差距降低两种产品的替代性时，绿色产品设计的成本参数 c_τ 的增加才会使得非绿色产品的销售价格有所提高。这是因为：当投资绿色产品设计严重损害非绿色制造商的利润时，绿色产品设计的投资困难增加将导致绿色制造商采用产品绿色度降低，此时非绿色制造商因绿色制造商采用绿色产品设计带来的利润损失减少。

相较于绿色产品设计的成本参数 c_τ，绿色度弹性系数 γ 对利润的影响更为复杂。首先，绿色度弹性系数 γ 的增大会刺激绿色产品的需求，从而促使绿色制造商采用更高的批发价格和绿色度。其次，产品绿色度的增加会降低对非绿色产品的需求，非绿色产品的批发价格和零售价格在大多数情况下也会降低。而仅有绿色产品设计的成本参数 c_τ 和绿色度弹性系数 γ 较大、交叉绿色度弹性系数 $\hat{\gamma}$ 较小时，非绿色产品的批发价格和零售价格才会提高。这是由于：绿色产品需求的增加会导致对非绿色产品需求降低较少，且两种产品的价格竞争激烈程度也相对较小。鉴于此，当绿色度弹性系数 γ 增大时，绿色产品对需求刺激作用大于非绿色产品的价格竞争作用，绿色产品的最优零售价格 $p_1^{\mathrm{O}*}$ 提高。否则，为了保证绿色产品的需求，绿色产品的最优零售价格 $p_1^{\mathrm{O}*}$ 随着绿色度弹性系数 γ 增大而减小。

直观上看，交叉绿色度弹性系数 $\hat{\gamma}$ 的增大会降低非绿色产品的需求，从而降低其批发价格和零售价格。因此绿色制造商必须设定较低的批发价格并积极地与非绿色制造商竞争，此时零售商也会降低绿色产品的零售价格。

推论 7.5　在 OMG 模式中，相关参数对绿色制造商最优利润 $\pi_{\mathrm{M1}}^{\mathrm{O}*}$ 的影响如下。

（1）绿色制造商最优利润 $\pi_{\mathrm{M1}}^{\mathrm{O}*}$ 是关于交叉价格弹性系数 $\hat{\beta}$ 的单调递增函数。

（2）当 $\alpha_1<\gamma\hat{\beta}\alpha_2-\hat{\beta}\left(3\gamma-2\hat{\gamma}\hat{\beta}\right)c_2+\left(2\gamma+\gamma\hat{\beta}^2-2\hat{\gamma}\hat{\beta}\right)c_1/2\left(\gamma-\hat{\gamma}\hat{\beta}\right)$，$\dfrac{\hat{\gamma}}{\gamma}>\dfrac{\beta}{2}$，$\left(\hat{\gamma}\alpha_1+\left(\hat{\beta}\gamma-\hat{\gamma}\right)c_1+\gamma\alpha_2-\left(\gamma-\hat{\gamma}\hat{\beta}\right)c_2\right)/4\left(\hat{\beta}\left(\alpha_1+c_1\right)+2\alpha_2-\left(2-\hat{\beta}^2\right)c_2\right)<c_\tau<\left(2\gamma-\hat{\gamma}\hat{\beta}\right)\gamma^2/4\left(4\gamma+\gamma\hat{\beta}^2-4\hat{\gamma}\hat{\beta}\right)$ 时，绿色制造商最优利润 $\pi_{\mathrm{M1}}^{\mathrm{O}*}$ 是关于绿色产品设计的成本参考 c_τ 的单调递增函数，否则绿色制造商最优利润 $\pi_{\mathrm{M1}}^{\mathrm{O}*}$ 是关于绿色产品设计的成本参数 c_τ 的单调递减函数。

（3）当 $\alpha_1>\gamma\hat{\beta}\alpha_2-\left(3\gamma\hat{\beta}-\hat{\gamma}\hat{\beta}^2\right)c_2+\left(2\gamma+\gamma\hat{\beta}^2-\hat{\gamma}\hat{\beta}\right)c_1/2\gamma-\hat{\gamma}\hat{\beta}$，$\dfrac{\hat{\gamma}}{\gamma}>\dfrac{\hat{\beta}}{2}$，$\gamma\left(\hat{\gamma}\alpha_1+\left(\hat{\beta}\gamma-\hat{\gamma}\right)c_1+\gamma\alpha_2-\left(\gamma-\hat{\gamma}\hat{\beta}\right)c_2\right)/4\left(\hat{\beta}\left(\alpha_1+c_1\right)+2\alpha_2-\left(2-\hat{\beta}^2\right)c_2\right)<c_\tau<\gamma^3/2\left(4\gamma+\gamma\hat{\beta}^2-2\hat{\gamma}\hat{\beta}\right)$ 时，绿色制造商最优利润 $\pi_{\mathrm{M1}}^{\mathrm{O}*}$ 是关于绿色度弹性系数 γ 的单调递减函数，否则绿色制造商最优利润 $\pi_{\mathrm{M1}}^{\mathrm{O}*}$ 是关于绿色度弹性系数 γ 的单调递增函数。

（4）绿色制造商最优利润 π_{M1}^{O*} 是关于交叉绿色度弹性系数 $\hat{\gamma}$ 的单调递减函数。

推论 7.6　在 OMG 模式中，相关参数对非绿色制造商最优利润 π_{M2}^{O*} 的影响如下。

（1）当 $\dfrac{\hat{\gamma}}{\gamma} > \dfrac{\hat{\beta}}{2}$ 时，非绿色制造商最优利润 π_{M2}^{O*} 是关于绿色产品设计的成本参数 c_τ 的单调递增函数，否则反之。

（2）当 $\dfrac{\hat{\gamma}}{\gamma} < \dfrac{\hat{\beta}}{2}$，或当 $\dfrac{\hat{\beta}}{2} < \dfrac{\hat{\gamma}}{\gamma} < \hat{\beta}$ 且 $c_\tau > \dfrac{\hat{\gamma}\gamma^2}{8\left(\gamma\hat{\beta} - \hat{\gamma}\right)}$ 时，非绿色制造商最优利润 π_{M2}^{O*} 是关于绿色度弹性系数 γ 的单调递增函数，否则反之。

（3）非绿色制造商最优利润 π_{M2}^{O*} 是关于交叉绿色度弹性系数 $\hat{\gamma}$ 的单调递增函数。

推论 7.5 的结论较为直观。值得注意的是，当绿色产品需求潜量较小、绿色产品设计投资效率并非太低且能削弱竞争对手的需求时，绿色产品设计投资效率的降低可能对绿色制造商有利。与此同时，当绿色产品需求潜量并不太小时，绿色产品设计增加需求反而会造成绿色制造商的利润损失。推论 7.6 也存在反直觉的结论：当绿色产品设计对非绿色产品需求的抑制作用足够大时，非绿色制造商会从绿色产品设计投资效率不断降低中获利；然而当这种交叉需求抑制作用较小时，非绿色制造商反而会因绿色制造商的绿色产品设计投资效率降低而损失利润。当绿色产品设计对竞争对手的需求抑制作用足够大时，随着绿色设计对绿色制造商需求的刺激作用的增强，非绿色制造商的利润也会受到损害。

7.3.3　两制造商绿色产品设计模式

在 TMG 模式中，两个制造商都采用绿色产品设计策略。首先，两个制造商同时决策各自产品的批发价格 w_i 和绿色度 τ_i，然后零售商决策两种产品的零售价格 p_i。假设需求函数是关于绿色度弹性系数 γ、交叉价格弹性系数 $\hat{\beta}$、交叉绿色度弹性系数 $\hat{\gamma}$ 的线性函数（Zhu and He，2017；Yan et al.，2015），则需求函数可表示为：$D_1^T = \alpha_1 - p_1 + \hat{\beta}p_2 + \gamma\tau_1 - \hat{\gamma}\tau_2$、$D_2^T = \alpha_2 - p_2 + \hat{\beta}p_1 + \gamma\tau_2 - \hat{\gamma}\tau_1$。其中 $\alpha_i\left(i=1,2\right)$ 表示产品 i 的市场潜力，$\hat{\beta}$ 表示交叉价格弹性系数，γ 表示绿色度弹性系数，$\hat{\gamma}$ 表示交叉绿色度弹性系数，且 $0<\hat{\gamma}<\gamma<1$，$0<\hat{\beta}<1$。

制造商 1 的利润函数 $\pi_{M1}^T\left(w_1,\tau_1\right)=\left(w_1-c_1\right)D_1^T - c_\tau\tau_1^2$、制造商 2 的利润函数 $\pi_{M2}^M\left(w_2,\tau_2\right)=\left(w_2-c_2\right)D_2^T - c_\tau\tau_2^2$，零售商的利润函数 $\pi_R^T\left(p_1,p_2\right)=\left(p_1-w_1\right)D_1^T + \left(p_2-w_2\right)D_2^T$。

通过逆向归纳法求解可得 TMG 模式中供应链各成员的最优决策，如命题 7.3 所述。

命题 7.3 在 TMG 模式中，供应链各成员的最优决策如下所示：

$$w_1^{\mathrm{T}*}=\frac{\left(\hat{\gamma}\gamma B+\gamma^4+32c_\tau^2-12c_\tau\gamma^2\right)c_1+\left(16\hat{\beta}c_\tau^2-4\hat{\beta}c_\tau\gamma^2+4c_\tau\hat{\gamma}\gamma\right)c_2+4c_\tau\left(B\alpha_2+A\alpha_1\right)}{A^2-B^2} \tag{7.10}$$

$$\tau_1^{\mathrm{T}*}=\frac{\gamma\left(\left(\hat{\beta}B-A\right)c_1+\left(4\hat{\beta}c_\tau+\hat{\gamma}\gamma-\hat{\beta}\gamma^2\right)c_2+A\alpha_1+B\alpha_2\right)}{A^2-B^2} \tag{7.11}$$

$$w_2^{\mathrm{T}*}=\frac{\left(\hat{\gamma}\gamma B+\gamma^4+32c_\tau^2-12c_\tau\gamma^2\right)c_2+\left(16\hat{\beta}c_\tau^2-4\hat{\beta}c_\tau\gamma^2+4c_\tau\hat{\gamma}\gamma\right)c_1+4c_\tau\left(B\alpha_1+A\alpha_2\right)}{A^2-B^2} \tag{7.12}$$

$$\tau_2^{\mathrm{T}*}=\frac{\gamma\left(\left(\hat{\beta}B-A\right)c_2+\left(4\hat{\beta}c_\tau+\hat{\gamma}\gamma-\hat{\beta}\gamma^2\right)c_1+A\alpha_2+B\alpha_1\right)}{A^2-B^2} \tag{7.13}$$

$$p_1^{\mathrm{T}*}=\frac{\gamma-\hat{\gamma}\hat{\beta}}{2\left(1-\hat{\beta}^2\right)}\tau_1^{\mathrm{T}*}+\frac{w_1^{\mathrm{T}*}}{2}+\frac{\gamma\hat{\beta}-\hat{\gamma}}{2\left(1-\hat{\beta}^2\right)}\tau_2^{\mathrm{T}*}+\frac{\alpha_2\hat{\beta}+\alpha_1}{2\left(1-\hat{\beta}^2\right)} \tag{7.14}$$

$$p_2^{\mathrm{T}*}=\frac{\gamma\hat{\beta}-\hat{\gamma}}{2\left(1-\hat{\beta}^2\right)}\tau_1^{\mathrm{T}*}+\frac{w_2^{\mathrm{T}*}}{2}+\frac{\gamma-\hat{\gamma}\hat{\beta}}{2\left(1-\hat{\beta}^2\right)}\tau_2^{\mathrm{T}*}+\frac{\alpha_1\hat{\beta}+\alpha_2}{2\left(1-\hat{\beta}^2\right)} \tag{7.15}$$

其中，$A=8c_\tau-\gamma^2$，$B=4\hat{\beta}c_\tau-\hat{\gamma}\gamma$。

为了便于模型求解，本章在数值研究中考察了相关参数在一般情况下对供应链成员企业最优决策的影响，并在分析研究中探讨了两个竞争对手对称，即 $\alpha_1=\alpha_2=\alpha$，$c_1=c_2=c$ 的情况。所得均衡结果如命题 7.4 所述。

命题 7.4 在 TMG 模式中，当两个制造商对称时，供应链成员企业的最优决策简化如下：

$$w^{\mathrm{T}*}=w_1^{\mathrm{T}*}=w_2^{\mathrm{T}*}=\frac{4c_\tau\left(\alpha+c\right)+c\gamma\left(\hat{\gamma}-\gamma\right)}{8c_\tau-4\hat{\beta}c_\tau+\hat{\gamma}\gamma-\gamma^2} \tag{7.16}$$

$$\tau^{\mathrm{T}*}=\tau_1^{\mathrm{T}*}=\tau_2^{\mathrm{T}*}=\frac{\gamma\left(\alpha-c+\hat{\beta}c\right)}{8c_\tau-4\hat{\beta}c_\tau+\hat{\gamma}\gamma-\gamma^2} \tag{7.17}$$

$$p^{\mathrm{T}*}=p_1^{\mathrm{T}*}=p_2^{\mathrm{T}*}=\frac{1}{2}w_1^{\mathrm{T}*}+\frac{\gamma-\hat{\gamma}}{2\left(1-\hat{\beta}\right)}\tau_1^{\mathrm{T}*}+\frac{\alpha}{2\left(1-\hat{\beta}\right)} \tag{7.18}$$

为保证制造商的正常运营并便于模型求解，此处假设 $c_\tau>\max\left\{\frac{\gamma\left(\gamma-\hat{\gamma}\right)}{4\left(2-\hat{\beta}\right)},\frac{\gamma^2}{8}\right\}$，

相关参数对供应链成员企业最优决策的影响如推论 7.7 和推论 7.8 所述。

推论 7.7　对于 TMG 模式中对称的两个制造商，最优批发价格 w^{T*} 和最优绿色度 τ^{T*} 都是关于交叉价格弹性系数 $\hat{\beta}$ 和绿色度弹性系数 γ 的单调递增函数，是关于绿色产品设计的成本参数 c_τ 和交叉绿色度弹性系数 $\hat{\gamma}$ 的单调递减函数。

推论 7.8　对于 TMG 模式中的零售商，两个产品的最优零售价格 p^{T*} 都是关于交叉价格弹性系数 $\hat{\beta}$ 和绿色度弹性系数 γ 的单调递增函数，是关于绿色产品设计的成本参数 c_τ 和交叉绿色度弹性系数 $\hat{\gamma}$ 的单调递减函数。

在两个制造商对称的情形下，交叉价格弹性系数 $\hat{\beta}$ 的增加降低了竞争强度，从而导致更高的批发价格和零售价格。绿色产品设计对绿色度弹性系数 γ 的增加促使制造商设定更高的产品绿色度，刺激需求进而提高价格。相反，绿色产品设计的成本参数 c_τ 和交叉绿色度弹性系数 $\hat{\gamma}$ 通过降低产品需求，降低了产品价格和绿色度。

相关参数对制造商最优利润的影响如推论 7.9 所述。

推论 7.9　在 TMG 模式中，相关参数对绿色制造商最优利润 π_M^{T*} 的影响如下所示。

（1）绿色制造商最优利润 π_M^{T*} 是关于交叉价格弹性系数 $\hat{\beta}$ 的单调递增函数。

（2）当 $\dfrac{\hat{\gamma}}{\gamma}<\dfrac{\hat{\beta}}{2}$，或当 $\dfrac{\hat{\beta}}{2}\leqslant\dfrac{\hat{\gamma}}{\gamma}<\dfrac{2+\hat{\beta}}{4}$ 且 $c_\tau>(\gamma-\hat{\gamma})\gamma^2/4\left(\left(2+\hat{\beta}\right)\gamma-4\hat{\gamma}\right)$ 时，绿色制造商最优利润 π_M^{T*} 是关于绿色产品设计的成本参数 c_τ 的单调递减函数，否则反之。

（3）当 $\dfrac{\hat{\gamma}}{\gamma}<\dfrac{\hat{\beta}}{2}$，或当 $\dfrac{\hat{\gamma}}{\gamma}\geqslant\dfrac{\hat{\beta}}{2}$ 且 $c_\tau>\gamma^3/4\left(\left(2+\hat{\beta}\right)\gamma-2\hat{\gamma}\right)$ 时，绿色制造商最优利润 π_M^{T*} 是关于绿色度弹性系数 γ 的单调递增函数，否则反之。

（4）绿色制造商最优利润 π_M^{T*} 是关于交叉绿色度弹性系数 $\hat{\gamma}$ 的单调递增函数。

推论 7.9 直观地表明了制造商能够从产品差异化中获益，且因受到竞争对手绿色产品设计对自身需求抑制作用而损失利润。然而，推论 7.9 也给出了反直觉的结论：当绿色产品设计对竞争对手的需求抑制作用较小时，制造商反而能够从绿色产品设计投资效率降低中获益；当绿色产品设计对竞争对手的需求抑制作用很大时，绿色产品设计对产品需求刺激系数的增加会导致制造商利润降低。

7.4　三种绿色设计模式的比较分析

为进一步理解研究问题并获得相应管理启示，本节将对 NMG 模式、OMG 模式和 TMG 模式中的均衡结果进行比较分析。具体来说，本节对比不同模式的批发价格和零售价格，并考虑到竞争对手是否采用绿色产品设计策略决策，从而研究制造商是否应该采用绿色产品设计策略。

7.4.1 无制造商与单一制造商绿色产品设计模式比较

本节首先比较 OMG 模式和 NMG 模式之间的批发价格和零售价格，然后比较 OMG 模式和 NMG 模式之间制造商 1 的最优利润，以推导在竞争对手不采用绿色产品设计策略而制造商采用绿色产品设计策略的条件。为了保证 OMG 模式有效，假设 $c_\tau > \max\left\{\dfrac{\gamma\left(2\gamma-\hat{\gamma}\hat{\beta}\right)}{4\left(4-\hat{\beta}^2\right)},\dfrac{\gamma\left(\hat{\gamma}\alpha_1+\left(\hat{\beta}\gamma-\hat{\gamma}\right)c_1+\gamma\alpha_2-\left(\gamma-\hat{\gamma}\hat{\beta}\right)c_2\right)}{4\left(\hat{\beta}\left(\alpha_1+c_1\right)+2\alpha_2-\left(2-\hat{\beta}^2\right)c_2\right)}\right\}$。命题 7.5 和命题 7.6 阐述了对比分析结果，命题 7.7 阐述了采用绿色产品设计对竞争对手利润的影响。

命题 7.5 OMG 模式和 NMG 模式的批发价格和零售价格的对比分析如下所示：

（1）当 $\dfrac{\hat{\gamma}}{\gamma}<\dfrac{\beta}{2}$ 时，$w_1^{O*}>w_1^{N*}$，$w_2^{O*}>w_2^{N*}$，$p_1^{O*}>p_1^{N*}$，$p_2^{O*}>p_2^{N*}$。

（2）当 $\dfrac{\hat{\beta}}{2}<\dfrac{\hat{\gamma}}{\gamma}<\dfrac{\hat{\beta}\left(5-2\hat{\beta}^2\right)}{3\left(2-\hat{\beta}^2\right)}$ 时，$w_1^{O*}>w_1^{N*}$，$w_2^{O*}<w_2^{N*}$，$p_1^{O*}>p_1^{N*}$，$p_2^{O*}>p_2^{*N}$。

（3）当 $\dfrac{\hat{\gamma}}{\gamma}>\dfrac{\hat{\beta}\left(5-2\hat{\beta}^2\right)}{6-3\hat{\beta}^2}$ 时，$w_1^{O*}>w_1^{N*}$，$w_2^{O*}<w_2^{N*}$，$p_1^{O*}>p_1^{N*}$，$p_2^{O*}<p_2^{N*}$。

命题 7.5 表明，当绿色产品设计对竞争对手的需求抑制作用较小时，制造商采用绿色产品设计策略会提高两种产品各自的批发价格和零售价格。因为采用绿色产品设计会刺激绿色产品的需求，从而导致绿色产品批发价格和零售价格更高。同时，当需求抑制作用较小时，引发价格竞争的可能性较小，非绿色制造商可以借此提高非绿色产品的批发价格，从而提高非绿色产品的零售价格。然而，当绿色产品设计对竞争对手的需求抑制作用很大时，非绿色制造商就不能从竞争对手产品的高价中获益，而是被迫利用价格竞争来保证自身产品的需求量。当需求抑制作用较大时，价格竞争甚至会影响到非绿色产品的零售价格。

命题 7.6 当竞争对手不采用绿色产品设计策略时，制造商始终选择采用绿色产品设计策略，除非 $\alpha_1<\hat{\beta}^2\alpha_2-\hat{\beta}\left(4-\hat{\beta}-\hat{\beta}^2\right)c_2+\left(4-2\hat{\beta}-\hat{\beta}^2+\hat{\beta}^3\right)c_1/4-2\hat{\beta}-\hat{\beta}^2$，$8\alpha_1-\left(8-\hat{\beta}^4\right)c_1+\hat{\beta}^3\alpha_2+\hat{\beta}\left(8-\hat{\beta}^2\right)c_2/\hat{\beta}\left(\left(8-\hat{\beta}^2\right)\alpha_1-\left(8-3\hat{\beta}^2\right)c_1+2\hat{\beta}\alpha_2+\hat{\beta}\left(6-\hat{\beta}^2\right)c_2\right)$ $<\dfrac{\hat{\gamma}}{\gamma}<1$，且 $\gamma\left(\hat{\gamma}\alpha_1+\left(\hat{\beta}\gamma-\hat{\gamma}\right)c_1+\gamma\alpha_2-\left(\gamma-\hat{\gamma}\hat{\beta}\right)c_2\right)/4\left(\hat{\beta}\left(a_1+c_1\right)+2\alpha_2-\left(2-\hat{\beta}^2\right)c_2\right)<$

$c_\tau < \gamma\left(2\gamma - \hat{\gamma}\hat{\beta}\right)^2 / 2\left(2-\hat{\beta}\right)\left(2+\hat{\beta}\right)\left(4\gamma + \hat{\beta}^2\gamma - 4\hat{\gamma}\hat{\beta}\right)$。

命题 7.6 表明，当竞争对手不采用绿色产品设计策略时，在一般情况下制造商能够通过采用绿色产品设计策略受益。但若制造商的市场需求潜量远低于竞争对手，采用绿色产品设计策略提高自身产品需求效率且能够大大削弱竞争对手的需求时，制造商反而应选择放弃采用绿色产品设计策略。这是因为：一旦采用绿色产品设计策略，会对竞争对手的产品需求造成较大威胁，作为非绿色制造商而又具有强劲市场实力的竞争对手就会采用价格战来维护市场需求。在这种情况下，制造商采用绿色产品设计策略不能使自身受益。

命题 7.7　在 NMG 模式和 OMG 模式中，当 $\frac{\hat{\gamma}}{\gamma} < \frac{\hat{\beta}}{2}$ 时，非绿色制造商的最优利润满足 $\pi_{M2}^{O*} > \pi_{M2}^{N*}$，否则 $\pi_{M2}^{O*} \leqslant \pi_{M2}^{N*}$。

命题 7.7 表明，当竞争对手采用绿色产品设计策略时，非绿色制造商的市场需求会受到抑制，但此时竞争对手的绿色产品设计会刺激本身产品需求增加，进而弱化两种产品间的价格竞争，因此非绿色制造商也能从中受益。当绿色产品设计对非绿色制造商的需求抑制作用较小时，抑制作用会被弱化的价格竞争产生的收益所抵消，非绿色制造商可以从针对竞争对手绿色产品设计策略的“搭便车”效应中获益。

7.4.2　单一制造商与两制造商绿色产品设计模式比较

针对制造商对称情形，命题 7.8 首先给出了 TMG 模式和 OMG 模式批发价格和零售价格的比较分析结果，然后在命题 7.9 中阐述了不同情况下制造商采用绿色产品设计策略对竞争对手利润的影响。为了保证 TMG 模式和 OMG 模式的有效性，此处假设 $c_\tau > \max\left\{\frac{\gamma(\gamma+\hat{\gamma})}{4\left(2+\hat{\beta}\right)}, \frac{\gamma(\gamma-\hat{\gamma})}{4\left(2-\hat{\beta}\right)}\right\}$。

命题 7.8　在 TMG 模式和 OMG 模式的制造商对称情形中，两种产品批发价格和零售价格以及绿色度的对比分析如下所示。

（1）当 $\frac{\hat{\gamma}}{\gamma} < \frac{\hat{\beta}}{2}$ 时，有 $w^{T*} > w_1^{O*}$ 且 $\tau^{T*} > \tau_1^{O*}$，否则 $w^{T*} \leqslant w_1^{O*}$ 且 $\tau^{T*} \leqslant \tau_1^{O*}$。

（2）当 $\frac{\hat{\gamma}}{\gamma} < \frac{\hat{\beta}}{2}$ 时，或当 $\frac{\hat{\beta}}{2} < \frac{\hat{\gamma}}{\gamma} < \hat{\beta}\left(5-2\hat{\beta}^2\right)/3\left(2-\hat{\beta}^2\right)$ 且 $c_\tau > (\gamma-\hat{\gamma})(\gamma+\hat{\gamma})\gamma\hat{\beta} / 4\left(\left(5-2\hat{\beta}^2\right)\gamma\hat{\beta} - 3\left(2-\hat{\beta}^2\right)\eta\right)$ 时，有 $p^{T*} > p_1^{O*}$，否则 $p^{T*} \leqslant p_1^{O*}$。

（3）$w^{T*} > w_2^{O*}$ 和 $p^{T*} > p_2^{O*}$ 始终成立。

命题 7.8 表明，当绿色产品设计策略对竞争对手的需求抑制作用较小时，两个制造商采用绿色产品设计都会提高绿色度，这会对其各自需求产生一定的抑制作用，但会对自身需求产生相当大的刺激作用，从而导致两种产品的价格提高。相比之下，当绿色产品设计策略对竞争对手的需求抑制作用较大时，原绿色制造商的产品绿色度和价格会因其对竞争对手采用绿色产品设计策略对其需求的抑制作用而下降，而新采用绿色产品设计策略的制造商的产品价格会上涨。

命题 7.9 在 OMG 模式和 TMG 模式中，当$\dfrac{\hat{\gamma}}{\gamma}<\dfrac{\hat{\beta}}{2}$时，原绿色制造商利润满足$\pi_{\mathrm{M}}^{\mathrm{T}*}>\pi_{\mathrm{M1}}^{\mathrm{O}*}$，否则$\pi_{\mathrm{M2}}^{\mathrm{O}*}\leqslant\pi_{\mathrm{M2}}^{\mathrm{N}*}$。

命题 7.9 表明，与价格的影响类似，当绿色产品设计对竞争对手产品需求的抑制作用远小于对自身产品需求的刺激作用时，绿色制造商的利润随着竞争对手采用绿色产品设计策略而增加。当抑制作用与刺激作用相当时，非绿色制造商采用绿色产品设计策略会降低其非绿色制造商竞争对手的利润。

7.5 数值算例分析

本节采用数值分析的方法，研究相关参数对供应链成员企业决策和利润的影响，包括最优价格、最优绿色度和最优利润。考虑两个制造商完全对称的情况，即$\alpha_1=\alpha_2$且$c_1=c_2$。为了便于三个模式之间的比较分析，并避免两种产品非对称性对最优策略和最大利润的影响，令两种可替代产品具有相同参数。

7.5.1 交叉价格弹性系数灵敏度分析

本节分析交叉价格弹性系数$\hat{\beta}$对最优批发价格、最优零售价格、最优绿色度、市场需求和供应链成员企业利润的影响。表 7.1～表 7.3 分别给出了 NMG 模式、OMG 模式和 TMG 模式相关参数的结果，默认参数值为$\alpha_1=\alpha_2=300$，$c_1=c_2=5$，$c_\tau=130$，$\gamma=0.6$，$\hat{\gamma}=0.3$，$\hat{\beta}\in\{0.3,0.4,0.5,0.6,0.7\}$。

表 7.1 NMG 模式的均衡解随交叉价格弹性系数 $\hat{\beta}$ 的变化情况

$\hat{\beta}$	$w_1^{\mathrm{N}*}=w_2^{\mathrm{N}*}$	$p_1^{\mathrm{N}*}=p_2^{\mathrm{N}*}$	$D_1^{\mathrm{N}*}=D_2^{\mathrm{N}*}$	$\pi_{\mathrm{M1}}^{\mathrm{N}*}=\pi_{\mathrm{M2}}^{\mathrm{N}*}$	$\pi_{\mathrm{R}}^{\mathrm{N}*}$
0.3	179.411 8	303.991 6	87.205 9	15 209.73	21 728.19
0.4	190.625 0	345.312 5	92.812 5	17 228.32	28 713.87
0.5	203.333 3	401.666 7	99.166 7	19 668.06	39 336.11
0.6	217.857 1	483.928 6	106.428 6	22 654.08	56 635.20
0.7	234.615 4	617.307 7	114.807 7	26 361.61	87 872.04

表 7.2　OMG 模式的均衡解随交叉价格弹性系数 $\hat{\beta}$ 的变化情况

$\hat{\beta}$	w_1^{O*}	w_2^{O*}	τ_1^{O*}	p_1^{O*}	p_2^{O*}	D_1^{O*}	D_2^{O*}	π_{M1}^{O*}	π_{M2}^{O*}	π_R^{O*}
0.3	179.468 9	179.390 2	0.201 31	304.076 5	303.967 5	87.234 4	87.195 0	15 214.43	15 205.96	21 732.60
0.4	190.685 3	190.605 0	0.214 25	345.403 8	345.294 9	92.842 7	92.802 4	17 233.54	17 224.59	28 720.07
0.5	203.397 4	203.315 1	0.228 92	401.767 4	401.657 5	99.198 7	99.157 47	19 673.96	19 664.42	39 345.19
0.6	217.926 0	217.840 9	0.245 68	484.043 6	483.932 0	106.463 0	106.420 5	22 660.89	22 650.63	56 649.21
0.7	234.690 1	234.601 7	0.265 02	617.446 4	617.332 0	114.845 0	114.801 0	26 369.64	26 358.49	87 895.46

表 7.3　TMG 模式的均衡解随交叉价格弹性系数 $\hat{\beta}$ 的变化情况

$\hat{\beta}$	$w_1^{T*}=w_2^{T*}$	$\tau_1^{T*}=\tau_2^{T*}$	$p_1^{T*}=p_2^{T*}$	$D_1^{T*}=D_2^{T*}$	$\pi_{M1}^{T*}=\pi_{M2}^{T*}$	π_R^{T*}
0.3	179.447 3	0.201 29	304.081 6	87.244 1	15 204.69	21 747.21
0.4	190.665 2	0.214 23	345.422 3	92.854 3	17 223.06	28 739.73
0.5	203.379 1	0.228 90	401.804 5	99.212 7	19 662.63	39 372.65
0.6	217.909 8	0.245 67	484.109 1	106.479 7	22 648.60	56 689.65
0.7	234.676 5	0.265 01	617.559 9	114.865 0	26 356.25	87 959.82

根据表 7.1～表 7.3，可得到以下结论。

（1）最优批发价格、最优零售价格、最优绿色度、市场需求和供应链成员企业的最大利润是交叉价格弹性系数 $\hat{\beta}$ 的单调增函数。随着两种产品差异化程度的增加，三个模式中的最优价格和需求量都会增加。

（2）比较三个模式中的最优批发价格、最优零售价格和市场需求，有 $w_1^{O*} > w^{T*} > w_1^{N*} > w_2^{O*}$，$p^{T*} > p_1^{O*} > p_1^{N*} > p_2^{O*}$，$D^{T*} > D_1^{O*} > D_2^{O*} > D_1^{N*}$。由比较结果可知，在 OMG 模式中产品 2 的最优批发价格和最优零售价格是最低的，而在 OMG 模式中产品 1 的最优批发价格是最高的。当只有制造商 1 采用绿色产品设计策略时，采用绿色产品设计策略的成本和对产品 1 自身需求的刺激作用使其最优批发价格高于产品 2 的最优批发价格。这直接导致零售商对产品 1 制定更高的零售价格，对产品 2 制定更低的零售价格。与此同时，由于采用绿色产品设计策略对产品 1 自身需求的刺激作用，市场对产品 1 的需求量将高于对产品 2 的需求量。

（3）比较供应链成员企业的最大利润，有 $\pi_R^{T*} > \pi_R^{O*} > \pi_R^{N*}$，$\pi_{M1}^{O*} > \pi_M^{N*} > \pi_{M2}^{O*} > \pi_M^{T*}$，这表明在 OMG 模式中，制造商 1 的最大利润大于制造商 2 的最大利润。这是因为：产品 1 的最优批发价格和需求较高。此时，如果竞争对手不采用绿色产品设计策略，制造商 1 采用绿色产品设计策略将更有利。

（4）比较 OMG 模式和 TMG 模式可得 $\tau^{T*} < \tau_1^{O*}$，这表明两个制造商同时采用绿色产品设计策略时，产品绿色度会提高。

7.5.2 绿色度弹性系数和交叉绿色度弹性系数的灵敏度分析

表 7.4 和表 7.5 表明在 OMG 模式和 TMG 模式中，绿色度弹性系数γ对最优批发价格、最优零售价格、最优绿色度、市场需求和供应链成员企业最大利润的影响。默认参数值为$\alpha_1=\alpha_2=300$，$c_1=c_2=5$，$c_\tau=130$，$\hat{\beta}=0.5$，$\hat{\gamma}=0.3$，$\gamma\in\{0.4,0.5,0.6,0.7,0.8\}$。

表 7.6 和表 7.7 表明在 OMG 模式和 TMG 模式中，交叉绿色度弹性系数$\hat{\gamma}$对最优批发价格、最优零售价格、最优绿色度、市场需求和供应链成员企业最大利润的影响，默认参数值为$\alpha_1=\alpha_2=300$，$c_1=c_2=5$，$c_\tau=130$，$\hat{\beta}=0.5$，$\gamma=0.6$，$\hat{\gamma}\in\{0.2,0.3,0.4,0.5,0.6\}$。

表 7.4 OMG 模式中均衡解随绿色度弹性系数γ的变化情况

γ	w_1^{O*}	w_2^{O*}	τ_1^{O*}	p_1^{O*}	p_2^{O*}	D_1^{O*}	D_2^{O*}	π_{M1}^{O*}	π_{M2}^{O*}	π_R^{O*}
0.4	203.359 8	203.317 0	0.152 6	401.705 3	401.648 3	99.179 9	99.158 6	19 670.27	19 664.83	39 338.13
0.5	203.376 6	203.315 5	0.190 7	401.732 8	401.651 4	99.188 3	99.157 8	19 671.90	19 664.52	39 341.16
0.6	203.397 4	203.315 1	0.228 9	401.767 4	401.657 5	99.198 7	99.157 5	19 673.96	19 664.42	39 345.19
0.7	203.422 4	203.315 7	0.267 1	401.809 1	401.666 8	99.211 2	99.157 7	19 676.45	19 664.52	39 350.22
0.8	203.451 4	203.317 4	0.305 3	401.858 0	401.679 0	99.225 8	99.158 4	19 679.37	19 664.83	39 356.27

表 7.5 TMG 模式中均衡解随绿色度弹性系数γ的变化情况

γ	$w_1^{T*}=w_2^{T*}$	$\tau_1^{T*}=\tau_2^{T*}$	$p_1^{T*}=p_2^{T*}$	$D_1^{T*}=D_2^{T*}$	$\pi_{M1}^{T*}=\pi_{M2}^{T*}$	π_R^{T*}
0.4	203.343 5	0.384 1	401.710 2	99.183 3	19 653.19	39 349.33
0.5	203.358 8	0.383 7	401.756 1	99.198 7	19 657.79	39 361.51
0.6	203.379 1	0.383 3	401.804 5	99.212 7	19 662.63	39 372.65
0.7	203.404 6	0.382 9	401.855 4	99.225 4	19 667.72	39 382.75
0.8	203.435 1	0.382 5	401.908 8	99.236 9	19 673.05	39 391.81

表 7.6 OMG 模式中均衡解随交叉绿色度弹性系数$\hat{\gamma}$的变化情况

$\hat{\gamma}$	w_1^{O*}	w_2^{O*}	τ_1^{O*}	p_1^{O*}	p_2^{O*}	D_1^{O*}	D_2^{O*}	π_{M1}^{O*}	π_{M2}^{O*}	π_R^{O*}
0.2	203.400 5	203.327 3	0.228 924	401.776 6	401.678 9	99.200 3	99.200 3	19 674.57	19 666.84	39 348.21
0.3	203.397 4	203.315 1	0.228 920	401.767 4	401.657 5	99.198 8	99.198 8	19 673.96	19 664.42	39 345.19
0.4	203.394 4	203.302 9	0.228 917	401.758 2	401.636 2	99.197 2	99.197 2	19 673.36	19 662.00	39 342.16
0.5	203.391 3	203.290 7	0.228 913	401.749 1	401.614 8	99.195 7	99.195 7	19 672.75	19 659.58	39 339.13
0.6	203.388 3	203.278 5	0.228 910	401.739 9	401.593 5	99.194 2	99.194 2	19 672.15	19 657.16	39 336.10

表 7.7　TMG 模式中均衡解随交叉绿色度弹性系数 $\hat{\gamma}$ 的变化情况

$\hat{\gamma}$	$w_1^{T*}=w_2^{T*}$	$\tau_1^{T*}=\tau_2^{T*}$	$p_1^{T*}=p_2^{T*}$	$D_1^{T*}=D_2^{T*}$	$\pi_{M1}^{T*}=\pi_{M2}^{T*}$	π_R^{T*}
0.2	203.394 4	0.383 323	401.850 5	99.228 1	19 667.19	39 384.83
0.3	203.379 1	0.383 294	401.804 5	99.212 7	19 662.63	39 372.65
0.4	203.363 9	0.383 264	401.758 6	99.197 4	19 658.08	39 360.47
0.5	203.348 6	0.383 235	401.712 6	99.182 0	19 653.52	39 348.29
0.6	203.333 3	0.383 206	401.666 7	99.166 7	19 648.97	39 336.11

根据表 7.4～表 7.7，可得到如下结果。

（1）除批发价格外，产品 2 的市场需求和制造商 2 的最优利润也随绿色度弹性系数 γ 的增加而增加，TMG 模式中的最优绿色度随绿色度弹性系数 γ 的增加而降低。此外，其余最优解均随着绿色度弹性系数 γ 的增加而增加。结果表明，当只有制造商 1 采用绿色产品设计策略时，产品 1 的最优批发价格、最优绿色度、需求数量、利润和零售商的最优零售价格与利润等均衡结果都随着市场需求对产品 1 绿色度敏感度的增加而增加；当两个制造商都采用绿色产品设计策略时，两种产品最优批发价格、最优零售价格、需求数量和供应链成员企业最大利润等均衡结果均随市场需求对产品绿色度敏感度的增加而增加，而此时两种产品的最优绿色度会降低。

（2）两种产品的最优批发价格、最优绿色度、最优零售价格、需求数量和供应链成员企业的最大利润等均衡结果均随两种产品之间绿色度竞争强度的增加而降低。

（3）TMG 模式中每种产品的最优绿色度都高于 OMG 模式，这表明两个制造商之间绿色设计的对称竞争可以提高产品的绿色度。

7.5.3　三个模式下供应链成员企业的最优利润比较

三个模式中制造商的最优利润随交叉价格弹性系数 $\hat{\beta}$ 的变化趋势如图 7.1（a）所示，默认参数值为 $\alpha_1=\alpha_2=300$，$c_1=c_2=5$，$c_\tau=130$，$\gamma=0.6$，$\hat{\gamma}=0.3$，$\hat{\beta}\in\{0.3,0.35,0.4,0.45,0.5,0.55,0.6,0.65,0.7,0.75\}$。

不同模式下，制造商的最优利润随绿色度弹性系数 γ 的变化趋势如图 7.1（b）所示，默认参数值是 $\alpha_1=\alpha_2=300$，$c_1=c_2=5$，$c_\tau=130$，$\hat{\beta}=0.5$，$\hat{\gamma}=0.3$，$\gamma\in\{0.4,0.45,0.5,0.55,0.6,0.65,0.7,0.75\}$。

三个模式中制造商的最优利润随交叉绿色度弹性系数 $\hat{\gamma}$ 的变化趋势如图 7.1（c）所示，默认参数值是 $\alpha_1=\alpha_2=300$，$c_1=c_2=5$，$c_\tau=130$，$\hat{\beta}=0.5$，$\gamma=0.6$，$\hat{\gamma}\in\{0.2,0.25,0.3,0.35,0.4,0.45,0.5,0.55\}$。

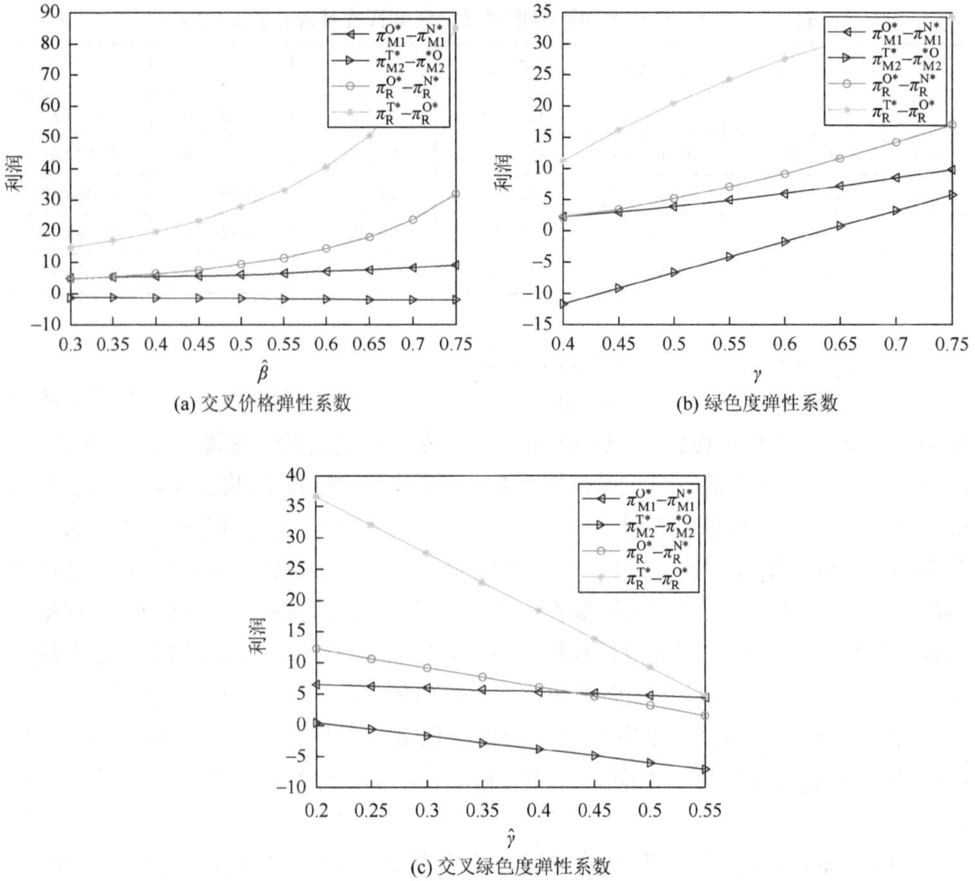

图 7.1　不同模式利润与交叉价格弹性系数、绿色度弹性系数和交叉绿色度弹性系数关系对比图

根据图 7.1，可得出以下结果。

（1）OMG 模式中采用绿色产品设计策略的制造商的利润高于 NMG 模式中任一制造商的利润，且利润率随着产品差异化程度和消费者市场需求对产品绿色度敏感度的增加而增加，而随着两种产品之间绿色度竞争强度的增加而降低。与此同时，所有的利润均为正数表明制造商可以在竞争对手没有采用绿色产品设计策略的情况下，通过采用绿色设计策略来提高自身利润。

（2）当绿色度弹性系数 γ 足够小时，有 $\pi_{M2}^{T*}-\pi_{M2}^{O*}<0$ ，否则相反。这表明当竞争对手采用绿色产品设计策略，而市场需求对产品的绿色度不太敏感时，制造商不采用绿色产品设计策略更有利。如果市场需求对产品绿色度的敏感度足够高，两个制造商都应采用绿色产品设计策略。

（3）零售商的边际利润随着产品差异化程度和市场需求对产品绿色度敏感度的增加而显著增加，而随着两种产品之间绿色度竞争强度的增加而降低。与此同时，利润率为正表明当两个制造商都采用绿色产品设计策略时，零售商的利润最高。此外，零售商的利润在 OMG 模式中比在 NMG 模式中更高。

7.6　本章小结

本章构建了 NMG、OMG 和 TMG 三个模式来研究两个制造商在使用共同零售商为销售渠道时的绿色产品设计竞争问题，求解了每个模式中供应链成员企业决策和绩效的均衡结果，通过解析研究和数值分析探讨了相关参数对供应链成员企业最优决策和利润的影响，并给出了制造商采用绿色产品设计策略的条件和供应链成员企业的定价策略。

研究结果表明，供应链成员企业的决策和利润都受到产品差异化程度的影响，并受到绿色产品设计对竞争对手产品需求的抑制作用。然而，绿色产品设计成本参数和绿色产品设计对自身产品需求的刺激作用对供应链成员企业的决策和利润的影响并不一定与直觉一致。事实上，许多因素都对此有影响，如绿色产品设计两种作用的影响，即对竞争对手产品需求抑制作用和对自身产品需求的刺激作用之比至关重要。当比例足够大时，非绿色产品的价格和两个制造商的利润很有可能随绿色设计成本参数增加而提高，而绿色产品设计对自身产品需求刺激作用的增加则会抑制绿色产品的价格和两个制造商的利润。此时，非绿色制造商很有可能因竞争对手采用绿色产品设计策略而损害利益，无法实现“搭便车”带来的利好效应。

当竞争对手不采用绿色产品设计策略时，制造商总是可以从采用绿色产品设计策略中获益，除非其产品的市场潜力远小于竞争对手、绿色产品设计投资效率较高且绿色产品设计对竞争对手产品需求抑制作用和对自身产品需求刺激作用之比很大。与此同时，当竞争对手采用绿色产品设计策略时，制造商也不一定非要采用绿色产品设计策略。

无论竞争对手是绿色制造商还是非绿色制造商，一个非绿色制造商开始采用绿色产品设计策略时都会因其需求刺激作用而制定比原来更高的批发价格。同时，零售商也会提高这种产品的零售价格。当绿色产品设计对双方需求的两种作用之比很小时，另一个制造商也应该提高批发价格，否则反之。此外，零售商在调整零售价格时也会跟随制造商的做法。

基于上述模式分析及结果，未来可以在以下两个方向深入研究。一是可以用更一般的需求形式来分析问题。具体而言，在需求不确定的情况下，制造商如何采用绿色产品设计策略。此外，还可以研究多制造商多零售商多周期的供应链。

第 8 章　闭环供应链再制造技术许可与回收决策研究

8.1 概　　述

粗放式的产品回收再制造已严重影响制造商的品牌与市场，现实商业实践存在制约产品回收再制造的行业悖论：制造商在知识产权法律保护下开展独立回收再制造与通过技术许可授权第三方开展回收再制造。目前关于制造商技术许可批准等知识产权问题的相关研究较为匮乏。在已有研究的基础上，本章整合了 Oraiopoulos 等（2012）考虑技术许可的作用的研究成果，并扩展研究了拥有专利技术的制造商参与再制造活动的情形。考虑一个在由专利许可方制造商和专利被许可方再制造商组成的两阶段闭环供应链，制造商同时生产新产品和再制造产品，并与再制造商在回收市场竞争性回收旧产品。在双寡头古诺博弈模型下探讨两种技术许可模式（固定费用和特许权使用费）哪种更有利于制造商；两类回收渠道之间的竞争如何影响制造商和再制造商的生产数量与回收率、制造商向再制造商收取的许可费用以及回收渠道的绩效；以及消费者的支付意愿如何影响供应链参与者的决策等问题。具体研究问题如下：①在两种许可模式（模式 F 和模式 R）中，从制造商（许可方）的角度来看，哪种模式更好？②两个逆向渠道之间的竞争如何影响制造商和再制造商的生产数量与退货率、制造商向再制造商收取的许可费用以及渠道绩效？③支付意愿（willingness to pay，WTP）比率如何影响供应链参与者的决策？

8.2 节描述基本模型的博弈过程。8.3 节在制造商无再制造和再制造商无技术许可两种基本模型的基础上，进一步构建再制造商具有技术许可的再制造（固定费用许可和特许权使用费用许可）模式并进行对比分析。8.4 节对两种许可模式进行了对比。8.5 节采用数值算例分析的方法分析了竞争强度和消费者支付意愿对相关参数的影响。8.6 节为本章小结。

8.2 问 题 描 述

本章主要对制造商（技术许可方）和再制造商（技术被许可方）之间的正向渠道竞争和回收渠道竞争问题进行研究。在正向渠道竞争中，制造商生产新产品和再制造产品，再制造商只生产再制造产品；在回收渠道竞争中，制造商和再制造商都通过各自的回收渠道直接回收旧产品，对旧产品进行拆卸、测试和加工之后再进行再制造。本章假设旧产品的加工成本是零，且所有回收的旧产品都可以在加工后进行再制造。

本章构建了一个两阶段博弈模型：在第一阶段，制造商仅生产新产品；在第二阶段，制造商和再制造商在市场展开回收旧产品竞争，并分别将各自回收的旧产品用于生产再制造产品。此外，还假设再制造产品不能满足市场的要求，因此在第二阶段，制造商在生产再制造产品的同时还必须生产新产品。

对于制造商而言，c_r 表示制造商生产再制造产品的单位成本，c_m 表示制造商生产新产品的单位成本。假设制造商已经通过获得专利而享有制造新产品的和再制造产品的独家权利。制造商可以选择是否将其技术专利许可给再制造商。若未经制造商许可，再制造商就不能从事该专利产品的再制造活动。本章假设当制造商将其技术专利许可给再制造商时，制造商和再制造商同时决策各自在产品市场上的产量。

如果制造商决定向再制造商许可技术专利，制造商会向再制造商提供一个不可讨价还价的机会，即再制造商选择接受或拒绝制造商的技术专利许可。本章还假设制造商可能采取两种技术专利许可方式中的一种。当技术专利许可发生时，制造商和再制造商生产再制造产品的单位成本均为 c_r。假设制造商通过再制造节省的单位成本为 C_Δ，且 $C_\Delta = c_m - c_r > 0$。

Savaskan 等(2004)、Wei 和 Zhao(2011)研究假设旧产品回收率为 $\tau = \sqrt{C_a / c_\tau}$。与其类似，本章同样假设旧产品回收率为有效回收投资的函数。不同的是，本章假设两个回收渠道之间存在竞争。因此，本章的旧产品回收率函数表示为

$$\tau_{\mathrm{M}} = \sqrt{\left(C_{a\mathrm{M}} - \theta C_{a\mathrm{P}}\right) / c_\tau},\ \ \tau_{\mathrm{P}} = \sqrt{\left(C_{a\mathrm{P}} - \theta C_{a\mathrm{M}}\right) / c_\tau},\ \ 0 \leqslant \theta < 1,\ \ 0 \leqslant \tau_{\mathrm{M}} + \tau_{\mathrm{P}} < 1$$

其中，$C_{a\mathrm{M}}$ 和 $C_{a\mathrm{P}}$ 分别表示制造商和再制造商对旧产品回收的投资。基于 Huang 等（2013）的研究，本章用 θ 表示两个回收渠道之间的回收竞争强度，这意味着在两个回收渠道之间具有对称的相互影响，$C_{ai} - \theta C_{aj}$（$i,\ j \in \{\mathrm{M},\ \mathrm{P}\},\ i \neq j$）表示回收渠道成员 i 的有效回收投资，得到 $C_{a\mathrm{M}} = \left(c_\tau \tau_{\mathrm{M}}^2 + \theta c_\tau \tau_{\mathrm{P}}^2\right) / \left(1 - \theta^2\right)$，$C_{a\mathrm{P}} = \left(c_\tau \tau_{\mathrm{P}}^2 + \theta c_\tau \tau_{\mathrm{M}}^2\right) / \left(1 - \theta^2\right)$。

基于 Ferguson 和 Toktay（2006）的研究，本章假设消费者对制造商产品的支付意愿是异质的，并且服从区间[0, α]上的均匀分布。每个消费者对再制造商产品的支付意愿是其对制造商产品支付意愿的 ϕ（$0 < \phi < 1$）倍，即每个消费者对于制造商产品和再制造商产品的支付意愿是不同的。

综上所述，再制造商接受技术专利许可后，会采用制造商的技术再制造专利产品。因此，再制造产品可以达到与新产品相同的质量。在本章的模型中，假设消费者对制造商生产的再制造产品比对再制造商的再制造产品有更高的支付意愿。同时，基于 Bulmus 等（2014a，2014b），Shi 等（2011），Wei 和 Zhao（2011）

的研究，本章假设制造商生产的新产品和再制造产品零售价格相同。消费者对再制造商产品的支付意愿更低仅仅是由于消费者感知引起的，即虽然与制造商的产品具有相同的规格和保修期，但再制造商仍然需要设定一个相对更低的价格（Ferguson and Toktay，2006）。

设 X_{M}^1 表示制造商在第一阶段的新产品需求，X_{M}^2 和 X_{P}^2 分别表示制造商和再制造商在第二阶段的产品需求。基于 Ferguson 和 Toktay（2006）的研究，得出第一阶段、第二阶段的线性逆需求函数为：$p_{\mathrm{M}}^1=\alpha-X_{\mathrm{M}}^1$、$p_{\mathrm{M}}^2=\alpha-X_{\mathrm{M}}^2-\phi X_{\mathrm{P}}^2$、$p_{\mathrm{P}}^2=\phi\left(\alpha-X_{\mathrm{M}}^2-X_{\mathrm{P}}^2\right)$。

8.3 模型构建及分析

8.3.1 制造商不进行产品再制造情景

假设第一阶段制造商不进行产品再制造，即制造商在这个阶段只生产新产品。制造商的决策问题为

$$\max_{X_{\mathrm{M}}^1}\pi_{\mathrm{M}}^1=\left(p_{\mathrm{M}}^1-c_m\right)X_{\mathrm{M}}^1$$

当 $X_{\mathrm{M}}^1=\left(\alpha-c_m\right)/2$ 时，π_{M}^1 取最大值。

8.3.2 再制造商未获得技术许可的情景

本节假设再制造商未获得制造商的技术专利许可。因此，在这种情况下，市场上只有制造商能够回收旧产品，生产新的产品和再制造产品。制造商面临的问题为

$$\max_{X_{\mathrm{M}}^2,\tau_{\mathrm{M}}}\pi_{\mathrm{M}}^{2\mathrm{N}}=\left(\alpha-X_{\mathrm{M}}^2-c_m+C_\Delta\tau_{\mathrm{M}}\right)X_{\mathrm{M}}^2-c_\tau\tau_{\mathrm{M}}^2$$

其中，上标 N 表示“无技术许可”。

制造商决策第二阶段产品需求 X_{M}^2 和旧产品回收率 τ_{M} 使其利润 $\pi_{\mathrm{M}}^{2\mathrm{N}}$ 最大化，由此可得最优解为 $X_{\mathrm{M}}^{2\mathrm{NL}*}=2c_\tau\left(\alpha-c_m\right)/\left(4c_\tau-{C_\Delta}^2\right)$ 和 $\tau_{\mathrm{M}}^{\mathrm{NL}*}=C_\Delta\left(\alpha-c_m\right)/4c_\tau$。本章将使用无技术许可情景作为基准，将两种许可模型与其进行比较分析，并得出结论。

以下从许可方（即制造商）的角度对两种许可形式进行比较分析。

8.3.3 再制造商获得技术许可的再制造场景

1. 固定费用许可模式——模式 F

在固定费用许可模式下，本章假设制造商向再制造商提供技术专利许可并一

次性收取费用 F ，这意味着不论再制造商生产多少再制造产品都不会再产生任何费用。在这种情景下，制造商和再制造商都将以相同的单位成本 $c_r = c_m - C_\Delta$ 生产再制造产品。

在固定费用许可方式下，制造商首先决策固定费用 F ，然后再制造商决策是否接受固定费用并与制造商签订合同。本章假设再制造商只要接到不低于其保留收益的报价即会同意签订合同。最后，制造商和再制造商进行非合作博弈，同时决策各自的产品生产数量和旧产品回收率。

在固定费用许可方式下，制造商和再制造商各自的决策问题如下所示：

$$\max_{X_{\mathrm{M}}^2,\tau_{\mathrm{M}}} \pi_{\mathrm{M}}^{2\mathrm{F}} = \left(\alpha - X_{\mathrm{M}}^2 - \phi X_{\mathrm{P}}^2 - c_m + C_\Delta \tau_{\mathrm{M}}\right) X_{\mathrm{M}}^2 - \frac{c_\tau \tau_{\mathrm{M}}^2 + \theta c_\tau \tau_{\mathrm{P}}^2}{1-\theta^2} + F \quad (8.1)$$

$$\max_{X_{\mathrm{P}}^2,\tau_{\mathrm{P}}} \pi_{\mathrm{P}}^{2\mathrm{F}} = \left(\phi\left(\alpha - X_{\mathrm{M}}^2 - X_{\mathrm{R}}^2\right) - c_m + C_\Delta\right) X_{\mathrm{P}}^2 - \frac{c_\tau \tau_{\mathrm{P}}^2 + \theta c_\tau \tau_{\mathrm{M}}^2}{1-\theta^2} - F \quad (8.2)$$

$$\text{s.t.} \quad \tau_{\mathrm{P}} X_{\mathrm{M}}^1 \geqslant X_{\mathrm{P}}^2$$

命题 8.1 给出了双方的均衡决策。

命题 8.1　在模式 F 中，制造商和再制造商的最优产量与最优旧产品回收率分别为

$$X_{\mathrm{M}}^{2\mathrm{F}*} = c_\tau \mathcal{B}\left(2\mathcal{A} - \mathcal{B}\mathcal{C}\phi\left(C_\Delta + \alpha\phi - c_m\right)\right) / \left(\mathcal{D}\mathcal{A} - c_\tau \mathcal{C}\mathcal{B}^2\phi^2\right)$$

$$X_{\mathrm{P}}^{2\mathrm{F}*} = \mathcal{B}^2\mathcal{C}\left(\mathcal{D}\left(C_\Delta - c_m + \alpha\phi\right) - 2c_\tau \mathcal{B}\phi\right) / 2\left(\mathcal{D}\mathcal{A} - c_\tau \mathcal{C}\mathcal{B}^2\phi^2\right)$$

$$\tau_{\mathrm{M}}^{\mathrm{F}*} = \mathcal{B}\mathcal{C}C_\Delta\left(2\mathcal{A} - Y\mathcal{C}\phi\left(C_\Delta + \alpha\phi - c_m\right)\right) / 2\left(\mathcal{D}\mathcal{A} - c_\tau \mathcal{C}\mathcal{B}^2\phi^2\right)$$

$$\tau_{\mathrm{P}}^{\mathrm{F}*} = \mathcal{B}\mathcal{C}\left(\mathcal{D}\left(C_\Delta - c_m + \alpha\phi\right) - 2c_\tau \mathcal{B}\phi\right) / \left(\mathcal{D}\mathcal{A} - c_\tau \mathcal{C}\mathcal{B}^2\phi^2\right)$$

其中，$\mathcal{A} = 4c_\tau + \phi\left(1-\theta^2\right)\left(\alpha - c_m\right)^2$ ，$\mathcal{B} = \alpha - c_m$ ，$\mathcal{C} = 1-\theta^2$ ，$\mathcal{D} = 4c_\tau - C_\Delta{}^2\left(1-\theta^2\right)$ 。

竞争强度和消费者对再制造商产品和制造商产品的支付意愿比率对制造商和再制造商的最优决策的影响如图 8.1 和图 8.2 所示。

从图 8.1～图 8.2 可得：竞争强度 θ 和消费者对再制造商产品与制造商产品的支付意愿比率 ϕ 对模式 F 中双方的产品生产数量和旧产品回收率均产生显著的影响。对于任何给定的消费者对再制造商产品和制造商产品的支付意愿比率 ϕ ，竞争强度 θ 的减少使再制造商更容易回收旧产品，因此导致再制造商生产更多的再制造产品，见图 8.1（b）。相反，如果竞争强度 θ 高和/或消费者对再制造商产品和制造商产品的支付意愿比率 ϕ 低，那么制造商将生产更多产品，见图 8.1（a）。这是因为制造商的最优回收率 $\tau_{\mathrm{M}}^{\mathrm{F}*}$ 和再制造商的最优回收率 $\tau_{\mathrm{P}}^{\mathrm{F}*}$ 都是关于竞争强度 θ 的单调递减函数，见图 8.2。为了回收更多的旧产品，制造商和再制造商都必须

在回收方面投入更多的资金，这将增加他们的再制造成本，导致双方都会减少再制造产量。因此，为了满足市场的需求，制造商必须生产更多新产品，这就是制造商在第二阶段的最优产量 $X_{\mathrm{M}}^{2\mathrm{F}}$ 会随着竞争强度 θ 的提升而增加的原因。

从图 8.1 和图 8.2 可以看出，对于任何给定的竞争强度 θ，再制造商的最优生产数量和最优旧产品回收率都随竞争强度的增加而上升。与之相反，制造商的最优生产数量和最优旧产品回收率都随着消费者对再制造商产品和制造商产品的支付意愿比率的增加而下降。

将命题 8.1 的最优解代入式（8.1）中，可以得到：

$$\pi_{\mathrm{M}}^{2\mathrm{F}*}=\left(\alpha-X_{\mathrm{M}}^{2\mathrm{F}*}-\phi X_{\mathrm{P}}^{2\mathrm{F}*}-c_m+C_{\Delta}\tau_{\mathrm{M}}^{2\mathrm{F}*}\right)X_{\mathrm{M}}^{2\mathrm{F}*}-\frac{c_{\tau}(\tau_{\mathrm{M}}^{\mathrm{F}*})^2+\theta c_{\tau}(\tau_{\mathrm{P}}^{\mathrm{F}*})^2}{1-\theta^2}+F$$

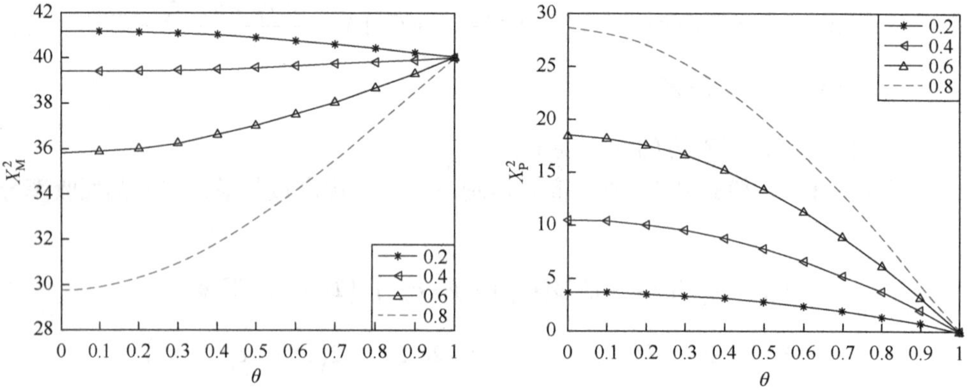

(a) 制造商　　(b) 再制造商

图 8.1　模式 F 竞争强度与支付意愿比率对不同供应链成员企业的最优生产数量关系对比图

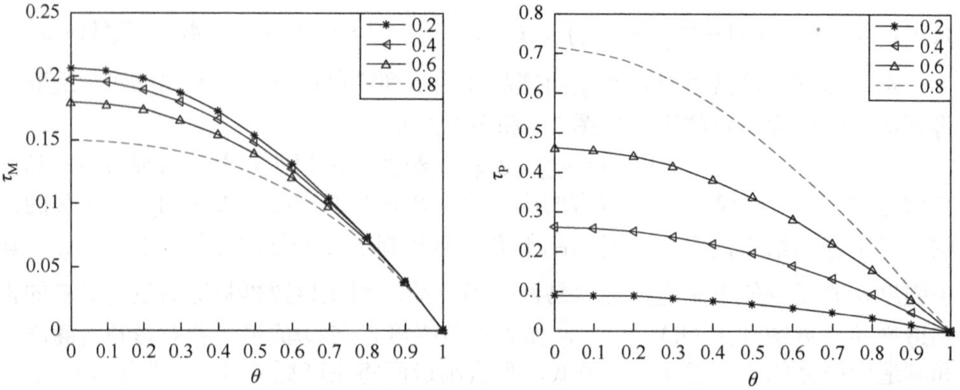

(a) 制造商　　(b) 再制造商

图 8.2　模式 F 竞争强度与支付意愿比率对不同供应链成员企业的最优旧产品回收率关系对比图

2. 特许权使用费许可模式——模式 R

在特许权使用费许可合同中，本章假设再制造商为其生产的每一单位再制造产品向制造商支付特许权使用费 f_r。与此同时，制造商的单位再制造成本为 $c_r = c_m - C_\Delta$，再制造商的单位再制造成本为 $c_m - C_\Delta + f_r$。

与固定费用模型相似，特许权使用费模型的决策过程包括三个阶段。首先，制造商为再制造商设定一个特许权使用费率。其次，再制造商决定是否按制造商要求的特许权使用费率接受其提供的合同。最后，制造商和再制造商进行非合作博弈，同时决策各自的产品生产数量和旧产品回收率。

在特许权使用费许可下，制造商和再制造商各自面临的决策问题分别如下所示：

$$\max_{X_{\mathrm{M}}^2,\tau_{\mathrm{M}}} \pi_{\mathrm{M}}^{2\mathrm{R}} = \left(\alpha - X_{\mathrm{M}}^2 - \phi X_{\mathrm{R}}^2 - c_m + C_\Delta \tau_{\mathrm{M}}\right) X_{\mathrm{M}}^2 - \frac{c_\tau \tau_{\mathrm{M}}^2 + \theta c_\tau \tau_{\mathrm{P}}^2}{1-\theta^2} + f_r X_{\mathrm{R}}^2 \quad (8.3)$$

$$\max_{X_{\mathrm{P}}^2,\tau_{\mathrm{P}}} \pi_{\mathrm{P}}^{2\mathrm{R}} = \left(\phi\left(\alpha - X_{\mathrm{M}}^2 - X_{\mathrm{R}}^2\right) - c_m + C_\Delta - f_r\right) X_{\mathrm{R}}^2 - \frac{c_\tau \tau_{\mathrm{P}}^2 + \theta c_\tau \tau_{\mathrm{M}}^2}{1-\theta^2} \quad (8.4)$$

$$\text{s.t.} \quad \tau_{\mathrm{P}} X_{\mathrm{M}}^1 \geqslant X_{\mathrm{P}}^2$$

命题 8.2 为双方的均衡决策。

命题 8.2　在模式 R 中，制造商与再制造商的最优产品生产数量和最优旧产品回收率分别为

$$X_{\mathrm{M}}^{2\mathrm{R}*} = c_\tau Y\left(2\mathcal{A} - \mathcal{BC}\phi\left(C_\Delta + \alpha\phi + f_r - c_m\right)\right) / \left(\mathcal{DA} - c_\tau \mathcal{CB}^2\phi^2\right)$$

$$X_{\mathrm{P}}^{2\mathrm{R}*} = \mathcal{B}^2\mathcal{C}\left(\mathcal{D}\left(C_\Delta - c_m - f_r + \alpha\phi\right) - 2c_\tau \mathcal{B}\phi\right) / 2\left(\mathcal{DA} - c_\tau Z\mathcal{B}^2\phi^2\right)$$

$$\tau_{\mathrm{M}}^{\mathrm{R}*} = \mathcal{BC}C_\Delta\left(2\mathcal{A} - \mathcal{BC}\phi\left(C_\Delta + \alpha\phi + f_r - c_m\right)\right) / 2\left(\mathcal{DA} - c_\tau \mathcal{CB}^2\phi^2\right)$$

$$\tau_{\mathrm{P}}^{\mathrm{R}*} = \mathcal{BC}\left(\mathcal{D}\left(C_\Delta - c_m - f_r + \alpha\phi\right) - 2c_\tau \mathcal{B}\phi\right) / \left(\mathcal{DA} - c_\tau \mathcal{CB}^2\phi^2\right)$$

由图 8.3（a）和图 8.4（a）可以看出，在竞争强度 θ 不变的情况下，制造商的最优产品生产数量和最优旧产品回收率与支付意愿比率 ϕ 成反比。相反，由图 8.3（b）和图 8.4（b）可以看出，再制造商的最优产品生产数量和最优产品回收率与支付意愿比率 ϕ 成正比。值得注意的是，当支付意愿比率 $\phi = 0.2$ 时，再制造商的最优产品生产数量和最优旧产品回收率均为零。这是由于：在模式 R 中，制造商收取的特许权使用费增加了再制造商的单位再制造成本，当支付意愿比率 ϕ 非常低时，再制造商接受技术许可进行再制造的收益无法抵消其再制造成本。因此，再制造商将不会回收旧产品和进行再制造。从图 8.3 和图 8.4 还可以看出，对于任意给定的竞争强度 θ 和支付意愿比率 ϕ，制造商的最优产品生产数量远高于再制造商的最优产品生产数量。这是由于：特许权使用费许可方式增加了再制造商的单位生产成本，这在很大程度上限制了再制造企业的生产。

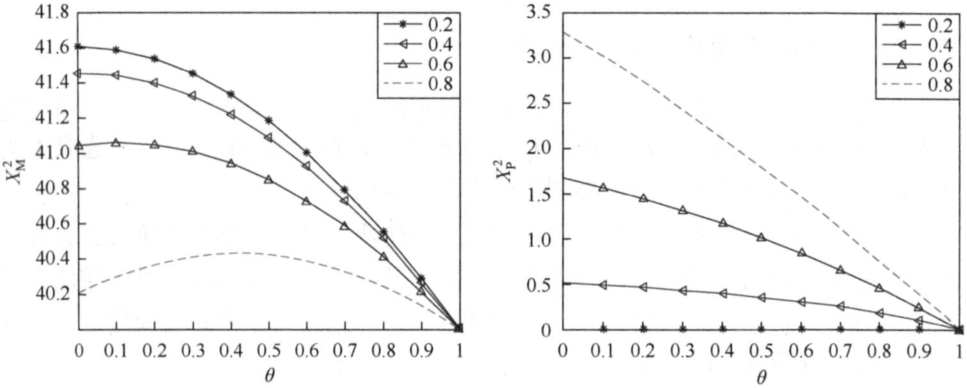

(a) 制造商　　(b) 再制造商

图 8.3　模式 R 竞争强度与支付意愿比率对不同供应链成员企业的最优产品生产数量关系对比图

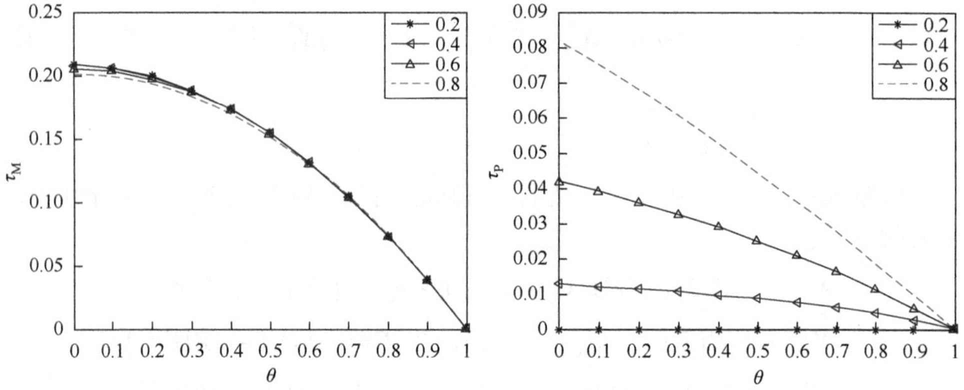

(a) 制造商　　(b) 再制造商

图 8.4　模式 R 竞争强度与支付意愿比率对不同供应链成员企业的最优旧产品回收率关系对比图

将命题 8.2 的最优解代入式（8.3）可得

$$\pi_{\mathrm{M}}^{2\mathrm{R}}=\left(\alpha-X_{\mathrm{M}}^{2\mathrm{R}*}-\pi X_{\mathrm{R}}^{2\mathrm{R}*}-c_m+C_{\Delta}\tau_{\mathrm{M}}^{2\mathrm{R}*}\right)X_{\mathrm{M}}^{2\mathrm{R}*}-\frac{c_{\tau}(\tau_{\mathrm{M}}^{\mathrm{R}*})^2+\theta c_{\tau}(\tau_{\mathrm{P}}^{\mathrm{R}*})^2}{1-\theta^2}+f_r X_{\mathrm{R}}^{2\mathrm{R}*} \quad (8.5)$$

命题 8.2 表明，制造商选择使用费 r 来最大化制造商利润 $\pi_{\mathrm{M}}^{2\mathrm{R}}$，这会产生最优使用费 r^*，即制造商向再制造商收取的每单位最优特许权使用费率。由于最优使用费 r^* 的表达式较复杂，本章仅在数值研究部分对最优使用费 r^* 做一些分析。

8.4　固定费用许可模式与特许权使用费许可模式的比较分析

本节为探讨最优许可方式，主要对两种许可方式在第二阶段下双方的产量和产品回收率的均衡值以及制造商的利润进行比较。根据 8.3 节的均衡结果，推导出以下命题。

命题 8.3　通过比较两种许可模式和无许可模式，制造商在第二阶段的生产数量和产品在平衡状态下的回收率分别为 $X_{\mathrm{M}}^{2\mathrm{F}*} > X_{\mathrm{M}}^{2\mathrm{N}*}$， $X_{\mathrm{M}}^{2\mathrm{R}*} > X_{\mathrm{M}}^{2\mathrm{N}*}$， $\tau_{\mathrm{M}}^{\mathrm{F}*} > \tau_{\mathrm{M}}^{\mathrm{N}*}$， $\tau_{\mathrm{M}}^{\mathrm{R}*} > \tau_{\mathrm{M}}^{\mathrm{N}*}$。

命题 8.3 表明，无论从许可方的角度还是从消费者和环境保护的角度，许可均优于无许可。因此，制造商会将技术许可给第三方再制造商。

命题 8.4　（1）第二阶段两种许可方式下均衡时的生产数量与产品回收率的比较结果如下： $X_{\mathrm{M}}^{2\mathrm{R}*} > X_{\mathrm{M}}^{2\mathrm{F}*}$， $X_{\mathrm{P}}^{2\mathrm{R}*} < X_{\mathrm{P}}^{2\mathrm{F}*}$， $\tau_{\mathrm{M}}^{\mathrm{R}*} > \tau_{\mathrm{M}}^{\mathrm{F}*}$， $\tau_{\mathrm{P}}^{\mathrm{R}*} < \tau_{\mathrm{P}}^{\mathrm{F}*}$。

（2）第二阶段模式 F 和模式 R 的总生产量与总的产品回收率的比较结果如下： $X_{\mathrm{M}}^{2\mathrm{F}*} + X_{\mathrm{P}}^{2\mathrm{F}*} > X_{\mathrm{M}}^{2\mathrm{R}*} + X_{\mathrm{P}}^{2\mathrm{R}*}$， $\tau_{\mathrm{M}}^{\mathrm{F}*} + \tau_{\mathrm{P}}^{\mathrm{F}*} > \tau_{\mathrm{M}}^{\mathrm{R}*} + \tau_{\mathrm{P}}^{\mathrm{R}*}$。

命题 8.4 中（1）表明，竞争强度 θ 和支付意愿比率 ϕ 不会影响制造商和再制造商的产量和产品回收率的大小，但影响最优值。此外，模式 R 中的再制造商的产量低于模式 F 中的产量。这是因为在特许权使用费许可下，制造商增加了再制造商的边际生产成本，从而限制了再制造商回收的数量。

命题 8.4 中（2）表明，无论从消费者的角度还是从环境保护的角度来看，对于任何的市场需求潜量 α 和竞争强度 θ，固定费用许可方式比特许权使用费方式更具有优势。这是由于：在技术许可的条件下，制造商限制了再制造商的生产；在固定费用许可下，再制造商可以尽可能多地生产产品。因此，模式 R 中的生产总量小于模式 F 中的生产总量，模式 F 中的消费者剩余大于模式 R 中的消费者剩余。

命题 8.5　将 $\bar{F}^*$ 定义为制造商在固定费用许可方式下向再制造商收取的固定费用的一个阈值，其中 $\bar{F}^*$ 由 $\pi_{\mathrm{M}}^{2\mathrm{F}*} - \pi_{\mathrm{M}}^{2\mathrm{R}*} = 0$ 决定。对于任意给定的竞争强度 θ 和支付意愿比率 ϕ，可得：

（1）对于 $F > \bar{F}^*$，固定费用许可方式优于特许权使用费许可方式；

（2）对于 $F < \bar{F}^*$，特许权使用费许可方式优于固定费用许可方式；

（3）对于 $F = \bar{F}^*$，特许权使用费许可方式和固定费用许可方式会产生相同的利润。

命题 8.5 表明，对于任何给定的竞争强度 θ 和支付意愿比率 ϕ，存在一个唯一的固定费用 $\bar{F}^*$阈值。此时两种许可方式产生的利润相等，尽管在 $F > \bar{F}^*$ 下，制造商最好向再制造商订立特许权使用费许可合同。上述研究结果对制造商的技术许可策略具有启示：首先，对于任何给定的竞争强度 θ 和支付意愿比率 ϕ，无论在模式 F 还是模式 R 中，制造商总是倾向于将其专利技术许可给再制造商。其次，当 $F = \bar{F}^*$ 时，制造商对两种许可方式的选择没有区别。然而，当只考虑一种许可合同时，如果固定费用大于$\bar{F}^*$，则制造商始终应该采用固定费用许可合同，反之采用特许权使用费许可方式。

8.5　数值算例分析

8.5.1　竞争强度的影响

设$c_\tau = 1500$，$\alpha = 100$，$c_m = 20$，$C_\Delta = 15$。当支付意愿比率$\phi = 0.6$，竞争强度θ在[0, 1)范围内以 0.1 个单位变化时，两种许可模式的均衡解和最优利润如表 8.1 所示。

表 8.1　模式 F 与模式 R 的均衡解和最优利润

项目	θ									
	0	0.1	0.2	0.3	0.4	0.5	0.6	0.7	0.8	0.9
$X_M^{2F^*}$	35.82	35.87	36.02	36.26	36.60	37.02	37.51	38.06	38.67	39.32
$X_P^{2F^*}$	18.43	18.22	17.60	16.59	15.16	13.42	11.31	8.88	6.18	3.20
$\tau_M^{F^*}$	0.179	0.177	0.173	0.165	0.154	0.139	0.120	0.097	0.070	0.037
$\tau_P^{F^*}$	0.461	0.456	0.440	0.415	0.380	0.336	0.283	0.222	0.154	0.080
F^*	431.96	458.53	473.58	475	460.97	430.03	381.14	313.68	227.48	122.74
$\pi_M^{2F^*} - F$	1234.7	1207.2	1189.9	1185	1194.2	1219.1	1260.6	1319.5	1395.9	1489.5
$X_M^{2R^*}$	41.04	41.06	41.05	41.01	40.94	40.85	40.73	40.60	40.41	40.22
$X_P^{2R^*}$	1.67	1.56	1.44	1.30	1.16	1.00	0.84	0.65	0.46	0.24
$\tau_M^{R^*}$	0.210	0.200	0.197	0.187	0.172	0.153	0.130	0.104	0.073	0.038
$\tau_P^{R^*}$	0.042	0.039	0.036	0.033	0.029	0.025	0.021	0.016	0.011	0.006
f_r^*	27.34	27.50	27.65	27.78	27.91	28.04	28.16	28.28	28.41	28.54
$\pi_M^{2R^*}$	1666.6	1665.7	1663.5	1660	1655.2	1649.1	1641.8	1633.2	1623.3	1612.3

由表 8.1 可知，当$\phi = 0.6$时，可得到以下结论。

（1）在模式 F 中，随着竞争强度θ的增加，制造商的产量增加，再制造商的产量减少。与固定费用许可方式相比，特许权使用费许可方式下制造商（再制造商）的生产数量更高（更低）。结果与命题 8.4 的结果完全相同。

（2）在两种许可模式下，制造商和再制造商的产品回收率都随着竞争强度θ的增加而降低。这是因为当竞争强度θ较高时，为了获得与无竞争情形相同的回收率，双方需要投入更多的资金。当竞争强度θ增加时，不可避免地导致制造商和再制造商的产品回收率直接下降。

（3）在模式 F 中，制造商向再制造商收取的最优固定费用在竞争强度θ中呈倒 U 型曲线，在特许权使用费许可方式下，最优特许权使用费率随竞争强度θ的增加而增加。

（4）对于给定的支付意愿ϕ，对于不同的竞争强度θ，制造商还必须考虑固定费用的一个阈值$\bar{F}^*$以确定其最优的许可方式。以$\theta = 0.5$ 和$\phi = 0.6$ 为例，当$\bar{F}^* > 430$时，$\pi_{\mathrm{M}}^{2\mathrm{F}^*} > \pi_{\mathrm{M}}^{2\mathrm{R}^*}$，因此在这种情况下，制造商最好与再制造商签订一份固定费用的许可合同；当$\bar{F}^* < 430$时，$\pi_{\mathrm{M}}^{2\mathrm{F}^*} < \pi_{\mathrm{M}}^{2\mathrm{R}^*}$，这表明制造商最好通过特许权使用费许可方式来许可其专利。

8.5.2　消费者支付意愿比率的影响

同样地，本章设$c_\tau = 1500$，$\alpha = 100$，$c_m = 20$，$C_\Delta = 15$。当$\theta = 0.5$，ϕ值在[0, 1]范围内单位变化为 0.2 时，模式 F 和模式 R 的均衡解和最优利润如表 8.2 所示。

表 8.2　当$\theta = 0.5$时，随着支付意愿比率ϕ的变化，模式的均衡解和最优利润

项目	ϕ				
	0.2	0.4	0.6	0.8	1.0
$X_{\mathrm{M}}^{2\mathrm{F}^*}$	40.87	39.55	37.02	32.89	26.52
$X_{\mathrm{P}}^{2\mathrm{F}^*}$	2.75	7.79	13.42	20.08	28.46
$\tau_{\mathrm{M}}^{\mathrm{F}^*}$	0.153	0.148	0.139	0.123	0.099
$\tau_{\mathrm{P}}^{\mathrm{F}^*}$	0.069	0.195	0.336	0.502	0.712
F^*	27.5	164	430	854.8	1487.1
$\pi_{\mathrm{M}}^{2\mathrm{F}^*} - F$	1619	1482.7	1219.1	799.7	177
$X_{\mathrm{M}}^{2\mathrm{R}^*}$	41.18	41.09	40.85	40.42	39.71
$X_{\mathrm{P}}^{2\mathrm{R}^*}$	0	0.35	1.01	1.79	2.81
$\tau_{\mathrm{M}}^{\mathrm{R}^*}$	0.155	0.154	0.153	0.152	0.149
$\tau_{\mathrm{P}}^{\mathrm{R}^*}$	0	0.009	0.025	0.045	0.070
f_r^*	7.35	17.70	28.04	38.32	48.53
$\pi_{\mathrm{M}}^{2\mathrm{R}^*}$	1646.5	1646.7	1649.1	1654.5	1664.1

由表 8.2 可知，当 $\theta=0.5$ 时，可以得到以下结论。

（1）在模式 F 中，随着支付意愿比率 ϕ 的增加，制造商的生产数量减少，再制造商的生产数量增加。与固定费用许可方式相比，特许权使用费许可方式下制造商（再制造商）的生产数量更高（更低）。这与命题 8.3 的结论相一致。

（2）在两种许可模式下，对于给定的竞争强度 θ，当支付意愿比率 ϕ 增加时，制造商的产品回收率降低，而再制造商的产品回收率增加。这是由于：支付意愿比率 ϕ 的增加意味着再制造企业回收的旧产品增加，而制造商回收的旧产品减少。

（3）在固定费用许可模式与特许权使用费许可模式下，最优固定费用和特许权使用费都随着支付意愿比率 ϕ 的增加而增加。这是由于：对于给定的竞争强度 θ，支付意愿比率 ϕ 的增加会使再制造商的利润增加。因此，为了获得更多的技术许可收益，制造商将提高其特许权使用许可费。

（4）在给定竞争强度 θ 和支付意愿比率 ϕ 不同的情况下，制造商必须考虑固定费用的一个阈值 $\bar{F}^*$ 以确定最优许可策略。以 $\theta=0.5$ 和 $\phi=0.6$ 为例，研究发现，当 $\bar{F}^*>430$ 时，$\pi_{\mathrm{M}}^{2\mathrm{F}^*}>\pi_{\mathrm{M}}^{2\mathrm{R}^*}$；当 $\bar{F}^*<430$ 时，$\pi_{\mathrm{M}}^{2\mathrm{F}^*}<\pi_{\mathrm{M}}^{2\mathrm{R}^*}$。当固定费用高于某一阈值（即 $\bar{F}^*>430$）时，特许权费用使用许可方式优于固定费用许可方式；否则反之。

8.6 本章小结

本章研究了专利技术许可对两阶段闭环供应链生产计划问题的影响。考虑市场上存在一个制造商和一个再制造商，在阶段 1 只生产新产品的制造商，在阶段 2 制造商和再制造商从市场竞争回收旧产品并进行再制造，但再制造企业必须得到再制造企业的技术专利许可。其中制造商有两种可选的许可方法（即固定费用与特许权使用费）向再制造商提供许可，需求函数主要考虑到两个主要因素：回收渠道竞争强度和消费者的支付意愿。在此背景下，主要对古诺模型下双方的最优生产量和回收决策以及制造商的最优技术许可方式进行研究。

研究结果表明，尽管最优值受竞争强度 θ 和对再制造商产品支付意愿比率 ϕ 两个因素的影响，两种许可模式的最优产量和产品回收率的大小不受竞争强度 θ 和支付意愿比率 ϕ 的影响。模式 F 的总产量和总产品回收率均高于模式 R。此外，研究还发现存在一个固定费用阈值，当固定费用低于阈值时，制造商采用特许权使用费许可方式；反之使用固定费用许可方式。

基于本章的研究过程及结果，未来的研究方向可扩展到以下几个方面。①本章假设所有的信息在供应链成员企业是共享/对称的。然而，现实中有些信息是私有的。因此，考虑闭环供应链管理的非对称信息也是可研究的方向。②回收的旧产品一般都是异质的，可以分类再制造成不同质量的产品。因此，本研究背景下的质量问题值得进一步探索。③现实中拥有专利的制造商普遍使用两步收费合同，然而，本研究仅考虑两种纯许可方式，因而产生了一些问题：如果制造商可以使用三种许可方式中的任何一种，在再制造存在条件下，三种许可方式会有何不同？此外，从制造商的角度来看，选择哪种许可方式是最优的？这些问题都值得进行进一步研究。

第9章　共享单车第三方回收服务商选择与网络设计研究

9.1　概　　述

近年来，在全球快速普及的共享单车模式大幅度提升了城市交通便利性。然而，高额的回收成本导致废弃单车难以得到妥善处置，造成了严重的资源浪费和环境破坏问题（Zhang et al.，2015b）。已有研究表明，3PLs 能够提高回收效率（Efendigil et al.，2008），且在提高服务质量和运营绩效方面也发挥了重要作用（Liu and Lyons，2011；Guarnieri et al.，2015）。因此，急需引入 3PLs 进行回收，即由运营商、3PLs 和制造商组成的类似闭环供应链的回收模式。基于此，在已有群体决策研究的基础上（Sanayei et al.，2010），本章提出了一种研究废旧单车回收的两阶段方法，首先，考虑包含时序动态、个人后悔和组织效率等因素的多属性群体决策问题来选择第三方物流服务供应商；其次，从整体利益最大化的角度探讨共享单车的回收网络设计和最佳回收路线。具体研究问题如下：①基于交付路径和交付点安排的共享双循环研究，重点关注回收网络的设计；②基于封闭储备回收网络整体效益最大化的原则，设计最佳回收路线，包括共享自行车公司、3PLs 和工厂；③首先采用模糊评估方法选择 3PLs，其次，建立数学模型来设计回收网络；④将区间二型模糊集理论（IT2FSs）与多准则妥协解排序法（VIKOR）相结合，考虑个人后悔、动态时间和团队效率。

9.2 节结合选择标准，采用 IT2FSs 和 VIKOR 选择第三方回收服务商进行问题描述。9.3 节构建综合的回收路径模型并建立多目标线性规划下的约束条件。9.4 节采用数值实例分析的方法验证模型的有效性和可行性。9.5 节为本章小结。

9.2　问 题 描 述

3PLs 的选择受到多种因素的影响，且整个过程涉及运输、物流、废料处理和相关部门等的协作，因此，很难找到满足所有标准的最优 3PLs。基于此，本章详细介绍选择 3PLs 的方法，包括影响决策的因素，如在群体决策中考虑动态时间因素和个人后悔的影响。

9.2.1　共享单车第三方回收服务商选择的相关标准

1. 绿色形象

成千上万的废弃单车造成了资源浪费和环境污染，因此开展共享单车的回收活动势在必行，这不仅是对低碳城市建设的积极响应，也是可持续发展指导下共享单车运营商的战略选择。基于此，3PLs 必须有强烈的环保意识和绿色经营理念。此外，ISO14000 认证是中国企业融入国际市场的重要举措，因此选择绿色形象作为评估 3PLs 的标准是较为合适的(Kafa et al.，2015；Ji et al.，2014；Cohena and Munoz，2016)。

2. 财务能力

共享单车的回收活动涉及诸多环节，如搜索、运输、拆解、加工等，且需要投入大量的人力和资金。若没有足够的资金作为保证，回收活动将很难继续进行。因此，必须提供充足的资金作为基本保证。对于企业来说，保持稳定的现金流是必要的。财务能力由财务管理能力、财务活动能力、财务关系能力和财务绩效能力组成。一旦财务能力弱，企业将难以获得竞争优势。因此，财务能力也是 3PLs 选择所需要考虑的重要标准（Kafa et al.，2015；Senthil et al.，2014）。

3. 恢复能力

本章主要研究共享单车的回收活动。其中，回收能力是评价和选择共享单车 3PLs 的重要指标，其包括单车总数、单位时间的回收量、回收率（可回收数量与实际回收数量的比率）和专用基础设施。总回收率反映了 3PLs 的规模，单位时间回收量和回收率反映了其回收水平，专业基础设施的建设体现了 3PLs 的技术能力（Aguezzoul，2014；Ayhan and Kilic，2015；Mafakheria and Nasirib，2013）。

4. 污染和排放

开展回收活动的目的是减少废弃单车对环境的负面影响，而引入 3PLs 能够提高回收率。然而，如果 3PLs 在回收过程中对环境造成的严重破坏超过了废弃单车对环境的破坏，则会产生适得其反的效果。污染和排放是评价环境保护能力的重要标准，可以用单位时间内产生的污染物（如废水、废气等）的体积来测量（Sasikumar and Haq，2011；Chen et al.，2013b；Tsai and Hung，2009；Abdulrahman et al.；2014；Xu et al.，2017）。

5. 搜索能力

由于废弃单车通常散落在城市的各个角落，因此共享单车的便利性体现在客户是否可以随时随地地取放单车。在回收活动中，3PLs 需要有强大的搜索废弃单车的能力。搜索能力是评价 3PLs 的重要指标（Zhang et al.，2015b）。

9.2.2 IT2FSs 基础

IT2FSs 是由二型模糊集理论（type-2 fuzzy sets，T2FSs）发展而来的，可以有效地解决二型模糊集的语言模糊性和数据噪声问题，并且在处理不确定性问题时具有更大的自由度和更高的精准度。从代数的角度来看，当 T2FS 的二次从属度值等于 1 时，T2FSs 可以转化为区间二型模糊集理论（IT2FSs）（Chen and Kuo，2017）。从几何角度来看，IT2FSs 的表达式最终可以转化为不确定足迹（footprint of uncertainty，FOU）的上、下边界的表示形式，这意味着 FOU 可由其上、下边界唯一确定，进而确定相应的 IT2FSs（Wu and Mendel，2007）。IT2FSs 具有对模糊事物的优越表达能力，因而主要用于研究多准则决策（multi-criteria decision making，MCDM）问题。本章第一阶段邀请专家对相关标准进行评价，但专家的态度往往比较模糊，因此 IT2FSs 非常合适用于定量描述专家的评价结果。本节对 IT2FSs 的基本定义进行了描述。

定义 9.1 IT2FSs

X 是 $\tilde{A}$ 的全集，$\mu_{\tilde{A}} \in [0,1]$ 是关于 $\tilde{A}$ 的从属函数。当 $\mu_{\tilde{A}}(x,\ u)=1$，$\forall x \in X$ 时，有 $\tilde{A}=\int x \in X \int u \in I_x / (x,\ u)\mathrm{d}u\mathrm{d}x$，且 $\tilde{A}$ 是 IT2FSs。相应地，u 是关于 X 的从属函数，$I_x \in [0,1]$ 也与此类似。

$$\begin{aligned}\tilde{A} &= \left\{\left((x,u),\ \mu_{\tilde{A}}(x,u)\right) \middle| \forall x \in X,\ \forall u \in I_x \subseteq [0,1],\ \mu_{\tilde{A}}(x,u) \leqslant 1\right\} \\ &= \int x \in X \int u \in I_x \mu_{\tilde{A}}(x,u) / (x,u)\mathrm{d}u\mathrm{d}x\end{aligned} \tag{9.1}$$

定义 9.2 IT2FN

当 IT2FSs 的上下界为区间模糊数时，$\tilde{A}$ 是区间二型模糊数（internal type 2 fuzzy number，IT2FN），如图 9.1 所示。$H_1\left(\tilde{A}_i^{\mathrm{U}}\right)$ 和 $H_2\left(\tilde{A}_i^{\mathrm{U}}\right)$ 从属于 $\tilde{A}_i^{\mathrm{U}}$。$H_1\left(\tilde{A}_i^{\mathrm{L}}\right)$ 和 $H_2\left(\tilde{A}_i^{\mathrm{L}}\right)$ 从属于 $\tilde{A}_i^{\mathrm{L}}$（图 9.2）。

$$\begin{aligned}\tilde{A}_i &= \left(\tilde{A}_i^{\mathrm{U}},\ \tilde{A}_i^{\mathrm{L}}\right) \\ &= \left(\left(a_{i1}^{\mathrm{U}},\ a_{i2}^{\mathrm{U}},\ a_{i3}^{\mathrm{U}},\ a_{i4}^{\mathrm{U}}; H_1\left(\tilde{A}_i^{\mathrm{U}}\right),\ H_2\left(\tilde{A}_i^{\mathrm{U}}\right)\right), \left(a_{i1}^{\mathrm{L}},\ a_{i2}^{\mathrm{L}},\ a_{i3}^{\mathrm{L}},\ a_{i4}^{\mathrm{L}}; H_1\left(\tilde{A}_i^{\mathrm{L}}\right),\ H_2\left(\tilde{A}_i^{\mathrm{L}}\right)\right)\right)\end{aligned} \tag{9.2}$$

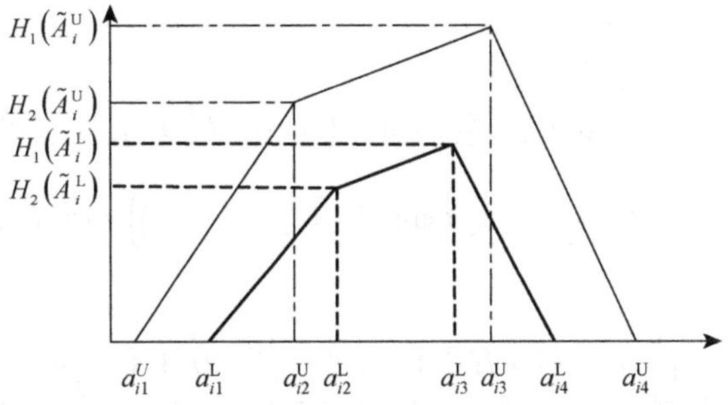

图 9.1　区间梯形二型模糊数

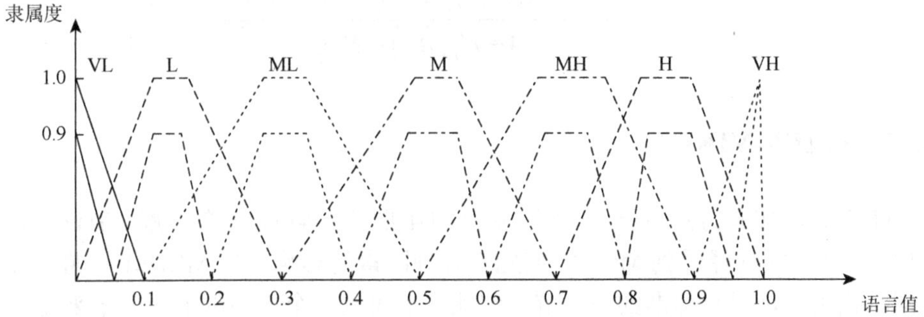

图 9.2　IT2FSs 语言术语的从属函数

定义 9.3　基础操作

$$\tilde{A}_1=\left(\tilde{A}_1^{U},\tilde{A}_1^{L}\right)=\left(\left(a_{11}^{U},\ a_{12}^{U},\ a_{13}^{U},\ a_{14}^{U};H_1\left(\tilde{A}_1^{U}\right),\ H_2\left(\tilde{A}_1^{U}\right)\right),\left(a_{11}^{L},\ a_{12}^{L},\ a_{13}^{L},\ a_{14}^{L};H_1\left(\tilde{A}_1^{L}\right),\ H_2\left(\tilde{A}_1^{L}\right)\right)\right) \tag{9.3}$$

$$\tilde{A}_2=\left(\tilde{A}_2^{U},\tilde{A}_2^{L}\right)=\left(\left(a_{21}^{U},\ a_{22}^{U},\ a_{23}^{U},\ a_{24}^{U};H_1\left(\tilde{A}_2^{U}\right),\ H_2\left(\tilde{A}_2^{U}\right)\right),\left(a_{21}^{L},\ a_{22}^{L},\ a_{23}^{L},\ a_{24}^{L};H_1\left(\tilde{A}_2^{L}\right),\ H_2\left(\tilde{A}_2^{L}\right)\right)\right) \tag{9.4}$$

$$\begin{aligned}\tilde{A}_1\oplus\tilde{A}_2&=\left(\tilde{A}_1^{U},\tilde{A}_1^{L}\right)\oplus\left(\tilde{A}_2^{U},\tilde{A}_2^{L}\right)\\&=\Big(\Big(a_{11}^{U}+a_{21}^{U},\ a_{12}^{U}+a_{22}^{U},\ a_{13}^{U}+a_{23}^{U},\ a_{14}^{U}+a_{24}^{U};\min\left(H_1\left(\tilde{A}_1^{U}\right),\ H_1\left(\tilde{A}_2^{U}\right)\right),\min\left(H_2\left(\tilde{A}_1^{U}\right),\ H_2\left(\tilde{A}_2^{U}\right)\right)\Big),\\&\Big(a_{11}^{L}+a_{21}^{L},\ a_{12}^{L}+a_{22}^{L},\ a_{13}^{L}+a_{23}^{L},\ a_{14}^{L}+a_{24}^{L};\min\left(H_1\left(\tilde{A}_1^{L}\right),\ H_1\left(\tilde{A}_2^{L}\right)\right),\min\left(H_2\left(\tilde{A}_1^{L}\right),\ H_2\left(\tilde{A}_2^{L}\right)\right)\Big)\Big)\end{aligned} \tag{9.5}$$

$$\begin{aligned}\tilde{A}_1 \otimes \tilde{A}_2 &= \left(\tilde{A}_1^{\mathrm{U}}, \tilde{A}_1^{\mathrm{L}}\right) \otimes \left(\tilde{A}_2^{\mathrm{U}}, \tilde{A}_2^{\mathrm{L}}\right) \\ &= \Big(\Big(a_{11}^{\mathrm{U}} - a_{21}^{\mathrm{U}},\ a_{12}^{\mathrm{U}} - a_{22}^{\mathrm{U}},\ a_{13}^{\mathrm{U}} - a_{23}^{\mathrm{U}},\ a_{14}^{\mathrm{U}} - a_{24}^{\mathrm{U}}; \min\left(H_1\left(\tilde{A}_1^{\mathrm{U}}\right),\ H_1\left(\tilde{A}_2^{\mathrm{U}}\right)\right), \min\left(H_2\left(\tilde{A}_1^{\mathrm{U}}\right),\ H_2\left(\tilde{A}_2^{\mathrm{U}}\right)\right)\Big), \\ &\quad \Big(a_{11}^{\mathrm{L}} - a_{21}^{\mathrm{L}},\ a_{12}^{\mathrm{L}} - a_{22}^{\mathrm{L}},\ a_{13}^{\mathrm{L}} - a_{23}^{\mathrm{L}},\ a_{14}^{\mathrm{L}} - a_{24}^{\mathrm{L}}; \min\left(H_1\left(\tilde{A}_1^{\mathrm{L}}\right),\ H_1\left(\tilde{A}_2^{\mathrm{L}}\right)\right), \min\left(H_2\left(\tilde{A}_1^{\mathrm{L}}\right),\ H_2\left(\tilde{A}_2^{\mathrm{L}}\right)\right)\Big)\Big)\end{aligned} \tag{9.6}$$

$$\begin{aligned}\operatorname{def} \tilde{A}_i &= \frac{1}{2}\left(\frac{a_{i1}^{\mathrm{U}} + \left(1 + H_1\left(\tilde{A}_i^{\mathrm{U}}\right)\right)a_{i2}^{\mathrm{U}} + \left(1 + H_2\left(\tilde{A}_i^{\mathrm{U}}\right)\right)a_{i3}^{\mathrm{U}} + a_{i4}^{\mathrm{U}}}{4 + H_1\left(\tilde{A}_i^{\mathrm{U}}\right) + H_2\left(\tilde{A}_i^{\mathrm{U}}\right)}\right) \\ &\quad + \frac{1}{2}\left(\frac{a_{i1}^{\mathrm{L}} + \left(1 + H_1\left(\tilde{A}_i^{\mathrm{L}}\right)\right)a_{i2}^{\mathrm{L}} + \left(1 + H_2\left(\tilde{A}_i^{\mathrm{L}}\right)\right)a_{i3}^{\mathrm{L}} + a_{i4}^{\mathrm{L}}}{4 + H_1\left(\tilde{A}_i^{\mathrm{L}}\right) + H_2\left(\tilde{A}_i^{\mathrm{L}}\right)}\right)\end{aligned} \tag{9.7}$$

9.2.3 IT2FN-VIKOR

IT2FN-VIKOR 方法主要用于解决标准相互冲突且难以比较的问题（Yang et al.，2013）。3PLs 的选择受到 MCDM 问题中各种因素的影响，且 MCDM 问题通常不能同时找到满足所有标准的最优解。因此，需找到一个折中的解决方案来完成最终决策。采用 MCDM、VIKOR 以及逼近理想解算法（technique for order preference by similarity to an ideal solution，TOPSIS）都可以实现这个目标。然而，Opricovic 和 Tzeng（2004）研究表明，TOPSIS 在排序过程中没有考虑正负理想解的相对重要性。Opricovic 和 Tzeng（2007）提出了 VIKOR 方法，该方法是一种可以代替 TOPSIS 的决策方法，并且是一种有效的 MCDM 方法。该方法根据每个评价维度评估每个备选方案，且每个评价维度的最优值由一个理想解组成，最差值由一个负理想解组成。总体方案的排序是根据实际方案和理想方案之间的相对差距来确定的，且基于 VIKOR 的“折中解”应满足与正理想解尽可能近，与负理想解尽可能远。更重要的是，VIKOR 方法中折中函数的建立考虑了整体效用水平的最大化和个人后悔的最小化，可以有效地提高决策结果的科学性。此外，IT2FN 能够表达决策者的态度。具体组合如下所示：$B=\{B_1,B_2,\cdots,B_L\}$，$C=\{C_1,C_2,\cdots,C_P\}$，其中 B_l 表示第 l 个方案，C_p 表示第 p 个标准。

步骤 1： 邀请专家组对标准进行评估。$D=\{D_1,D_2,\cdots,D_D\}$ 是 D 位专家的集合，其中 D_d 表示第 d 位专家，展示用于评估变量的语言变量，不同的 IT2FN 与之相对应。

步骤 2： $\tilde{E}=\left(\tilde{e}_{pl}\right)_{P\times L}$ 表示一组专家对相关备选方案的标准满意度的评价矩阵。$\tilde{E}^d=\left(\tilde{e}_{pl}^d\right)_{P\times L}$ 表示第 d 位专家的评价结果，其中 $\tilde{e}_{pl}$ 和 $\tilde{e}_{pl}^d$ 是 IT2FN，如定义 9.2 所示。

$$\tilde{E}=\begin{array}{c} \\ B_1 \\ B_2 \\ \vdots \\ B_L \end{array}\!\!\begin{array}{c} \begin{array}{cccc} C_1 & C_2 & \cdots & C_P \end{array} \\ \begin{bmatrix} \tilde{e}_{11} & \tilde{e}_{12} & \cdots & \tilde{e}_{1P} \\ \tilde{e}_{21} & \tilde{e}_{22} & \cdots & \tilde{e}_{2P} \\ \vdots & \vdots & \vdots & \vdots \\ \tilde{e}_{L1} & \tilde{e}_{L2} & \cdots & \tilde{e}_{LP} \end{bmatrix} \end{array} \tag{9.8}$$

$$\tilde{E}^d=\begin{array}{c} \\ B_1 \\ B_2 \\ \vdots \\ B_L \end{array}\!\!\begin{array}{c} \begin{array}{cccc} C_1 & C_2 & \cdots & C_P \end{array} \\ \begin{bmatrix} \tilde{e}_{11}^d & \tilde{e}_{12}^d & \cdots & \tilde{e}_{1P}^d \\ \tilde{e}_{21}^d & \tilde{e}_{22}^d & \cdots & \tilde{e}_{2P}^d \\ \vdots & \vdots & \vdots & \vdots \\ \tilde{e}_{L1}^d & \tilde{e}_{L2}^d & \cdots & \tilde{e}_{LP}^d \end{bmatrix} \end{array} \tag{9.9}$$

$$\tilde{E}=\frac{\tilde{E}^1\oplus\tilde{E}^2\oplus\cdots\oplus\tilde{E}^D}{D} \tag{9.10}$$

$$d=1,2,\cdots,D;p=1,2,\cdots,P;l=1,2,\cdots,L$$

步骤 3：确定效益型评价标准 C^{benefit} 和成本型评价标准 C^{cost}，求解每一标准正理想值 $\tilde{I}_p^+$ 和标准负理想值 $\tilde{I}_p^-$。

$$\tilde{I}_p^+=\max_l\tilde{e}_{lp},\tilde{I}_p^+\min_l\tilde{e}_{lp},C_p\in C^{\text{benefit}} \tag{9.11}$$

$$\tilde{I}_p^-=\max_l\tilde{e}_{lp},\tilde{I}_p^-\min_l\tilde{e}_{lp},C_p\in C^{\text{benefit}} \tag{9.12}$$

$$p=1,2,\cdots,P;\ l=1,2,\cdots,L$$

步骤 4：计算 $\tilde{S}_l,\tilde{R}_l,\tilde{Q}_l,p=1,2,\cdots,P$ 是不同标准的权重，θ 是折中系数。

$$\tilde{S}_l=\sum_{p=1}^{P}\left(\tilde{\omega}_p\times\frac{\tilde{I}_p^+-\tilde{e}_{lp}}{\tilde{I}_p^+-\tilde{I}_p^-}\right),l=1,2,\cdots,L;p=1,2,\cdots,P \tag{9.13}$$

$$\tilde{R}_l=\max_p\left(\tilde{\omega}_p\times\frac{\tilde{I}_p^+-\tilde{e}_{lp}}{\tilde{I}_p^+-\tilde{I}_p^-}\right),l=1,2,\cdots,L;p=1,2,\cdots,P \tag{9.14}$$

$$\tilde{Q}_l=\theta\left(\frac{\tilde{S}_l-\min_l\tilde{S}_l}{\max_l\tilde{S}_l-\min_l\tilde{S}_l}\right)+(1-\theta)\left(\frac{\tilde{R}_l-\min_l\tilde{R}_l}{\max_l\tilde{R}_l-\min_l\tilde{R}_l}\right),\ l=1,2,\cdots,L \tag{9.15}$$

步骤 5：确定折中方案。首先，对 $\tilde{S}_l$，$\tilde{R}_l$，$\tilde{Q}_l$ 进行解模糊化，并对所得值做降序排列。其次，讨论条件 1 和条件 2，并确定折中方案。方案集的折中方案是排在最前面的方案，并满足以下两个条件。

条件 1：可接受优势：

$$\tilde{Q}=\left(B^{(2)}\right)-\tilde{Q}\left(B^{(1)}\right)\geqslant 1/(L-1) \tag{9.16}$$

其中，$B^{(2)}$ 是关于 $\tilde{Q}$ 的排列中排序第二的方案，L 是备选方案的个数。

条件 2：方案 $B^{(1)}$ 必须同时是 $\tilde{S}$ 或 $\tilde{R}$ 排序最优的方案。

如果两个条件都满足，该方案则为最优方案。如果不满足条件 1，则由下式确定 $B^{(\text{com})}$：

$$\tilde{Q}=\left(B^{(\text{com})}\right)-\tilde{Q}\left(B^{(1)}\right)<1/(L-1) \tag{9.17}$$

9.2.4 考虑时间动态序列、个人后悔和群体效率的 IT2FN-VIKOR

1. 时间动态因素

时间是影响评价结果的因素之一，在不同的时期做出不同的决策属于正常现象。基于此，本章将评估过程分为 T 个时间段，每个时间段之间的间隔为 1 个月。$\tilde{E}_t^d=\left(\tilde{e}_{tlp}^d\right)_{L\times P}$ 表示第 d 位专家在时间 t 时做出的评价结果（Park et al.，2013）。

为了获得更加科学可靠的评价结果，引入 $\chi_t\,(t=1,2,\cdots,T)$ 来表示 t 时刻的权重。权重的确定对评价结果有重要的影响（Xu，2005；Sadiq and Tesfamariam，2007）。基于相关研究，本文利用基本单位区间单调（basic unit-interval monotonic，BUM）函数确定时间权重（Xu and Yager，2008；Yager，2014），该方法的具体步骤如下所示。

第一步：BA 是 BUM 函数，且 $\text{BA}(0)=0$，$\text{BA}(1)=1$，若 $x>y$，则有 $\text{BA}(x)\geqslant\text{BA}(y)$。

$$\chi_t=\text{BA}\left(\frac{t}{T}\right)-\text{BA}\left(\frac{t-1}{T}\right),\ t=1,2,\cdots,T \tag{9.18}$$

第二步：r 是一个对时间权重有影响的系数。如果 $\text{BA}(x)=x^r$，$r>0$，可得下式以及 r 相关的条件：

$$\chi_t=\text{BA}\left(\frac{t}{T}\right)^r-\text{BA}\left(\frac{t-1}{T}\right)^r,\ t=1,2,\cdots,T \tag{9.19}$$

条件 1：若 $r>1$，则有 $\chi_{t+1}-\chi_t=\dfrac{2}{T^r};t=1,2,\cdots,T-1$。

条件 2：若$r=1$，则有$\chi_t=\frac{1}{T};t=1,2,\cdots,T$。

条件 3：若$0<r<1$，则有$\chi_{t+1}<\chi_t$；$t=1,2,\cdots,T-1$。

2. 个人后悔和群体效率

由于 MCDM 问题的参与者往往是专家和学者组成一个团队并对标准进行多次研究，因此，群体效率会对评价结果产生影响。同时，团队成员之间进行相互交流会导致一些团队成员的想法受到更有声望的决策者的影响，因此这些决策者可能会对其所作决策感到后悔。基于此，个人后悔程度和群体效率都是 VIKOR 所需要考虑的因素。用 EFFI 表示方案的效用价值，REG 表示个人后悔度（陈伟等，2016；Opricovic and Tzeng，2004）。

$$\mathrm{EFFI}_l=\mathrm{def}\sum_{p=1}^{P}\left(\tilde{\omega}_p\times\frac{\mathrm{def}d(\tilde{I}_p^{+}-\tilde{e}_{lp})}{\mathrm{def}\left(\tilde{I}_p^{+}-\tilde{I}_p^{-}\right)}\right),l=1,2,\cdots,L;p=1,2,\cdots,P \quad (9.20)$$

$$\mathrm{REG}_l=\mathrm{def}\ \mathrm{max}p\left(\tilde{\omega}_p\times\frac{\mathrm{def}d\left(\tilde{I}_p^{+}-\tilde{e}_{lp}\right)}{\mathrm{def}\left(\tilde{I}_p^{+}-\tilde{I}_p^{-}\right)}\right),l=1,2,\cdots,L;p=1,2,\cdots,P \quad (9.21)$$

$$\zeta_l=\theta\left(\frac{\mathrm{EFFI}_l-\min\limits_{l}\mathrm{EFFI}_l}{\max\limits_{l}\mathrm{EFFI}_l-\min\limits_{l}\mathrm{EFFI}_l}\right)+(1-\theta)\left(\frac{\mathrm{REG}_l-\min\limits_{l}\mathrm{REG}_l}{\max\limits_{l}\mathrm{REG}_l-\min\limits_{l}\mathrm{REG}_l}\right),l=1,2,\cdots,L \quad (9.22)$$

当$\theta>0.5$时，专家倾向于根据整体效用最大化来做决策；当$\theta<0.5$时，决策者容易做出后悔度最大的决策；当$\theta=0.5$时，决策者会根据折中价值做决策。

3. IT2FWA 算子

MCDM 问题的解决方案通常由多位专家共同商讨得出，但为保证决策的科学性，有时可能需要邀请专家在不同时期对同一标准或方案作出评估。因此，利用模糊评价矩阵对不同专家在不同时期的评估结果进行整合，并用总模糊评价矩阵整合以上评价矩阵结果。此种情况下，可用加权模糊聚集算子（IT2F-fuzzy weighted aggregation operator，IT2FWA 算子）解决群体决策问题（Qin et al.，2017；Liu et al.，2012）。

假定$\chi_t\left(t=1,2,\cdots,T,\sum_{t=1}^{T}\chi_t=1\right)$表示不同时期的权重值，$\tilde{\mathrm{T}}\mathrm{E}^t=\left(\tilde{\mathrm{t}}\mathrm{e}_{lp}^t\right)_{L\times P}$表示某组专家在$t$时刻的评估结果，并用加权模糊聚集算子求出总评估结果$\tilde{\mathrm{T}}\mathrm{E}=\left(\tilde{\mathrm{t}}\mathrm{e}_{lp}\right)_{L\times P}$，具体算子如下所示：

$$\tilde{\mathrm{TE}}^t=\left(\tilde{\mathrm{te}}_{lp}^t\right)_{L\times P}=\begin{pmatrix}\tilde{\mathrm{te}}_{11}^t & \tilde{\mathrm{te}}_{12}^t & \cdots & \tilde{\mathrm{te}}_{1P}^t\\ \tilde{\mathrm{te}}_{21}^t & \tilde{\mathrm{te}}_{21}^t & \cdots & \tilde{\mathrm{te}}_{2P}^t\\ \vdots & \vdots & \ddots & \vdots\\ \tilde{\mathrm{te}}_{L1}^t & \tilde{\mathrm{te}}_{L2}^t & \cdots & \tilde{\mathrm{te}}_{LP}^t\end{pmatrix} \tag{9.23}$$

$$\tilde{\mathrm{TE}}=\left(\tilde{\mathrm{te}}_{lp}\right)_{L\times P}=\begin{pmatrix}\tilde{\mathrm{te}}_{11} & \tilde{\mathrm{te}}_{12} & \cdots & \tilde{\mathrm{te}}_{1P}\\ \tilde{\mathrm{te}}_{21} & \tilde{\mathrm{te}}_{21} & \cdots & \tilde{\mathrm{te}}_{2P}\\ \vdots & \vdots & \ddots & \vdots\\ \tilde{\mathrm{te}}_{L1} & \tilde{\mathrm{te}}_{L2} & \cdots & \tilde{\mathrm{te}}_{LP}\end{pmatrix} \tag{9.24}$$

$$\begin{aligned}\tilde{\mathrm{te}}_{lp}^t=\left(\tilde{\mathrm{te}}_{lp}^{t\mathrm{U}},\tilde{\mathrm{te}}_{lp}^{t\mathrm{L}}\right)=&\left(\alpha_{lp1}^{t\mathrm{U}},\alpha_{lp2}^{t\mathrm{U}},\alpha_{lp3}^{t\mathrm{U}},\alpha_{lp4}^{t\mathrm{U}};H_1\left(\tilde{\mathrm{te}}_{lp}^{t\mathrm{U}}\right),H_1\left(\tilde{\mathrm{te}}_{lp}^{t\mathrm{U}}\right)\right),\\ &\left(\alpha_{lp1}^{t\mathrm{L}},\alpha_{lp2}^{t\mathrm{L}},\alpha_{lp3}^{t\mathrm{L}},\alpha_{lp4}^{t\mathrm{L}};H_1\left(\tilde{\mathrm{te}}_{lp}^{t\mathrm{L}}\right),H_1\left(\tilde{\mathrm{te}}_{lp}^{t\mathrm{L}}\right)\right)\end{aligned}$$

$$\begin{aligned}\tilde{\mathrm{te}}_{lp}=\left(\tilde{\mathrm{te}}_{lp}^{\mathrm{U}},\ \tilde{\mathrm{te}}_{lp}^{\mathrm{L}}\right)=&\left(\beta_{lp1}^{\mathrm{U}},\beta_{lp2}^{\mathrm{U}},\beta_{lp3}^{\mathrm{U}},\beta_{lp4}^{\mathrm{U}};H_1\left(\tilde{\mathrm{te}}_{lp}^{\mathrm{U}}\right),H_1\left(\tilde{\mathrm{te}}_{lp}^{\mathrm{U}}\right)\right),\\ &\left(\beta_{lp1}^{\mathrm{L}},\beta_{lp2}^{\mathrm{L}},\beta_{lp3}^{\mathrm{L}},\beta_{lp4}^{\mathrm{L}};H_1\left(\tilde{\mathrm{te}}_{lp}^{\mathrm{L}}\right),H_1\left(\tilde{\mathrm{te}}_{lp}^{\mathrm{L}}\right)\right)\end{aligned}$$

$$\begin{aligned}&\tilde{\mathrm{te}}_{lp}=\mathrm{IT2FWA}\chi_t\left(\tilde{\mathrm{te}}_{lp}^t\right)=\\&\left[\begin{array}{l}\left(\sum_{t=1}^{T}\chi_t\alpha_{lp1}^{t\mathrm{U}},\sum_{t=1}^{T}\chi_t\alpha_{lp2}^{t\mathrm{U}},\sum_{t=1}^{T}\chi_t\alpha_{lp3}^{t\mathrm{U}},\sum_{t=1}^{T}\chi_t\alpha_{lp4}^{t\mathrm{U}};1-\prod_{t=1}^{T}\left(1-H_1\left(\tilde{\mathrm{te}}_{lp}^{t\mathrm{U}}\right)\right),\prod_{t=1}^{T}\left(1-H_1\left(\tilde{\mathrm{te}}_{lp}^{t\mathrm{U}}\right)\right)\right)\\ \left(\sum_{t=1}^{T}\chi_t\alpha_{lp1}^{t\mathrm{L}},\sum_{t=1}^{T}\chi_t\alpha_{lp2}^{t\mathrm{L}},\sum_{t=1}^{T}\chi_t\alpha_{lp3}^{t\mathrm{L}},\sum_{t=1}^{T}\chi_t\alpha_{lp4}^{t\mathrm{L}};1-\prod_{t=1}^{T}\left(1-H_1\left(\tilde{\mathrm{te}}_{lp}^{t\mathrm{L}}\right)\right),\prod_{t=1}^{T}\left(1-H_1\left(\tilde{\mathrm{te}}_{lp}^{t\mathrm{L}}\right)\right)\right)\end{array}\right]\end{aligned} \tag{9.25}$$

9.3 模型构建及分析

本章考虑由共享单车企业、3PLs 和制造商组成的闭环废弃共享单车回收链，并基于整体经济效益和环境效益最大化的原则规划回收路径。

9.3.1 基本假设

（1）一个企业只能与一个制造商和一个 3PL 合作，但是一个 3PL 和一个制造商可以为多个企业提供服务。

（2）企业按需采购原材料，所以企业送至制造商的原材料数量均为企业采购量。

（3）3PL 按需回收物料，所以每个 3PL 送至制造商的物料量为回收量。

（4）制造商从事零部件组装。在生产过程中，材料损耗率低，可以忽略不计。

（5）企业要求的共享单车规格完全相同，所以不同企业要求的材料类型完全相同。

（6）企业 n 可一次性完成所有物料的运输，3PL　k 也可一次性完成来自企业 n 的运输订单。

（7）每辆单车所需的零部件总数相同。

（8）零部件无差异。企业购买零部件、3PL 回收零部件的单价是相同的。

（9）运费率是指运输单价，并由运输距离和运输量决定。企业的运费率取决于企业在运输期间的运营能力，不同企业的运费率不同。

（10）最大回收能力是指不考虑企业订单的回收量，或 3PL　k 回收的最大零部件数量。同样，最大生产能力是指制造商 m 所能生产的最大单车数量。

（11）企业和 3PL 使用大型卡车运输材料，且卡车的额定负载为 4～8 吨。

9.3.2　模型构建

假设企业 B 、制造商 M 、3PL　P 之间存在合作关系，总目标模型如下。

考虑到成本和环境效益，回收路径模型如下所示：

$$\min C = \min\left(\phi_1 C_1 + \phi_2 C_2\right) \tag{9.26}$$

$$\text{s.t.}\begin{cases} C_1 = \left(C_i + C_i^f + C_{ki} + C_{ki}^f C_{fki} + C_{ij}\right) \\ C_2 = \left(E_{ji} + E_i + E_i^f + E_{ki}^{mf} + E_{ki}\right) \end{cases} \tag{9.27}$$

其中，以总经济成本的形式考虑材料的总成本、运输成本、回收成本和生产成本，以碳排放量来衡量环境效益，主要包括运输、生产和回收过程中的碳排放量。

企业 i 购买原材料的成本为 $C_i = c_i Q_i$ ，其中 C_i 主要受到原材料单价和数量的影响。假设与实际产量一致，每辆单车由特定数量和类型的零部件组成。企业 i 采购的原材料总量为 $Q_i = Q_{fi}\eta$ 。3PL　k 的总回收成本为 $C_{ki} = c_k Q_{ki}$ ，制造商的总生产成本 C_{ij} （包括人工成本、管理费、设备使用费等）为 $C_{ij} = c_j Q_{ji}$ ，企业 i 和制造商 j 之间的单向运输成本为 $c_i^f = \varLambda_{ij} Q_i c_i$ ，其中运费率 c_i 取决于企业在运输中的运营能力。不同企业的运费率不等 3PL　k 完成企业 i 运输任务所需的总成本为 $C_{ki}^f = \varLambda_{kj} Q_{ki}^j c_{tj}$ ，随着运输距离、货运量、运价的增加，运输成本也在增加。制造商 j 完成企业 i 的订单的碳排放总量为 $E_{ji} = e_j Q_{ji}$ ，企业 i 的碳排放总量为 $E_i = e_i Q_i$ ，企业 i 向制造商 j 运输原材料的碳排放量为 $E_i^f = e^f \varLambda_{ij}$ ，3PL　k 与企业 i 合作将回收材料运输到制造商 j 的碳排放量为 $E_{kj}^f = e^f \varLambda_{kj}$ ，3PL　k 完成企业 i 的订单的碳排放量 $E_{ki} = e_k Q_{ki}$ 。

隐含条件如下。

（1）制造商在其最大生产范围内进行生产活动：

$$\sum_{i=1}^{Q_M} Q_{fi} \leqslant K_j,\ j \in [1, M],\ 0 \leqslant Q_M \leqslant N \tag{9.28}$$

其中，Q_M 表示与制造商合作的企业数量，是正整数。

（2）3PL 在其最大回收能力范围内进行回收活动：

$$\sum_{i=1}^{Q_P} Q_{ki} \leqslant Q_k,\ k \in [1, K],\ 0 \leqslant Q_P \leqslant N \tag{9.29}$$

其中，Q_P 表示与 3PL 合作的企业数量，是正整数。

（3）企业采购的新材料数量和 3PLs 提供的回收材料数量满足制造商的生产要求：

$$Q_i + Q_{ki} = \eta Q_{fi},\ i = 1,2,\cdots,N;\ k = 1,2,\cdots,K \tag{9.30}$$

9.4　数值算例分析

9.4.1　算例设计

区域 A 有 15 个 3PLs（$P_1, P_2, \cdots, P_{15}$），40 个共享单车企业（$B_1, B_2, \cdots, B_{40}$），20 个制造商（$M_1, M_2, \cdots, M_{20}$）。

第一阶段，基于所要研究的内容，对第三方回收服务商进行评价，并选择合适的第三方回收服务商。首先，通过回顾现有研究选出 5 个相关因素［C_1（绿色形象）；C_2（财务能力）；C_3（回收能力）；C_4（污染度和排放量）；C_5（搜寻能力）］以评价第三方回收服务商（如 9.2.1 节所述）；其次，邀请 5 位专家（D_1, D_2, D_3, D_4, D_5）对以上标准做出 3 次评价（$t = 1,2,3$），且每次评估周间隔时间由 IT2FSs 语言变量确定；最后，选出相对最优的 5 个第三方回收服务商，所选的第三方回收服务商有能力为该区域的 40 个企业提供废弃单车回收服务。

第二阶段，可根据回收路径模型的求解设计回收网络。在开展研究之前，数据收集至关重要，因此本书采用实地调研的方式获取了该区域的相关一手数据资料，如运费率、共享单车的需求量等，对相关企业、制造商以及第三方回收服务商的相关数据进行记录。此外，模型考虑了碳排放量，也就是生产、运输、回收活动等过程中的温室气体平均排放量。对企业来说，碳排放主要集中在两个方面。①生产过程中购买原材料所产生的碳排放，即购买每单位原材料所产生的碳排放量可以用生产每单位原材料所产生的碳排放来衡量。共享单车原材料都是由钢铁制成的，因此可以计算得出加工每单位原材料的碳排放量是 125g。②运输过程中所产生的碳排放量，载运量为 4 吨的大卡车的碳排放估计值是 514.03g/km。对制造商来说，单车的生产活动主要是组装零部件，且生产每辆单车碳排放估计值是45g；对第三方回收服务商来说，主要从两个方面评估碳排放量：一是回收废弃单车所产生的碳排放量，二是报废单车进行加工所产生的碳排放量。因此，每辆单车回收的碳排放量为 67g（Winslott Hiselius and Svensson，2017；Singh and Dasgupta，2016；Fukuta et al.，2014；Gupta and Dasgupta，2014；Zhang et al.，2013；Tian et al.，2011）。

需要注意的是：①由于数据获取困难，本书在保证一定科学性的基础上，将在该地区获得的月度数据转换为每日数据。因为调查发现一个月中每日数据并不总是相等的，总是有高峰和低谷。因此无法保证所选的日期具有代表性，所以只能使用当月的数据除以天数作为每日数据，以减少误差对研究结果的影响。②调查发现每辆共享单车的平均重量约为 15kg，由于共享单车的日需求量、日回收量等月平均数据并不一定是整数，为了保证研究过程中的单位均匀性，本研究采用重量计量。企业的坐标、运费单价、单车需求、新材料采购单价，制造商的坐标、平均单位生产成本、最大产能和 3PLs 的运费单价、回收零件单位成本、最大回收能力。

9.4.2　评估 3PLs 的步骤

步骤 1：邀请专家组 D_1，D_2，D_3，D_4，D_5 评估各标准权重 λ_1，λ_2，λ_3，λ_4，λ_5，根据式（9.6）和式（9.9），可得如表 9.1 所示的评估结果。

$$\tilde{\lambda}_1=\left(\left(0.50,0.68,0.73,0.86;1,1\right),\left(0.60,0.68,0.73,0.78;0.9,0.9\right)\right)$$

$$\tilde{\lambda}_2=\left(\left(0.12,0.30,0.35,0.50;1,1\right),\left(0.21,0.30,0.35,0.40;0.9,0.9\right)\right)$$

$$\tilde{\lambda}_3=\left(\left(0.58,0.76,0.81,0.94;1,1\right),\left(0.68,0.76,0.81,0.86;0.9,0.9\right)\right)$$

$$\tilde{\lambda}_4=\left(\left(0.28,0.46,0.51,0.66;1,1\right),\left(0.37,0.46,0.51,0.56;0.9,0.9\right)\right)$$

$$\tilde{\lambda}_5=\left(\left(0.08,0.22,0.27,0.42;1,1\right),\left(0.15,0.22,0.27,0.32;0.9,0.9\right)\right)$$

$$\lambda_1=0.6866,\lambda_2=0.3138,\lambda_3=0.7653,\lambda_4=0.4711,\lambda_5=0.2401$$

表 9.1　标准评估结果

项目	D_1	D_2	D_3	D_4	D_5
C_1	H	MH	M	M	H
C_2	ML	ML	L	M	ML
C_3	MH	H	MH	MH	H
C_4	H	MH	M	M	M
C_5	L	ML	M	L	L

步骤 2：根据式（9.17）和式（9.18）可得到三个权重：$\chi_1=\dfrac{1}{6}$，$\chi_2=\dfrac{2}{6}$，$\chi_3=\dfrac{3}{6}$，专家组根据这些权重评估相关标准和方案。五位专家在不同时间的具体评估结果展示了由 IT2FWA 算子聚合的总评估结果。

步骤 3：区分效益标准和成本标准。C_1，C_2，C_3，C_5 是效益标准，如果 3PLs 在这些标准方面有很强的特性，则其将比其他 3PLs 有更好的竞争优势。然而，如果 3PLs 在回收活动中释放更多的二氧化碳，则其在环保方面缺乏竞争力。基于此，C_4 为成本标准。接下来，在式（9.10）和式（9.11）的基础上可以得到不同的理想解（表 9.2），这为根据 IT2FN-VIKOR 方法计算 $\tilde{S}_l$，$\tilde{R}_l$ 和 $\tilde{Q}_l$ 奠定了基础。

表 9.2　理想解

项目	C_1	C_2	C_3	C_4	C_5
I^+	0.7198	0.7866	0.8792	0.4293	0.8222
I^-	0.3277	0.4686	0.6169	0.6956	0.4626

步骤 4：考虑到时间动态因素，本书将个人后悔和群体效率添加到评估中，如式（9.19）和式（9.20）所示。

步骤 5：确定折中方案。根据式（9.15）和式（9.16）以及用于确定最佳方案的两个条件，$P_{11}^{(1)}$ 和 $P_4^{(2)}$ 分别是 ζ 排列的第一和第二，但使用 EFFI 和 REG 时，它们具有不同的排序。因此，折中方案应由式（9.16）确定，最后，确定 R_2，R_4，R_7，R_8，R_{11} 为最合适的目标，并用其来设计逆向物流供应链网络。为了便于表示研究结果，设置如下取值：

$$3\text{PL}1=P_2,\quad 3\text{PL}2=P_4,\quad 3\text{PL}3=P_7,\quad 3\text{PL}4=P_8,\quad 3\text{PL}5=P_{11}$$

9.4.3　设计逆向物流回收网络

根据总目标函数，w_1 和 w_2 分别表示成本和环境的权重。实地调研结果显示，经济效益是共享单车回收利用的根本动力。然而，随着环境问题的日益严重以及相关环保法规的制定，环境效益已经成为一个重要因素，且就共享单车回收而言，其具有环保意义。因此，在注重环境效益实现的同时要兼顾经济效益。基于此，设定 $w_1=0.6, w_2=0.4$，并采用遗传算法-模拟退火（genetic algorithm-simulated annealing，GA-SA）算法设计逆向物流网络。

使用 MATLAB 计算工具，种群规模为 100，迭代次数为 200，交叉概率为 0.8，用 GA-SA 算法计算总目标函数。图 9.3～图 9.6 是使用 GA-SA 算法的逆向物流网络设计模型，其中，20 个制造商用圆形（○）标记，5 个 3PLs 用叉号（×）标记，

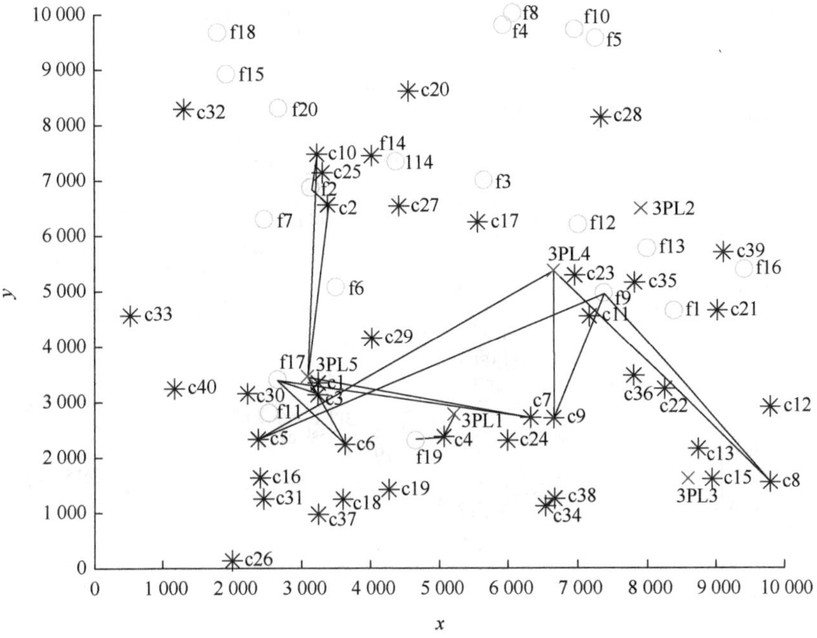

(a) B_1–B_{10}

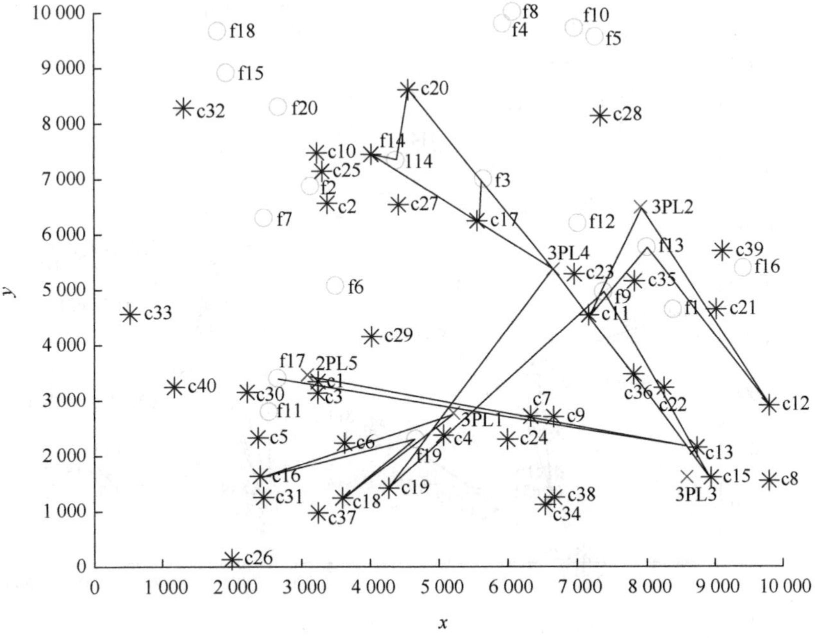

(b) B_{11}–B_{20}

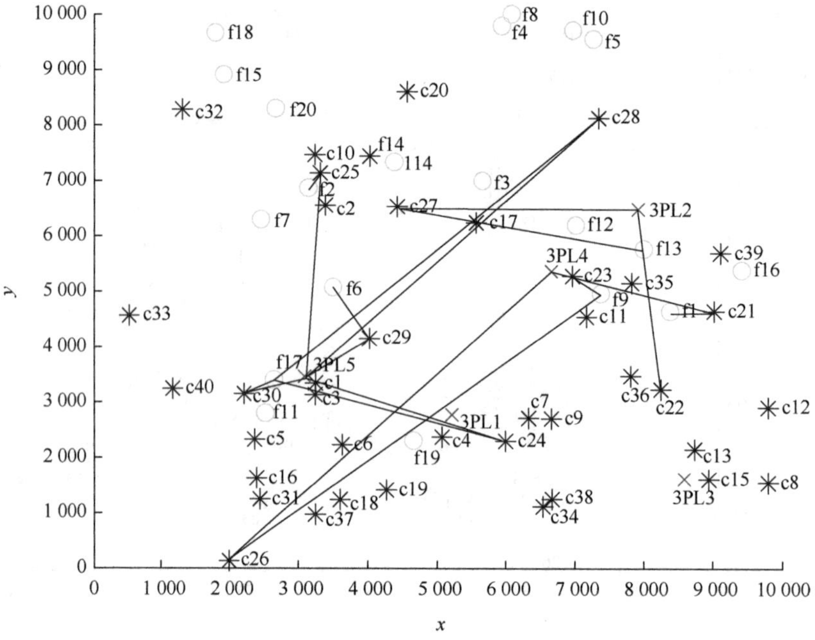

(c) B_{21}–B_{30}

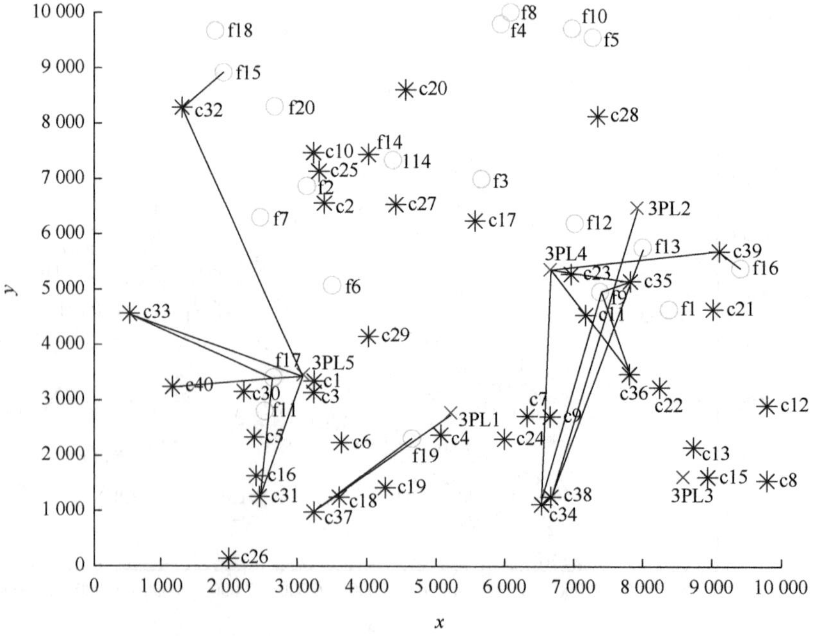

(d) B_{31}–B_{40}

图 9.3　GA-SA 算法所得的逆向物流网络子图

40 个企业用星号（∗）标记。由实线组成的网络结构表示由企业、制造商和 3PLs 组成的逆向物流回收网络。为清楚地呈现研究结果，将 40 个企业分为四组（B_1-B_{10}，$B_{11}-B_{20}$，$B_{21}-B_{30}$，$B_{31}-B_{40}$），相应的总回收网络可分为四个部分。图 9.3 表示回收网络相关企业 B_1-B_{40}，20 个制造商，5 个 3PLs；图 9.4 表示适度值曲线。当迭代进行到 100 次时，GA-SA 算法开始收敛，适度值约为 0.325。

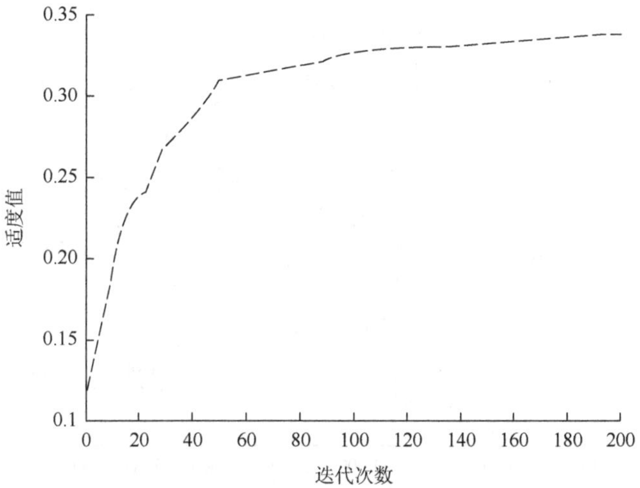

图 9.4　GA-SA 的收敛曲线

9.4.4　算法对比分析

从 3PLs 的选择和逆向物流的回收网络设计两个角度进行对比分析，具体流程如下。

对比分析 1：TOPSIS 与 ANP（anglytic network process，网络分析法）。对比结果如表 9.3 所示。

表 9.3　对比结果

方法	评估结果
TOPSIS	P_1，P_3，P_7，P_8，P_{11}
ANP	P_2，P_4，P_7，P_8，P_{11}
IT2FN-VIKOR	P_2，P_4，P_7，P_8，P_{11}

从表 9.3 的对比结果可以看出，ANP 和 IT2FN-VIKOR 的评价结果完全相同，而 TOPSIS 略有不同。因此本研究提出的方法是有效且稳定的。

对比分析 2：GA。用 GA 算法求解总目标函数。图 9.5 是回收网络的设计，其具有与图 9.3 所示相同的含义。即图 9.5 表示回收网络相关企业 B_1-B_{40} ，20 个制造商，5 个 3PLs。

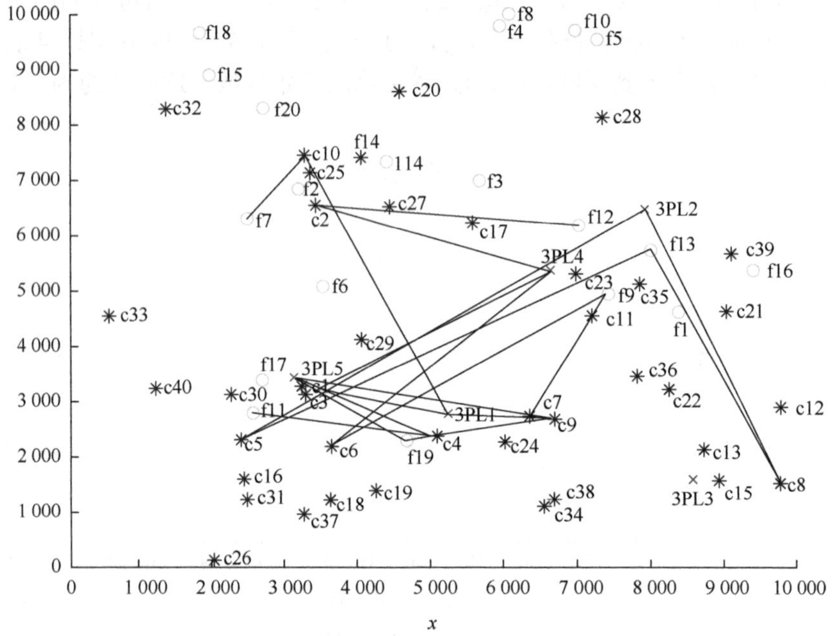

(a) $B_1–B_{10}$

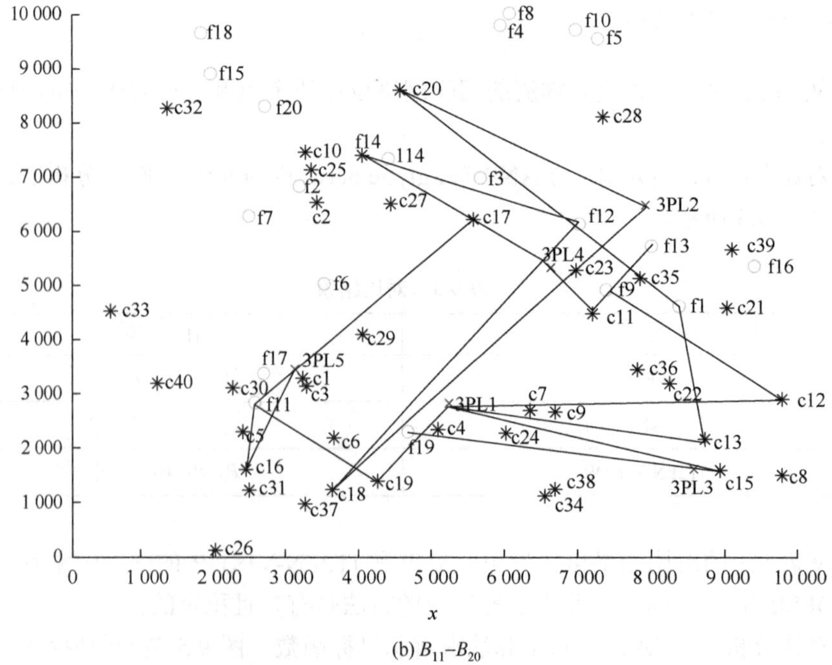

(b) $B_{11}–B_{20}$

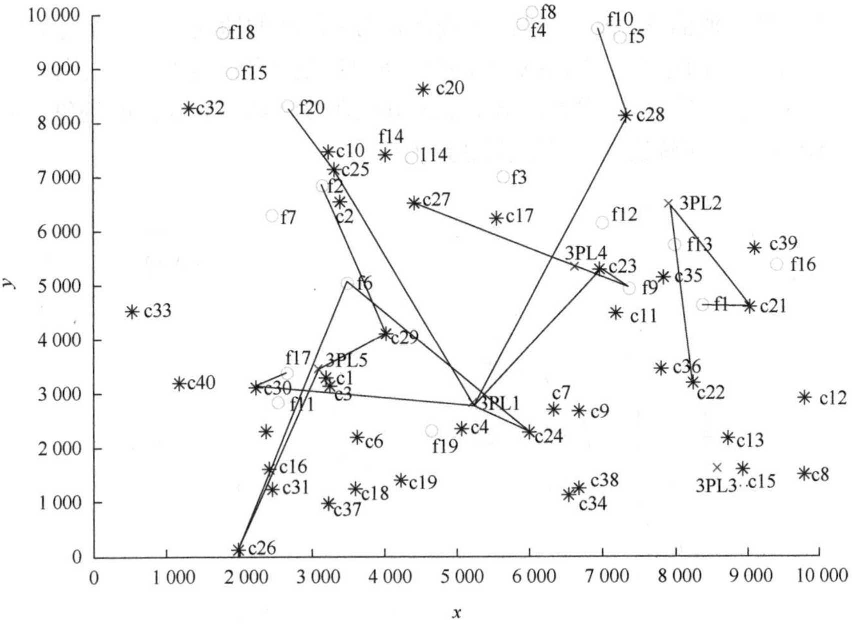

(c) B_{21}–B_{30}

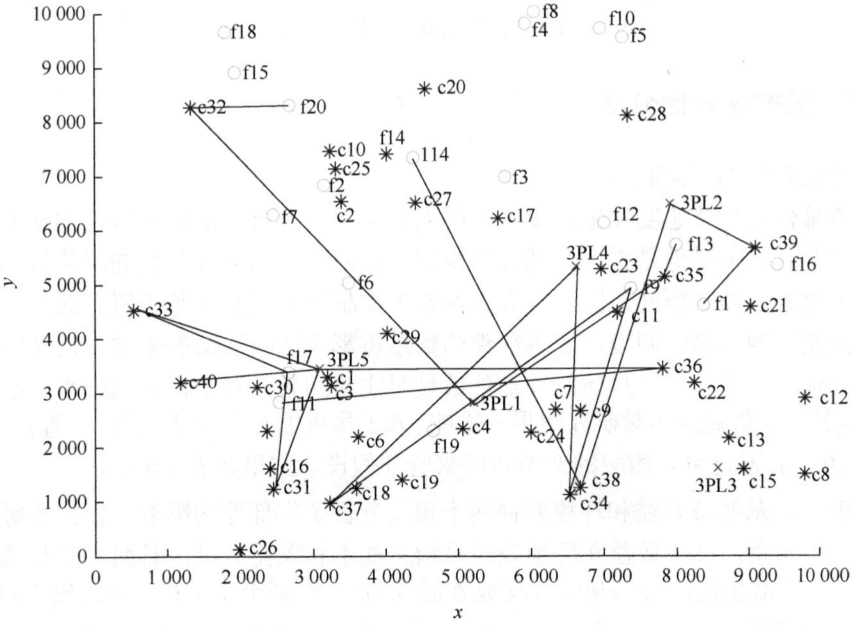

(d) B_{31}–B_{40}

图 9.5　GA 算法所得的逆向物流网络子图

图 9.6 表示适度值曲线，根据图例，实线代表 GA 算法的适度值，虚线代表 GA-SA 算法的适度值。由图可知 GA-SA 算法的适度值明显高于 GA 算法。此外，GA-SA 算法在 140 次迭代后开始收敛，但是 GA 算法在该时刻没有收敛的迹象。综上所述，GA-SA 算法在解决这一问题上更具优势。

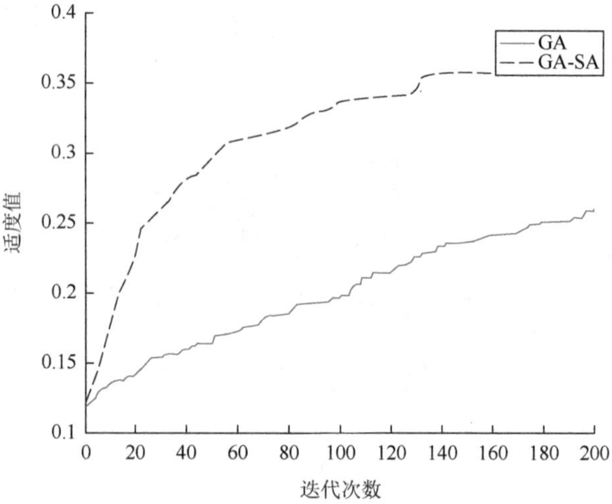

图 9.6　GA-SA 算法和 GA 算法的收敛曲线

9.4.5　灵敏度对比分析

对比分析 1：零部件。

零部件对安装速度和生产成本有很大影响。据调查，单车大约有 100 个零部件，因此，本书讨论是否可以通过减少零部件的数量来实现更高的经济目标。由于本研究为一项新研究，因此没有相关参考文献来证明其参数设置。此外，该分析重点是表明本书的假设，即零部件的数量将影响回收活动的效益，而非确定零部件的最佳数量，所以具体的零部件数量对实验结果的科学性影响较小。尽管如此，本书仍尽量减少其对研究结果的影响。为了尽可能与实际相吻合，设置 $\eta=90$，$\eta=120$，并通过引入相应的改造费用来验证假设。结果如表 9.4 所示。

表 9.4 从经济效益和环境效益两个角度分析了零部件的影响。根据本研究的一般目标模型，经济效益和环境效益是指总成本和碳排放量，且两者都是成本标准。与 $\eta=100$ 相比，当 $\eta=90$ 时，就成本而言，$\eta=90$ 高于 $\eta=100$，且高出 1.735%。就碳排放量而言，$\eta=90$ 高于 $\eta=100$，且高出 1.401%以上；当 $\eta=120$ 时，就成本而言，$\eta=120$ 高于 $\eta=100$，且高出 13.40%。就碳排放量而言，$\eta=120$ 高于 $\eta=100$，且高出 6.836%以上。综上，当 $\eta=100$ 时，可获得最大的经济效益和环境效益。

单车零部件越少，生产过程中的装配成本和回收过程中的拆卸成本就越低。因此，减少零部件数量是降低生产成本和回收成本的直接有效的措施，研究结果为提高共享单车企业的经济效益和改善社会环境提供了建议。但是，对于单车来说，技术人员需要重新设计更少的单车零部件，从而导致开发成本大大增加。更重要的是，当成本过高时，企业会放弃对单车的重新设计，同时由于目前的技术水平有限，无法保证零部件数量无限减少，仅能达到某个相对最优数量。

表 9.4　不同零部件数量下的经济效益和环境效益

零部件数量	装卸活动成本/万元	总经济效益/元	总环境效益/元
$\eta=90$	210	442 207 159.09	97 627 229.01
$\eta=100$	100	434 665 852.91	96 278 573.36
$\eta=120$	90	492 925 353.56	102 859 952.30

对比分析 2：权重。

如式（9.25）所示，由成本和环境效益的加权组合可得出回收路径模型。因此，权重的组合会对研究结果产生影响。需要注意的是，因为 w_1 和 w_2 的权重偏差对研究结果的影响很小，故本研究仅选择了 9 个梯度为 0.1 的离散点。基于 $0\leqslant w_1,w_2\leqslant 1$ 有 9 套权重组合：$w_1=0.1$，$w_2=0.9$；$w_1=0.2$，$w_2=0.8$；$w_1=0.3$，$w_2=0.7$；$w_1=0.4$，$w_2=0.6$；$w_1=0.5$，$w_2=0.5$；$w_1=0.6$，$w_2=0.4$；$w_1=0.7$，$w_2=0.3$；$w_1=0.8$，$w_2=0.2$；$w_1=0.9$，$w_2=0.1$。

图 9.7 表示 9 种权重组合下的适度值曲线。其中，图 9.7（a）表示 GA-SA 算法在第 100 次迭代后开始收敛，当 $w_1=0.1$，$w_2=0.9$ 时，适度值在 0.8～0.9 变化；图 9.7（b）表示 GA-SA 算法在第 120 次迭代之后开始收敛，并且当 $w_1=0.2$，$w_2=0.8$ 时，适度值在 0.6～0.65 变化；图 9.7（c）表示 GA-SA 算法在第 140 次迭代后开始收敛，当 $w_1=0.3$，$w_2=0.7$ 时，适度值在 0.5～0.55 变化。图 9.7（d）表示 GA-SA 算法在第 160 次迭代后开始收敛，当 $w_1=0.4$，$w_2=0.6$ 时，适度值在 0.45～0.5 变化；图 9.7（e）表示 GA-SA 算法在第 120 次迭代后开始收敛，当 $w_1=0.5$，$w_2=0.5$ 时，适度值在 0.35～0.4 变化；图 9.7（f）表示 GA-SA 算法在第 100 次迭代后开始收敛，当 $w_1=0.6$，$w_2=0.4$ 时，适度值在 0.3～0.35 变化；图 9.7（g）表示 GA-SA 算法在第 120 次迭代后开始收敛，当 $w_1=0.7$，$w_2=0.3$ 时，适度值在 0.3～0.35 变化；图 9.7（h）表示 GA-SA 算法在第 110 次迭代后开始收敛，当 $w_1=0.8$，$w_2=0.2$ 时，适度值在 0.25～0.3 变化；图 9.7（i）表示 GA-SA 算法在第 160 次迭代后开始收敛，当 $w_1=0.9$，$w_2=0.1$ 时，适度值在 0.24～0.26 变化。为了直观地反映九组适合度曲线的差异，通过绘制折线图来刻画其收敛后的适度值变化趋势，如图 9.8 所示。图 9.8（a）和图 9.8（b）分别表示适度值和

迭代次数的统计结果。适度值随着 w_1 的增加或 w_2 的减少呈现下降趋势，当 $w_1=0.1$，$w_2=0.9$ 和 $w_1=0.9$，$w_2=0.1$ 时，适度值分别取到最大值和最小值。就迭代次数而言，当 $w_1=0.1$，$w_2=0.9$ 和 $w_1=0.6$，$w_2=0.4$ 时，GA-SA 算法收敛最快，反之，当 $w_1=0.4$，$w_2=0.6$ 和 $w_1=0.9$，$w_2=0.1$ 时，GA-SA 算法收敛最慢。

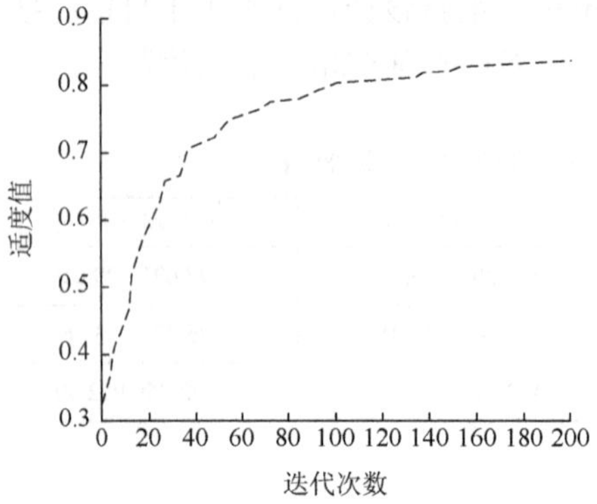

(a) $w_1=0.1$，$w_2=0.9$

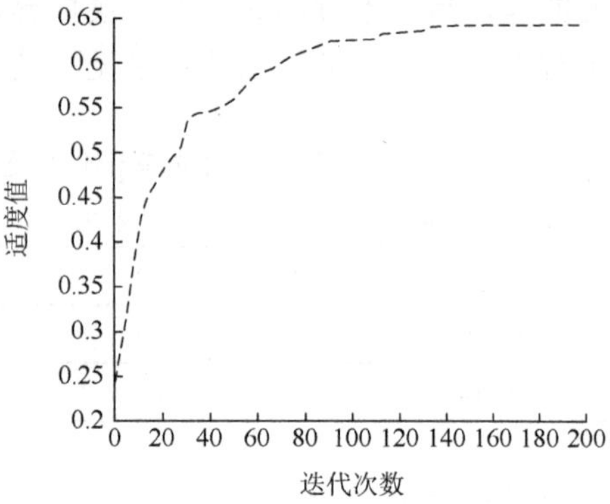

(b) $w_1=0.2$，$w_2=0.8$

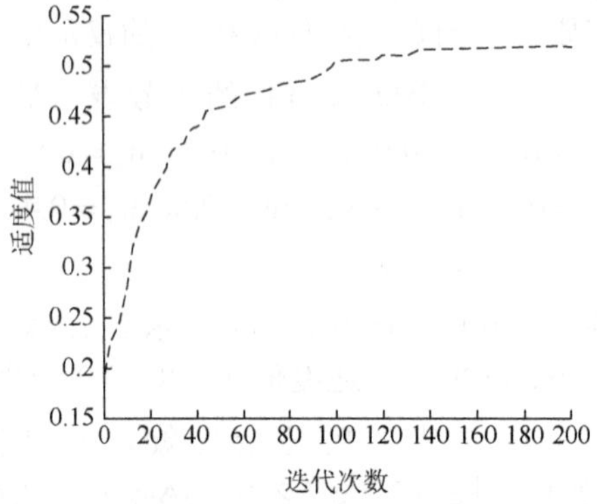

(c) $w_1=0.3$，$w_2=0.7$

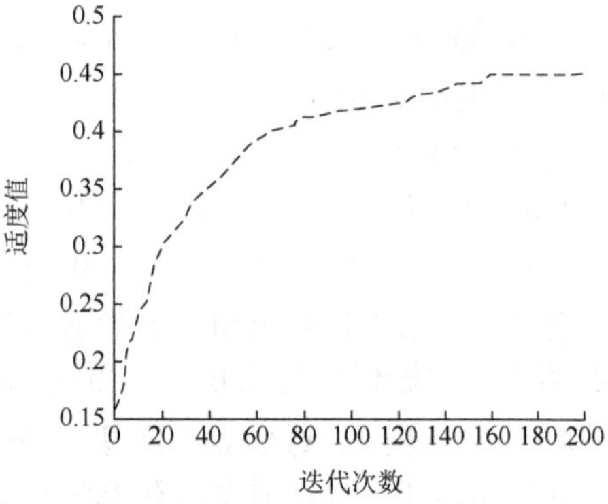

(d) $w_1=0.4$，$w_2=0.6$

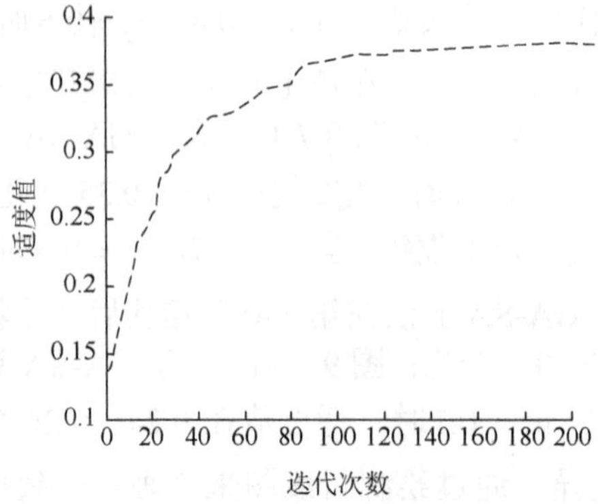

(e) $w_1=0.5$，$w_2=0.5$

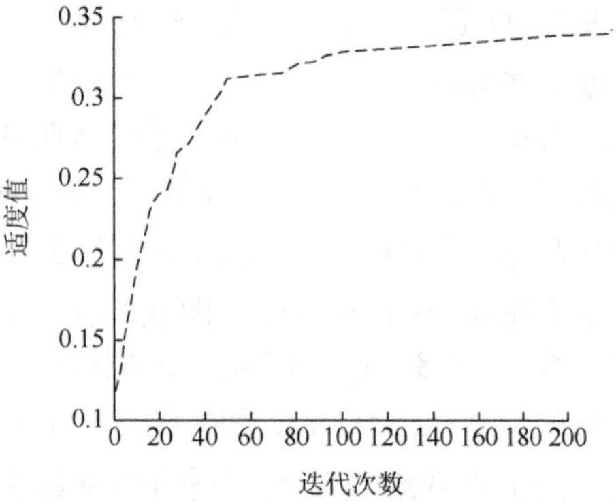

(f) $w_1=0.6$，$w_2=0.4$

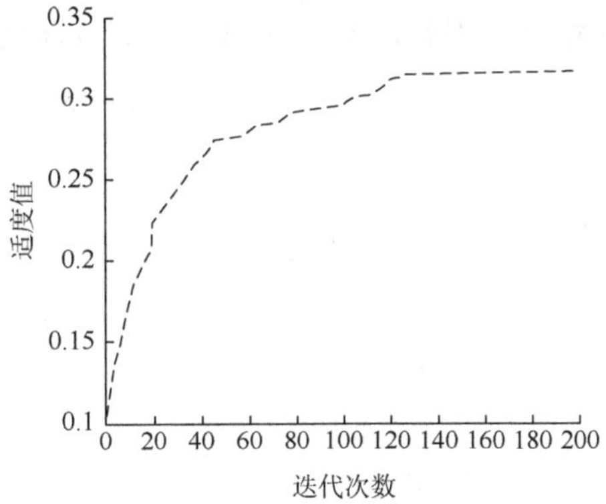

(g) $w_1 = 0.7$，$w_2 = 0.3$

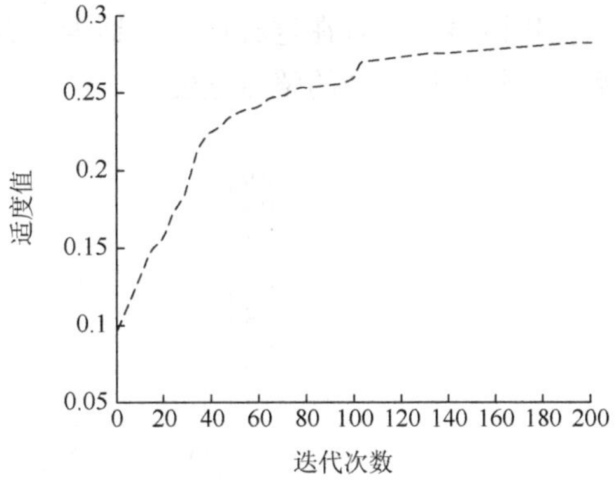

(h) $w_1 = 0.8$，$w_2 = 0.2$

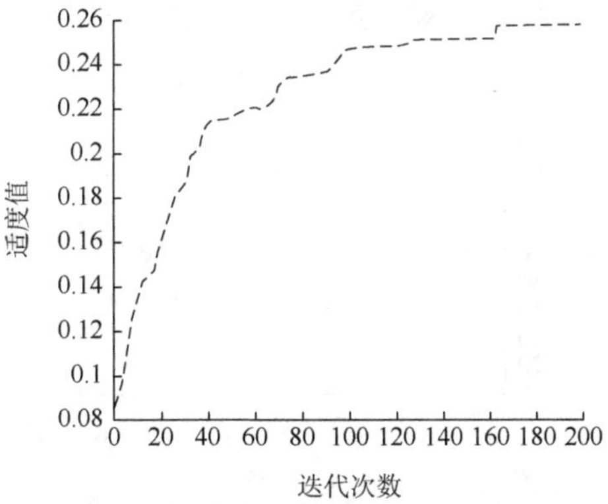

(i) $w_1 = 0.9$，$w_2 = 0.1$

图 9.7　不同权重组合下的适度值曲线

基于以上结果可分析如何从三个方面确定 w_1 和 w_2。一方面，基于适度值的稳定性，当 $w_1 = 0.6$，$w_2 = 0.4$；$w_1 = 0.7$，$w_2 = 0.3$；$w_1 = 0.8$，$w_2 = 0.2$ 时，适度值具有最小的折线斜率，即适度值随权重变化最小，且逐渐趋于稳定，因此本研究将权重的选择锁定在以上三套组合上。另一方面，适度值$(w_1 = 0.6，w_2 = 0.4) \approx$适度值$(w_1 = 0.7，w_2 = 0.3) >$适度值$(w_1 = 0.8，w_2 = 0.2)$，适度值从 $w_1 = 0.8$，$w_2 = 0.2$ 开始呈下降趋势，故从选择范围中排除 $w_1 = 0.8$，$w_2 = 0.2$。迭代次数影响智能算法的计算速度，从本书的实验结果来看，迭代次数$(w_1 = 0.6，w_2 = 0.4) <$迭代次数$(w_1 = 0.7，w_2 = 0.3)$。然而，由于两者差异太小，无法排除 $w_1 = 0.7$，$w_2 = 0.3$。最后，如前所述，废弃共享单车的回收利用是一项环保活动，但不可否认，该活动的本质驱动力是经济效益。为了使回收路径模型与现实更加吻合，应同时考虑成本和环境效益的影响。因此，为了平衡两个因素的影响，$w_1 = 0.6$，$w_2 = 0.4$ 时更

符合建模要求，且在这种情况下适度值几乎相同。因此，本书选择该权重组合来衡量回收路径模型的整合程度。

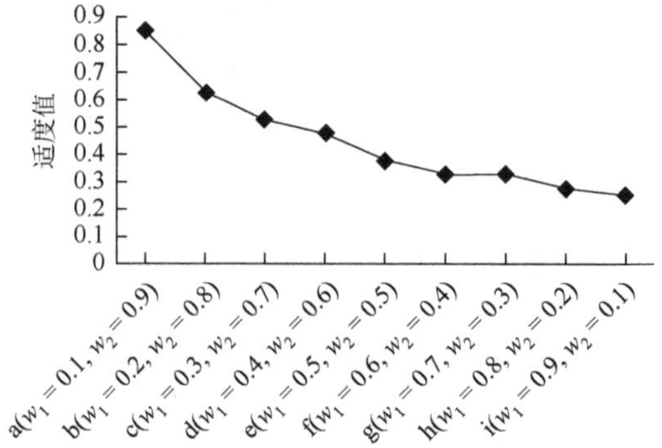

(a) 适度值

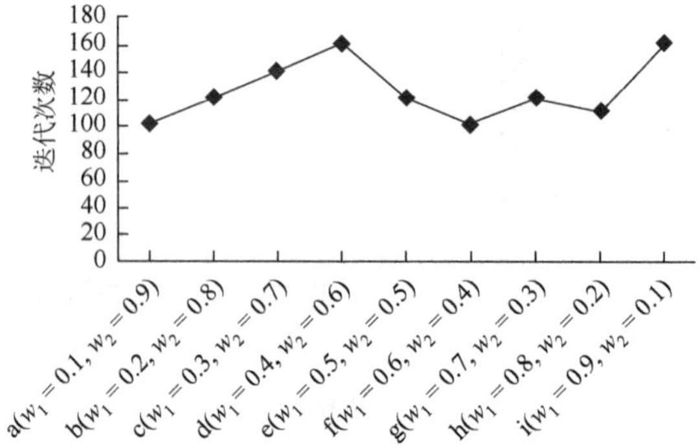

(b) 迭代次数

图 9.8　适度值和迭代次数统计图

9.5 本章小结

本章对废弃共享单车回收的研究分为两个阶段，分别是 3PLs 的选择和回收网络的设计。在此基础上，得出了一些与废旧单车回收管理相关的结论。

（1）3PLs 参与回收共享单车的回收模式是最合理可行的。将回收活动外包给 3PLs 可以提高回收效率；共享单车的企业只需监督回收活动，并向 3PLs 支付相应的费用，这降低了企业的成本，使企业能够在单车的开发和运营上投入更多的资金；在选择 3PLs 时，应考虑绿色形象、财务能力、回收能力、污染和排放以及搜索能力。

（2）回收共享单车是一项环保活动。因此，成本和环境效益同等重要，在设计回收网络时都应予以考虑，这也是共享单车回收模式和其他回收模式的区别。

（3）减少零部件数量是提高共享单车企业经济效益和环境效益的有效措施。然而，零部件的数量不能无限减少，因此应该确定最佳解决方案。

本书有以下局限性：对于第一阶段 3PLs 的选择，采用了简单易操作的 VIKOR 方法，虽然可以完全获得本书所要求的研究成果，但对 VIKOR 方法的科学改进和探索更完整、更科学的决策方法是未来研究的主要方向。在设计回收网络的第二阶段，基于成本和环境两个主要因素的影响建立了模型，而忽略了政策、法规、公民回收意识等其他因素对回收活动的影响。在灵敏度分析中，研究发现零部件数量可以影响回收效率，进而影响回收活动，但本书难以确定影响程度。而且，在目前的技术水平下，设计多少零部件以达到最优目标也是未来需要进行更深入研究的方向。

第 10 章　租赁品闭环供应链回收与再制造协调机制研究

10.1　概　　述

越来越多的制造类企业开始转向将生产性设备以租赁形式代替出售的商业模式（Ferguson et al.，2009）。由于受经济和环保因素的制约以及租赁返回品回收再制造业务蕴含的潜在利润的驱使，越来越多的租赁性企业开始设计刷新再制造系统对返回品进行维修、拆借、再制造和再循环等恢复活动。基于 Ferguson 和 Toktay（2006）及 Savaskan 和 van Wassenhove（2006）等的研究，本章重点关注租赁产品的回收库存和再制造以及新产品生产计划和协调问题，具体研究问题如下：①研究分散式决策模式下租赁商的到期返回产品最优库存、再制造策略和产品转运（给制造商）策略；②分析集中式决策模式下供应链系统的最优库存和再制造策略；③设计激励租赁商库存和刷新系统最优退回产品数量的协调策略。

10.2 节对基本问题进行描述。10.3 节构建、求解并分析集中式决策和分散式决策两种模型。10.4 节提出相应的惩罚补偿协调机制。10.5 节扩展研究多个同质或异质租赁商退返产品转运时的协调激励机制。10.6 节为本章小结。

10.2　问 题 描 述

本章研究一个制造商和租赁商组成的两级供应链问题，其中制造商制造某一类产品，然后转交给租赁商，由其负责产品的租赁活动。租赁到期产品首先返回到租赁商，租赁商对返回的产品进行简单检测并确定可维修产品和拆借产品的比例ϕ，租赁商再制造成功的产品比例为$\varphi(0\leqslant\varphi\leqslant1)$；其余产品$1-\phi$和租赁商后期再制造失败（比例为$1-\varphi$）的产品退回给制造商。制造商对租赁商退回的产品进行再循环和再制造活动并库存再制造产品。其中，租赁商一般只对到期的返回产品进行简单的再制造活动，如分类、刷新和拆借等。制造商对租赁商退回来的产品进行深度的产品恢复活动，如再制造、再循环等。为了区别租赁商和制造商的再制造活动，以下使用分类刷新来指租赁商的再制造活动，用再制造来指制造商的再制造活动。租赁合同一般会规定租赁期限，制造商/租赁商能够准确地预测产品的返回量和返回时间，且再制造品和新产品一般无质量差异，具有与新产品相同的产品保证和服务合同等。

如图 10.1 所示，本章研究一个单阶段的制造/再制造供应链系统问题。期初的租赁返回品数量为Q_r，在该阶段内租赁需求为X。简化起见，产品输入和再制造的时间忽略不计。制造商和租赁商的返回产品再制造成本和分类刷新成本是数量的线性函数，分别为$c_{r\mathrm{M}}(1-\phi\varphi)Q_r$和$c_{r\mathrm{L}}\phi Q_r$。租赁商的产品转运成本和库存成本也是数量的线性函数，其中转运成本为$c_t\left((1-\phi\varphi)Q_r+\left|X-\varphi\phi Q_r\right|\right)$，当租赁商的分类刷新产品量大于市场需求时，制造商持有多余再造品$(\varphi\phi Q_r-X)^+$；当租赁商的分类刷新产品量小于市场需求时，租赁商持有再制造产品，并在产品交付前从制造商获取$(X-\varphi\phi Q_r)^+$并交给承租商。库存成本为$h_\mathrm{L}\left(\phi Q_r+\varphi\phi Q_r\right)$，其中$h_\mathrm{L}\phi Q_r$为返回产品的库存成本，$h_\mathrm{L}\varphi\phi Q_r$为刷新再造品的库存成本。制造商的返回品库存成本为$h_\mathrm{M}\left((1-\varphi\phi)Q_r+(\varphi\phi Q_r-X)^+\right)$。对于新产品的生产，本章假设制造商采用按订单生产（make-to-order，MTO）的生产模式，因此不考虑新产品的库存成本。制造商要完全满足租赁商的订单需求，因此新产品的制造成本不影响整体的决策。

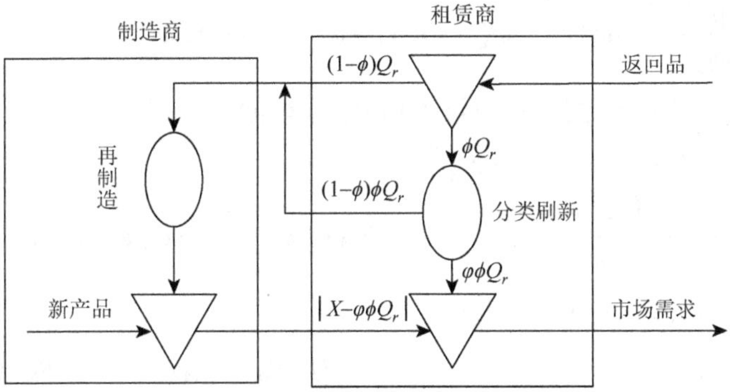

图 10.1　租赁产品供应链的产品流图示

10.3　模型构建及分析

10.3.1　集中式决策模式

在集中式决策模式下，当租赁到期产品返回后，集中决策者需要根据租赁产品的市场需求决策租赁商处的库存和分类刷新数量，以及由制造商库存和再制造的数量。集中决策者通过决策由租赁商分类刷新和制造商再制造的返回品数量来使整个系统的利润最大化。其中集中决策者的决策变量为租赁商的返回产品分类刷新比例 ϕ^{I} 。集中式决策模式下的目标成本函数如下所示：

$$C^{\mathrm{I}}=E\left(\begin{array}{l}c_{r\mathrm{M}}\left(1-\varphi\phi^{\mathrm{I}}\right)Q_r+h_{\mathrm{M}}\left(\left(1-\varphi\phi^{\mathrm{I}}\right)Q_r+\left(\varphi\phi^{\mathrm{I}}Q_r-X\right)^{+}\right)+c_{r\mathrm{M}}\phi^{\mathrm{I}}Q_r\\+c_t\left(\left(1-\varphi\phi^{\mathrm{I}}\right)Q_r+\left|X-\varphi\phi^{\mathrm{I}}Q_r\right|\right)+h_{\mathrm{L}}\left(\phi^{\mathrm{I}}Q_r+\varphi\phi^{\mathrm{I}}Q_r\right)\end{array}\right) \tag{10.1}$$

其中，第一项表示制造商的返回品再制造成本；第二项表示制造商的返回品库存成本；第三项表示租赁商的返回品分类刷新成本；第四项表示租赁商的产品转运成本；最后一项表示租赁商的返回品和再制造品库存成本。

在集中式决策模式下，目标成本函数可转换如下：

$$\begin{aligned}C^{\mathrm{I}}=&\left(c_{r\mathrm{M}}+h_{\mathrm{M}}+c_t\right)\left(1-\varphi\phi^{\mathrm{I}}\right)Q_r+c_{r\mathrm{L}}\phi^{\mathrm{I}}Q_r+h_{\mathrm{M}}\int_0^{\varphi\phi^{\mathrm{I}}Q_r}\left(\varphi\phi^{\mathrm{I}}Q_r-X\right)f(X)\mathrm{d}X\\&+c_t\left(\int_0^{\varphi\phi^{\mathrm{I}}Q_r}\left(\varphi\phi^{\mathrm{I}}Q_r-X\right)f(X)\mathrm{d}X+\int_{\varphi\phi^{\mathrm{I}}Q_r}^{+\infty}\left(X-\varphi\phi^{\mathrm{I}}Q_r\right)f(X)\mathrm{d}X\right)+h_{\mathrm{L}}\left(\phi^{\mathrm{I}}Q_r+\varphi\phi^{\mathrm{I}}Q_r\right)\end{aligned} \tag{10.2}$$

定理 10.1　在集中式决策模式下，租赁商的最优刷新再造比例满足：

$$\phi^{\mathrm{I}*}=\begin{cases}\dfrac{\sup\{X\}}{\varphi Q_r},\ \sup\{X\}<\varphi Q_r\wedge h_{\mathrm{L}}(1+\varphi)+c_{r\mathrm{L}}\leqslant c_{r\mathrm{M}}\varphi\\1,\ \sup\{X\}\geqslant\varphi Q_r\wedge h_{\mathrm{L}}(1+\varphi)+c_{r\mathrm{L}}\leqslant c_{r\mathrm{M}}\varphi\\\dfrac{F^{-1}\left[\dfrac{h_{\mathrm{L}}(1+\varphi)+c_{r\mathrm{L}}-c_{r\mathrm{M}}}{\left(2c_t+h_{\mathrm{M}}\right)\varphi}\right]\varphi}{\varphi Q_r},\ h_{\mathrm{L}}(1+\varphi)+c_{r\mathrm{L}}>c_{r\mathrm{M}}\varphi\wedge h_{\mathrm{L}}(1+\varphi)\\\quad+c_{r\mathrm{L}}-c_{r\mathrm{M}}\varphi<\left(2c_t+h_{\mathrm{M}}\right)\varphi\\0,\ h_{\mathrm{L}}(1+\varphi)+c_{r\mathrm{L}}>c_{r\mathrm{M}}\varphi\wedge h_{\mathrm{L}}(1+\varphi)+c_{r\mathrm{L}}-c_{r\mathrm{M}}\varphi=\left(2c_t+h_{\mathrm{M}}\right)\varphi\end{cases} \tag{10.3}$$

集中式决策模式下的最优刷新再造比例如图 10.2 所示。

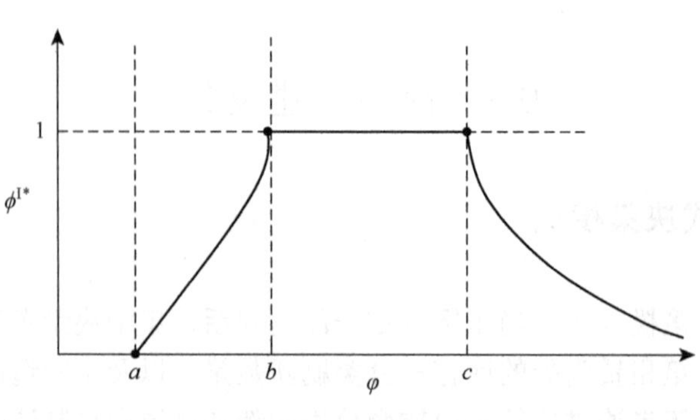

图 10.2　集中式决策模式下租赁商的最优分类刷新比例

其中，$a=\dfrac{h_{\mathrm{L}}+c_{r\mathrm{L}}}{\left(2c_t+h_{\mathrm{M}}\right)+\left(c_{r\mathrm{M}}-h_{\mathrm{L}}\right)}$，$b=\dfrac{h_{\mathrm{L}}+c_{r\mathrm{L}}}{c_{r\mathrm{M}}-h_{\mathrm{L}}}$，$c=\dfrac{\sup\{X\}}{Q_r}$。

由图 10.2 可知，在集中式决策模式下，租赁商的分类刷新比例 ϕ^{I} 依赖于其返回品的再制造产率 φ。当租赁返回产品量不超过需求的上界 $\sup\{X\}$ 时，如果租赁商的刷新再造产率高于 b，即当租赁商在分类刷新返回品上具有较高的技术水平时，租赁商选择自己刷新再造所有的返回产品。当租赁商的刷新再造技术较低，即 $\varphi \leqslant X$ 时，所有的租赁返回品转运给制造商，并由制造商完成所有产品的再制造活动。此外，当租赁商的产品分类刷新产率 $\varphi > c$ 时，租赁商可以选择刷新再造需求的上界 $\sup\{X\}$。

根据定理 10.1 的结论可得到以下推论。

推论 10.1　在集中式决策模式下，中央决策者选择租赁商分类刷新产品的充分必要条件为

$$h_{\mathrm{L}}\left(1+\varphi\right)+c_{r\mathrm{L}}-\alpha\varphi \leqslant \left(2c_t+h_{\mathrm{M}}\right)\varphi \tag{10.4}$$

在集中式决策模式下，中央决策者选择由租赁商分类刷新租赁返回品必须满足：租赁商在库存和产品再制造活动上具有优势，选择租赁商库存和刷新再造返回品的成本之和要低于将租赁返回品转运给制造商的转运、库存和再制造的成本。

其中，当租赁商的库存和分类刷新成本低于制造商的产品再制造成本时，中央决策者可能选择租赁商库存和刷新所有的租赁返回产品，也可能库存和刷新等于需求上限量的返回品。相反，当租赁商的库存和分类刷新成本高于制造商的产品再制造成本时，中央决策者会选择租赁商刷新再造某一比例的返回品，剩余返回品转运给制造商，当租赁商的再制造产品不能满足租赁需求时，从制造商转运等于缺货量的可用品。

推论 10.2　在集中式决策模式下，租赁商的返回品最优分类刷新比例满足以下性质。

（1）租赁商的返回品分类刷新比例 $\phi^{\mathrm{I}*}$ 是租赁产品返回量 Q_r 的凸减函数。

（2）当 $\varphi > \dfrac{\sup\{X\}}{Q_r}$ 时，租赁商的返回品分类刷新比例 $\phi^{\mathrm{I}*}$ 是返回品再造产出率 φ 的凸减函数。

（3）租赁商的返回品分类刷新比例 $\phi^{\mathrm{I}*}$ 是租赁产品转运成本 c_t 的凸增函数。

（4）租赁商的返回品分类刷新比例 $\phi^{\mathrm{I}*}$ 是租赁商库存成本 h_{L} 的减函数，是制造商库存成本 h_{M} 的凸增函数。

（5）租赁商的返回品分类刷新比例 $\phi^{\mathrm{I}*}$ 是租赁商分类刷新成本 β 的减函数，是制造商再制造成本 α 的增函数。

由结论（1）可知，租赁产品的返回量越小，为了减少由于缺货导致的返回

品往返运输成本，中央决策者越会选择将更多的返回产品交给租赁商进行分类刷新。由结论（2）可知，当租赁商的返回产品再造产出率 φ 满足 $\varphi < a$ 时，为了减少重复再制造成本，中央决策者将决策由制造商完成所有租赁返回品的再制造活动；当租赁商的返回产品再造产率满足 $b < \varphi < c$ 时，由租赁商分类刷新所有的返回产品；当租赁商的返回产品再造产率满足 $\varphi > c$ 时，租赁商分类刷新的数量等于租赁需求的上限，并将剩余返回品转运给制造商。由结论（3）～结论（5）可知，在集中式决策模式下，产品的往返转运成本 c_t、制造商的库存成本 h_{M} 或再制造成本 $c_{r\mathrm{M}}$ 越高，中央决策者越倾向于选择租赁商分类刷新租赁返回产品。相反，租赁商的库存成本 h_{L} 和分类刷新成本 $c_{r\mathrm{L}}$ 越高，中央决策者越倾向于选择制造商再制造产品。

10.3.2 分散式决策模式

在分散式决策模式下，制造商不直接参与租赁商的租赁返回品分类刷新比例确定的决策，租赁商自己进行分类刷新比例决策，所以租赁商仅以自身的利润最大化来决策租赁返回品分类刷新比例。

租赁产品返回再造不同于传统的供应链订货问题，制造商与下游租赁商之间不存在直接的产品和资金的转移。但在分散式决策模式下，由于双重边际化，会出现偏离系统最优决策的问题。因此，分散式决策模式下的租赁商目标函数如下所示：

$$\min_{\phi^{\mathrm{D}}} C_{\mathrm{L}}^{\mathrm{D}} = E\left(c_{r\mathrm{L}}\phi^{\mathrm{D}}Q_r + c_t\left(\left(1-\varphi\phi^{\mathrm{D}}\right)Q_r + \left|X-\varphi\phi^{\mathrm{D}}Q_r\right|\right) + h_{\mathrm{L}}\left(\phi^{\mathrm{D}}Q_r + \varphi\phi^{\mathrm{D}}Q_r\right)\right) \tag{10.5}$$

其中，目标函数的第一项表示租赁商的返回品分类刷新成本；第二项表示租赁商的产品转运成本；第三项表示租赁商的返回品和再造品库存成本。

定理 10.2 在分散式决策模式下，租赁商的最优刷新再造比例满足：

$$\phi^{\mathrm{D}*} = \begin{cases} \dfrac{F^{-1}\left(11\dfrac{h_{\mathrm{L}}\left(1+\varphi\right)+c_{r\mathrm{L}}}{2c_t\varphi}\right)}{gQ_r}, & h_{\mathrm{L}}\left(1+\varphi\right)+c_{r\mathrm{L}} \leqslant 2c_t\varphi \\ \mathrm{NA}, & h_{\mathrm{L}}\left(1+\varphi\right)+c_{r\mathrm{L}} > 2c_t\varphi \end{cases} \tag{10.6}$$

定理 10.2 的证明与定理 10.1 相似，故省略。

由以上分析可知，在分散式决策模式下，租赁商会选择一个小于系统最优的刷新再造比例，将更多的产品转运给制造商，并由制造商刷新再造。

推论 10.3 在分散式决策模式下，租赁商的刷新再造比例满足以下性质。

（1）租赁商的最优分类刷新比例 $\phi^{\mathrm{D}*}$ 是到期返回品数量 Q_r 的凸减函数。

（2）租赁商的最优分类刷新比例 $\phi^{\mathrm{D}*}$ 是往返转运成本 c_t 的凸增函数。

（3）租赁商的最优分类刷新比例 ϕ^{D*} 是库存成本 h_L 的单调减函数。

（4）租赁商的最优分类刷新比例 ϕ^{D*} 是刷新再造成本 c_{rL} 的单调减函数。

推论 10.3 的证明与推论 10.2 相似，故省略。

与集中式决策模式类似，由结论（1）可知，租赁产品的返回量越小，为减少返回品往返运输成本，租赁商会选择自己分类刷新更多的返回产品。租赁商的库存成本和刷新再造成本越高，租赁商会选择由制造商完成返回产品的再制造活动，但是与制造商的库存和刷新再造成本无关。在其他参数关系不变的条件下，往返转运成本越大，租赁商会选择更多的自己存储和刷新再造活动。

10.3.3　奖惩协调机制的设计

根据集中式决策模式下的定理 10.1 和分散式决策模式下的定理 10.2 可得到以下推论。

推论 10.4　分散式决策模式下租赁商的分类刷新比例小于集中式决策模式下的分类刷新比例，即 $\phi^{D*} < \phi^{I*}$。

在分散式决策模式下，租赁商的最优返回品分类刷新比例小于集中式决策模式下的系统最优租赁商分类刷新比例。在产品库存环节，分散式决策模式下的租赁商只考虑其往返转运成本 2γ；在集中式决策模式下，中央决策者会从整个系统角度权衡租赁商的往返转运成本和制造商的库存成本。

在刷新再造环节，集中式决策模式下中央决策者会考虑租赁商和制造商的刷新再造成本优势，当租赁商的分类刷新成本具有优势时，即 $h_L(1+\varphi)+c_{rL} \leqslant c_{rM}\varphi$，中央决策者选择由租赁商分类刷新的产品量为 $\min\{\varphi Q_r, \sup\{X\}\}$。在分散式决策模式下，由于 $h_L(1+\varphi)+c_{rL} > 0$，租赁商的分类刷新返回品数量小于 $\min\{\varphi Q_r, \sup\{X\}\}$，所以租赁商不会选择刷新所有返回品或者等于市场需求量的返回品。

另外，在分散式决策模式下，租赁商不考虑返回产品的刷新再造成本优势问题。只有当转运成本足够高，即从将产品转运给制造商节省的库存成本高于刷新再造成本时，租赁商才选择自己存储并刷新再造一定数量的租赁返回产品。在集中式决策模式下，中央决策者会权衡租赁商和制造商的产品库存成本优势和产品刷新再造成本优势。

为了提高租赁商参与刷新再造产品的比例，制造商需要提供一定的惩罚补偿机制，激励租赁商库存并分类刷新系统最优的返回品刷新再造比例。首先，制造商要激励租赁商的返回产品分类刷新数量，相应的单位补偿为 k_1，则分类刷新返回品的绝对惩罚补偿成本为 $k_1\phi\varphi Q_r$；同时，制造商还要控制租赁商的返回品转运量，也就是提供激励租赁商刷新再造返回品的相对量，相应的单位补偿为

k_2，则分类刷新返回品的相对惩罚补偿成本为$k_2\left|\phi\varphi Q_r - X\right|$，总的惩罚补偿成本为$\Lambda = -k_1\phi\varphi Q_r - k_2\left|\phi\varphi Q_r - X\right|$。

在制造商的惩罚补偿机制下，租赁商的目标函数如下所示：

$$\min_{\phi^{\mathrm{M}}} C_{\mathrm{L}}^{\mathrm{M}} = E\begin{pmatrix} -k_1\phi^{\mathrm{M}}\varphi Q_r - k_2\left|\phi^{\mathrm{M}}\varphi Q_r - X\right| + c_{r\mathrm{M}}\phi^{\mathrm{M}} Q_r \\ +c_t\left(\left(1-\varphi\phi^{\mathrm{M}}\right)Q_r + \left|X - \varphi\phi^{\mathrm{M}} Q_r\right|\right) + h_{\mathrm{L}}\left(\phi^{\mathrm{M}} Q_r + \varphi\phi^{\mathrm{M}} Q_r\right) \end{pmatrix} \tag{10.7}$$

根据租赁商的目标函数，在制造商的惩罚补偿机制下租赁商的返回品分类刷新比例能够达到系统最优的分类刷新比例，可以得到以下定理。

定理 10.3 在满足$h_{\mathrm{L}}(1+\varphi) + c_{r\mathrm{L}} > k_1\varphi$和$h_{\mathrm{L}}(1+\varphi) + c_{r\mathrm{L}} - k_1\varphi < (2c_t + 2k_2)\varphi$的条件下，制造商的惩罚补偿机制实现系统最优的刷新再造比例$\phi^{\mathrm{M}*} = \phi^*$，且有$k_1$和$k_2$满足：

$$k_1 = \frac{\left(h_{\mathrm{L}}(1+\varphi) + c_{r\mathrm{L}}\right)\left(h_{\mathrm{M}} - k_2\right) + c_{r\mathrm{M}}\varphi\left(2c_t + k_2\right)}{\left(2c_t + h_{\mathrm{M}}\right)\varphi} \tag{10.8}$$

定理 10.3 的证明过程与定理 10.1 类似，故省略。

特别地，$k_1 = c_{r\mathrm{M}}$和$k_2 = h_{\mathrm{M}}$也满足定理 10.3 中k_1和k_2的关系条件。

制造商的惩罚补偿机制线性依赖于租赁商返回产品的库存量和返回产品的刷新再造量，所以激励租赁商时，需要考虑整个系统中制造商和租赁商在库存产品和刷新再造产品上的成本优势，并决定自己的返回产品库存量和转运量，以及租赁商产品刷新的比例。令$\Phi = h_{\mathrm{L}}(1+\varphi) + c_{r\mathrm{L}}$，$\Theta = 2c_t + h_{\mathrm{M}}$。

推论 10.5 制造商提供的绝对和相对刷新再造量惩罚补偿策略k_1和k_2满足：

$$k_1 < \min\left\{\frac{\Phi}{\varphi}, \frac{\Phi h_{\mathrm{M}} + 2c_t c_{r\mathrm{M}}\varphi - (\Phi - 2c_t\varphi)(\Phi - c_{r\mathrm{M}}\varphi)}{\Theta\varphi - (\Phi - c_{r\mathrm{M}})}\right\},$$

$$k_2 \leqslant \left|\max\left\{-2c_t, -2c_t \frac{\varphi h_{\mathrm{M}} + c_{r\mathrm{M}}\varphi - (\Phi - 2c_t\varphi)}{\Theta\varphi - (\Phi - c_{r\mathrm{M}}\varphi)}\right\}\right| \tag{10.9}$$

根据定理 10.3 的条件和结论可证。

根据定理 10.3 和推论 10.5，分析制造商提供的最优惩罚补偿机制设计。

在惩罚补偿机制下，制造商的目标函数转换为

$$\min_{\phi^{\mathrm{M}*}} C_{\mathrm{M}}^{\mathrm{M}} = E\Big(c_{r\mathrm{M}}\left(1-\varphi\phi^{\mathrm{M}*}\right)Q_r + h_{\mathrm{M}}\left(\left(1-\varphi\phi^{\mathrm{M}*}\right)Q_r + \left(\varphi\phi^{\mathrm{M}*}Q_r - X\right)^+\right)$$
$$+ k_1\phi^{\mathrm{M}*}\varphi Q_r + k_2\left|\varphi\phi^{\mathrm{M}*}Q_r - X\right|\Big) \tag{10.10}$$

令$\Delta C_{\mathrm{M}}^{\mathrm{M}} = \min\left\{k_1\phi^{\mathrm{M}*}\varphi Q_r + k_2\left|\varphi\phi^* Q_r - X\right|\right\}$，由

$$k_1 = f(k_2) = \frac{\left(h_{\mathrm{L}}(1+\varphi) + c_{r\mathrm{L}}\right)\left(h_{\mathrm{M}} - k_2\right) + c_{r\mathrm{M}}\varphi\left(2c_t + k_2\right)}{\left(2c_t + h_{\mathrm{M}}\right)\varphi}$$

则有

$$\Delta C_{\mathrm{M}}^{\mathrm{M}}=\min\left\{\begin{array}{l}\dfrac{\left(h_{\mathrm{L}}\left(1+\varphi\right)+c_{r\mathrm{L}}\right)h_{\mathrm{M}}+2c_t c_{r\mathrm{M}}\varphi-2\left(h_{\mathrm{L}}\left(1+\varphi\right)+c_{r\mathrm{L}}-c_{r\mathrm{M}}\varphi\right)k_2}{\left(2c_t+h_{\mathrm{M}}\right)\varphi}\phi^{\mathrm{M}*}\varphi Q_r\\ +k_2\left|\varphi\phi^{\mathrm{M}*}Q_r-X\right|\end{array}\right\}$$

定理 10.4　制造商提供给租赁商的惩罚补偿机制为

$$\begin{cases}\max\left\{\dfrac{\mathcal{A}\phi^{\mathrm{M}*}\varphi Q_r-\mathbb{Q}}{T-\mathcal{B}\phi^{*}\varphi Q_r},\max\left\{-2c_t,-2c_t\dfrac{\varphi h_{\mathrm{M}}+c_{r\mathrm{M}}\varphi-\left(\Phi-2c_t\varphi\right)}{\Theta\varphi-\left(\Phi-c_{r\mathrm{M}}\varphi\right)}\right\}\right\}, & 0\leqslant T<\mathcal{B}\phi^{\mathrm{M}*}\varphi Q_r\\ \max\left\{-2c_t,-2c_t\dfrac{\varphi h_{\mathrm{M}}+c_{r\mathrm{M}}\varphi-\left(\Phi-2c_t\varphi\right)}{\Theta\varphi-\left(\Phi-c_{r\mathrm{M}}\varphi\right)}\right\}, & T\geqslant\left|\mathcal{B}\phi^{*}\varphi Q_r\right|\\ \max\left\{\dfrac{\mathcal{A}\phi^{\mathrm{M}*}\varphi Q_r-\mathbb{Q}}{T+\mathcal{B}\phi^{\mathrm{M}*}\varphi Q_r},\max\left\{-2c_t,-2c_t\dfrac{\varphi h_{\mathrm{M}}+c_{r\mathrm{M}}\varphi-\left(\Phi-2c_t\varphi\right)}{\Theta\varphi-\left(\Phi-c_{r\mathrm{M}}\varphi\right)}\right\}\right\}, & -\mathcal{B}\phi^{\mathrm{M}*}\varphi Q_r<T\leqslant 0\end{cases}$$

（10.11）

以及 $k_1^*=\dfrac{\Phi h_{\mathrm{M}}+2c_t c_{r\mathrm{M}}\varphi-2\left(\Phi-c_{r\mathrm{M}}\varphi\right)k_2^*}{\Theta\varphi}$。

其中，$\mathcal{A}=\dfrac{\Phi h_{\mathrm{M}}+2c_t c_{r\mathrm{M}}\varphi}{\Theta\varphi}$，$\mathcal{B}=\dfrac{2\left(\Phi-c_{r\mathrm{M}}\varphi\right)}{\Theta\varphi}$，$\mathcal{C}=-\mathcal{B}\phi^{\mathrm{M}*}\varphi Q_r$，$\mathcal{D}=\mathcal{B}\phi^{\mathrm{M}*}\varphi Q_r$。

制造商的惩罚补偿策略依赖于租赁商的产品转运规模和转运方向，如图 10.3 所示。当租赁商从制造商转运再制造产品时，制造商需要提供补偿策略，激励租赁商持有并分类刷新集中式决策模式下最优的刷新再造比例的返回品。当租赁商的转运产品量满足 $T>\mathcal{C}$ 时，制造商提供的补偿策略依赖产品转运量，且补偿额度不高于制造商的最大补偿额度；当租赁商的转运产品量满足 $T\leqslant\mathcal{C}$ 时，制造商可

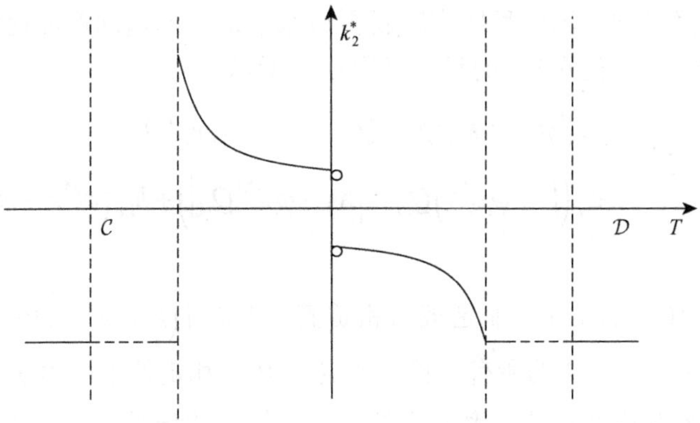

图 10.3　制造商提供的再造品惩罚补偿策略图示

注：横坐标表示租赁商的转运产品量，纵坐标表示制造商的惩罚补偿策略。

提供最大补偿额度策略。当租赁商返回刷新再造产品时，租赁商需要提供相应的惩罚策略，降低租赁商的刷新再造率。其中，当租赁商返回的再造产品量满足$T \leqslant \mathcal{D}$时，制造商提供的惩罚策略依赖于产品返回量，且惩罚额度小于制造商最大的惩罚额度；当租赁商返回的再造产品量满足$T > \mathcal{D}$时，制造商采取最大惩罚额度策略。

10.4　多租赁商的惩罚机制公平问题

n个同质的租赁商：租赁商分别在n个独立的租赁产品市场出租并回收产品，这样在集中式决策模式和分散式决策模式下租赁商的最优刷新再造决策与单个租赁商的情形是一致的。制造商可以对每一个租赁商都采用定理 10.4 中与单个租赁商的情形完全一致的惩罚补偿策略。

n个异质的租赁商：租赁商具有不同的库存、转运、刷新再造成本结构和刷新再造产率，且租赁商面对的市场需求也是异质的，但市场需求之间是相互独立的。此外，租赁产品的返回量也是不同的。下面仅讨论n个异质租赁商情形。集中式决策模式下的目标函数如下所示：

$$\min_{\phi_i(1\leqslant i\leqslant n)} C^{\mathrm{I}} = \begin{pmatrix} c_{r\mathrm{M}}\left(1-\varphi_i\phi_i\right)Q_{ri} + h_{\mathrm{M}}\left(\left(1-\varphi_i\phi_i\right)Q_{ri} + \left(\varphi_i\phi_i Q_{ri} - X_i\right)^{+}\right) \\ +c_{r\mathrm{L}i}\phi_i + c_{ti}\left(\left(1-\varphi_i\phi_i\right)Q_{ri} + \left|X_i - \varphi_i\phi_i Q_{ri}\right|\right) + h_{\mathrm{L}i}\left(\phi_i Q_{ri} + \varphi_i\phi_i Q_{ri}\right) \end{pmatrix} \tag{10.12}$$

由于各个租赁商之间是相互独立的，中央决策者可以对每一个（制造商，租赁商i）对制定一个租赁商刷新再造比例ϕ_i^*，且任意一个ϕ_i^*满足定理 10.1 的所有结论。由此可见，在分散式决策模式下，制造商可以针对每个租赁商的类型采取不同的惩罚补偿机制，激励租赁商刷新再造系统最优的返回产品比例。在制造商的惩罚补偿机制下，租赁商i的目标函数如下所示：

$$\min_{\phi_i^{\mathrm{M}}} C_i^{\mathrm{M}} = E\begin{pmatrix} -k_{1i}\phi_i^{\mathrm{M}}\varphi Q_r + k_{2i}\left|\phi_i^{\mathrm{M}}\varphi Q_r - X_i\right| + c_{r\mathrm{M}i}\phi_i^{\mathrm{M}} Q_{ri} \\ +c_{ti}\left(\left(1-\varphi_i\phi_i^{\mathrm{M}}\right)Q_{ri} + \left|X_i - \varphi_i\phi_i^{\mathrm{M}} Q_{ri}\right|\right) + h_{\mathrm{L}i}\left(\phi_i^{\mathrm{M}} r_i + \varphi_i\phi_i^{\mathrm{M}} Q_{ri}\right) \end{pmatrix} \tag{10.13}$$

根据定理 10.4 的结论，制造商对租赁商i可采用$\left(k_{1i}^*,\ k_{2i}^*\right)$的惩罚补偿策略，且$k_{1i}^*$和$k_{2i}^*$满足定理 10.4 的所有结论。由定理 10.1 和定理 10.3 可知，在不考虑租赁商的成本结构和刷新再造产率的条件下，租赁商的分类刷新比例仅依赖于租赁产品的返回量和租赁产品的市场需求。所以租赁商会关心制造商提供的惩罚补偿机制的公平效应。

仅依赖于刷新再造率的惩罚补偿机制（如 $k_i\phi_i^{\mathrm{M}}$ ）不能激励租赁商的返回品库存量，并且这种惩罚补偿机制不能避免由于租赁产品的返回量和需求量的外生性所导致的租赁商决策偏差。本文设计的惩罚补偿机制不仅考虑了租赁返回产品的库存 $k_{2i}\left|\phi_i^{\mathrm{M}}\varphi_i r_i - X_i\right|$ ，还考虑了返回品的刷新再造 $k_{1i}\phi_i^{\mathrm{M}}\varphi_i Q_{ri}$ 。同时本研究设计的惩罚补偿机制依赖于产品的返回量 r_i 、需求量 X_i 、返回产品的刷新再造产率 φ_i 和返回品的刷新再造率 ϕ_i^{M} 。这样可以充分考虑不同租赁商的成本结构、刷新再造产率和租赁产品返回量与需求量，减少不公平效应。

10.5　多租赁商的产品转运问题

制造商允许 n 个租赁商之间进行租赁返回品和再造品的转运，租赁商之间的产品转运可以降低整个系统的成本。本研究以两个租赁商为例分析租赁商之间的返回品和再造品可以转运情况下的决策问题。首先分析集中式决策模式下租赁商间产品转运的问题，然后分析分散式决策模式下的协调问题。假设租赁商之间的转运成本参数为 c_{tl} ，制造商与租赁商之间的转运成本参数分别为 c_{t1} 和 c_{t2} 且 $c_{ti}>0$，$i=1,2,\cdots,l$ 。

10.5.1　集中式决策模式问题

本研究涉及的产品转运存在两种情况，一种是租赁返回品的转运，另一种是刷新再造品的转运。集中式决策模式下的目标成本函数如下所示：

$$\min_{\phi_i^{\mathrm{I}}(1\leqslant i\leqslant n)} C^{\mathrm{I}}=\sum_{i=1}^{2}E\left(\begin{array}{l} c_{r\mathrm{M}i}\varphi_i\phi_i^{\mathrm{I}}Q_{ri}+h_{\mathrm{M}i}\left(\left(1-\varphi_i\phi_i^{\mathrm{I}}\right)Q_{ri}+\left(\left(\phi_i^{\mathrm{I}}\varphi_iQ_{ri}-X_i\right)^+-\left(X_j-\phi_i^{\mathrm{I}}\varphi_jQ_{rj}\right)^+\right)\right)\\ +c_{r\mathrm{M}i}\phi_i^{\mathrm{I}}Q_{ri}+c_{ti}\left(\begin{array}{l}\left(1-\varphi_i\phi_i^{\mathrm{I}}\right)Q_{ri}+\left(\left(X_i-\phi_i^{\mathrm{I}}\varphi_iQ_{ri}\right)^+-\left(\phi_j^{\mathrm{I}}\varphi_jQ_{rj}-X_j\right)^+\right)^+\\ +\left(\left(\phi_i^{\mathrm{I}}\varphi_iQ_{ri}-X_i\right)^+-\left(X_j-\phi_j^{\mathrm{I}}\varphi_jQ_{rj}\right)^+\right)^+\end{array}\right)\\ +c_{tl}\min\left\{\left(X_i-\phi_i^{\mathrm{I}}\varphi_iQ_{ri}\right)^+,\left(\phi_i^{\mathrm{I}}\varphi_jQ_{rj}-X_j\right)^+\right\}+h_{\mathrm{L}i}\left(\phi_i^{\mathrm{I}}Q_r+\varphi_i\phi_i^{\mathrm{I}}Q_{ri}\right) \end{array}\right) \tag{10.14}$$

其中，$\min\left\{\left(X_i-\phi_i^{\mathrm{I}}\varphi_iQ_{ri}\right)^+,\left(\phi_j^{\mathrm{I}}\varphi_jQ_{rj}-X_j\right)^+\right\}$ 表示租赁商 i 和 j 之间的产品转运量；$\left(\left(X_i-\phi_i^{\mathrm{I}}\varphi_iQ_{ri}\right)^+-\left(\phi_j^{\mathrm{I}}\varphi_jQ_{rj}-X_j\right)^+\right)^+$ 表示满足需求短缺从制造商转运到租赁商 i 的

产品量；$\left(\left(\phi_i^{\mathrm{I}}\varphi_i Q_{ri}-X_i\right)^+-\left(X_j-\phi_j^{\mathrm{I}}\varphi_j Q_{rj}\right)^+\right)^+$表示从租赁商$i$转运到制造商的过剩产品量；$\left(\left(1-\varphi_i\phi_i^{\mathrm{I}}\right)Q_{ri}+\left(\left(\phi_i^{\mathrm{I}}\varphi_i Q_{ri}-X_i\right)^+-\left(X_j-\phi_j^{\mathrm{I}}\varphi_j Q_{rj}\right)^+\right)\right)$表示制造商的产品库存量。

此外，返回品在租赁商之间转运时转运成本必须满足$c_{tl}\leqslant c_{t1}+c_{t2}$，保证租赁商之间的产品转运成本低于通过制造商环节的转运成本。租赁商之间的产品转运可以降低整个系统的成本。首先，租赁返回品在租赁商之间的转运减少了返回品从租赁商i到制造商再到租赁商j的低效转运；其次，再造品在租赁商之间的转运同样也减少了再造品从租赁商i到制造商再到租赁商j的低效转运。

10.5.2 分散式决策模式问题

租赁商之间的产品转运量为$\min\left\{\left(\phi_i^{\mathrm{D}*}\varphi_i Q_{ri}-X_i\right)^+,\left(X_j-\phi_j^{\mathrm{D}*}\varphi_j Q_{rj}\right)^+\right\},i,j=1,2,i\neq j$。本章假设所有信息都是完全的，制造商知道分散式决策模式下租赁商的刷新再造率和租赁商之间的产品转运量。采用定理 10.4 的协调理论，制造商的惩罚补偿策略如下所示：

$$\Lambda=-k_{1i}\phi_i^{\mathrm{M}}\varphi_i Q_{ri}-k_{2i}\left|\left(\phi_i^{\mathrm{M}}\varphi_i Q_{ri}-X_i\right)^+-\left(X_j-\phi_j^{\mathrm{M}}\varphi_j Q_{rj}\right)^+\right| \tag{10.15}$$

在制造商的惩罚补偿机制下，租赁商的目标函数如下所示：

$$\min_{\phi_i^{\mathrm{M}}} C_i^{\mathrm{M}}=E\left(\begin{array}{l}-k_{1i}\phi_i^{\mathrm{M}}\varphi_i Q_{ri}-k_{2i}\left|\left(\phi_i^{\mathrm{M}}\varphi_i Q_{ri}-X_i\right)^+-\left(X_j-\phi_i^{\mathrm{M}}\varphi_j Q_{rj}\right)^+\right|+c_{r\mathrm{L}i}\phi_i^{\mathrm{M}}Q_{ri}\\ +c_{ti}\left\{\begin{array}{l}\left(1-\varphi_i\phi_i^{\mathrm{M}}\right)Q_{ri}+\left[\left(X_i-\phi_i^{\mathrm{M}}\varphi_i Q_{ri}\right)^+-\left(\phi_j^{\mathrm{M}}\varphi_j Q_{rj}-X_j\right)^+\right]^+\\ +\left(\left(\phi_i^{\mathrm{M}}\varphi_i Q_{ri}-X_i\right)^+-\left(X_j-\phi_j^{\mathrm{M}}\varphi_j Q_{rj}\right)^+\right)^+\end{array}\right\}\\ +c_{tl}\min\left\{\left(X_i-\phi_i^{\mathrm{M}}\varphi_i Q_{ri}\right)^+,\left(\phi_j^{\mathrm{M}}\varphi_j Q_{rj}-X_j\right)^+\right\}+h_{\mathrm{L}i}\left(\phi_i^{\mathrm{M}}Q_r+\varphi_i\phi_i^{\mathrm{M}}Q_{ri}\right)\end{array}\right) \tag{10.16}$$

集中式决策模式下整体目标函数和惩罚补偿机制下租赁商目标函数具有相似的函数性质，通过类似于定理 10.3 和定理 10.4 的分析得到制造商的惩罚补偿策略。制造商可以对每个租赁商提供一个惩罚补偿策略$\left(k_{1i}^*,k_{2i}^*\right)$，且$\left(k_{1i}^*,k_{2i}^*\right)$满足定理 10.4 的所有结论。

10.6 本 章 小 结

本章研究了租赁到期返回产品刷新再制造的租赁产品库存、再制造以及新产品的生产计划和协调问题，其中制造商生产新产品，租赁商负责租赁并回收返回产品，同时制造商和租赁商共同库存并刷新再造到期返回产品。研究发现在集中式决策模式下，租赁商的租赁返回产品最优库存、再制造策略和产品转运（给制造商）策略依赖于租赁商的刷新再造产率和租赁产品市场需求。在分散式决策模式下，制造商选择由租赁商库存并刷新再造所有返回品，而租赁商选择刷新再造的比例小于集中式决策模式下的最优值，且当租赁商的刷新再造产率较低时，租赁商选择由制造商库存并刷新再制造所有的返回品。

基于分散式决策模式导致租赁商的刷新再造比例偏离集中式决策模式下最优刷新再造比例，本章提出了依赖租赁商再制造和转运数量的协调返回产品库存与再制造的激励惩罚策略。最后本章扩展研究了多个同质和异质的租赁商参与产品租赁与再制造，以及多个租赁商之间存在返回产品转运的问题。

基于本章研究结果，未来研究可从以下两个方面进行拓展：一是研究租赁产品返回和需求双不确定的两阶段问题，在初始需求量（即产品返回量）和二次租赁需求都不确定的情况下，分析租赁商在决策初始产品的库存量和返回产品的库存和再造量决策；二是考虑制造商不完全再造产率和租赁商不确定再造产率问题。

本篇总结

本篇以绿色闭环供应链为基础，研究了企业的生产、技术投资及回收策略等问题。本篇分析研究在 NMG、OMG 和 TMG 三个模型下两个制造商和零售商的最优决策，以及古诺模型下制造商和再制造商的最优生产量和回收决策以及制造商的最优技术许可方式，在回收废弃共享单车时 3PLs 的选择和回收网络的设计，以及租赁到期返回产品刷新再制造的租赁产品库存、再制造以及新产品的生产计划和协调问题。

通过对上述问题的深入研究，本篇得到以下结论：①在一定条件下非绿色制造商很有可能因竞争对手采用绿色产品设计策略而利益受损，无法实现“搭便车”的利好效应；当竞争对手采用绿色产品设计策略时，制造商也不一定非要采用绿色产品设计策略；相比之下，零售商最有可能支持两个制造商采用绿色产品设计策略。②固定费用许可方式下制造商的总产量和总产品回收率均高于特殊权使用费方式；当固定费用较低时，制造商采用特许权使用费许可方式，反之使用固定费用许可方式。③考虑到回收共享单车是一项环保活动，因此 3PLs 参与回收共享单车的回收模式是最合理可行的，且在设计回收网络时应同时考虑成本和环境效益；尽管减少零部件数量是提高经济效益和环境效益的有效措施，但零部件的数量不能无限减少。④租赁商在分散式决策模式下选择刷新再造的比例小于集中式决策模式下的最优值，且在一定条件下租赁商选择由制造商库存并刷新再制造所有的返回品。

第四篇　低碳供应链管理：市场、减排与规划

本篇在分析现实运营状况和相关研究成果的基础上开展理论型研究。随着碳排放约束政策力度的不断增强，低碳约束政策和交易机制成为供应链管理中不可忽略的因素，供应链中制造商在限额交易机制、碳税规制等碳排放约束下做出基于技术选择的产能扩张决策。零售商作为消费者获得产品的直接供应方会面临需求的不稳定和不确定性，即零售商要在碳排放总量控制和总量控制与交易制度下做出有关库存成本和不确定性需求的采购决策。同时，供应链管理中的碳排放量和产品品类直接相关，如易腐易逝品因其运输及储存条件较严格产生的碳排放量较多而引起广泛关注，本篇研究该类产品在碳排放约束政策下储存运输及供应链协调等问题，通过供应链成员企业的不同合同机制及运输中的选址-库存-路径集成研究可有效降低供应链中产生的碳排放量，实现供应链的有效管理。

第 11 章　碳排放约束下制造商产能设计与生产决策研究

11.1　概　　述

持续出台的碳排放法规有效抑制了全球企业活动中的温室气体排放（Hua et al.，2011；Du et al.，2013；Drake et al.，2016；Hovelaque and Bironneau，2015）。许多国家或地区广泛采用总量控制与交易制度和碳税规制来控制碳排放（Song and Leng，2012；Jaber et al.，2013；Drake et al.，2016）。自《京都议定书》生效以来，总量控制与交易制度已成为全球共识（Du et al.，2013），碳排放交易市场开启碳信用额交易。与此同时，许多国家和地区也开始征收碳税。企业产能问题在学术界和产业界引起诸多关注，特别是以技术创新为基础的产能扩张在生产过程（Goyal and Netessine，2007）、运输过程（Li and Tirupati，1994；Andre et al.，2009；Li and Zhang，2015）、仓储工艺（Cormier and Gunn，1999；Caron et al.，2000；Huang，2004）等方面得到了广泛研究。基于碳排放规制和产能投资决策相关研究，本章考虑技术创新因素，建立一个两阶段随机模型来研究限额交易和碳税管制下的物流产能扩张问题。得到了最优产能扩张和生产决策，并研究碳排放法规对产能扩张的影响。本章通过建模具体研究以下问题：①技术创新下企业产能扩张决策问题；②限额交易和碳税政策对产能扩张决策的影响；③碳排放规制下企业生产和衍生物流领域基于技术选择的产能扩张问题。

11.2 节描述基本问题并构建两种碳排放法规下的产能扩张模型。11.3 节求解分析限额交易和碳税规制下企业最优产能扩张决策与产能利用率。11.4 节为采用数值分析的方法验证分析结果。11.5 节是管理启示。11.6 节是本章小结。

11.2　问 题 描 述

本章关注碳排放背景下的生产和物流层面，考虑单个企业在碳排放规制下的产能扩张和生产计划问题，研究企业总产能扩张问题。为保持其在市场上的竞争力，企业决定采用新技术并投资新产能。本章考虑两种碳排放政策：总量控制与交易制度和碳税规制。碳排放规制下的决策顺序如下。

首先，受碳排放规制约束，企业决定是否投资新产能 K_1（基于原产能 K_0），新产能的投资成本为 $c_\tau K_1$，这里 c_τ 为企业因产能扩张而产生的平均投资成本。其次，在需求和碳价确定后，企业分别根据原产能和新产能确定其生产数量 Q_0 和 Q_1。假设企业是市场上的价格接受者，产品的价格为 p。销售季末产品缺货导致的损失为 s。市场需求 X 和碳价 C_e 都是随机的，其密度函数和累积分布函数分别为 $f(X)$ 和 $F(X)$，$g(C_e)$ 和 $G(C_e)$。假设产品的价格与需求无关，产品成本由两部分组成：可变成本（即原产能和新产能技术的排放成本与单位生产成本之和，c_{m_0} 和 c_{m_1}）和投资成本。排放强度参数 e_0 和 e_1 分别表示原产能和新产能技术下生产单位产品的碳排放量。需要注意的是，新技术产能下单位产品的碳排放量小于原产能，但新技术下的产能有较高的单位生产成本。不失一般性，假设：$e_0 > e_1$ 和 $c_{m_0} < c_{m_1}$。

11.3　模型构建及分析

11.3.1　总量控制与交易制度下的产能扩张模型

总量控制与交易制度下，企业必须遵守碳排放上限 $\bar{E}$。若企业碳排放超过了上限 $\bar{E}$，企业必须从碳交易市场购买碳信用额以弥补超额碳排放；若企业碳排放低于上限 $\bar{E}$，企业可在碳交易市场出售剩余的碳信用额，从而获得额外利润。总量控制与交易制度下的市场结构如图 11.1 所示。

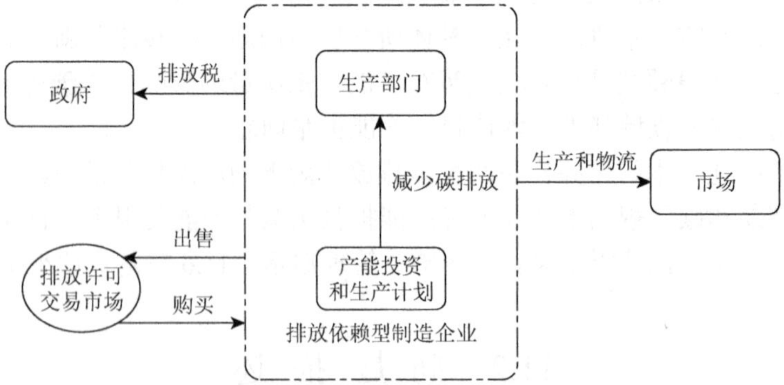

图 11.1　总量控制与交易制度下的市场结构

对于给定的碳价 $\widetilde{c_e}$，使用原产能和新产能的单位产品的可变成本分别为 $c_{m_0} + e_0\widetilde{c_e}$ 和 $c_{m_1} + e_1\widetilde{c_e}$。

在第二阶段，产品需求和碳价确定后，企业的优化问题如下：

$$\max_{Q_0,Q_1}\pi=\max_{Q_0,Q_1}\left\{\sum_{i=0}^{1}\left(p-c_{m_i}\right)Q_i-\left(D-\sum_{i=0}^{1}Q_i\right)s-\left(\sum_{i=0}^{1}e_iQ_i-\bar{E}\right)\widetilde{c_e}\right\}$$
$$\text{s.t.}\begin{cases}Q_i\leqslant K_i\\Q_i,K_i\geqslant 0\\i=0,1\end{cases}\tag{11.1}$$

$\sum_{i=0}^{1}\left(p-c_{m_i}\right)Q_i$ 表示不考虑碳排放时企业从产品中获得的利润，$\left(D-\sum_{i=0}^{1}Q_i\right)s$ 表示产品产量未满足需求而导致的损失成本，$\sum_{i=0}^{1}e_iQ_i-\bar{E}$ 表示从碳交易市场获得的额外碳信用额，该值为负表示企业的碳排放低于上限，从而可以出售剩余的碳信用额；若企业的碳排放量高于上限，则需要从碳交易市场购买碳信用额。$Q_i\leqslant K_i$ 表示产品产量不超过每种技术的产能。

在第一阶段，产品需求和碳价是不确定的，企业需要投资新产能以最大化预期利润。

$$\Pi=\max_{K_1}E_{C_e,D}\left(\pi\left(C_e,X,Q_i\right)\right)-c_\tau K_1=\max_{K_1}E_{C_e,X}\left(\sum_{i=0}^{1}\left(p+s-c_{m_i}-e_i\widetilde{c_e}\right)Q_i-Ds+\bar{E}C_e\right)$$
$$-c_\tau K_1=\max_{K_1}E_{\widetilde{c_e},X}\left(\sum_{i=0}^{1}\eta_i\left(\widetilde{c_e}\right)Q_i-Ds+\bar{E}\widetilde{c_e}\right)-c_\tau K_1$$
$$\tag{11.2}$$

因此，第一阶段企业的优化问题如下：

$$\Pi=\max_{K_1}E_{\widetilde{c_e},X}\left(\sum_{i=0}^{1}\eta_i\left(\widetilde{c_e}\right)Q_i-Ds+\bar{E}C_e\right)-c_\tau K_1$$
$$\text{s.t.}\begin{cases}K_1\geqslant 0,0\leqslant Q_i\leqslant K_i,i=0,1\\\eta_i\left(C_e\right)=p+s-c_{m_i}-e_iC_e,i=0,1\end{cases}\tag{11.3}$$

1. 第二阶段生产计划

在第二阶段，碳价和需求是确定的。企业根据确定的碳价 $\widetilde{c_e}$ 选择成本较低的产能，再根据确定的需求 D 决定生产数量。基于产品销售价格和碳排放参数，本小节分析了在以下三种场景下企业的生产决策。

1）场景 1：$c_{m_0}<p+s\leqslant c_{m_1}$

虽然新产能下单位产品的碳排放小于原产能，但生产的可变成本过高导致企业无法获得额外利润。因此，企业选择使用原产能生产产品，而不投资新产能。本章关注的是企业的产能扩张和生产计划问题，研究$c_{m_1} \leqslant p+s \leqslant c_{m_0} + e_0\left(\dfrac{c_{m_1}-c_{m_0}}{e_0-e_1}\right)$和$p+s > c_{m_0} + e_0\left(\dfrac{c_{m_1}-c_{m_0}}{e_0-e_1}\right)$两种场景。

2）场景 2：$c_{m_1} \leqslant p+s \leqslant c_{m_0} + e_0\dfrac{c_{m_1}-c_{m_0}}{e_0-e_1}$

为便于解释和说明，令$\widetilde{c_{e_0}} = \dfrac{c_{m_1}-c_{m_0}}{e_0-e_1}$，$\widetilde{c_{e_1}} = \dfrac{p+s-c_{m_1}}{e_1}$，$\widetilde{c_{e_2}} = \dfrac{p+s-c_{m_0}}{e_0}$。由于可变成本由生产成本和碳排放成本两部分组成，据此，令$c_{m_0} + e_0\dfrac{c_{m_1}-c_{m_0}}{e_0-e_1}$表示特定碳价$\widetilde{c_{e_0}}$对应的使用原产能的可变成本，其为可变成本中的一个阈值。当$c_e < \widetilde{c_{e_0}}$时，两种产能的可变成本低于阈值，使用原产能的可变成本低于新产能；当$c_e > \widetilde{c_{e_0}}$时，两种产能的可变成本高于阈值，使用原产能的可变成本高于新产能。

场景 2 下，企业可以首先选择原产能，也可以首先选择新产能。在不同的碳价$\widetilde{c_e}$下，企业可以选择不同的产能水平，图 11.2 描述了场景 2 中的原产能和新产能的投资组合。

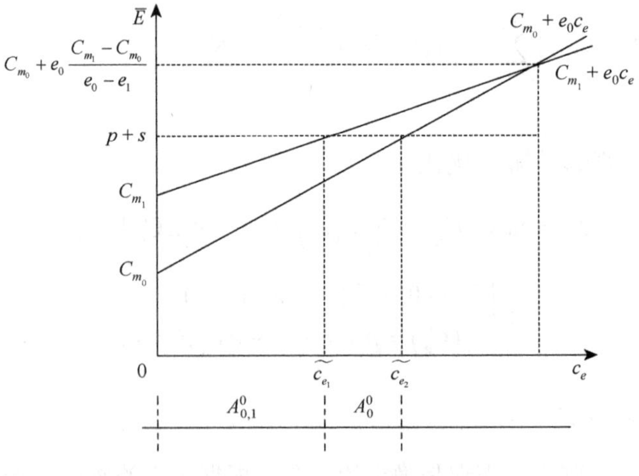

图 11.2　场景 2 中的原产能和新产能的投资组合

（1）当$0 < c_e \leqslant \widetilde{c_{e_1}}$时，记为$A_{0,1}^0$，原产能和新产能都可以生产产品，但企业优先考虑原产能，其最大生产数量为$K_0 + K_1$。

（2）当$\widetilde{c_{e_1}} < c_e \leqslant \widetilde{c_{e_2}}$时，记为$A_0^0$，仅使用原产能生产产品，其最大生产量为$K_0$。

（3）当 $c_e > \widetilde{c_{e_2}}$ 时，企业不开展生产经营活动。

企业根据需求进行生产。如上所述，每种技术的产量受其产能限制，图 11.3 描述了 $c_{m_1} \leqslant p+s \leqslant c_{m_0} + e_0 \dfrac{c_{m_1}-c_{m_0}}{e_0-e_1}$ 时企业的产量决策。

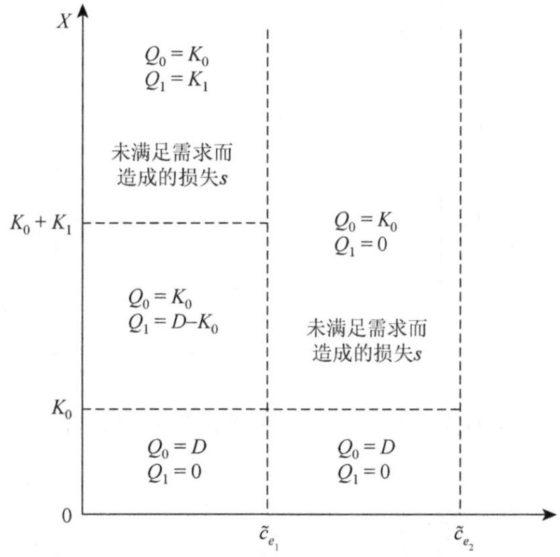

图 11.3　场景 2 的产量决策

以 $0 < c_e \leqslant \widetilde{c_{e_1}}$ 为例，举例说明企业的决策过程。

情形 1：市场需求小于等于原产能，即 $D \leqslant K_0$，此情形发生的概率为 $\Pr(X \leqslant K_0)$。原产能可以满足市场需求，因此，企业使用原产能和新产能的生产数量分别为 $Q_0 = D$ 和 $Q_1 = 0$。

情形 2：市场需求大于原产能但不超过总产能，即 $K_0 < D \leqslant K_0 + K_1$。此情形发生的概率为 $\Pr(X \leqslant K_0 + K_1) - \Pr(X \leqslant K_0)$。原产能不能满足需求，企业必须激活新产能，因此企业使用原产能的生产数量为 $Q_0 = K_0$，使用新产能的生产数量为 $Q_1 = D - K_0$。

情形 3：市场需求超过总产能，即 $K_0 + K_1 < D$，此情形发生的概率为 $1 - \Pr(X \leqslant K_0 + K_1)$。即使企业完全使用其产能，其总产能也无法完全满足市场需求，未满足的需求 $D - \sum_{i=0}^{1} K_i$ 导致的损失为 s。显然，$Q_0 = K_0$，$Q_1 = K_1$。

同样的逻辑也容易计算出 $\widetilde{c_{e_1}} < c_e \leqslant \widetilde{c_{e_2}}$ 时的决策过程。

3）场景 3： $p+s>c_{m_0}+e_0\dfrac{c_{m_1}-c_{m_0}}{e_0-e_1}$

图 11.4 和图 11.5 描述了第二阶段的技术选择和产量决策问题。

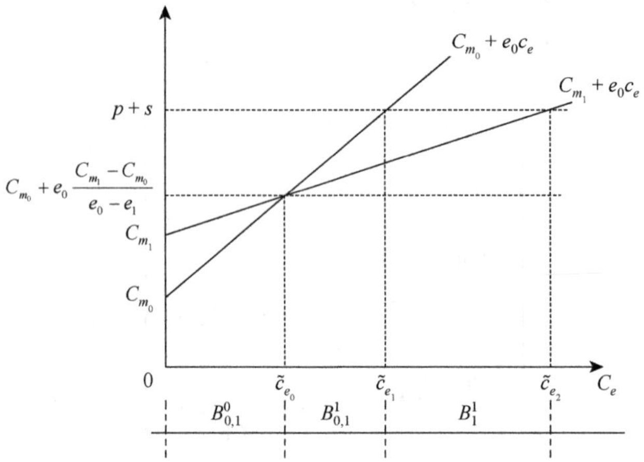

图 11.4　场景 3 的原产能和新产能投资组合

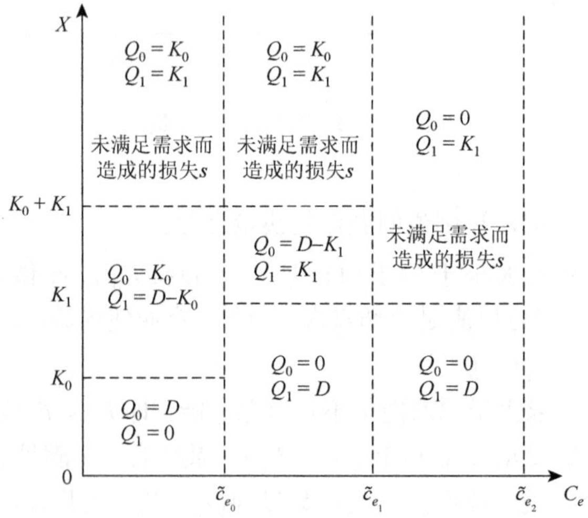

图 11.5　场景 3 的生产计划决策

图 11.4 可知，原产能和新产能投资组合的决策过程类似场景 2 下的决策过程。企业根据碳价 $\tilde{e}$ 选择原产能或新产能，可能有如下不同的产能选择。

（1）当 $0<c_e\leqslant\widetilde{c_{e_0}}$ 时，记为 $B_{0,1}^0$，原产能和新产能都可以生产产品，但企业优先考虑原产能，其最大生产数量为 K_0+K_1。

（2）当$\widetilde{c_{e_0}} < c_e \leqslant \widetilde{c_{e_1}}$时，记为$B_{0,1}^1$，原产能和新产能都可以生产产品，但企业优先考虑新产能，其最大生产数量为$K_0 + K_1$。

（3）当$\widetilde{c_{e_1}} < c_e < \widetilde{c_{e_2}}$时，记为$B_1^1$，仅使用新产能生产产品，其最大生产量为$K_1$。

（4）当$c_e \geqslant \widetilde{c_{e_2}}$时，企业不开展生产活动。

图 11.5 描述了场景 3 下每种产能的生产计划，$0 < c_e \leqslant \widetilde{c_{e_0}}$时的决策过程与碳价位于其他区间的决策过程相似。

情形 1：市场需求小于等于原产能，即$D \leqslant K_0$，此情形发生的概率为$\Pr(X \leqslant K_0)$。原产能可以满足市场需求，因此，企业使用原产能和新产能的生产数量分别为$Q_0 = D$，$Q_1 = 0$。

情形 2：市场需求大于原产能但不超过总产能，即$K_0 < D \leqslant K_0 + K_1$，此情形发生的概率为$\Pr(X \leqslant K_0 + K_1) - \Pr(X \leqslant K_0)$。由于原产能不能满足需求，企业必须激活新的产能，因此企业使用原产能的生产数量为$Q_0 = K_0$，企业使用新产能的生产数量为$Q_1 = D - K_0$。

情形 3：市场需求大于总产能，即$K_0 + K_1 < D$，此情形发生的概率是$1 - \Pr(X \leqslant K_0 + K_1)$。即使企业完全使用其产能也无法完全满足市场需求，未满足的需求$D - \sum_{i=0}^{1} K_i$导致的损失为s，显然，$Q_0 = K_0$，$Q_1 = K_1$。此情形下，如果碳价过高，如$c_e \geqslant \widetilde{c_{e_2}}$，企业将放弃使用原产能并采用新技术引入新产能生产产品，然后扩大产能以满足需求。

2. 第一阶段产能扩张问题

本节考虑第一阶段的产能扩张问题。根据第二阶段生产计划的决策过程，当产品售价不同时利润函数也不同。当$c_{m_1} < p + s \leqslant c_{m_0} + e_0 \dfrac{(c_{m_1} - c_{m_0})}{(e_0 - e_1)}$时，企业既可以先选择原产能进行生产，也可以先选择新产能进行生产，在这一情形下，第二阶段的优化问题为

$$
\begin{aligned}
\pi &= \max\nolimits_{K_1} E_{c_e,\ X}\left(\pi\left(c_e,\ X,\ Q_i\right)\right) - c_\tau K_1 \\
&= \max\nolimits_{K_1} \int_0^{\widetilde{c_{e1}}} g(c_e) \left\{
\begin{aligned}
&\int_0^{K_0} \left(\eta_0(c_e) X + \bar{E} c_e\right) f(X) \mathrm{d}X \\
&+ \int_{K_0}^{K_0+K_1} \left(\eta_0(c_e) K_0 + \eta_1(c_e)(X - K_0) + \bar{E} c_e\right) f(X) \mathrm{d}X \\
&+ \int_{K_0+K_1}^{+\infty} \left(\sum_{i-0}^{1} \eta_i(c_e) K_i + \bar{E} c_e\right) f(X) \mathrm{d}X - sE(X)
\end{aligned}
\right\} \mathrm{d}c_e
\end{aligned}
$$

$$+\int_{\widetilde{c_{e1}}}^{\widetilde{c_{e2}}} g(c_e)\left\{\begin{array}{l}\left(\int_0^{K_0}\left(\eta_0(c_e)X+\bar{E}c_e\right)f(X)\mathrm{d}X\right)+\left[\int_{K_0}^{+\infty}\left(\eta_0(c_e)K_0+\bar{E}c_e\right)f(X)\mathrm{d}X\right] \\ -sE(X)\end{array}\right\}\mathrm{d}c_e$$

$$+\int_{\widetilde{c_{e2}}}^{+\infty} g(c_e)\left(\int_0^{+\infty}\left(\bar{E}c_e-sX\right)\mathrm{d}X\right)\mathrm{d}c_e-c_\tau K_1 \tag{11.4}$$

令$\eta_i(c_e)=\left(p+s-c_{m_i}-e_ic_e\right)$，$i=0,1$。需要注意的是，目标函数（11.4）是由碳价$c_e$和需求$X$的不同组合的利润积分组成的。首先，根据给定的碳价$c_e$的不同区间，计算相应的需求$X$的利润积分，然后再计算关于碳价$c_e$的积分得到预期利润。

在$c_{m_1}<p+s\leqslant c_{m_0}+e_0\dfrac{\left(c_{m_1}-c_{m_0}\right)}{\left(e_0-e_1\right)}$场景下，企业既可以先选择原产能进行生产，也可以先选择新产能进行生产。当$c_e\in\left[0,\widetilde{c_{e1}}\right)$时，企业将先使用原产能，然后再使用新产能。如果需求小于原产能K_0，企业仅使用原产能，第一个括号的第一项减去$\int_0^{K_0}sXf(X)\mathrm{d}X$（$sE(X)$项的一部分）表示在$X\in\left[0,K_0\right)$下的预期利润；如果$X\in\left[K_0,K_0+K_1\right)$，企业将充分使用原产能满足$K_0$单位的需求，并用新产能满足剩余需求，第一个括号的第二项减去$\int_{K_0}^{K_0+K_1}sXf(X)\mathrm{d}X$（$sE(X)$项的一部分）表示在$X\in\left[K_0,\ K_0+K_1\right)$下的预期利润；如果需求超过$K_0+K_1$，企业将充分使用总产能，超过$K_0+K_1$的需求将会无法满足。第一个括号的第三项减去$\int_{K_0+K_1}^{+\infty}sXf(X)\mathrm{d}X$表示在$X\in\left[K_0+K_1,+\infty\right)$下的预期利润。为便于解释和说明，合并$\int_0^{K_0}sXf(X)\mathrm{d}X$，$\int_{K_0}^{K_0+K_1}sXf(X)\mathrm{d}X$和$\int_{K_0+K_1}^{+\infty}sXf(X)\mathrm{d}X$为$sE(X)$得到式（11.4）的第一项。因此，关于碳价$c_e$的第一项积分表示在$c_e\in\left[0,\widetilde{c_e}\right)$下的预期利润。

当$c_e\in\left[\widetilde{c_{e1}},\widetilde{c_{e2}}\right)$时，企业仅以原产能进行生产。若需求小于原产能$K_0$，企业仅以原产能就能满足需求，以第二个括号的第一项减去$\int_0^{K_0}sXf(X)\mathrm{d}X$表示此时的预期利润；若需求超过原产能，超过$K_0$的需求将无法满足，以第二个括号的第二项减去$\int_{K_0}^{+\infty}sXf(X)\mathrm{d}X$表示此时的预期利润。因此，关于碳价$c_e$的第二个积分项表

示 $c_e \in \left[\widetilde{c_e}, \widetilde{c}_{e2}\right)$ 时的预期利润。

当 $c_e \in \left[\widetilde{c}_{e2}, +\infty\right)$ 时，企业不开展生产活动，所有的需求都将无法满足，以碳价 c_e 的第三个积分表示。此外，$c_\tau K_1$ 表示企业新产能的投资成本。若 $p+s > c_{m_0} + e_0 \dfrac{\left(c_{m_1} - c_{m_0}\right)}{\left(e_0 - e_1\right)}$，则企业仅使用新产能。第二阶段的优化问题为

$$
\begin{aligned}
\pi &= \max_{K_1} E_{c_e,X}\left(\pi\left(c_e, X, Q_i\right)\right) - c_\tau K_1 \\
&= \max_{K_1} \int_0^{\widetilde{c}_{e0}} g\left(\widetilde{c_e}\right)\left(\begin{aligned}&\int_0^{K_0}\left(\eta_0\left(c_e\right)X + \bar{E}c_e\right)f\left(X\right)\mathrm{d}X \\ &+\left(\int_{K_0}^{K_0+K_1}\left(\eta_0\left(c_e\right)K_0 + \eta_1\left(c_e\right)\left(X-K_0\right) + \bar{E}c_e\right)f\left(X\right)\mathrm{d}X\right) \\ &+\left(\int_{K_0+K_1}^{+\infty}\left(\sum_{i=0}^{1}\eta_i\left(c_e\right)K_i + \bar{E}c_e\right)f\left(X\right)\mathrm{d}X\right) - sE\left(X\right)\end{aligned}\right)\mathrm{d}c_e \\
&+ \int_{\widetilde{c}_{e0}}^{\widetilde{c}_{e2}} g\left(c_e\right)\left(\begin{aligned}&\int_0^{K_1}\left(\eta_1\left(c_e\right)X + \bar{E}c_e\right)f\left(X\right)\mathrm{d}X \\ &+\left(\int_{K_1}^{K_0+K_1}\left(\eta_1\left(c_e\right)K_1 + \eta_0\left(c_e\right)\left(X-K_1\right) + \bar{E}c_e\right)f\left(X\right)\mathrm{d}X\right) \\ &+\left(\int_{K_0+K_1}^{+\infty}\left(\sum_{i=0}^{1}\eta_i\left(c_e\right)K_i + \bar{E}c_e\right)f\left(X\right)\mathrm{d}X\right) - sE\left(X\right)\end{aligned}\right)\mathrm{d}c_e \\
&+ \int_{\widetilde{c}_{e2}}^{\widetilde{c}_{e1}} g\left(\widetilde{c_e}\right)\left(\begin{aligned}&\int_0^{K_1}\left(\eta_1\left(c_e\right)X + \bar{E}c_e\right)f\left(X\right)\mathrm{d}X + \left(\int_{K_1}^{+\infty}\left(\eta_1\left(c_e\right)K_1 + \bar{E}c_e\right)f\left(X\right)\mathrm{d}X\right) \\ &-sE\left(X\right)\end{aligned}\right)\mathrm{d}c_e \\
&+ \int_{\widetilde{c}_{e1}}^{+\infty} g\left(c_e\right)\left(\int_0^{+\infty}\left(\bar{E}c_e - sX\right)\mathrm{d}X\right)\mathrm{d}c_e - c_\tau K_1
\end{aligned}
\tag{11.5}
$$

式（11.5）的解释与式（11.4）类似。为便于说明，令

$$
\eta_1\left(A_{0,1}^0\right) = \int_0^{\widetilde{c}_{e1}} \eta_1\left(c_e\right)g\left(c_e\right)\mathrm{d}c_e,\ \eta_0\left(B_{0,1}^0\right) = \int_0^{\widetilde{c}_{e0}} \eta_0\left(c_e\right)g\left(c_e\right)\mathrm{d}c_e
$$

$$\eta_1\left(B_{0,1}^0\right)=\int_0^{\widetilde{c}_{e0}}\eta_1\left(c_e\right)g\left(c_e\right)\mathrm{d}c_e\text{，}\quad\eta_0\left(B_{0,1}^1\right)=\int_{\widetilde{c}_{e0}}^{\widetilde{c}_{e2}}\eta_0\left(c_e\right)g\left(c_e\right)\mathrm{d}c_e\text{，}$$

$$\eta_1\left(B_{0,1}^1\right)=\int_{\widetilde{c}_{e0}}^{\widetilde{c}_{e2}}\eta_1\left(c_e\right)g\left(c_e\right)\mathrm{d}c_e\text{，}\quad\eta_1\left(B_1^1\right)=\int_{\widetilde{c}_{e2}}^{\widetilde{c}_{e1}}\eta_1\left(c_e\right)g\left(c_e\right)\mathrm{d}c_e$$

从而可在定理 11.1 中获得最优产能扩张决策。

定理 11.1 总量控制与交易制度下，企业的最优产能扩张为

$$K_1^*=\begin{cases}0,\ p+s\leqslant c_{m_1}\ \text{或}\left(c_{m_1}<p+s\leqslant c_{m_0}+e_0\dfrac{c_{m_1}-c_{m_0}}{e_0-e_1},\ c_\tau>\eta_1\left(A_{0,1}^0\right)\right)\\ F^{-1}\left(1-\dfrac{c_\tau}{\eta_1\left(A_{0,1}^0\right)}\right)-K_0,\ c_{m_1}<p+s\leqslant c_{m_0}+e\dfrac{c_{m_1}-c_{m_0}}{e_0-e_1},\ c_\tau\leqslant\eta_1\left(A_{0,1}^0\right)\\ K^*,\ p+s>c_{m_0}+e_0\dfrac{c_{m_1}-c_{m_0}}{e_0-e_1}\end{cases}$$

（11.6）

K^* 为 $F\left(K_0+K^*\right)\left(\eta_1\left(B_{0,1}^0\right)+\eta_0\left(B_{0,1}^1\right)\right)+F\left(K^*\right)\left(\eta_1\left(B_{0,1}^1\right)-\eta_0\left(B_{0,1}^1\right)+\eta_1\left(B_1^1\right)\right)=\eta_1\left(B_{0,1}^0\right)+\eta_1\left(B_{0,1}^1\right)+\eta_1\left(B_1^1\right)-c_\tau$ 的解。

定理 11.1 的解释如下：当多生产一单位产品的利润不能弥补采用新技术的单位生产成本时，企业不会扩大产能；即使利润高于新技术的单位生产成本（特别是在该地区原产能的可变成本高于新产能时），若新技术的产能投资成本很高，企业仍然没有动力去扩大产能。只有当利润适度高、产能投资成本足够低或者利润足够高时，企业才会考虑扩大产能。

11.3.2 碳税规制下企业产能扩张的模型

欧盟、澳大利亚和北欧地区的一些国家已经采用了碳税规制（Baranzini et al., 2000）。本节的目的是研究碳税规制下企业的产能扩张和生产计划决策。与限额交易机制不同，碳税是针对企业生产的每单位产品的碳排放征收的税。碳税规制下的市场结构如图 11.6 所示。

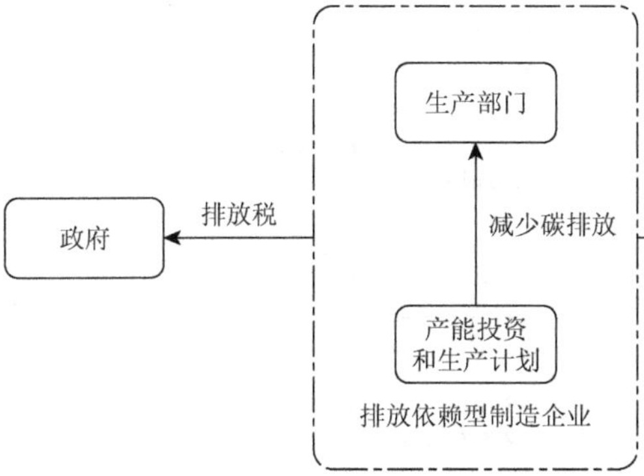

图 11.6 碳税规制下的市场结构

模型中，基于原产能 $\hat{K}_0$ 和碳税 t_e，使用新技术后企业决定产能扩张为 $\hat{K}_1$，t_e 表示对每单位产品的碳排放征收的税。市场需求为 X，原产能和新产能对应的产量分别为 $\hat{Q}_0$ 和 $\hat{Q}_1$，$\hat{\pi}$ 和 $\hat{\Pi}$ 分别表示企业在第一阶段和第二阶段的利润。在确定需求后采用逆向归纳法求解企业在第二阶段的优化问题，如下：

$$\hat{\pi} = \max_{\hat{Q}_0,\hat{Q}_1}\left(\sum_{i=0}^{1}\left(p - c_{m_i} - e_i t_e\right)\hat{Q}_i\right) - \left(D - \sum_{i=0}^{1}\hat{Q}_i\right)s = \max_{\hat{Q}_0,\hat{Q}_1}\left(\sum_{i=0}^{1}\left(p - c_{m_i} - e_i t_e + s\right)\hat{Q}_i\right) - Ds$$

$$= \max_{\hat{Q}_0,\hat{Q}_1}\left(\sum_{i=0}^{1}\hat{\eta}_i\left(t_e\right)\hat{Q}_i\right) - Ds \tag{11.7}$$

$$\text{s.t.}\ 0 \leqslant \hat{Q}_i \leqslant \hat{K}_i,\ i = 0,1$$

令 $\hat{\eta}_i\left(t_e\right) = p + s - c_{m_i} - e_i t_e,\ i = 0,1$。假设 $i = 0$ 和 $i = 1$ 时 $\hat{\eta}_i\left(t_e\right) = p + s - c_{m_i} - e_i t_e > 0$，因为若 $\hat{\eta}_i\left(t_e\right) < 0$，企业在产能 i 下不开展生产活动。第一阶段，在需求不确定的情况下企业决定扩大产能，企业的优化问题为

$$\Pi = \max_{K_1} E_X\left(\hat{\pi}\left(X,\hat{Q}_i\right)\right) - c_\tau \hat{K}_1$$

$$\text{s.t.}\begin{cases}\hat{K}_1 \geqslant 0\\ 0 \leqslant Q_0 \leqslant K_0\\ 0 \leqslant Q_1 \leqslant K_1\end{cases} \tag{11.8}$$

1. 第二阶段生产计划问题

碳税规制下，碳排放技术的选择取决于碳税税率 t_e 的高低。和总量控制与交易制度下的决策过程类似，企业将首先选择成本较低的技术。图 11.7 描述了碳税规制下第二阶段的决策过程。

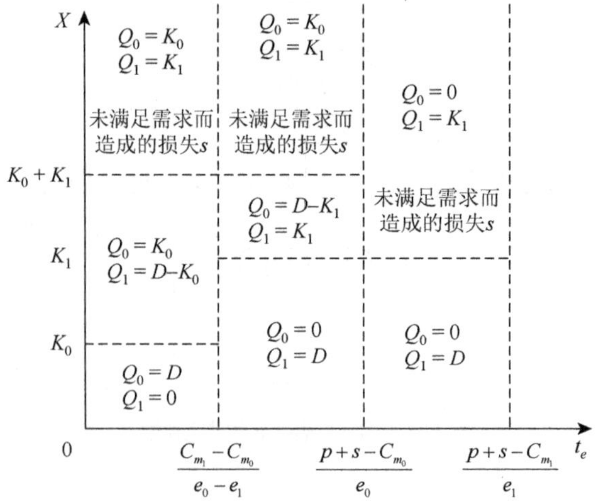

图 11.7　碳税规制下第二阶段的决策过程

每种技术下的产量都是基于需求的，决策过程类似于限额交易机制下的决策过程。

2. 第一阶段的产能扩张问题

与限额交易机制相似，第一阶段考虑企业产能扩张问题，根据第二阶段产量计划的决策过程，可得到不同碳税下的利润函数。

（1）若 $0<c_{m_0}+e_0t_e\leqslant c_{m_1}+e_1t_e$，即 $0<t_e\leqslant\frac{c_{m_1}-c_{m_0}}{e_0-e_1}$，碳税税率较低时，将式（11.8）的条件代入，可得

$$
\begin{aligned}
\Pi &= \max_{K_1} E_X\left(\pi\left(X,\hat{Q}_i\right)\right)-c_\tau\hat{K}_1 \\
&= \max_{K_1}\left(\int_0^{\hat{K}_0}\hat{\eta}_0(t_e)Xf(X)\mathrm{d}X+\left(\begin{array}{c}\int_{\hat{K}_0}^{\hat{K}_0+\hat{K}_1}\left(\hat{\eta}_0(t_e)\hat{K}_0+\hat{\eta}_1(t_e)\left(X-\hat{K}_0\right)\right)f(X)\mathrm{d}X \\ +\int_{\hat{K}_0+\hat{K}_1}^{+\infty}\sum_{i=0}^{1}\hat{\eta}_i(t_e)\hat{K}_if(X)\mathrm{d}X-sE(X)\end{array}\right)\right)-c_\tau\hat{K}_1
\end{aligned}
\tag{11.9}
$$

由于只有一个随机变量 X，因而可以通过计算分段的利润函数对 X 的积分得到预期利润。在 $0<c_{m_0}+e_0t_e\leqslant c_{m_1}+e_1t_e$ 场景下，企业会首先选择用原产能生产，若需求未被满足才会使用新产能。因此，当需求 $X\in\left[0,\hat{K}_0\right)$ 时，使用原产能满足需求；当需求 $X\in\left[\hat{K}_0,\hat{K}_0+\hat{K}_1\right)$ 时，原产能被充分利用，使用新产能满

足剩余的需求；当需求$X\in\left[\hat{K}_0+\hat{K}_1,+\infty\right)$时，企业的新产能和原产能均被用于满足需求，剩余的需求将无法满足。需要注意的是，$\int_0^{\hat{K}_0}\left(\hat{\eta}_0\left(t_e\right)X-sX\right)f\left(X\right)\mathrm{d}X$，$\int_{\hat{K}_0}^{\hat{K}_0+\hat{K}_1}\left(\hat{\eta}_0\left(t_e\right)\hat{K}_0+\hat{\eta}_1\left(t_e\right)\left(X-\hat{K}_0\right)-sX\right)f\left(X\right)\mathrm{d}X$ 和 $\int_{\hat{K}_0+\hat{K}_1}^{+\infty}\left(\sum_{i=0}^{1}\hat{\eta}_i\left(t_e\right)\hat{K}_i-sX\right)f\left(X\right)\mathrm{d}X$ 分别表示$X\in\left[0,\hat{K}_0\right)$，$X\in\left[\hat{K}_0,\hat{K}_0+\hat{K}_1\right)$，$X\in\left[\hat{K}_0+\hat{K}_1,+\infty\right)$时的预期利润。与式（11.3）类似，可从上述三项获得$-sXf\left(X\right)$的积分，用$-sE\left(X\right)$表示，然后得到式（11.7）；最后，$c_\tau\hat{K}_1$表示企业新产能投资成本。

（2）若$p+s>c_{m_0}+e_0t_e>c_{m_1}+e_1t_e$，即$\frac{\left(c_{m_1}-c_{m_0}\right)}{\left(e_0-e_1\right)}<t_e<\frac{\left(p+s-c_{m_1}\right)}{e_1}$，将式（11.8）的条件代入可得

$$\begin{aligned}\Pi=\max_{K_1}&\int_0^{K_1}\hat{\eta}_1\left(t_e\right)Xf\left(X\right)\mathrm{d}X+\int_{K_1}^{K_0+K_1}\left(\hat{\eta}_0\left(t_e\right)K_1+\hat{\eta}_0\left(t_e\right)\left(X-K_1\right)\right)f\left(X\right)\mathrm{d}X\\&+\left(\sum_{i=0}^{1}\hat{\eta}_i\left(t_e\right)K_i\left(1-F\left(K_0+K_1\right)\right)-sE\left(X\right)\right)-c_\tau\hat{K}_1\end{aligned}\tag{11.10}$$

式（11.10）的解释与式（11.9）类似，根据上述模型可得到定理 11.2 中产能最优解。

定理 11.2　碳税规制下，企业的最优产能扩张为

$$\hat{K}_1^*=\begin{cases}F^{-1}\left(1-\dfrac{c_\tau}{\hat{\eta}_1\left(t_e\right)}\right)-\hat{K}_0,\ 0<t_e\leqslant\dfrac{c_{m_1}-c_{m_0}}{e_0-e_1}\\\tilde{K}^*,\ t_e>\dfrac{c_{m_1}-c_{m_0}}{e_0-e_1}\end{cases}\tag{11.11}$$

$\hat{K}^*$为$F\left(\hat{K}_0+\hat{K}^*\right)\hat{\eta}_0\left(t_e\right)+F\left(\hat{K}^*\right)\left(\hat{\eta}_1\left(t_e\right)-\hat{\eta}_0\left(t_e\right)\right)=\hat{\eta}_1\left(t_e\right)-c_\tau$的解。

11.3.3　不同排放规制下的推论

定理 11.1 和定理 11.2 分别表示总量控制与交易制度和碳税规制下企业的最优产能扩张决策。

推论 11.1　碳排放规制下，企业的最优产能扩张在原产能K_0上单调递减。

定理 11.1 和定理 11.2 表明企业的最优产能扩张决策依赖于原产能。如果企业有较大的产能，那么最优的产能扩张量可能为零甚至为负，表明企业应该削减其

原产能，并投资新产能来生产其产品。此外，根据图 11.5 和图 11.7，$p+s>c_{m_0}+e_0\dfrac{\left(c_{m_1}-c_{m_0}\right)}{\left(e_0-e_1\right)}$，$p+s>c_e>\dfrac{\left(p+s-c_{m_0}\right)}{e_0}$（或$t_e>\dfrac{\left(p+s-c_{m_0}\right)}{e_0}$）时，企业将放弃原产能，并用新产能替代原产能。

下面把税率$t_e\leqslant\dfrac{c_{m_1}-c_{m_0}}{e_0-e_1}$的碳税定义为低碳税规制，把税率$t_e>\dfrac{c_{m_1}-c_{m_0}}{e_0-e_1}$的碳税定义为高碳税规制。在低碳税规制下，企业原产能的排放成本较低，企业会优先选择原产能；但在高碳税规制下，新产能的低碳成本相对于原产能更具有优势，因而企业会选择新产能来满足需求，以实现最优利润。

推论 11.2　在低碳税规制下，企业的最优产能扩张随着碳税税率的增加而单调减小。

如图 11.7 所示，当$0<t_e\leqslant\dfrac{\left(c_{m_1}-c_{m_0}\right)}{\left(e_0-e_1\right)}$时（碳税税率很低），新技术降低碳排放成本的优势被高生产成本所削弱，所以企业首先使用原产能，而后用新产能来满足未被满足的需求。在低碳税范围内，随着碳税税率的提高，使用新产能生产所获得的利润将逐渐减少，最终被产能投资成本抵消。因此，低碳税率下的产能扩张随碳税税率的增加而减小。

同样的逻辑容易证明企业的最优产能扩张随产品价格的增加单调递增，随可变成本和产品的投资成本的增加单调递减。

推论 11.2 表明，低碳税规制下较高的碳税会抑制企业对新技术的投资，从而降低产能投资引起的碳排放。

推论 11.3　高碳税规制下，以下两种情况中企业的最优产能扩张都与碳税有关。

（1）当$e_0F\left(\hat{K}_0+\hat{K}^*\right)-\left(e_0-e_1\right)F\left(\hat{K}^*\right)\geqslant e_1$时，企业的最优产能扩张随着碳税税率的增加而增加。

（2）当$e_0F\left(\hat{K}_0+\hat{K}^*\right)-\left(e_0-e_1\right)F\left(\hat{K}^*\right)<e_1$时，企业最优产能扩张随碳税税率增加而单调递减。

$e_0F\left(\hat{K}_0+\hat{K}^*\right)$表示服务水平为$F\left(\hat{K}_0+\hat{K}^*\right)$时使用原产能和新产能的平均碳排放，$\left(e_0-e_1\right)F\left(\hat{K}^*\right)$表示服务水平为$F\left(\hat{K}^*\right)$时使用新产能的平均碳排放减少量。因此，$e_0F\left(\hat{K}_0+\hat{K}^*\right)-\left(e_0-e_1\right)F\left(\hat{K}^*\right)$表示使用原产能和新产能的平均需求的实际碳排放。

推论 11.3 描述了高碳税规制下的产能扩张问题。高碳税下，税率越大，碳排放成本的权重越大，且大于生产成本的权重。此外，新技术在生产成本上更具有优势，所以首先使用新产能。同时使用新产能和原产能的平均碳排放大于使用新产能的平均碳排放，更多的产能扩张导致平均碳排放的减少，所以企业扩张更多的产能以减少税率上升时的碳排放成本。否则，随着税率的上升，企业产能扩张就会减少。

此外，本章研究了企业的总体碳强度（$e=\dfrac{\left(e_oK_0+e_1K_1\right)}{\left(K_0+K_1\right)}$）（Drake et al.，2016）和企业的碳排放量，研究发现，高排放规制下企业的总体碳强度低于低碳税规制。

推论 11.2 和推论 11.3 研究了碳税规制下碳税对企业最优产能扩张的影响，并以同样的逻辑探讨了总量控制和交易制度下预期碳价对最优产能扩张的影响。

推论 11.4　碳税规制下，新技术研发投资成本 c_τ 与生产成本 c_{m_1} 发生相同变化时，投资成本比生产成本对最优产能扩张产生更大的影响。

推论 11.4 通过分析比较新产能投资成本和新产能生产成本的敏感性，为政府的补贴政策的制定提供了参考。为了便于理解，可将这种成本变化视为对企业的补贴或惩罚。显然，补贴可以促进企业产能扩张。当补贴新技术时，它降低了企业的生产成本并增加了利润。但是，当补贴生产时，只有采用新技术生产的产品才能获得补贴。换句话说，补贴不会鼓励企业在新技术上进行更多投资。

11.4　数值算例分析

下面使用数值分析来验证模型并说明推导结果。该数据由天津一家水泥企业提供，该企业主要经营水泥相关业务，由于业务保密性，企业高管不建议使用原始数据，因此将原始数据乘以一个因子。参数如下：$c_{m_0}=30$，$c_{m_1}=50$，$e_0=0.8$，$e_1=0.2$，$c_\tau=1$，$K_0=800$，$s=0$；总量控制与交易制度下，碳价 c_e 服从 $N\left(10,3^2\right)$ 分布，而市场需求 X 服从 $N\left(1000,175^2\right)$ 分布。产品价格从 50 增加至 67，限额交易的碳排放上限为 $\bar{E}=500$。碳税规制下的产品价格为 $p=66.7$。限额交易机制和碳税规制下的最优产能扩张和总体碳强度如图 11.8 和图 11.9 所示。

在数值验证中，定理 11.1 和定理 11.2 分别如图 11.8 所示。图 11.8（a）中，当新技术的边际投资成本 $c_\tau>\eta_1\left(A_{0,1}^0\right)$ 时，投资成本高于预期价格，因此企业的最优产能扩张为零，即不进行扩张；当 $c_\tau\leqslant\eta_1\left(A_{0,1}^0\right)$ 时，最优产能扩张随产品价格增加而增加。本算例的整体碳强度如图 11.9（a）所示。当 $c_\tau>\eta_1\left(A_{0,1}^0\right)$ 时，最优产能扩张为零，企业整体碳强度不变；但当 $c_\tau\leqslant\eta_1\left(A_{0,1}^0\right)$ 时，由于最优产能扩张的增加，总体碳强度随销售价格的增加而减小。图 11.8（b）和图 11.9（b）分别描述了排放规制下的最优产能扩张和总体碳强度，分析结果与推论 11.3 的分析一致。

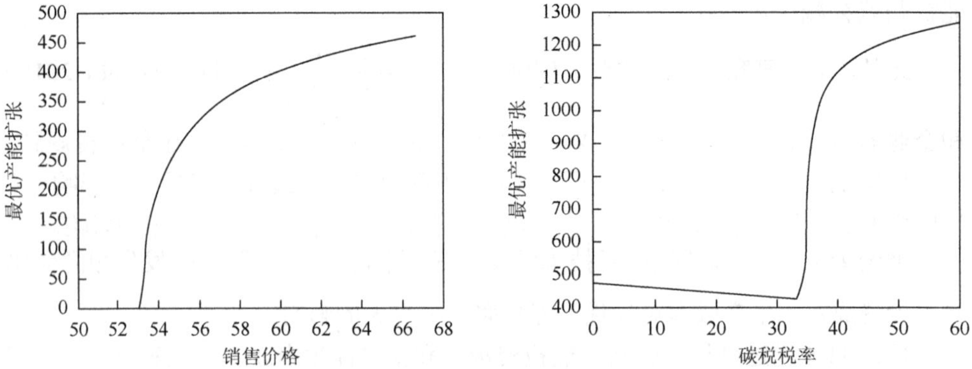

(a) 总量控制与交易制度　(b) 碳税规制

图 11.8　碳排放规制下的最优产能扩张

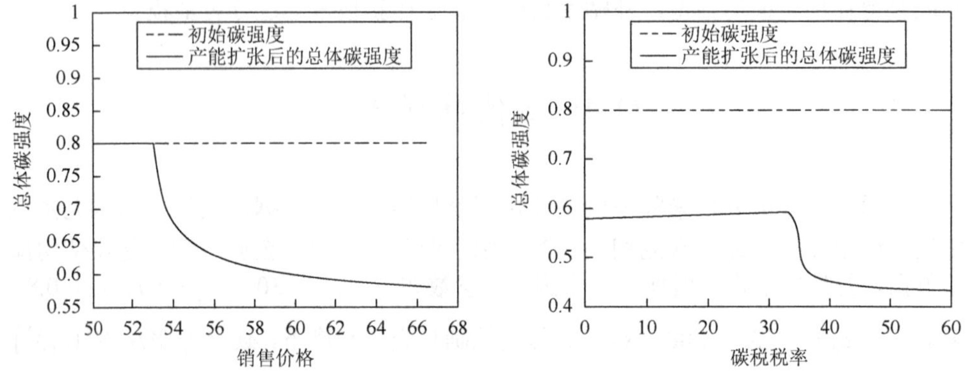

(a) 总量控制与交易制度　(b) 碳税规制

图 11.9　产能扩张后的总体碳强度

需要注意的是，数值验证中，当碳税税率 $t_e > \dfrac{(c_{m_1} - c_{m_0})}{(e_0 - e_1)}$，即 $t_e > 33.33$ 时，限额交易制度下的最优产能扩张小于碳税规制下的最优产能扩张，产生这种差异的原因是数值验证中的碳价不同。假设碳价 c_e 服从 $N(10, 3^2)$ 分布，碳价的变化范围为（1, 19），属于低碳价区间。当碳税满足 $t_e > 33.33$ 时，企业仍首先选择原产能进行生产，且最优产能扩张小于碳税规制下的产能扩张。

11.5 管理启示

本章建立了一个两阶段的随机模型，探讨了碳排放规制对企业在生产和物流过程中的产能扩张与生产决策的影响。

本研究的理论含义有两个：①研究了企业在限额交易与碳税两种规制下使用新技术的最优产能扩张决策，填补了考虑碳排放的产能投资与物流管理的研究空白。研究表明，对于承受碳排放法规冲击的企业而言，使用“绿色”技术扩张产能可能比简单地减少产量更好。②将碳价或碳税作为企业成本和产能扩张决策的一部分，扩展研究了碳排放规制下运输或物流领域产能投资的报童问题。模型分析表明，碳排放法规通过利用碳成本对生产成本的权重，决定产能利用的顺序，调整企业的成本结构，影响产能扩张和生产决策。研究结果也为发电、玻璃、钢铁、水泥、陶瓷、纸浆和造纸等相关行业在限额交易和碳税规制下的企业决策提供了管理启示。

本研究的贡献在于：①通过研究总量控制与交易制度下的最优产能扩张决策，得出企业何时以及如何进行产能扩张。结果表明，当单位产品利润较低或单位产品利润较高时，产能投资成本也较高，企业不考虑扩大产能。当单位产品利润较高、产能投资成本足够低，或边际利润足够高时，企业考虑扩大产能。直观上，产能扩张随单位产品利润的增加而增加。②找到了划分碳税高低区域的阈值。研究表明，碳税对阈值以下和阈值以上的最优产能扩张决策的影响不同。当碳税低于阈值时，新技术降低碳排放成本的优势被较高的生产成本所削弱，使企业更偏向选择原产能进行生产；随着碳税的提高，单位产品利润下降，产能投资成本受到侵蚀；这表明，当碳税低于阈值时，随着碳税的增加，企业应减少产能扩张。当碳税高于阈值时，新技术在生产成本上的优势大于劣势，使得企业更倾向选择新产能进行生产。当企业产能的平均碳排放大于新产能，更多的产能扩张导致平均碳排放的减少，意味着企业应该扩张更多的产能以减少税率上升时增加的碳排放成本。否则，随着税率的上升，企业产能扩张就会减少。

11.6 本章小结

随着绿色可持续供应链意识的增强，碳税规制下的产能更新策略越来越受到学术界和产业界的关注。本章构建了一个便于理解的、表征企业产能和生产决策的关键方面的两阶段的模型，以解决碳排放和降低成本之间的困境。首先考虑了总量控制与交易制度和碳税规制，并通过数值分析为相关企业提供了管理启示：一方面，企业原产能是企业利用新技术扩大产能的前提条件；另一方面，除了原产能外，政府施加的碳排放规制也以线性成本和非线性成本的方式影响企业的产能扩张策略。一般而言，碳排放规制通过增加碳价或碳税和产能投资成本来改变成本结构，进而影响企业的决策和利润。

研究发现，限额交易机制下，只有当单位利润较高、产能投资成本足够低，或者边际利润足够高时，企业才会扩大产能；此时，产能扩张随产品的边际利润的增加而增加。不同税率下，碳税对最优产能扩张决策的影响不同：当碳税较低时，产能扩张随碳税税率增加而减小；当碳税较高时，如果企业产能的平均碳排放量大于新产能的平均碳排放量，产能扩张随碳税税率的增加而增加。否则，企业的产能扩张随碳税税率的增加而减少。

本章仍有一系列有待将来研究的科学问题：本章仅假设企业在市场上是价格接受者，但像耐克、阿迪达斯、ZARA 等一些大企业更像是双寡头或寡头垄断，而非完全的竞争对手。因此，未来考虑双寡头垄断市场环境中的产能扩张的研究更有价值。此外，本章未考虑产能扩张的交货期，而实际上，产能扩张的交货期在很大程度上影响企业的生产决策。最后，本章仅研究了无价格弹性的产品市场，考虑需求受价格影响的情况是未来值得深入研究的方向。

第 12 章　部分需求信息下报童运营与减排决策研究

12.1　概　　述

为了减缓全球气候变化进程，各国政府制定或实施诸多法规和条例以控制碳排放。碳排放法规下，企业必须将减少碳排放纳入其运营管理并重新确定经营决策，以实现利润最大化和减少碳排放。而在实践中，由于市场需求的不稳定性和不确定性，企业难以全面预测需求信息。决策者必须明确碳排放法规和部分需求信息已知对企业决策的影响，探索帮助企业实现更高的利润和更低的碳排放量的最优决策。在整合 Scarf 等（1957）和 Wang 等（2017a）已有碳排放法规下报童问题研究的基础上，本章将碳排放问题引入到一个需求分布的均值和方差已知，且需求信息不完全的报童问题。在总量控制和总量控制与交易制度下，分别构建两个极端情况下的预期利润最大化的分布式鲁棒模型，探讨部分需求信息已知时两种碳排放法规对企业经营决策的影响。本章解决了以下具体问题：①构建总量控制和总量控制与交易制度下的分布式鲁棒性报童模型，分析部分需求信息对报童经营与减排决策的影响；②在存在部分需求信息的报童问题下，比较总量控制和总量控制与交易制度的效率。

12.2 节介绍研究问题及相关假设。12.3 节提出两个用于解决总量控制和总量控制与交易制度下的分布式鲁棒报童模型，并为每个模型推导出一个解析解，进而比较两种碳排放法规的效率。12.4 节采用数值分析的方法验证理论结果及模型鲁棒性的分析结果。12.5 节是数值算例分析。12.6 节是本章小结。

12.2　问 题 描 述

假设一家企业服务于一个需求不确定的单一产品市场。参考 Gallego 和 Moon（1993），Moon 和 Choi（1995），Lee 和 Hsu（2011）等的研究，假设市场需求 X 服从均值为 μ 和方差 σ^2 的累积分布函数 ψ 。销售季初，该企业以单位成本 c_o 订购数量 Q 的产品。当 $Q > X$ 时，多余的库存将以单价 v 进行回收，反之，存在产品短缺。缺货成本为 s，销售价格为 p 。不失一般性，假设 $p > c_o > v$ 。

由上可知，该企业的预期利润可以表示为

$$\pi_0(Q)=p\mathrm{E}(\min(X,Q))+\nu\mathrm{E}(Q-X)^+-s\mathrm{E}(Q-X)^+-c_oQ \quad (12.1)$$

其中，$(\ )^+=\max\{x,0\}$。式（12.1）中的第一项表示企业的销售收入，第二项表示存货残值收入，第三项表示缺货成本，最后一项表示订货成本。

由于碳排放主要在订购和储存两个过程中产生，借鉴 Benjaafar 等（2013）和 Jin 等（2014）的研究，预期碳排放总量可以表示为

$$J(Q)=e_cQ+e_v\mathrm{E}(Q-X)^+ \quad (12.2)$$

令 $\min(X,Q)=X-(X-Q)^+$ 和 $(Q-X)^+=Q-X+(X-Q)^+$。式（12.1）和式（12.2）可以简化为

$$\pi_0(Q)=(p-\nu)\mu-(p-\nu+s)\mathrm{E}(X-Q)^++(\nu-c_o)Q \quad (12.3)$$

$$J(Q)=(e_c+e_v)Q-e_v\mu+e_v\mathrm{E}(Q-X)^+ \quad (12.4)$$

12.3　碳排放总量控制制度模型

碳排放总量控制制度下，通常由政府机构为企业设定碳排放上限 $\bar{E}$，即企业的碳排放总量必须小于或等于 $\bar{E}$。该法规下，企业需确定在碳排放限额约束下使得其预期利润最大化的最优订货量。由式（12.3）和式（12.4）可知，总预期利润和碳排放量受市场需求不确定性的影响，为保证所考虑问题的鲁棒性，用最坏情况下的值替换预期利润和碳排放中的不确定性值。因此，碳排放总量控制下分布式鲁棒报童模型表示为

$$\text{(C)}\quad \max_Q \min_{F\in\Psi}\pi^{\mathrm{C}}(Q)$$
$$\text{s.t}\begin{cases}\max_{F\in\Psi}J(Q)\leqslant\bar{E}\\ Q\geqslant 0\end{cases} \quad (12.5)$$

其中，$\pi^{\mathrm{C}}(Q)=\pi^{\mathrm{N}}(Q)$。

为求解报童模型 C 的最优鲁棒解，首先给出以下引理。

引理 12.1　对于给定期望 μ 和方差 σ^2 的需求分布，$\mathrm{E}(X-Q)^+\leqslant\dfrac{\left(\sigma^2+(Q-\mu)^2\right)^{\frac{1}{2}}-(Q-\mu)}{2}$。

Gallego 和 Moon（1993）证明了上述引理，并证明了对于每个生产数量 Q，都存在一个收敛于上界的两点分布。

设 N 指无碳排放约束的分布式鲁棒报童模型。不考虑式（12.4），式（12.3）表示模型 N 的总预期利润，设无碳排放约束的利润函数 $\pi^{\mathrm{NF}}(Q)$ 表示 $\min_{F\in\Psi}\pi^{\mathrm{NF}}(Q)$，

Q^{N*} 表示最优鲁棒订货量。由式（12.3）和引理 12.1 求解模型 N 可得

$$Q^{N*}=\mu+\frac{\sigma}{2}\left(\sqrt{\frac{A_N}{B_N}}-\sqrt{\frac{B_N}{A_N}}\right) \tag{12.6}$$

$$\pi^{NF}\left(Q^{N*}\right)=\left(p-c_o\right)\mu-\sigma\sqrt{A_0B_0} \tag{12.7}$$

其中，$A_0=p+s-c_o$，$B_0=c_o-v$，式（12.6）、式（12.7）计算过程参考 Alfares 和 Elmorra（2005）的研究。需要注意的是，$\sqrt{(A_N/B_N)}\geqslant\sigma/\mu$ 成立，以保证引理 12.1 中存在两点分布。由式（12.6）还可得 $Q^{N*}\geqslant\dfrac{\sigma^2+\mu^2}{2\mu}$。

本章中碳排放约束下的利润函数 $\pi^{CF}(Q)$、预期碳排放总量 $J^F(Q)$ 分别表示 $\min_{F\in\Psi}\pi^{CF}(Q)$、$\max_{F\in\Psi}J(Q)$。由引理 12.1 和式（12.3）、式（12.4）可知，存在一个两点分布，使得预期碳排放总量 $J(Q)$ 在取得最大值时碳排放约束下的利润 $\pi^C(Q)$ 取得最小值。进一步可得

$$\pi^{CF}(Q)=(p-v)\mu-(p-v+s)\frac{\left(\sigma^2+(Q-\mu)^2\right)^{\frac{1}{2}}}{2}-(Q-\mu)+\left(v-c_o\right)Q \tag{12.8}$$

$$J^F(Q)=\left(e_c+e_v\right)Q-e_v\mu+e_v\frac{\left(\sigma^2+(Q-\mu)^2\right)^{\frac{1}{2}}}{2} \tag{12.9}$$

由式（12.9）可得以下结论。

引理 12.2　对于模型 C，$J^F(Q)$ 是正递增凸函数。

对于模型 C，引理 12.2 意味着增加订货量将导致碳排放增加，且更高的碳排放上限可能会在一定程度上激励企业实施碳法规。结合引理 12.1 中两点分布的可行性，该模型下，假设有碳排放上限 $\bar{E}\geqslant\dfrac{e_c\left(\sigma^2+\mu^2\right)+e_v\sigma^2}{2\mu}$，类似假设参考 Chen 等（2013a）的研究。

设 Q^{C*} 为模型 C 的最优订货量，从而有以下结论。

定理 12.1　模型 C 的最优订货量为 $Q^{C*}=\min\left\{Q^{N*},Q_1^C\right\}$，其中 Q^{N*} 满足式（12.6），且有

$$Q_1^C=\frac{\left(2e_c+e_v\right)\bar{E}+e_ce_v\mu-e_v\sqrt{\bar{E}^2-2\bar{E}\,e_c\mu+e_c\left(e_c\left(\mu^2+\sigma^2\right)+e_v\hat{\sigma}^2\right)}}{2e_c\left(e_c+e_v\right)} \tag{12.10}$$

此外，当 $Q^{C*}=Q^{N*}$ 时，有 $J^{F}\left(Q^{C*}\right)<\bar{E}$，否则，有 $J^{F}\left(Q^{C*}\right)=\bar{E}$。

由定理 12.1 可知：在碳排放总量控制下，当 $Q^{N*}<Q_1^{C}$ 时，企业的订货量和不考虑碳排放时的订货量相同，且碳排放量低于上限值。意味着当 $Q^{N*}<Q_1^{C}$ 时，企业的运营决策不受碳排放总量控制的影响。当 $Q^{N*}\geqslant Q_1^{C}$ 时，碳排放总量控制下企业的最优订货量低于或等于不考虑碳排放时的最优订货量，且碳排放量等于上限值。此外，碳排放总量控制下企业的最优订货量取决于碳排放上限 $\bar{E}$，意味着碳排放总量控制会影响企业的运营决策。

由定理 12.1 可得以下推论。

推论 12.1 对于模型 C，下述推论成立：

（1）若 $Q^{N*}<Q_1^{C}$，最坏情况下的预期利润是关于销售价格的凸增函数，碳排放是关于销售价格的凹增函数；

（2）若 $Q^{N*}\geqslant Q_1^{C}$，最坏情况下的预期利润是关于销售价格的增函数，而碳排放与销售价格无关。

由定理 12.1 知，当 $Q^{N*}\geqslant Q_1^{C}$时，$J^{F}\left(Q^{C*}\right)=\bar{E}$，函数 $J^{F}\left(Q^{C*}\right)$ 独立于零售价格 p。

推论 12.1 分析了销售价格如何影响模型 C 的预期利润和碳排放，该推论表明当 $Q^{N*}<Q_1^{C}$ 时，销售价格越高，利润和碳排放量也越高；推论 12.1（2）表明当 $Q^{N*}\geqslant Q_1^{C}$ 时，销售价格越高，利润越高，但碳排放量不变。

比较模型 N、C，有以下结论。

定理 12.2 模型 C 最坏情况下最优预期利润和碳排放量小于模型 N，即 $\pi^{CF}\left(Q^{C*}\right)\leqslant\pi^{NF}\left(Q^{N*}\right)$，$J^{F}\left(Q^{C*}\right)\leqslant J^{F}\left(Q^{N*}\right)$。

定理 12.2 表明碳排放总量控制制度在控制碳排放方面发挥了有效的作用。定理 12.1 和定理 12.2 均表明当 $Q_1^{C}>Q^{N*}$ 时，有 $\pi^{CF}\left(Q^{C*}\right)=\pi^{NF}\left(Q^{N*}\right)$，$J^{F}\left(Q^{C*}\right)=J^{F}\left(Q^{N*}\right)<\bar{E}$，否则，有 $\pi^{CF}\left(Q^{C*}\right)<\pi^{NF}\left(Q^{N*}\right)$，$\bar{E}=J^{F}\left(Q^{C*}\right)<J^{F}\left(Q^{N*}\right)$。产生该结果的原因为：当政府颁布政策，如限制碳排放政策，企业决策者的投机心理会导致其接受接近或等于政府规定的碳排放上限，此时，企业获得的利润较少。定理 12.2 建议企业采取与不考虑碳排放时相同的订货策略，为企业避免上述现象发生提供了一定的管理启示。

12.4 总量控制与交易制度模型

总量控制与交易制度下，政府为企业设置碳排放上限 $\bar{E}$。若控排企业碳排放总量 $J(Q)$ 低于碳排放上限，则可在碳市场以碳交易价格 c_e 售出 $\bar{E}-J(Q)$ 单位的碳配额。反之，则需买进 $J(Q)-\bar{E}$ 单位的碳配额。企业需根据预期利润最大化确定最优订货量。因此，总量控制与交易制度下的分布式鲁棒模型可表示为

$$\begin{aligned}&(\mathrm{T})\max_{Q}\min_{F\in\psi}\pi^{\mathrm{T}}(Q)\\&\text{s.t }Q\geqslant 0\end{aligned}\tag{12.11}$$

其中，令 $\pi^{\mathrm{T}}(Q)=\pi^{\mathrm{N}}(Q)+c_e\left(\bar{E}-J(Q)\right)$。

设 $\pi^{\mathrm{TF}}(Q)$ 表示 $\min_{F\in\psi}\pi^{\mathrm{TF}}(Q)$，$Q_T^*$ 表示模型 T 的最优鲁棒订货量。令 $A_1=p+s-c_o-c_e e_c$，$B_1=c_e(e_c+e_v)+c_o-v$。由引理 12.1 求解模型 T 可得以下结论。

定理 12.3　对于模型 T，当 $\sqrt{(A_1/B_1)}\geqslant\sigma/\mu$ 时，最优鲁棒订货量 $Q^{\mathrm{T}*}=Q_1^{\mathrm{T}}$；否则，$Q_{\mathrm{T}}^*=0$，且

$$Q_1^{\mathrm{T}}=\mu+\frac{\sigma}{2}\sqrt{\frac{A_1}{B_1}}-\sqrt{\frac{B_1}{A_1}}\tag{12.12}$$

由定理 12.3 可得：①当且仅当需求分布的均值和方差已知时，σ/μ 越大越可能出现订货量为零的保守决策。例如，当 $\sigma/\mu>\sqrt{(A_1/B_1)}$ 时，企业订货量为零，无法满足需求。但企业可通过交易碳排放许可获取收益。此外，当 $\sigma/\mu<\sqrt{(A_1/B_1)}$ 时，企业订购 Q_1^{T} 单位的产品以满足需求；②当最优订货量 $Q^{\mathrm{T}*}=Q_1^{\mathrm{T}}$ 时，碳排放量为 $J^{\mathrm{F}}\left(Q_1^{\mathrm{T}}\right)$，当最优订货量 $Q^{\mathrm{T}*}=0$ 时，碳排放量为零。当最优订货量 $Q^{\mathrm{T}*}=Q_1^{\mathrm{T}}$ 时，若 $J^{\mathrm{F}}\left(Q_1^{\mathrm{T}}\right)<\bar{E}$，企业可以出售排放许可以获取收益，否则，企业必须购买排放许可。当最优订货量 $Q^{\mathrm{T}*}=0$ 时，企业出售所有的碳排放许可以获取收益。此外，需要注意的是 $p+s>c_o+c_e e_c$，以保证 Q_1^{T} 的可行性，且碳排放上限值 $\bar{E}\geqslant s\mu/c_e$，保证了当碳排量为零时，企业能从出售碳排放许可中获益。

由定理 12.3 可得以下推论。

推论 12.2　对于模型 T，下述推论成立：

（1）若 $\sigma/\mu\leqslant\sqrt{A_1/B_1}$，最坏情况下的预期利润是关于销售价格递增的凸函数，碳排放是关于销售价格递增的凹函数；

（2）若 $\sigma/\mu>\sqrt{A_1/B_1}$，最坏情况下的预期利润和碳排放量均与销售价格的变化无关。

推论 12.2 分析了销售价格如何影响模型 T 的预期利润和碳排放量。该推论表明：当 $\sigma/\mu\leqslant\sqrt{A_1/B_1}$ 时，销售价格越高，利润以及碳排放量都越高。比较推论 12.1（1）和推论 12.2（1）可得，销售价格对预期利润和碳排放量的影响在两

种碳排放法规下是相同的。推论 12.2（2）表明，若$\sigma/\mu>\sqrt{A_1/B_1}$，改变销售价格并不会对预期利润和碳排放量产生影响。

令$\bar{E}_{L_1}=e_c\mu+\dfrac{\sigma}{c_e}\left(\sqrt{A_1B_1}-\sqrt{A_0B_0}\right)$，$\bar{E}_{L_2}=\dfrac{1}{c_e}\left((p-c_0+s)\mu-\sigma\sqrt{A_0B_0}\right)$，并比较模型 N、T 可得以下结论。

定理 12.4 对于模型 N、T，下述结果成立：

（1）$Q^{\mathrm{T}*}<Q^{\mathrm{N}*}$；

（2）当$\sqrt{\dfrac{A_1}{B_1}}\geqslant\dfrac{\sigma}{\mu}$且$\bar{E}>\bar{E}_{L_1}$或$\sqrt{\dfrac{A_1}{B_1}}<\dfrac{\sigma}{\mu}$且$\bar{E}>\bar{E}_{L_2}$时，$\pi^{\mathrm{TF}}\left(Q^{\mathrm{T}*}\right)>\pi^{\mathrm{NF}}\left(Q^{\mathrm{N}*}\right)$；当$\sqrt{\dfrac{A_1}{B_1}}\geqslant\dfrac{\sigma}{\mu}$且$\bar{E}\leqslant\bar{E}_{L_1}$或$\sqrt{\dfrac{A_1}{B_1}}<\dfrac{\sigma}{\mu}$且$\bar{E}\leqslant\bar{E}_{L_2}$时，$\pi^{\mathrm{TF}}\left(Q^{\mathrm{T}*}\right)\leqslant\pi^{\mathrm{NF}}\left(Q^{\mathrm{N}*}\right)$。

定理 12.4（1）比较了模型 N、T 中企业的最优鲁棒订货量：总量控制与交易制度下，企业的订货量应该小于不考虑碳排放时的订货量。定理 12.4（2）比较了模型 N 和 T 的最坏情况下的预期利润：当$\sigma/\mu\leqslant\sqrt{A_1/B_1}$或$\sigma/\mu>\sqrt{A_1/B_1}$时，若碳排放上限值很大（如碳排放上限值$\bar{E}>\bar{E}_{L_1}$或$\bar{E}>\bar{E}_{L_2}$），企业的利润将高于不考虑碳排放时的利润，否则，企业的利润将低于不考虑碳排放时的利润。结果表明在总量控制与交易制度下，更高的碳排放上限值可能给企业带来更多的利润。

比较模型 C 和 T，有以下结论。

定理 12.5 存在碳排放上限值$\bar{E}$，$\pi^{\mathrm{TF}}\left(Q^{\mathrm{T}*}\right)>\pi^{\mathrm{CF}}\left(Q^{\mathrm{C}*}\right)$，$J^{\mathrm{F}}\left(Q^{\mathrm{N}*}\right)<J^{\mathrm{F}}\left(Q^{\mathrm{C}*}\right)$。

定理 12.5 表明，与碳排放总量控制制度相比，总量控制与交易制度下的企业可以通过控制碳排放总量到某个适当的值，从而获得更高的利润和更低的碳排放。

12.5 数值算例分析

本节引入数值算例并进行了灵敏度分析，验证了上述理论结果。本节所使用的一些基本参数值为零售价格$p=30$，单位订货成本$c_o=5$，未售出产品的单位剩余价值$v=2$，单位短缺成本$s=3$，订购过程产生的单位碳排放$e_c=2$，储存过程产生的单位碳排放$e_v=3$，需求的期望值$\mu=600$，需求的标准差$\sigma=196$，单位碳交易价格$c_e=2.5$，碳排放上限值$\bar{E}=2000$。

三种模型的最优鲁棒订货量、最坏情况下的预期利润和相应的碳排放见表 12.1。

表 12.1　三种模型的计算结果

模型 i	Q^{i*}	$\pi^{i\mathrm{F}}\left(Q^{i*}\right)$	$J^{\mathrm{F}}\left(Q^{i*}\right)$
N	867.32	1.3204×10^4	2632.80
C	728.20	1.2972×10^4	2000
T	638.93	1.3299×10^4	1636

从表 12.1 可以看出，模型 C 中的碳排放量等于碳排放上限。在总量控制与交易制度下，由于 $J^{\mathrm{F}}\left(Q^{\mathrm{T}*}\right)<\bar{E}$，该企业出售 364 单位的碳排放许可额度来实现盈利。比较模型 N、C 以及 T 的最优解可得：$Q^{\mathrm{N}*}>Q^{\mathrm{C}*}>Q^{\mathrm{T}*}$，$\pi^{\mathrm{TF}}\left(Q^{\mathrm{T}*}\right)>\pi^{\mathrm{NF}}\left(Q^{\mathrm{N}*}\right)>\pi^{\mathrm{CF}}\left(Q^{\mathrm{C}*}\right)$，$J^{\mathrm{F}}\left(Q^{\mathrm{N}*}\right)>J^{\mathrm{F}}\left(Q^{\mathrm{C}*}\right)>J^{\mathrm{F}}\left(Q^{\mathrm{T}*}\right)$。与模型 N 的碳排放相比，碳排放总量控制和总量控制与交易制度下的碳排放分别减少了 24.04%和 37.86%，意味着碳排放法规在抑制碳排放方面发挥了有效作用。与模型 N 的最坏情况下的预期利润相比，总量控制与交易制度下的最坏情况预期利润增加了 0.72%，而碳排放总量控制下的最坏情况预期利润减少了 1.76%，意味着企业在总量控制与交易制度下可获得比不考虑碳排放时更多的利润，而碳排放总量控制则相反。由此可得，企业可以在总量控制与交易制度下获得更大的利润和产生更低的碳排放。

实际中常使用变异系数 σ/μ 来衡量不确定信息对市场需求的影响，因此，下面进一步研究了碳排放总量控制和总量控制与交易制度下变异系数 σ/μ 和碳排放上限值 $\bar{E}$ 对企业决策和绩效的影响。所得结果如图 12.1 和图 12.2 所示。

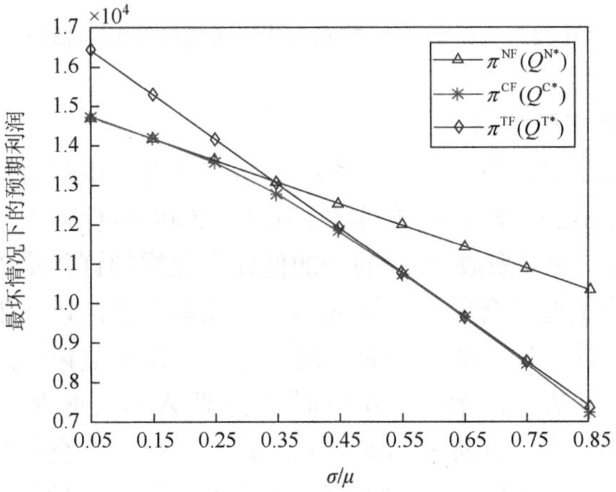

(a) 预期利润

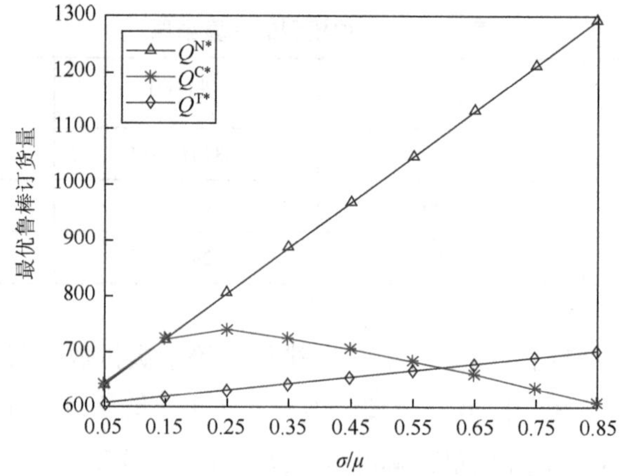

(b) 最优鲁棒订货量

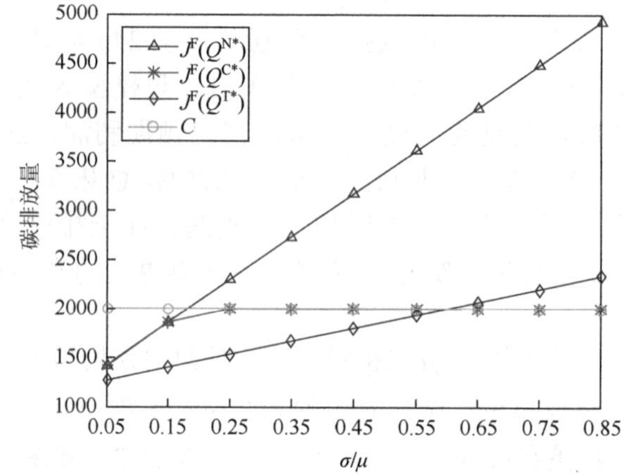

(c) 碳排放量

图 12.1　σ/μ 对分布式鲁棒报童模型绩效的影响

由图 12.1 可得出以下结论。

（1）碳排放总量控制下，当变异系数 σ/μ 增加时，最优鲁棒订货量先增加后减少；碳排放量先增加，然后在碳排放上限 $\bar{E}=2000$ 时保持不变；最坏情况下的最优预期利润减少。变异系数 σ/μ 的增加促使企业增加订货量以减少需求不确定性的影响，而订货量增加会导致碳排放和订货成本增加，以及销售收入的减少。此时，虽然残值收入和缺货成本的总和增加了，但却不足以增加企业的利润。例如，当变异系数 σ/μ 从 0.05 增加到 0.15 时，残值收入和缺货成本之和增加 212.76，而销售收入减少 294.59，订货成本增加 409.16，从而导致企业利润下降 490.99。当变异系数 $\sigma/\mu\geqslant0.25$ 时，碳排放量等于碳排放上限。在碳排放约束下，企业必须减少订货量，从而使订货和储存过程中产生的碳排放量等于碳排放上限。减少订货量会降低订货成本，增加缺货成本。此外，由于变异系数增加和订货量减少的共同作用，销售收入和残值的总和将减少。此时，企业的利润随着变异系数的增加而减少。

（2）总量控制与交易制度下，随着变异系数的增加，最优鲁棒订货量和碳排放量将增加，而企业最坏情况下的预期利润将减少。当变异系数增加时，由于变异系数值越高，不确定性越大，企业会订购更多的产品来减少需求不确定性的影响，然而订货量的增加导致碳排放量和订货成本的增加。当变异系数 $\sigma/\mu<0.6$ 时，企业的碳排放量小于碳排放上限。此时，出售碳排放许可的收入将随碳排放量的增加而减少，导致企业的残值收入、销售收入以及出售碳排放许可的收入减少，最终降低企业的利润。当变异系数 $\sigma/\mu\geqslant 0.6$ 时，企业的碳排放量高于碳排放上限，故需购买碳排放许可，并继续增加订货量以减少变异系数增加所产生的不利影响，购买碳排放许可额度和订货成本增加的综合影响导致企业利润减少。

（3）当不存在碳排放约束时，随着变异系数的增加，企业的最优鲁棒订货量将增加，最大预期利润将减少。由于不受碳法规约束，企业通过增加产品的订货量来减少需求不确定性的影响。而增加订货量导致订货成本增加，最终导致利润下降。与碳排放总量控制或总量控制与交易制度下的订货量相比，不考虑碳排放的企业的订货量对变异系数的值更为敏感，而 N、T 和 C 的利润对变异系数的敏感度则相反。例如，当变异系数从 0.55 增加至 0.65 时，模型 N 和模型 C 的订货量分别增加 7.79%和 1.79%，模型 T 的订货量减少 3.41%，而相应的利润分别减少 4.59%、12.51%、10.52%。另外，相比碳排放总量控制或总量控制与交易制度下产生的碳排放，不考虑碳排放的最优鲁棒订单量 Q^{N*} 产生的碳排放更多，意味着两种碳排放制度发挥了有效作用。

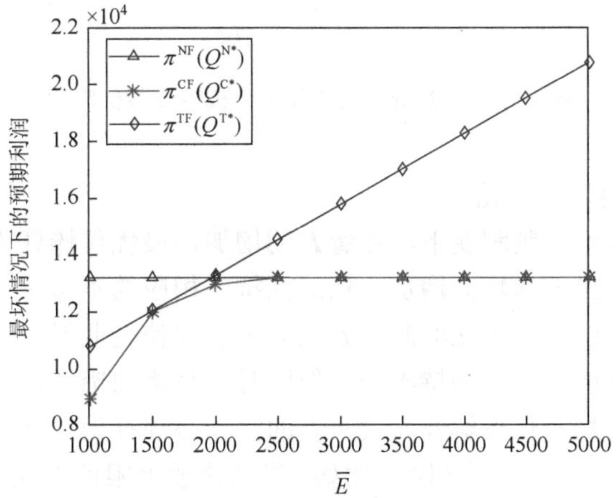

(a) 预期利润

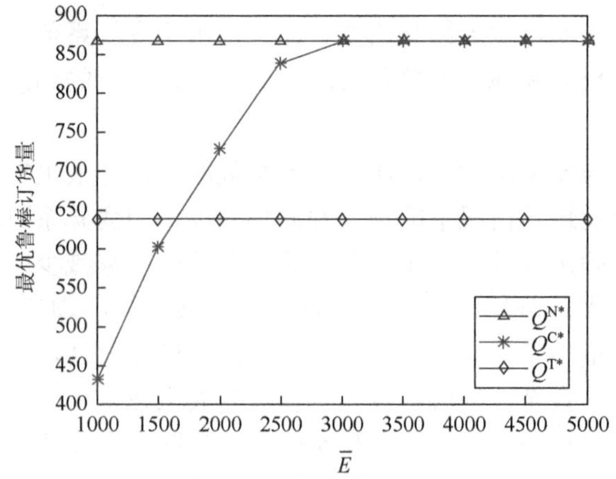

(b) 最优鲁棒订货量

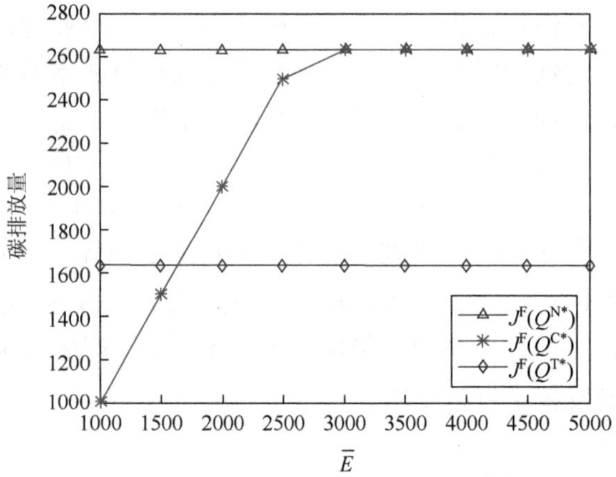

(c) 碳排放量

图 12.2　$\bar{E}$ 对分布式鲁棒报童模型绩效的影响

由图 12.2 可得以下结论。

（1）碳排放总量控制制度下，随着 $\bar{E}$ 的增加，最优鲁棒订货量、最坏情况下的预期利润以及碳排放量均先增加，然后保持在相应的不考虑碳排放时的水平不变。当碳排放上限值 $\bar{E}<2632.8$ 时，$\bar{E}$ 的增加会促使企业增加订货量，碳排放量也随之增加至碳排放上限并保持不变，但同时也会增加销售收入和残值收入以及降低缺货成本，这种变化可解释为决策者的投机心理行为，此时，虽然订货成本有所增加，但不足以增加企业利润。比如，当碳排放上限值 $\bar{E}$ 从 1500 增加至 2000 时，销售收入、残值收入、订货成本分别增加 1324.40、164.68、632.44，而缺货

成本降低 132.44。因此，企业利润减少 989.08。当碳排放上限值 $\bar{E} \geqslant 2632.8$ 时，碳排放上限值 $\bar{E}$ 的增加将降低碳排放总量控制对碳排放的约束，企业采用与不考虑碳排放时相同的订购决策。相比之下，当企业不考虑碳排放时，改变 $\bar{E}$ 的值不会影响企业的最优订购策略和利润。且当碳排放上限值 $\bar{E}$ 从 2632.8 增加时，企业利润保持在不考虑碳排放时的水平。

（2）在总量控制与交易制度下，随着碳排放上限值 $\bar{E}$ 的增加，最优鲁棒订货量和碳排放量保持不变，而企业最坏情况下的预期利润将增加，表明碳排放上限值 $\bar{E}$ 并不影响企业的订货策略和碳排放量。一方面，由于总量控制与交易制度的影响，企业的最优订货量严格小于不考虑碳排放的最优订货量；另一方面，碳排放上限值 $\bar{E}$ 的增加以及交易碳排放许可能够帮助企业获取更多利润。例如，当碳排放上限值 $\bar{E}$ 从 2000 增加至 2500 时，交易碳排放许可能够使得企业的利润增加 1250。

（3）当碳排放上限值 $\bar{E} \geqslant 1636$ 时，总量控制与交易制度下的最坏情况预期利润大于或等于碳排放总量控制下的最坏情况预期利润；反之，碳排放总量控制与交易制度下的碳排放量小于碳排放总量控制下的碳排放量。表明总量控制与交易制度可以产生更高的利润和更低的碳排放。此外，碳排放上限值 $\bar{E}$ 增加所导致的总量控制与交易制度下的相对利润的增加大于碳排放总量控制下的相对利润的增加。例如，当碳排放上限值 $\bar{E}$ 从 2500 增加至 3000 时，前者利润增加 8.59%，而后者增加 0.05%。

为了检验碳排放法规和部分需求信息对最坏情况下最优预期利润和碳排放的影响，使用 Taguchi（1960）提出的鲁棒参数设计技术来分析两种碳法规下最坏情况下最优预期利润和碳排放的信噪比（signal-to-noise ratio，SNR），Lin C 和 Lin Y（2007）对该方法进行了详细的解释。测试参数包括成本参数 (p,c_o,v,s)、需求信息参数 (μ,σ)、碳排放参数 $(e_c,e_v,c_e,\bar{E})$，如表 12.2 所示。

表 12.2　碳排放总量控制下最坏情况下最优预期利润和碳排放信噪比

试验	p	c_o	v	s	e_c	e_v	μ	σ	$\bar{E}$	$\pi^{\mathrm{CF}}(Q^{\mathrm{C}*})$	π^{CF} 信噪比	$J^{\mathrm{F}}(Q^{\mathrm{C}*})$	J^{F} 信噪比
1	1	1	1	1	1	1	1	1	1	19 211	85.67	2 500	–67.67
2	1	1	1	1	1	2	2	2	2	11 879	81.50	1 500	–63.52
3	1	1	2	2	2	1	1	1	2	18 356	85.28	1 500	–63.52
4	1	2	1	2	2	1	2	2	1	14 195	83.04	2 500	–67.96
5	1	2	2	1	2	2	1	2	1	23 962	87.59	2 223	–66.94
6	1	2	2	2	1	2	2	1	2	10 928	80.77	1 500	–63.52
7	2	1	2	2	1	1	2	2	1	5 935	75.47	1 939	–65.75

续表

试验	p	c_o	v	s	e_c	e_v	μ	σ	$\bar{E}$	$\pi^{CF}\left(Q^{C*}\right)$	π^{CF} 信噪比	$J^F\left(Q^{C*}\right)$	J^F 信噪比
8	2	1	2	1	2	2	2	1	1	4 925	73.85	1 528	–63.68
9	2	1	1	2	2	2	1	2	2	10 899	80.75	1 500	–63.52
10	2	2	2	1	1	1	1	2	2	9 206	79.28	1 500	–63.52
11	2	2	1	2	1	2	1	1	1	12 055	81.62	2 500	–67.96
12	2	2	1	1	2	1	2	1	2	6 345	76.04	1 500	–63.52

在碳排放总量控制下，选择田口正交阵列 $L_{12}\left(2^9\right)$ 分配控制参数。基于田口提出的信噪比公式，使用 Minitab 软件计算了最坏情况下的最优预期利润和碳排放的信噪比，选项分别为“越大越好”和“越小越好”。所得结果如表 12.2 所示，其中每个控制参数有两个级别，一级和二级分别代表在初始值的基础上 + 25%和–25%。

从表 12.2 可以看出，试验 1、试验 4、试验 11 在最坏情况下具有相同的碳排放和不同的最优预期利润。其中，试验 1 的最坏情况下的最优预期利润最大。试验 2、试验 3、试验 6、试验 9、试验 10、试验 12 具有相同的碳排放，而试验 3 的最坏情况下的最优预期利润最大。结果表明，即使碳排放量相同，不同参数值组合的最坏情况下的最优预期利润也可能不同。

根据表 12.3 和表 12.4 所示的碳排放总量控制下的最坏情况下的最优利润和碳排放的信噪比，可以观察到相关参数对报童问题的影响程度。表 12.3 表明：碳排放总量控制下，需求信息参数对最坏情况下的最优预期利润的影响比碳排放参数对最优预期利润的影响更大；在所有的碳排放参数中，碳上限参数对最坏情况下的最优预期利润的影响更大；在所有参数中，零售价格 p 对最坏情况下的最优预期利润的影响最大，未售出产品的单位剩余价值 $\hat{v}$ 对其影响最小。表 12.4 表明：碳排放总量控制下，除需求期望值以外，需求信息参数对碳排放的影响小于碳排放参数和成本参数对碳排放的影响；在所有碳排放参数中，碳排放上限对碳排放的影响最大，对订购和储存过程产生的单位碳排放具有相同的影响；在所有参数中，碳排放上限值 $\bar{E}$ 对碳排放的影响最大，需求的标准差 σ 对碳排放的影响最小，需求期望值对最坏情况下的最优预期利润和碳排放的影响都比需求的方差对其的影响更大。

表 12.3　碳排放总量控制下最坏情况下最优利润信噪比响应表

试验	p	c_o	v	s	e_c	e_v	μ	σ	$\bar{E}$
1	83.97	80.42	81.44	80.66	80.72	80.80	83.36	80.54	81.21
2	77.84	81.39	80.37	81.15	81.09	81.01	78.45	81.27	80.60

续表

试验	p	c_o	v	s	e_c	e_v	μ	σ	$\bar{E}$
Δ	6.13	0.97	1.07	0.49	0.37	0.21	4.91	0.73	0.61
Rank	1	4	3	7	8	9	2	5	6

表 12.4　碳排放总量控制下最坏情况下碳排放信噪比响应表

试验	p	c_o	v	s	e_c	e_v	μ	σ	$\bar{E}$
1	−65.57	−64.66	−65.74	−64.86	−65.37	−65.37	−65.57	−65.03	−66.71
2	−64.66	−65.57	−64.49	−65.37	−64.86	−64.86	−64.66	−65.20	−63.52
Δ	0.91	0.91	1.25	0.51	0.51	0.51	0.91	0.17	3.19
Rank	5	5	2	8	8	8	5	9	1

为了获得参数变化的最优组合，本章绘制了碳排放总量控制下的最坏情况下的最优预期利润和碳排放的信噪比的主要影响图，如图 12.3 所示。图 12.3（a）表明，在碳排放总量控制下，最坏情况下的最优预期利润最大化的最优条件是：p 为 1 级，c_o 为 2 级，v 为 1 级，s 为 2 级，e_c 为 2 级，e_v 为 2 级，μ 为 1 级，σ 为 2 级，$\bar{E}$ 为 1 级。图 12.3（b）表明，相应的碳排放量最小化的最优条件是：p 为 2 级，c_o 为 1 级，v 为 2 级，s 为 1 级，e_c 为 2 级，e_v 为 2 级，μ 为 2 级，σ 为 1 级，$\bar{E}$ 为 2 级。结果表明，碳排放总量控制下，企业应该减少订货和储存过程中的单位碳排放量以获得更高的最坏情况下的预期利润并降低碳排放。同时应谨慎处理其他参数值，以权衡最坏情况下的最大预期利润和最小碳排放。

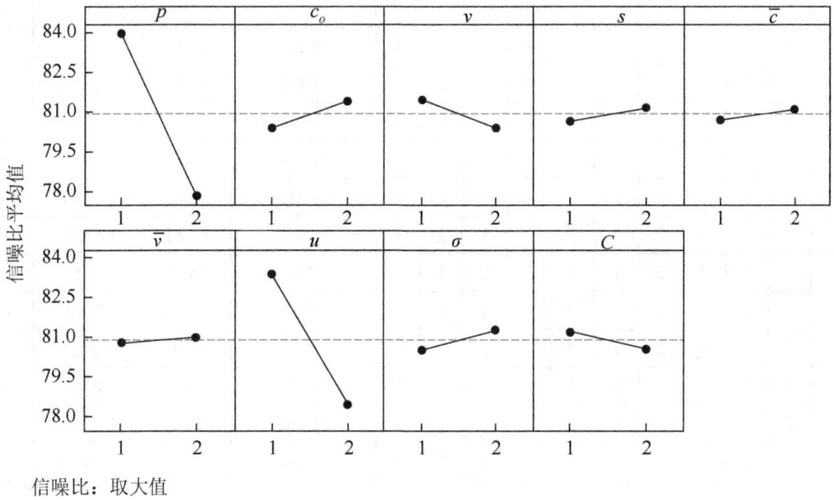

(a) 最优预期利润

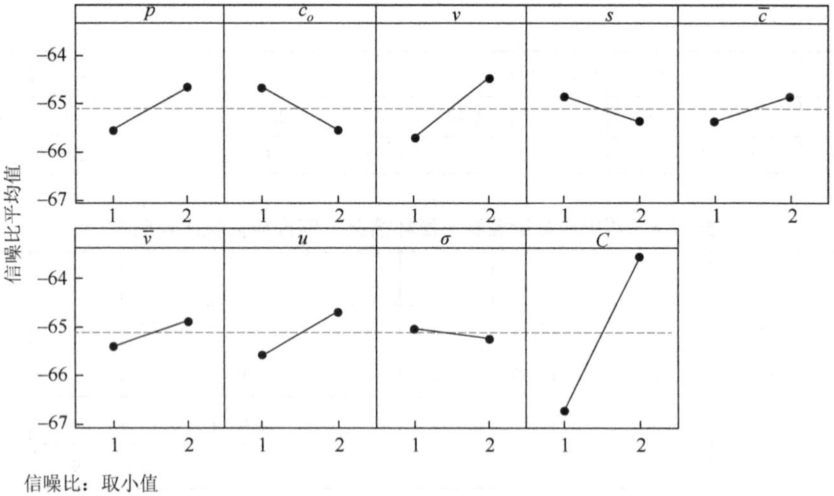

(b) 碳排放

图 12.3　最坏情况下最优预期利润和碳排放信噪比主要影响图

总量控制与交易制度下，碳排放法规的参数不仅包括碳排放上限，也包括碳交易价格。因此，增加控制参数 c_e 并选择田口正交阵列 $L_{12}\left(2^{10}\right)$ 来分配控制参数。与碳排放总量控制下最坏情况下的最优预期利润和碳排放的信噪比计算类似，总量控制与交易制度下的计算结果如表 12.5 所示。

表 12.5　总量控制与交易制度下最坏情况下的最优预期利润和碳排放的信噪比

试验	p	c_o	v	s	e_c	e_v	μ	σ	$\bar{E}$	c_e	$\pi^{\mathrm{CF}}\left(Q^{\mathrm{C}*}\right)$	π^{TF} 信噪比	$J^{\mathrm{F}}\left(Q^{i*}\right)$	J^{F} 信噪比
1	1	1	1	1	1	1	1	1	1	1	19 227	85.68	2 419.0	−67.67
2	1	1	1	1	1	2	2	2	2	2	11 886	81.50	1 546.6	−63.79
3	1	1	2	2	2	1	1	1	2	2	18 956	85.55	1 930.9	−65.72
4	1	2	1	2	2	1	2	2	1	1	17 434	84.83	1 106.1	−60.88
5	1	2	2	1	2	2	1	2	1	2	25 253	88.05	1 600.8	−64.09
6	1	2	2	2	1	2	2	1	2	1	10 981	80.81	1 633.7	−64.26
7	2	1	2	2	1	1	2	2	1	2	5 799	75.27	1 345.1	−62.58
8	2	1	2	1	2	2	2	1	1	1	9 125	79.20	927.4	−59.35
9	2	1	1	2	2	2	1	2	2	1	11 211	80.99	1 268.8	−62.07
10	2	2	2	1	1	1	1	2	2	1	10 261	80.22	2 028.5	−66.14
11	2	2	1	2	1	2	1	1	1	2	12 081	81.64	2 370.8	−67.50
12	2	2	1	1	2	1	2	1	2	2	6 364	76.07	1 393.8	−62.88

由表 12.5 可以看出，试验 5 的预期利润最大，但其碳排放量并非最小。试验 8 的碳排放量最小，但最坏情况下的最优预期利润很小。试验 5 和试验 6 在最坏情况下的最优预期利润尽管相差很大，但碳排放量却几乎相同。意味着即使不同参数组合下的碳排放相同，其最坏情况下的最优预期利润通常却是不同的。因此，有必要找到参数的最优组合，以达到最坏情况下的较高预期利润和较低碳排放。

总量控制与交易制度下，最坏情况下的最优预期利润和碳排放的信噪比响应如表 12.6 和表 12.7 所示。表 12.6 表明：总量控制与交易制度下，除方差外的需求信息参数对最坏情况下的最优预期利润的影响大于碳排放参数对其的影响；除销售价格外，碳排放参数对最坏情况下的最优预期利润的影响大于成本参数对其的影响；在所有碳排放参数中，订货过程的单位碳排放量对最坏情况下最优预期利润的影响大于其他因素对其的影响；在所有参数中，零售价格 p 对最坏情况下的最优预期利润的影响最大，产品残值 v 对其影响最小。表 12.7 表明：总量控制与交易制度下，需求信息参数对碳排放的影响最大；在所有碳排放参数中，订货过程的单位碳排放量对碳排放的影响最大；在所有参数中，需求期望值 μ 对碳排放的影响最大，缺货成本 s 对其影响最小，需求的期望值比需求的方差对最坏情况下最优预期利润和碳排放的影响更大。

表 12.6　总量控制与交易制度下最坏情况下的最优预期利润的信噪比响应表

试验	p	c_o	v	s	e_c	e_v	μ	σ	$\bar{E}$	c_e
1	84.40	81.37	81.79	81.79	80.85	81.27	83.69	81.49	82.44	81.96
2	78.90	81.94	81.52	81.52	82.45	82.03	79.61	81.81	80.86	81.35
Δ	5.50	0.57	0.27	0.27	1.60	0.76	4.08	0.32	1.58	0.61
Rank	1	7	10	10	3	5	2	8	4	6

表 12.7　总量控制与交易制度下最坏情况下的碳排放的信噪比响应表

试验	p	c_o	v	s	e_c	e_v	μ	σ	$\bar{E}$	c_e
1	−64.40	−63.53	−64.13	−63.99	−65.32	−64.31	−65.53	−64.56	−63.68	−63.39
2	−63.42	−64.29	−63.69	−63.83	−62.50	−63.51	−62.29	−63.26	−64.14	−64.42
Δ	0.98	0.76	0.44	0.16	2.82	0.80	3.24	1.30	0.46	1.03
Rank	5	7	9	10	2	6	1	3	8	4

为了获得参数变化的最优组合，本章绘制了在总量控制与交易制度下，最坏情况下的最优预期利润和碳排放信噪比的主要影响图，如图 12.4 所示。图 12.4（a）表明，总量控制与交易制度下，最坏情况下的利润最大化的最优条件是：p 为 1 级，c_o 为 2 级，v 为 1 级，s 为 1 级，e_c 为 2 级，e_v 为 2 级，μ 为 1 级，σ 为 2 级，$\bar{E}$ 为 1 级，c 为 1 级。图 12.4（b）表明，总量控制与交易制度下，碳排放最

小化的最优条件是：p 为 2 级，c_o 为 1 级，v 为 2 级，s 为 2 级，e_c 为 2 级，e_v 为 2 级，μ 为 2 级，σ 为 2 级，$\bar{E}$ 为 1 级，c_e 为 1 级。结果表明，总量控制与交易制度下，企业可以采用相同方向的碳排放参数变化和需求变化，以在最坏情况下实现更高的预期利润和更低的碳排放。同时应谨慎处理其他参数值，以权衡最坏情况下的最大预期利润和最小碳排放。

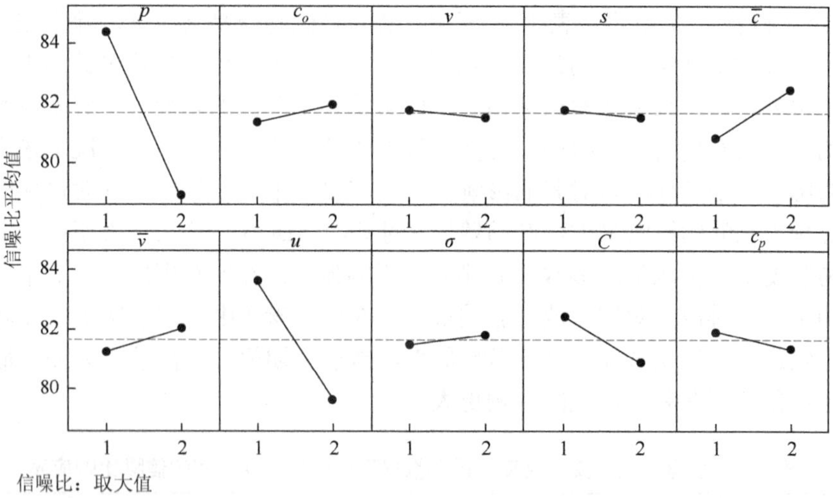

(a) 最优预期利润

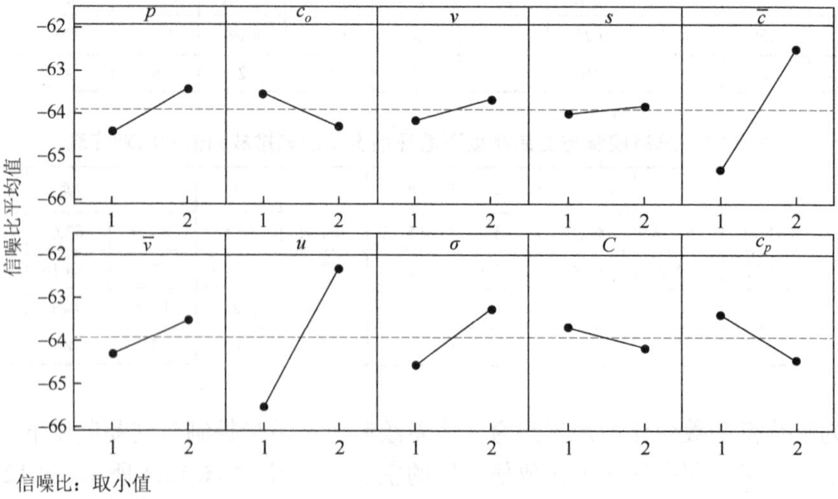

(b) 碳排放

图 12.4　最坏情况下最优预期利润和碳排放信噪比主要影响图

由上述分析可知：在碳排放总量控制下，需求信息参数对最坏情况下的最优预期利润的影响比碳排放参数对其的影响更大。然而，除了需求期望值，需求信息参数对碳排放的影响小于碳排放参数对其的影响；在总量控制与交易制度下，需求信息参数对最坏情况下的最优预期利润和碳排放的影响均比碳排放参数对其的影响更大；在两种碳排放法规下，单位销售价格对最坏情况下的最优预期利润的影响均最大，需求期望值对最坏情况下的最优预期利润和碳排放的影响均比需求的方差对其的影响更大，碳排放上限值 $\bar{E}$ 和需求的期望值 μ 对碳排放的影响最大。

12.6　本 章 小 结

本章研究了两种碳排放法规下，仅需求分布的均值和方差已知的报童问题。推导了碳排放总量控制和总量控制与交易制度下最优鲁棒订货量的解析解，以最大化最坏情况下的预期利润。通过比较两种碳排放法规下分布式鲁棒报童问题，得出只有当碳排放限额满足一定条件时，总量控制与交易制度才优于碳排放总量控制。为了研究碳排放法规和部分需求信息对经典报童问题的影响，本章将参数分为三组，即成本参数、碳排放参数和需求信息参数，并对这些参数进行鲁棒性分析和灵敏度分析。分析结果表明：①在碳排放总量控制下，除需求期望值外，碳排放参数对最优预期利润的影响小于需求信息参数对其的影响，但对碳排放的影响大于需求信息参数对其的影响；②在总量控制与交易制度下，除需求的方差外，需求信息参数对最坏情况下的最优预期利润和碳排放的影响均大于碳排放参数对其的影响；③在两种法规下，需求期望值对最坏情况下最优预期利润和碳排放的影响均大于需求的方差对其的影响。

本章仍有一系列有待将来研究的科学问题：本章仅将销售价格视为外生变量，并未考虑市场需求受销售价格影响的情况，未来的研究将考虑销售价格内生的情况。此外，激烈的竞争环境下实现供应链协调对许多决策者来说是一个挑战，将碳足迹纳入供应链系统进一步使该问题更加复杂。因此，未来考虑碳排放的有效的契约机制来协调多级供应链系统将是非常有意义的。

第 13 章　可持续易逝品供应链管理：收益-成本分享合同与两部定价合同

13.1　概　　述

易逝品供应链协调是供应链管理领域的热点话题，根源于易逝品本身的价值易逝性，其存储和运输成为物流行业的痛点与障碍，减缓易逝品价值损失的存储与运输导致高起的物流成本和严重的二氧化碳排放。在各国陆续出台的碳法规政策下，企业尝试将降低与减缓二氧化碳排放整合到易逝品供应链系统。在总量控制与交易制度下，易逝品供应链企业可通过运营与技术减排管理其二氧化碳排放。在整合 Du 等（2013）、Toptal 等（2014）、Xu 等（2016）研究的基础上，本章研究了碳排放总量控制与交易制度下，由单制造商和单零售商组成的两级可持续易逝品供应链系统，其需求随时间变化且受零售商提供的促销力度、产品销售价格和制造商确定的可持续水平三个内生变量的影响，提出并比较了用于协调该供应链系统的收益-成本分享（revenue and promotional cost-sharing，RPS）合同和两部定价（two-part tariff，TPT）合同。本章研究以下问题：①分析了碳监管和可持续技术投资对碳减排的影响；②分析比较了 RPS 合同和 TPT 合同在限额与交易监管下用于协调具有劣化物品的供应链的情况。

13.2 节介绍研究问题并作出假设。13.3 节构建并比较集中式和分散式决策模式的两种模型。13.4 节提出 RPS 合同和 TPT 合同来协调分散的供应链系统，并确定供应链成员接受这两种合同的条件。13.5 节采用数值案例和灵敏度分析验证模型的有效性。13.6 节是本章小结。

13.2　问 题 描 述

本章研究一类由单制造商和单零售商组成的两级易逝品供应链系统。在该供应链系统中：①制造商根据零售商的订单生产某种类型的易逝品，并且制造商没有往期遗留库存。碳排放是在生产过程中产生的，制造商在碳排放总量控制与交易制度下，可通过投资可持续技术来减少碳排放。制造商决定最优批发价格和可持续水平，以实现利润最大化。②零售商负责通过促销活动向客户销售产品。当库存水平降至零时，零售商向制造商再次订货。参考 Giri 和 Maiti（2012）、Xiao

和 Xu（2013）、Zhang 等（2015a）的研究，假设提前期为零，并且零售商不允许缺货。需求受时间、售价、零售商的促销力度和制造商确定的可持续水平的影响。零售商确定最佳销售价格和促销力度，以最大化其利润。

13.3　模型构建及分析

零售商的库存情况可做如下考虑。在每个补充周期的开始（如 $t=0$），零售商从制造商处订购并收到 Q 个单位的易逝品。综合考虑需求和变质的影响，零售商的库存水平在时间 T 内逐渐降低并最终降为零。因此，描述在时间 t 时的库存水平的微分方程为 $\frac{\mathrm{d}It}{\mathrm{d}t}=-D(\tau_1,\tau_2,p,t)-\rho I(t)=-(\alpha+\theta\tau_1+\gamma\tau_2-\beta p)g(t)-\rho I(t)$，$0\leqslant t\leqslant T$。令 $IT=0$，求解可得 $I(t)=(\alpha+\theta\tau_1+\gamma\tau_2-\beta p)\mathrm{e}^{-\rho t}\int_t^T\mathrm{e}^{\rho t}g(\tau)\mathrm{d}\tau$。零售商的订购数量和累计库存为 $Q=I(0)=(\alpha+\theta\tau_1+\gamma\tau_2-\beta p)\int_0^T\mathrm{e}^{\rho t}g(t)\mathrm{d}t$，$I_{\mathrm{R}}=\int_0^T I(t)\mathrm{d}t=\frac{(\alpha+\theta\tau_1+\gamma\tau_2-\beta p)}{\rho}\int_0^T(\mathrm{e}^{\rho t}-1)g(t)\mathrm{d}t$。零售商销售的产品数量为 $Q-\rho I_{\mathrm{R}}=(\alpha+\theta\tau_1+\gamma\tau_2-\beta p)\int_0^T g(t)\mathrm{d}t$。制造商的总排放量为 $J(Q)=(a-e\tau_2)Q=(a-e\tau_2)(\alpha+\theta\tau+\gamma\tau_2-\beta p)\int_0^T\mathrm{e}^{\rho t}g(t)\mathrm{d}t$。

为了便于研究，将周期长度 T 常规化为 1.0，并且令 $\mathcal{A}=\int_0^1\mathrm{e}^{\rho t}g(t)\mathrm{d}t$，$\mathcal{B}=\frac{1}{\rho}\int_0^1(\mathrm{e}^{\rho t}-1)g(t)\mathrm{d}t$ 和 $\mathcal{C}=\int_0^1 g(t)\mathrm{d}t$。易证得：$\mathcal{A}>0$，$\mathcal{B}>0$，$\mathcal{C}>0$ 且 $\mathcal{C}=\Phi-\rho\mathcal{A}$。

13.3.1　集中式决策模式

在集中式决策模式下，制造商和零售商集中在同一个系统中。该模式的目标是确定最优的销售价格、促销力度和可持续水平，以最大化总利润。在总量控制与交易制度下单位时间的总利润为

$$\pi^{\mathrm{I}}(\tau_1,\tau_2,p)=p(Q-\rho I_{\mathrm{R}})-(h_r+\rho h_d)I_{\mathrm{R}}-c_m Q-\frac{1}{2}c_{\tau 1}\tau_1^2-\frac{1}{2}c_{\tau 2}\tau_2^2+c_e(\bar{E}-a-e\tau_2 Q) \tag{13.1}$$

式中，第一项表示供应链系统的销售收入，第二项表示库存持有成本和变质成本，第三项表示采购成本，第四项表示促销成本，第五项表示可持续投资成本，最后一项表示销售（购买）碳排放许可额度的收入（成本）。

令 $p^{\mathrm{I}*}$、$\tau_1^{\mathrm{I}*}$ 和 $\tau_2^{\mathrm{I}*}$ 分别表示最优销售价格、最优促销力度水平和最优可持续水平。求解式（13.1）可得定理 13.1。

定理 13.1 集中式供应链系统的利润函数 $\pi^{\mathrm{I}}(\tau_1,\tau_2,p)$ 是关于 τ_1，τ_2 和 p 的凹函数，最优销售价格、促销力度和可持续水平分别为

$$p^{\mathrm{I}*}=\frac{\left(\alpha+\gamma\tau_2^{\mathrm{I}}\right)c_{\tau1}\mathcal{C}+\left(\beta c_{\tau1}-\theta^2\mathcal{C}\right)\left(\left(h_r+\rho h_d\right)\mathcal{B}+\left(c_m+c_e a-e\tau_2^{\mathrm{I}*}\mathcal{A}\right)\right)}{\left(2\beta c_{\tau1}-\theta^2\mathcal{C}\right)\mathcal{C}} \tag{13.2}$$

$$\tau_1^{\mathrm{I}*}=\frac{\theta\left(\left(\alpha+\gamma\tau_2^{\mathrm{I}*}\right)\mathcal{C}-\beta\left(h_r+\rho h_d\right)\mathcal{B}-\beta\left(c_m+c_e\left(a-e\tau_2^{\mathrm{I}*}\right)\mathcal{A}\right)\right)}{\beta c_{\tau1}-\theta^2\mathcal{C}} \tag{13.3}$$

$$\tau_2^{\mathrm{I}*}=\frac{c_{\tau1}\left(\gamma\mathcal{C}+\beta ec_e\mathcal{A}\right)\left(\alpha\mathcal{C}-\beta\left(h_r+\rho h_d\right)\mathcal{B}-\beta\left(c_m+ac_e\right)\mathcal{A}\right)}{c_{\tau2}\mathcal{C}\left(2\beta c_{\tau1}-\theta^2\mathcal{C}\right)-c_{\tau1}\left(\gamma\mathcal{C}+\beta ec_e\mathcal{A}\right)^2} \tag{13.4}$$

从定理 13.1 的证明中，可得到当条件 $\left(2\beta c_{\tau1}-\theta^2\mathcal{C}\right)\mathcal{C}>\left(\gamma\mathcal{C}+\beta ec_e\mathcal{A}\right)^2$ 时，集中式决策模式的总利润函数是凹函数，存在最优解。

把 τ_1^{I}，τ_2^{I}，p^{I} 代入式（13.1），集中式决策模式的总利润可简化为

$$\pi^{\mathrm{I}}\left(\tau_1^{\mathrm{I}},\tau_2^{\mathrm{I}},p^{\mathrm{I}}\right)=\frac{c_{\tau1}c_{\tau2}\left(\alpha\mathcal{C}-\left(h_r+\rho h_d\right)\mathcal{B}-\beta c_m+ac_e\mathcal{A}\right)^2}{2\left(c_{\tau2}\mathcal{C}\left(2\beta c_{\tau1}-\theta^2\mathcal{C}\right)-c_{\tau1}\left(\gamma\mathcal{C}+\beta ec_e\mathcal{A}\right)^2\right)}+c_e\overline{E} \tag{13.5}$$

13.3.2 分散式决策模式

在一个由制造商和零售商组成的分散式决策系统中，为实现利润最大化每个个体分别做出自己的决策，制造商是 Stackelberg 博弈的领导者。制造商首先设定批发价格和可持续水平；之后零售商根据制造商决策确定促销力度和销售价格并使用逆向归纳法来分析最优利润函数。

对于任意给定的批发价格 w 和可持续水平 $\hat{\tau}$，零售商的单位时间利润为

$$\pi_{\mathrm{R}}\left(\tau_1,p\right)=p\left(Q-\rho I_{\mathrm{R}}\right)-\left(h_r+\rho h_d\right)I_{\mathrm{R}}-wQ-\frac{1}{2}c_{\tau1}\tau_1^2 \tag{13.6}$$

式中，第一项表示零售商的销售收入，第二项表示零售商因库存持有和物品变质而产生的成本，第三项表示零售商的订货成本，最后一项表示零售商的促销成本。

由于碳排放是在生产过程中产生的，制造商在总量控制与交易制度下的单位时间利润为

$$\pi_{\mathrm{M}}\left(w,\tau_2\right)=wQ-c_mQ-\frac{1}{2}c_{\tau 2}\tau_2^2+c_e\left(\bar{E}-a-e\tau_2Q\right) \tag{13.7}$$

式中，第一项表示制造商的销售收入，第二项表示生产成本，第三项表示可持续投资成本，最后一项表示出售（购买）碳排放许可额度的收益（成本）。

设 p^{D}，τ_1^{D}，τ_2^{D} 和 w^{D} 分别为最优售价、零售商的最优促销力度、最优可持续水平和制造商确定的最优批发价格。根据式（13.6）和式（13.7），可以得到以下结论。

定理 13.2　在分散式决策模式下，

（1）零售商的利润函数 $\pi_{\mathrm{R}}\left(\tau,p\right)$ 是关于促销力度 τ 和销售价格 p 的凹函数。最优销售价格和最优促销力度分别为

$$p^{\mathrm{D}}=\frac{\left(\alpha+\gamma\tau_2^{\mathrm{D}}\right)\mathcal{C}\left(3\beta c_{\tau 1}-\theta^2\mathcal{C}\right)+\beta\left(\beta c_{\tau 1}-\theta^2\mathcal{C}\right)\left(\left(c_m+c_e\left(a-e\tau_2^{\mathrm{D}}\right)\mathcal{A}\right)\mathcal{A}+\left(h_r+\rho h_d\right)\mathcal{B}\right)}{2\beta\left(2\beta c_{\tau 1}-\theta^2\mathcal{C}\right)\mathcal{C}} \tag{13.8}$$

$$\tau_1^{\mathrm{D}}=\frac{\theta\left(\left(\alpha+\gamma\tau_2^{\mathrm{D}}\right)\mathcal{C}-\beta\mathcal{A}\left(c_m+c_e\left(a-e\tau_2^{\mathrm{D}}\right)\right)-\beta\left(h_r+\rho h_d\right)\mathcal{B}\right)}{2\left(2\beta c_{\tau 1}-\theta^2\mathcal{C}\right)} \tag{13.9}$$

（2）制造商的利润函数 $\pi_{\mathrm{M}}\left(w,\tau_2\right)$ 是关于批发价格 w 和可持续水平 τ_2 的凹函数，最优批发价格和最优可持续水平分别为

$$w^{\mathrm{D}}=\frac{\beta\Phi_1\left(c_m+c_e\left(a-e\tau_2^{\mathrm{D}}\right)\right)+\left(\alpha+\gamma\tau_2^{\mathrm{D}}\right)\mathcal{C}-\beta\left(h_r+\rho h_d\right)\mathcal{B}}{2\beta\mathcal{A}} \tag{13.10}$$

$$\tau_2^{\mathrm{D}}=\frac{c_{\tau 1}\left(\gamma\mathcal{C}+e\beta c_e\mathcal{A}\right)\left(\alpha\mathcal{C}-\beta\left(h_r+\rho h_d\right)\mathcal{B}-\beta c_m+ac_e\mathcal{A}\right)}{2c_{\tau 2}\mathcal{C}2\beta c_{\tau 1}-\theta^2\mathcal{C}-c_{\tau 1}\left(\gamma\mathcal{C}+e\beta c_e\mathcal{A}\right)^2} \tag{13.11}$$

令 $\varDelta=\dfrac{2c_{\tau 2}\mathcal{C}2\beta c_{\tau 1}-\theta^2\mathcal{C}-c_{\tau 1}\left(\gamma\mathcal{C}+e\beta c_e\Phi_1\right)^2}{c_{\tau 2}\mathcal{C}\left(2\beta c_{\tau 1}-\theta^2\mathcal{C}\right)-c_{\tau 1}\left(\gamma\mathcal{C}+e\beta c_e\Phi_1\right)^2}$，得到 $\varDelta>2$。比较定理 13.1 和定理 13.2 得出以下结果。

定理 13.3　在集中式和分散式决策模式下，有以下结果：

（1）$\tau_1^{\mathrm{I}}=\varDelta\tau_1^{\mathrm{D}}$ 并且 $\tau_2^{\mathrm{I}}=\varDelta\tau_2^{\mathrm{D}}$ 成立；

（2）$p^{\mathrm{I}}=p^{\mathrm{D}}+\dfrac{\left(\varDelta-1\right)\varDelta_1}{\beta c_{\tau 1}\left(\gamma\Phi_3+e\beta c_e\mathcal{A}\right)}\tau_2^{\mathrm{D}}$，$\varDelta_1=\gamma c_{\tau 1}\left(\gamma\mathcal{C}+e\beta c_e\mathcal{A}\right)-c_{\tau 2}\left(\beta c_{\tau 1}-\theta^2\mathcal{C}\right)$；

（3）$Q^{\mathrm{I}}=\varDelta Q^{\mathrm{D}}$，其中 Q^{I} 和 Q^{D} 分别是集中式和分散式决策模式的最优订购量。

在定理 13.3 中，（1）和（3）表明，当制造商与零售商合作时，制造商应该

在技术上投入更多，零售商应该增加订货数量并提高其促销力度。定理 13.3（2）意味着可以比较集中式和分散式决策模式中零售商的销售价格。$\varDelta_1$ 的值在比较这两个系统中的销售价格中起着关键作用。

利用式（13.8）～式（13.11），可将分散式决策模式中零售商和制造商的利润函数分别简化为

$$\pi_{\mathrm{R}}\left(\tau_1^{\mathrm{D}}, p^{\mathrm{D}}\right)=\frac{c_{\tau 1} c_{\tau 2}^2\left(2 \beta c_{\tau 1}-\theta^2 \mathcal{C}\right)\left(\alpha \mathcal{C}-\beta\left(h_r+\rho h_d\right) \mathcal{B}-\beta\left(c_m+a c_e\right) \mathcal{A}\right)^2}{2\left(2 c_{\tau 2} \mathcal{C}\left(2 \beta c_{\tau 1}-\theta^2 \mathcal{C}\right)-c_{\tau 1}\left(\gamma \mathcal{C}+e \beta c_e \mathcal{A}\right)^2\right)^2} \tag{13.12}$$

$$\pi_{\mathrm{M}}\left(w^{\mathrm{D}}, \tau_2^{\mathrm{D}}\right)=\frac{c_{\tau 1} c_{\tau 2}\left(\alpha \Phi_3-\beta\left(h_r+\rho h_d\right) \mathcal{B}-\beta c_m+a c_e \mathcal{A}\right)^2}{2\left(2 c_{\tau 2} \mathcal{C}\left(2 \beta c_{\tau 1}-\theta^2 \mathcal{C}\right)-c_{\tau 1}\left(\gamma \mathcal{C}+e \beta c_e \mathcal{A}\right)^2\right)}+c_e \bar{E} \tag{13.13}$$

进一步比较集中式和分散式决策模式的绩效，得到以下结果。

定理 13.4 在集中式和分散式决策模式下，有

（1）$\tau_2^{\mathrm{I}}<\varDelta_2$，则 $J\left(Q^{\mathrm{I}}\right)>J\left(Q^{\mathrm{D}}\right)$；否则，$J\left(Q^{\mathrm{I}}\right)\leqslant J\left(Q^{\mathrm{D}}\right)$，其中 $\varDelta_2=\dfrac{\varDelta a}{\varDelta+1e}$。

（2）$1<\dfrac{\Pi_c\left(\tau_1^{\mathrm{I}},\ \tau_2^{\mathrm{I}},\ p^{\mathrm{I}}\right)}{\pi_{\mathrm{R}}\left(\tau^{\mathrm{D}}, p^{\mathrm{D}}\right)+\pi_{\mathrm{M}} w^{\mathrm{D}}, \hat{\tau}^{\mathrm{D}}}\leqslant \Omega$，其中

$$\Omega=\frac{\left(2 c_{\tau 2} \mathcal{C}\left(2 \beta c_{\tau 1}-\theta^2 \mathcal{C}\right)-c_{\tau 1}\left(\gamma \mathcal{C}+e \beta c_e \mathcal{A}\right)^2\right)^2}{\left(c_{\tau 2} \mathcal{C}\left(2 \beta c_{\tau 1}-\theta^2 \mathcal{C}\right)-c_{\tau 1}\left(\gamma \mathcal{C}+e \beta c_e \mathcal{A}\right)^2\right)\left(3 c_{\tau 2} \mathcal{C}\left(2 \beta c_{\tau 1}-\theta^2 \mathcal{C}\right)-c_{\tau 1}\left(\gamma \mathcal{C}+e \beta c_e \mathcal{A}\right)^2\right)}$$

定理 13.4 给出了如果制造商与零售商合作，供应链可以产生更高的利润和更低的碳排放的条件。定理 13.4（1）比较了集中式和分散式决策模式中产生的碳排放。在集中式决策模式中，如果可持续技术水平低于一个阈值 $\varDelta_2$，供应链将产生比分散式决策模式更多的碳排放。如果可持续技术水平高于阈值，将产生更少的碳排放。定理 13.4（2）意味着制造商和零售商之间的合作导致总利润的增加。特别是由于存在碳排放上限，总利润最多可以增加 $(\Omega-1)\times 100\%$，从而证明 $\Omega>4/3$。在这种情况下，作为领导者的制造商愿意与零售商合作。然而，零售商可能会拒绝合作，因为这可能会导致利润减少。例如，由定理 13.3 可以发现，当零售商与制造商合作时，订货数量和促销力度增加，而销售价格可能降低，从而：①订单数量的增加导致更高的持有成本和购买成本；②促销力度的增加导致更高的促销成本；③销售价格下降导致收益减少；④虽然降低销售价格和增加促销力度会导致更高的客户需求，但可能不会增加零售商的利润。作为追随者，零售商只有在制造商提供一些激励的情况下才会考虑与制造商合作。这些激励是设

计好的合同机制。所以对于制造商来说，利用一些有效的机制来协调受碳排放法规影响的系统是至关重要的。13.4 节提出两个合同来协调碳排放总量控制与交易制度下的供应链系统。

13.4　两种供应链合同分析

13.4.1　收益-成本分享合同

本节的供应链 RPS 合同可概括如下：为了鼓励零售商合作，制造商首先降低单位批发价格 w。此外，零售商可以保留一部分收益 ϕ，而制造商愿意吸收一部分零售商的促销成本 $1-\phi$，使可持续投资与集中式决策模式的投资一致。零售商和制造商的利润分别为

$$\pi_{\mathrm{R}}^{\mathrm{R}}\left(\tau_1,p\right)=rpQ-\rho I_{\mathrm{R}}-h_r+\rho h_d I_{\mathrm{R}}-wQ-\frac{1}{2}\phi c_{\tau1}\tau_1^2 \tag{13.14}$$

$$\begin{aligned}\pi_{\mathrm{M}}^{\mathrm{R}}\left(w,\tau_2\right)=&\left(w-c_m\right)Q+c_e\left(\bar{E}-\left(a-e\tau_2\right)Q\right)+\left(1-\phi\right)p\left(Q-\rho I_{\mathrm{R}}\right)\\&-\frac{1}{2}\left(1-\phi\right)c_{\tau1}\tau_1^2-\frac{1}{2}c_{\tau2}\tau_2^2\end{aligned} \tag{13.15}$$

根据本合同的协调条件求解式（13.14），得以下结果。

定理 13.5　当 $p^{\mathrm{R}}=p^{\mathrm{s}}$、$\tau_2^{\mathrm{I}}=\tau_2^{\mathrm{R}}$ 时，RPS 合同能够协调碳排放总量控制与交易制度下的供应链系统。此外，相应的批发价格和促销力度分别为

$$w^{\mathrm{R}}=\phi\left(c_m+c_e\left(a-e\tau_2^{\mathrm{I}}\right)\right)+\phi-1\left(h_r+\rho h_d\right)\frac{\mathcal{B}}{\mathcal{A}} \tag{13.16}$$

$$\tau_1^{\mathrm{R}}=\frac{\theta\left(\left(\alpha+\gamma\tau_2^{\mathrm{I}}\right)\mathcal{C}-\beta\left(h_r+\rho h_d\right)\mathcal{B}-\beta\left(c_m+c_e a-e\tau_2^{\mathrm{I}}\right)\mathcal{A}\right)}{2\beta c_{\tau1}-\theta^2\mathcal{C}} \tag{13.17}$$

比较式（13.3）和式（13.17）可发现：RPS 合同中的最优促销力度等于在集中式决策模式中的最优促销力度，即 $\tau_1^{\mathrm{R}}=\tau_1^{\mathrm{I}}$。定理 13.5 还表明，制造商和零售商的最优决策与集中式决策模式一致，供应链得到了完美的协调。此外，还可得出以下结论。

定理 13.6　当且仅当分数 ϕ 的值满足 $\frac{1}{\varDelta^2}\leqslant\phi\leqslant\frac{1}{\varDelta}$ 时，供应链成员接受 RPS 合同，其中 $\varDelta=\frac{2c_{\tau2}\mathcal{C}_2\beta c_{\tau1}-\theta^2\mathcal{C}-c_{\tau1}\gamma\mathcal{C}+e\beta c_e\mathcal{A}^2}{c_{\tau2}\mathcal{C}_2\beta c_{\tau1}-\theta^2\mathcal{C}-c_{\tau1}\gamma\mathcal{C}+e\beta c_e\mathcal{A}^2}$。

定理 13.6 提供了制造商和零售商达成协议时（即实现双赢）ϕ 的范围。当 $\varDelta>2$ 时，零售商最多应分摊 $\frac{1}{\varDelta}$ 的收益和促销成本。另外，利用定理 13.6 可得到如下结果。

推论 13.1 当供应链成员接受 RPS 合同时，以下成立：

（1）$\dfrac{c_{\tau 2}^{2}\ \mathcal{C}_2\beta c_{\tau 1}-\theta^2\mathcal{C}\tau_2^{\mathrm{I}2}}{2\Delta^2 c_{\tau 1}\gamma\mathcal{C}+e\beta c_e\mathcal{A}^2}\leqslant \pi_{\mathrm{R}}^{\mathrm{R}}\left(\tau_1^{\mathrm{R}},p^{\mathrm{R}}\right)\leqslant \dfrac{c_{\tau 2}^{2}\ \mathcal{C}_2\beta c_{\tau 1}-\theta^2\mathcal{C}\tau_2^{\mathrm{I}2}}{2\Delta c_{\tau 1}\gamma\mathcal{C}+e\beta c_e\mathcal{A}^2}$

（2）$\dfrac{\left(c_{\tau 2}\mathcal{C}\left(2\beta c_{\tau 1}-\theta^2\mathcal{C}\right)-c_{\tau 1}\left(\gamma\mathcal{C}+e\beta c_e\mathcal{A}\right)\right)c_{\tau 2}\tau_2^{\mathrm{I}2}}{2\Delta c_{\tau 1}\gamma\mathcal{C}+e\beta c_e\mathcal{A}^2}+c_e\bar{E}\leqslant \pi_{\mathrm{R}}^{\mathrm{M}}\left(w^{\mathrm{R}},\tau_2^{\mathrm{R}}\right)$

$$\leqslant\frac{\left(\left(2\Delta-1\right)c_{\tau 2}\mathcal{C}\left(2\beta c_{\tau 1}-\theta^2\mathcal{C}\right)-\Delta c_{\tau 1}\left(\gamma\mathcal{C}+e\beta c_e\mathcal{A}\right)^2\right)c_{\tau 2}\tau_2^{\mathrm{I}2}}{2\Delta^2 c_{\tau 1}\gamma\mathcal{C}+e\beta c_e\mathcal{A}^2}+c_e\bar{E}$$

推论 13.1 很容易理解：它为制造商和零售商达成协议时提供了利润的上限和下限。对于零售商来说，利润的上限比下限至少大 Δ 倍。对于制造商来说，上下限之间的利润差为 $\dfrac{\left(\Delta-1\right)\left(c_{\tau 2}\mathcal{C}\left(2\beta c_{\tau 1}-\theta^2\mathcal{C}\right)-c_{\tau 1}\left(\gamma\mathcal{C}+e\beta c_e\mathcal{A}\right)^2\right)\eta_2\tau_2^{\mathrm{I}2}}{2\Delta^2 c_{\tau 1}\gamma\mathcal{C}+e\beta c_e\mathcal{A}^2}$。

需要注意的是，定理 13.6 和推论 13.1 是在批发价格 w^{R} 应该大于零的条件得到的。然而，当批发价格 $w^{\mathrm{R}}>0$ 时，从式（13.22）中可以得到 $\phi>\dfrac{h_r+\rho h_d\mathcal{B}}{\left(c_m+c_e a-e\tau_2^{\mathrm{I}}\right)\mathcal{A}+h_r+\rho h_d\mathcal{B}}$，当集中式决策模式下零售商最优的促销力度 $\tau_2^{\mathrm{I}}>\dfrac{\left(c_m+ac_e\right)\mathcal{A}-\left(\Delta-1\right)h_r+\rho h_d\mathcal{B}}{ec_e\mathcal{A}}$ 时，可进一步得到零售商在 RPS 合同中产生的收益份额 $\phi>\dfrac{1}{\Delta}$。这种情况可以证明 RPS 合同中制造商的利润小于分散式决策模式中的利润。这一结果意味着，当供应链由 RPS 合同协调时，对可持续技术的更大投资会降低制造商的利润。当可持续水平高于 $\dfrac{\left(c_m+ac_e\right)\mathcal{A}-\left(\Delta-1\right)h_r+\rho h_d\mathcal{B}}{ec_e\mathcal{A}}$ 时，制造商拒绝 RPS 合同。因此，RPS 合同不能用于协调供应链，应该制定一个更加健全的合同来协调系统。

13.4.2 两部定价合同

在 TPT 合同中，制造商将向零售商收取较低的批发价格 w 和固定成本 F。只有当制造商做出与集中式决策模式一致的可持续投资时，零售商才执行与集中式决策模式一致的销售决策。在这种情况下，零售商和制造商的利润函数分别为

$$\pi_{\mathrm{T}}^{\mathrm{R}}\left(\tau_1,p\right)=p\left(Q-\rho I_{\mathrm{R}}\right)-\left(h_r+\rho h_d\right)I_{\mathrm{R}}-wQ-\frac{1}{2}c_{\tau 1}\tau_1^2-F \tag{13.18}$$

$$\pi_{\mathrm{T}}^{\mathrm{M}}\left(w,\tau_2\right)=\left(w-c_m\right)Q+c_e\left(\bar{E}-\left(a-e\tau_2\right)Q\right)-\frac{1}{2}c_{\tau 2}\tau_2^2+F \tag{13.19}$$

根据本合同中的协调条件求解式（13.18），可得定理 13.7。

定理 13.7　当单位售价 $p^{\mathrm{T}} = p^{\mathrm{I}}$ 和促销力度 $\tau_2^{\mathrm{T}} = \tau_2^{\mathrm{I}}$ 时，TPT 合同能够协调碳排放总量控制与交易制度下的供应链系统。此外，相应的批发价格和促销力度分别为

$$w^{\mathrm{T}} = c_m + c_e(a - e\tau_2^{\mathrm{I}}) \tag{13.20}$$

$$\tau_1^{\mathrm{T}} = \frac{\theta\left(\left(\alpha + \gamma\tau_2^{\mathrm{I}}\right)\mathcal{C} - \beta\left(h_r + \rho h_d\right)\mathcal{B} - \beta\left(c_m + c_e a - e\tau_2^{\mathrm{I}}\right)\mathcal{A}\right)}{2\beta c_{\tau1} - \theta^2\mathcal{C}} \tag{13.21}$$

根据定理 13.1 和定理 13.7，可观察到 TPT 合同中的最优决策与集中式决策模式中的相同。因此，TPT 合同能够实现供应链的完美协调。

定理 13.8　当且仅当固定成本 F 满足条件时，供应链中成员接受第三方物流合同。

$$\frac{c_{\tau2}\left(c_{\tau2}\mathcal{C}\left(2\beta c_{\tau1} - \theta^2\mathcal{C}\right)\right)^2(\tau_2^{\mathrm{I}})^2}{2c_{\tau1}\left(\gamma\mathcal{C} + e\beta c_e\mathcal{A}\right)^2\left(2c_{\tau2}\mathcal{C}\left(2\beta c_{\tau1} - \theta^2\mathcal{C}\right) - c_{\tau1}\left(\gamma\mathcal{C} + e\beta c_e\mathcal{A}\right)^2\right)} \leqslant F$$

$$\leqslant \frac{c_{\tau2}\left(c_{\tau2}\mathcal{C}\left(2\beta c_{\tau1} - \theta^2\mathcal{C}\right)\right)^2\left(3c_{\tau2}\mathcal{C}\left(2\beta c_{\tau1} - \theta^2\mathcal{C}\right) - 2c_{\tau1}\left(\gamma\mathcal{C} + e\beta c_e\mathcal{A}\right)^2\right)(\tau_2^{\mathrm{I}})^2}{2c_{\tau1}\left(\gamma\mathcal{C} + e\beta c_e\mathcal{A}\right)^2\left(2c_{\tau2}\mathcal{C}\left(2\beta c_{\tau1} - \theta^2\mathcal{C}\right) - c_{\tau1}\left(\gamma\mathcal{C} + e\beta c_e\mathcal{A}\right)^2\right)^2}$$

推论 13.2　当供应链成员接受 TPT 合同时，有

（1）$$\frac{c_{\tau2}^2\ \mathcal{C}2\beta c_{\tau1} - \theta^2\mathcal{C}(\tau_2^{\mathrm{I}})^2}{2\Delta^2 c_{\tau1}\gamma\mathcal{C} + e\beta c_e\mathcal{A}^2} \leqslant \pi_{\mathrm{R}}^{\mathrm{T}}\left(\tau_1^{\mathrm{T}}, p^{\mathrm{T}}\right) \leqslant \frac{c_{\tau2}^2\ \mathcal{C}2\beta c_{\tau1} - \theta^2\mathcal{C}(\tau_2^{\mathrm{I}})^2}{2\Delta c_{\tau1}\gamma\mathcal{C} + e\beta c_e\mathcal{A}^2}$$

（2）$$\frac{\left(c_{\tau2}\mathcal{C}\left(2\beta c_{\tau1} - \theta^2\mathcal{C}\right) - c_{\tau1}\left(\gamma\mathcal{C} + e\beta c_e\mathcal{A}\right)\right)c_{\tau2}\tau_2^{\mathrm{I}2}}{2\Delta c_{\tau1}\gamma\mathcal{C} + e\beta c_e\mathcal{A}^2} + c_e\overline{E} \leqslant \pi_{\mathrm{M}}^{\mathrm{T}}\left(w^{\mathrm{T}}, \tau_2^{\mathrm{T}}\right)$$

$$\leqslant \frac{\left((2\Delta - 1)c_{\tau2}\mathcal{C}\left(2\beta c_{\tau1} - \theta^2\mathcal{C}\right) - \Delta c_{\tau1}\left(\gamma\mathcal{C} + e\beta c_e\mathcal{A}\right)^2\right)c_{\tau2}\tau_2^{\mathrm{I}2}}{2\Delta^2 c_{\tau1}\gamma\mathcal{C} + e\beta c_e\mathcal{A}^2} + c_e\overline{E}$$

推论 13.2 提供了供应链中成员接受 TPT 合同时零售商和制造商的利润上限与下限。推论 13.1 和推论 13.2 清楚地表明，TPT 合同中零售商和制造商的利润上限和下限与 RPS 合同中的相同。另一个含义是，两个合同有相同的协调效果。另外，式（13.21）表明接受 TPT 合同时批发价格总是大于零。因此，TPT 合同比 RPS 合同更具稳健性。

13.5　数值算例分析

13.5.1　数值算例设计

在本案例中，零售商的相应参数值为市场规模参数 $\alpha = 900$，销售努力（促销

环节）的敏感系数$\theta=0.5$，价格弹性系数$\beta=2$，促销力度成本系数$c_{\tau1}=3$，产品变质率$\rho=0.06$，零售商的单位持有成本$h_r=5$，零售商的单位变质成本$h_d=1.5$，固定成本$f(t)=\mathrm{e}^{-0.98t}$。对制造商来说，相应的参数值为$a=150$，$e=1.2$，$c_e=1.5$，$c_m=5$，$c_{\tau2}=10$，$\gamma=1$，$\bar{E}=10\,000$。利用这些给定的数据，计算结果如表 13.1 所示。

（1）集中式决策模式的利润和相应的碳排放量分别为 37 513 和 19 652，分散式决策模式的利润和相应的碳排放量分别为 29 187 和 10 807。因此，当制造商与零售商合作时，系统的利润增加了 28.5%，碳排放增加了 81.9%。供应链产生了更多的碳排放，这是因为制造商在集中式决策模式中对可持续技术的投资较少：即 48.8459 的可持续技术水平低于 89.8068 的要求阈值。因此，在此案例中，供应链产生了更高的利润和更多的碳排放。

（2）分散式决策模式的产品售价高于集中式决策模式。分散式决策模式的促销力度和可持续水平低于集中式决策模式。在这种分散式决策模式中，零售商的利润减少，如果不存在某种激励，零售商就不会与制造商合作。

（3）在 RPS 合同中，当零售商的收益份额ϕ大于 0.15 时，零售商的利润高于分散式决策模式。然而，当零售商的收益份额ϕ接近 0.4 时，RPS 合同中制造商的利润低于分散式决策模式。当零售商的收益份额ϕ在$[0.1536, 0.3919]$时，采用 RPS 合同将实现双赢。而且，当固定成本F在$[21245, 29571]$时，采用 TPT 合同将实现双赢。

（4）RPS 合同或 TPT 合同中供应链系统的利润和碳排放高于分散式决策模式。其大小与集中式决策模式下的相同。

（5）当采用任一合同都能实现双赢时，最优销售价格、促销力度和可持续水平等于集中式决策模式中相应的值，单批发价比分散式的低。然而，RPS 合同中的批发价格随着ϕ的增加而增加。在 TPT 合同中，它不会随F的变化而变化，这意味着 TPT 合同是稳健的。而且 RPS 合同中的批发价格比 TPT 合同中的低，因此，RPS 合同能够产生更多激励作用。

表 13.1　本案例的最佳解决方案

模型		p	τ_1	τ_2	w	零售商利润	制造商利润	总利润	排放量
集中式		312.699 6	17.704 8	49.845 9				37 513	19 652
分散式		396.195 2	6.938 1	19.533 4	320.495 2	5 365	23 822	29 187	10 807
RPS 合同	$\phi=0.15$	312.699 6	17.704 8	49.845 9	19.238 8	5 241	32 272	37 513	19 652
	$\phi=0.25$	312.699 6	17.704 8	49.845 9	33.478 6	8 734	28 779	37 513	19 652
	$\phi=0.35$	312.699 6	17.704 8	49.845 9	47.718 4	12 228	25 285	37 513	19 652
	$\phi=0.4$	312.699 6	17.704 8	49.845 9	54.838 4	13 974	23 538	37 512	19 652

续表

模型		p	τ_1	τ_2	w	零售商利润	制造商利润	总利润	排放量
TPT 合同	$F=21\ 000$	312.699 6	17.704 8	49.845 9	140.277 5	13 936	23 577	37 513	19 652
	$F=24\ 000$	312.699 6	17.704 8	49.845 9	140.277 5	10 936	26 577	37 513	19 652
	$F=27\ 000$	312.699 6	17.704 8	49.845 9	140.277 5	7 936	29 577	37 513	19 652
	$F=30\ 000$	312.699 6	17.704 8	49.845 9	140.277 5	4 936	32 577	37 513	19 652

定理 13.7 表明，由于存在碳排放上限，当制造商与零售商合作时，利润最多增加$(\Omega-1)\times100\%$。本书借助此案例进一步研究碳排放上限对利润和相应碳排放的影响。令 $\mathrm{R.P}=\dfrac{\pi^{\mathrm{I}}\left(\tau_1^{\mathrm{I}},\tau_2^{\mathrm{I}},p^{\mathrm{I}}\right)}{\pi_{\mathrm{R}}\left(\tau_1^{\mathrm{D}},p^{\mathrm{D}}\right)+\pi_{\mathrm{M}}\left(w^{\mathrm{D}},\tau_2^{\mathrm{D}}\right)}$ 代表制造商和零售商合作的利益。此案例中，将 $\bar{E}$ 的值从 10 000 改变到 30 000，相应的结果如图 13.1 所示。

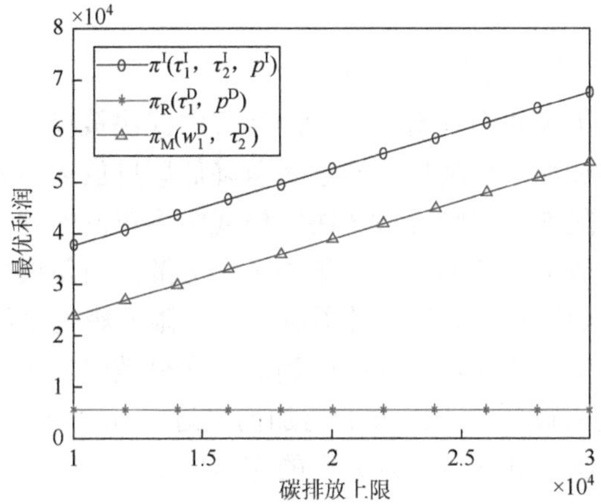

(a) 利润

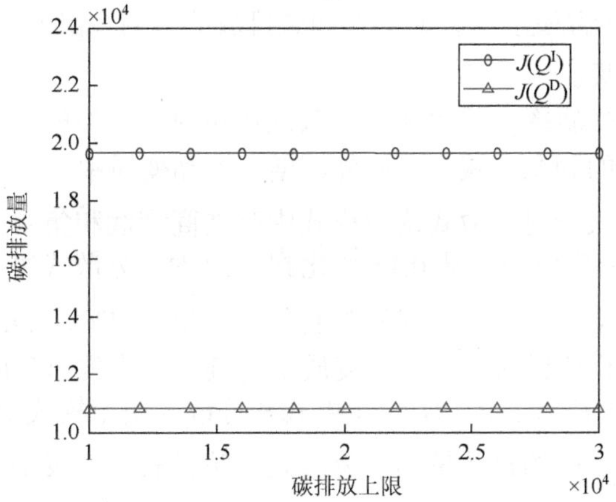

(b) 碳排放

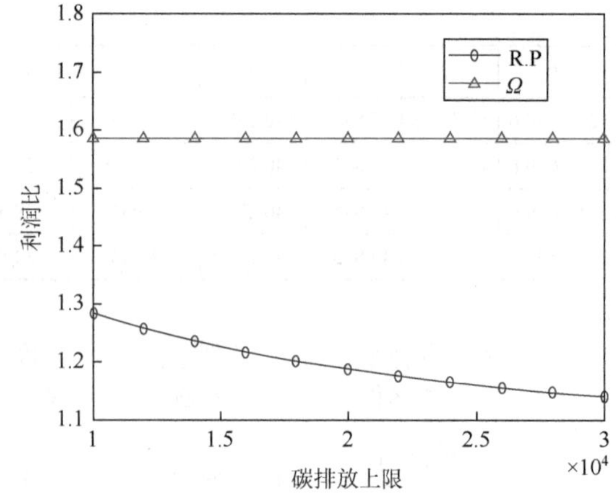

(c) 合作利润

图 13.1　$\bar{E}$ 对利润、碳排放和合作利润的影响

从图 13.1 中，可观察到以下情况。

（1）分散式决策模式中制造商的利润和集中式决策模式中供应链的利润随着碳排放上限 $\bar{E}$ 的增加而线性增加，这意味着降低碳排放上限 $\bar{E}$ 的价值会导致利润减少。但碳排放上限 $\bar{E}$ 不影响分散式决策模式中零售商的利润。

（2）随着碳排放上限 $\bar{E}$ 的增加，集中式和分散式决策模式的碳排放量保持不变，前者的排放量始终较高。这意味着碳排放上限不影响系统中产生的排放量。

（3）供应链在集中式决策模式中的利润与在分散式决策模式中的利润之比总是小于 Ω，并且随着碳排放上限 $\bar{E}$ 的增加而接近 1.0。由于制造商在分散式决策模式中排放较少的碳，并从额外碳许可的交易中受益，因此，当碳排放上限 $\bar{E}$ 增加时，制造商不太愿意与零售商合作。

本书还研究了产品变质率 ρ 对利润和碳排放的影响。相应的结果显示在图 13.2 中，并得到以下结果。

（1）随着产品变质率 ρ 的增加，分散式决策模式中各成员的利润和供应链在集中式决策模式中的利润将减少。此外，增加产品变质率 ρ 对分散式决策模式中零售商利润的影响大于对分散式决策模式中制造商利润和集中式决策模式利润的影响。例如，当产品变质率 ρ 从 0.15 变化到 0.18 时，分散式决策模式中零售商和制造商的利润以及集中式决策模式的利润分别减少 2.24%、0.95%和 1.14%。这表明当库存成本纳入供应链时，更高的变质率对其利润表现出负面影响。

（2）随着产品变质率 ρ 的增加，集中式和分散式决策模式中的排放量都增加。而且，集中式决策模式的排放量高于分散式决策模式。这表明变质率较高的产品会对环境造成更大的损害。

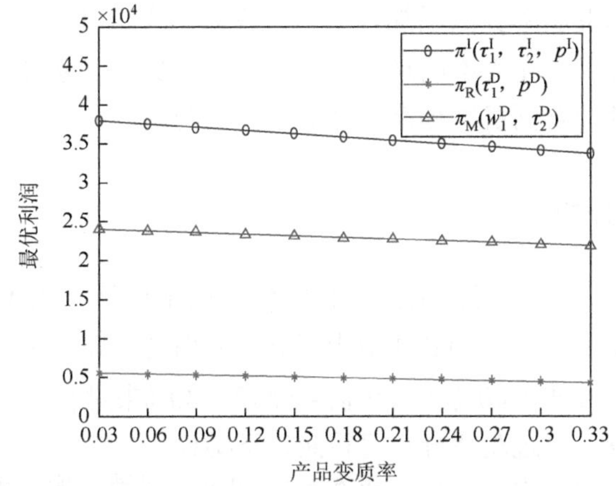

(a)利润

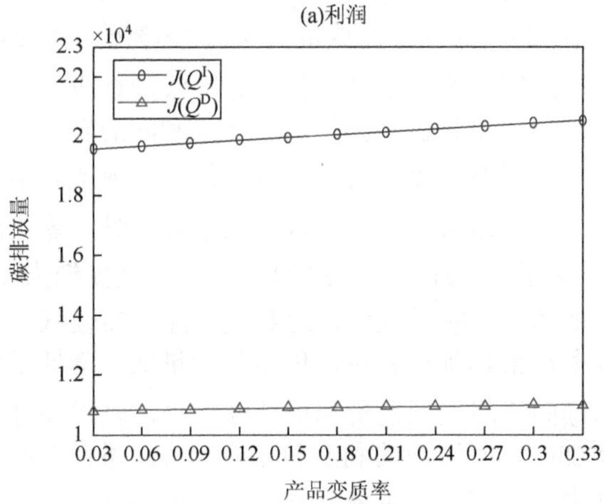

(b)碳排放

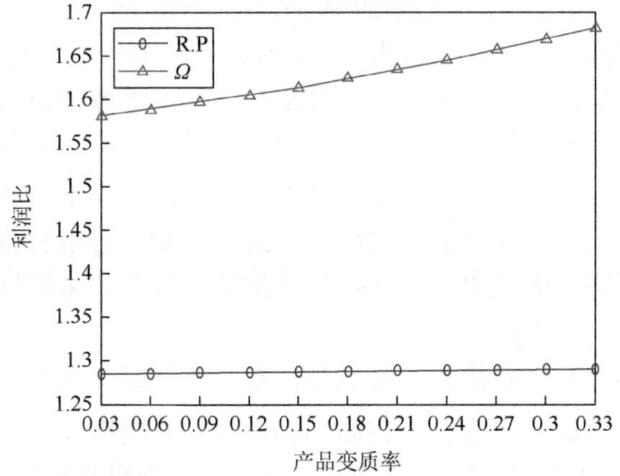

(c)合作利润

图 13.2　产品变质率对利润、碳排放和合作利润的影响

（3）随着产品变质率 ρ 的增加，集中式决策模式相对于分散式决策模式的利润率略有增加。此外，变质率的增加导致比率与其最低上限 Ω 之间的差异更大。这表明应利用有效的合同机制提高易逝品供应链的利润。

13.5.2 灵敏度分析

本节使用相同的案例研究关键参数零售商的单位持有成本 h_r ，产品变质率 ρ ，碳排放许可交易价格 c_e 和碳排放上限 $\bar{E}$ 对系统协调策略的影响。灵敏度分析是通过将每个参数改变 + 40%、+ 20%、–20%和–40%来进行的，每次取一个参数，其他参数保持不变。通过观察分析可得到以下结论。

（1）RPS 合同中，当单位持有成本 h_r 增加时，促销力度、可持续水平、批发价格、零售商和制造商的利润以及排放量减少，而销售价格增加。单位持有成本 h_r 的增加促使零售商提高销售价格以创造收益并降低持有成本。因为销售价格对单位持有成本 h_r 不太敏感，销售价格的增加会导致利润的轻微变化。随着单位持有成本 h_r 的增加，零售商也减少促销力度，以降低促销成本。销售价格的提高和促销活动的减少降低了市场需求。当单位持有成本较高时，零售商倾向于较少的订购量以减少库存。虽然提高销售价格会产生收益，降低促销力度会降低促销成本，但由于持有成本增加和销售收益减少，总利润可能仍然较低。因此，零售商的利润随着单位持有成本 h_r 的增加而减少。但是订购量低也降低了厂商的利润。在这种情况下，制造商倾向于降低批发价和可持续水平，以增加订单数量。因此，当单位持有成本 h_r 增加时，制造商的利润和相应的排放量也会减少。

（2）RPS 合同中，当产品变质率 ρ 升高时，销售价格、可持续水平和排放量增加，而促销力度、批发价格、零售商和制造商利润减少。当变质率相对较高时，变质可以进一步降低储存期间的成本。这会导致零售商提高售价，减少促销力度，以产生更多收益和降低促销成本。在这种情况下，制造商可以提高可持续水平以刺激需求，或者降低批发价格以获得更大的订购量。然而，随着产品变质率 ρ 的升高，需求将会减少，因为可持续水平带来的需求增加小于销售价格和促销力度带来的需求减少。另外，受产品变质率和需求的影响，订单数量增加，且产品变质率 ρ 的增加大于需求的减少。此外，排放量随着订单数量的增加而增加，这表明变质导致了更多的碳排放。

（3）RPS 合同中，当碳排放许可交易价格 c_e 增加时，销售价格、可持续水平和批发价格提高，而促销力度、零售商和制造商的利润以及排放量减少。在本章实例中，排放量高于碳排放上限的值。因此，对于较大的碳排放许可交易价格 c_e 值，制造商将提高可持续水平以抑制碳排放。这种情况下，可持续投资增加，因此，制造商提高批发价格以产生更多收益。批发价格的增加促使零售商提高销售价格，减少促销力度，以产生更多收益和降低成本，零售商可能会订购更少的数量。因此，随着碳排放许可交易价格 c_e 的上升，批发价格的上升和订购数量的减少会导致零售商利润下降。此外，可持续水平的提高和订购数量的减少会导致排放量减少。

（4）RPS 合同中，当碳排放上限 $\bar{E}$ 增加时，制造商的利润将增加，而销售价格、促销力度、可持续水平、零售商的利润和排放量保持不变。这一发现表明零售商和制造商在每个合同中的最优决策不受碳排放上限 $\bar{E}$ 的影响。特别是，若制造商作为碳排放的主要贡献者，当碳排放上限 $\bar{E}$ 增加时，制造商具有更高的利润并产生相同的排放量。因此，制造商受益于较大的碳排放上限。这也证实了碳排放总量控制与交易制度可以在经济性上激励企业控制碳排放。

从分析结果可得到以下观察结果。

（1）在 TPT 合同中，当单位持有成本 h_r 增加时，促销力度、可持续水平、零售商利润和排放量减少，而制造商的销售价格、批发价格和利润增加。在 RPS 和 TPT 合同中，增加 h_r 的价值会对供应链系统产生类似的影响，但制造商的批发价格和利润在 TPT 合同中会增加。这一发现也表明制造商可以在 TPT 合同中获得更多的利润和更低的碳排放。在这种情况下，制造商作为供应链的领导者和辐射者而更愿意采用 TPT 合同。

（2）在 TPT 合同中，当产品变质率 ρ 增加时，销售价格、可持续水平和排放量增加，而零售商和制造商的促销力度、批发价格和利润减少。这表明产品变质率对 RPS 和 TPT 合同中的供应链系统具有相同的影响。

（3）在 TPT 合同中，当碳排放许可交易价格 c_e 增加时，销售价格、可持续水平和批发价格增加，而促销力度、零售商利润和排放量减少，制造商的利润先增后减。TPT 合同中制造商的利润对 c_e 的敏感度低于 RPS 合同，例如，当 c_e 从 1.8 变为 2.1 时，制造商在 TPT 和 RPS 合同中的利润分别下降 2.69%和 6.13%。

（4）在 TPT 合同中，当碳排放上限 $\bar{E}$ 增加时，制造商的利润增加，销售价格、促销力度、可持续水平、零售商的利润和排放量保持不变。这表明碳排放上限对 RPS 和 TPT 合同中的供应链系统具有相同的影响。

13.6　本 章 小 结

供应链系统中的决策者在可持续供应链管理中面临许多新的挑战，制造、运输和产品储存等供应链活动都是碳排放的重要来源。研究发现可以通过设计供应链系统的结构来减少碳排放，并且碳排放总量控制与交易制度与可持续技术投资是两个有效的减排工具。基于这一发现，本章构建了一个碳排放总量控制与交易制度下的两级可持续易逝品供应链系统，该系统考虑了单制造商和单零售商，且需求随时间发生变化，并受到三个内生变量的影响。首先建立并比较了集中式和分散式决策模式的两种模型，然后提出了协调供应链的 RPS 合同和 TPT 合同，最后用实例分析和关键参数的灵敏度分析验证了理论结果。结果表明：①当制造商与零售商合作时，可以推导出更高利润和更低碳排放所对应的条件。此外，合作的收益存在一定的上限。②该系统可以通过 RPS 合同和 TPT 合同得到完美的供应链协调，并且存在实现双赢结果的情况。③在协调供应链系统方面，TPT 合同比 RPS 合同更具稳健性。

本章仍有一系列有待将来研究的科学问题：本章研究了二级供应链系统中的协调问题，然而在实践中，管理由多个下游和上游公司组成的多级供应链很常见，因此进一步的研究计划为：①研究碳减排制度下的多级可持续易逝品供应链系统，并设计有效的合同来协调此类系统。②可以研究需求随机的情况，这也将更具挑战性。

第 14 章　可持续易逝品供应链管理：选址-库存-路径集成模型

14.1　概　　述

易逝品在运输、库存等过程中容易存在严重价值损失，如何管理易逝品运输选址、库存和路径是易逝品供应链管理的关键问题。已有研究表明，易逝品在供应链过程中要求严格的温度和湿度控制，这导致碳排放量显著增加。众多易逝品业务相关公司在采取最佳选址-库存-路径运营策略时存在困难，这导致盈利较低（Kuo，2011；Mihajlović et al.，2019）。为了解决以上问题，我们需要建立一个涉及选址、库存和路径的系统以及集成的决策机制，该机制提供了集成的选址-路径选择问题（location routing problem，LRP）、路径-库存问题（routing inventory problem，RIP）、选址-库存问题（location inventory problem，LIP）和选址-库存-路径问题（LIRP）的解决方案。本章以经济成本和碳排放量最小化，产品新鲜度最大化为目标，提出了一个易逝品的多目标规划模型，将配送中心的碳排放纳入模型，并将速度作为灵敏度分析的变量来映射结果的变化。本章通过建模解决了以下问题：①综合考虑了易逝品供应链的选址、库存和路线问题，实现了集成优化；②考虑了产品的新鲜度和碳排放量，在控制易逝品新鲜度和碳排放的同时，对制造商和配送中心的位置、库存、路径进行集成优化，构建可持续的易逝品供应链；③提出了一种新的求解方法——YALMIP 工具箱以解决多目标规划问题。

14.2 节描述易逝品供应链选址-库存-路径决策问题。14.3 节分析经济成本、碳排放、新鲜度并构建了目标函数，基于 YALMIP 工具箱的模型求解。14.4 节进行案例分析以及敏感性分析。14.5 节为本章小结。

14.2　问 题 描 述

该模型在确定配送中心选址时考虑了运输路径、库存、零售商需求和产品新鲜度等要素，同时以碳排放量最小化为目标，建立了可持续供应链管理系统。易逝品供应链系统如图 14.1 所示。

供应链系统由制造商、配送中心和零售商组成。本章要解决的问题为：①确定配送中心的最优数量和最优选址；②将零售商分配到已确定的配送中心；③确定车辆的路径。例如，车辆 u 的配送路径可以是从制造商到配送中心或在任何配送中心之间。车辆 v 的配送路径是从配送中心到零售商或在任何零售商之间。例如，配送中心 2 的易逝品可以由制造商直接运输，也可以由制造商交付给配送中心 1 或配送中心 j，然后运输到配送中心 2。零售商 2 的产品可以由配送中心直接运输，也可以由配送中心 1、2 或 j 交付给零售商 1 或零售商 i，然后运输给零售商 2。最后，确定配送中心的选址与配送路径和配送中心的大小。为了尽可能地表示供应链系统的真实情况，本章的模型假设如下。

（1）每单位车辆只能服务一条路径。

（2）所有可用的 u 型车辆都具有相同的特性。

（3）所有可用的 v 型车辆都具有相同的特性。

（4）零售商的选址、建造配送中心的平均成本和碳排放水平都是已知的。

（5）在后续的配送过程中，根据不同的优化目标选择制造商和配送中心的选址。

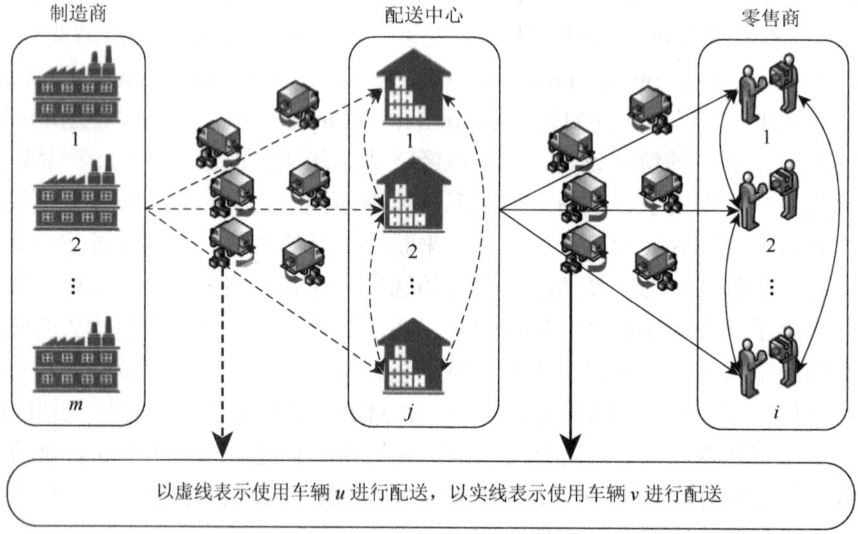

图 14.1　易逝品供应链系统

14.3　模型构建及分析

14.3.1　经济成本分析

本节讨论了经济成本因素，为企业提供支撑决策的信息。在 n 期内，假设配

送中心 j 的产品需求服从独立正态分布 $N\left(\mu_{jk}^{n},\sigma_{jk}^{2n}\right)$。同样地，由于市场对易逝品的需求波动较大，与其他库存策略相比，最好采用 (Q,s) 策略，该策略可以在需求在一定范围内突然增加或减少时监控库存的变化（Ganeshan，1999）。它可以有效降低易逝品的库存水平、库存积压和库存持有成本。在信息技术时代，决策者可以实时监控库存水平，由此产生的检测成本微不足道（Cui et al.，2017；Braglia et al.，2019），本章假设制造商使用 (Q,s) 策略（Saracoglu et al.，2014）。配送中心 j 建立后，要考虑安全库存，得到库存 I_{jk}^{n}、订货点 O_{jk}^{n} 分别如式（14.1）和式（14.2）所示（Govindan et al.，2014；Elking et al.，2017；Demey and Wolff，2016）。

$$I_{jk}^{n}=\underline{I}_{jk}^{n}+\zeta_{jk}^{n}\sqrt{t_{j}^{n}}\sigma_{jk}^{n},\forall j\in J,k\in K,n\in N \tag{14.1}$$

$$O_{jk}^{n}=\underline{I}_{jk}^{n}+t_{j}^{n}\mu_{jk}^{n}+\zeta_{jk}^{n}\sqrt{t_{j}^{n}}\sigma_{jk}^{n},\forall j\in J,k\in K,n\in N \tag{14.2}$$

其中，t_{j}^{n} 表示配送中心 j 在第 n 期的补货提前期。

制造商的平均库存可以通过式（14.1）与式（14.2）之和的 1/2 获得，如式（14.3）所示：

$$\overline{I}_{jk}^{n}=\underline{I}_{jk}^{n}+q_{jk}^{n}/2+\zeta_{jk}^{n}\sqrt{t_{j}^{n}}\sigma_{jk}^{n},\ \forall j\in J,k\in K,n\in N \tag{14.3}$$

配送中心建立后，制造商的库存成本可表示为

$$\sum_{k\in K}\left(\left(h_{jk}^{n}q_{jk}^{n}/2+h_{jk}^{n}\underline{I}_{jk}^{n}+h_{jk}^{n}\zeta_{jk}^{n}\sqrt{t_{j}^{n}}\sigma_{jk}^{n}\right)T_{jk}+c\left(q_{jk}^{n}\right)\right),\forall j\in J,k\in K,n\in N \tag{14.4}$$

其中，

$$T_{jk}=q_{jk}^{n}/\mu_{jk}^{n},\ \forall j\in J,k\in K,n\in N \tag{14.5}$$

$$c\left(q_{jk}^{n}\right)=F_{k}^{n}+c_{k}^{n}q_{jk}^{n},\ \forall j\in J,k\in K,n\in N \tag{14.6}$$

$c\left(q_{jk}^{n}\right)$ 表示当订单数量为 q_{jk}^{n} 时制造商的生产成本。

通过将式（14.4）除以配送中心 j 的产品 k 的安全库存 T_{jk} 并代入式（14.5）～式（14.6），制造商的单位时间成本可得

$$\sum_{k\in K}\sum_{n\in N}\sum_{j\in J}\left(h_{jk}^{n}q_{jk}^{n}/2+h_{jk}^{n}\underline{I}_{jk}^{n}+h_{jk}^{n}\zeta_{jk}^{n}\sqrt{t_{j}^{n}}\sigma_{jk}^{n}+\mu_{jk}^{n}cq_{jk}^{n}/q_{jk}^{n}\right),\ \forall j\in J,k\in K,n\in N \tag{14.7}$$

在建立配送中心之前，不需要考虑额外的安全库存。因此，制造商的单位时间成本如下：

$$\sum_{k\in K}\sum_{n\in N}\sum_{j\in J}\left(h_{jk}^{n}q_{jk}^{n}/2+h_{jk}^{n}\zeta_{jk}^{n}\sqrt{t_{j}^{n}}\sigma_{jk}^{n}+\mu_{jk}^{n}cq_{jk}^{n}/q_{jk}^{n}\right),\ \forall j\in J,k\in K,n\in N \tag{14.8}$$

对式（14.8）中订单数量 q_{jk}^{n} 求导，可得最优订货量如下：

$$q_{jk}^{*n}=\sqrt{\frac{2\mu_{jk}^{n}F_{k}^{n}}{h_{jk}^{n}}},\ \forall j\in J,k\in K,n\in N \tag{14.9}$$

通过将式（14.6）和式（14.9）代入式（14.8）可以得到建立配送中心之前的成本如下：

$$\begin{aligned}&\sum_{k}\sqrt{\frac{h_{jk}^{n}F_{k}^{n}\mu_{jk}^{n}}{2}}+h_{jk}^{n}\zeta_{jk}^{n}\sqrt{t_{j}^{n}}\sigma_{jk}^{n}+\sqrt{\frac{h_{jk}^{n}F_{k}^{n}\mu_{jk}^{n}}{2}}+\mu_{jk}^{n}c_{k}^{n}\\&=\sum_{k}\sqrt{2h_{jk}^{n}F_{k}^{n}\mu_{jk}^{n}}+h_{jk}^{n}\zeta_{jk}^{n}\sqrt{t_{j}^{n}}\sigma_{jk}^{n}+\mu_{jk}^{n}c_{k}^{n},\ \forall j\in J,k\in K,n\in N\end{aligned} \tag{14.10}$$

因此，由于建立配送中心 j 而增加的成本如下：

$$\begin{aligned}&\sum_{k\in K}\sum_{n\in N}\sum_{j\in J}\left(\begin{pmatrix}c_{j}+h_{jk}^{n}q_{jk}^{n}/2+h_{jk}^{n}\underline{I}_{jk}^{n}+h_{jk}^{n}\zeta_{jk}^{n}\sqrt{t_{j}^{n}}\sigma_{jk}^{n}+\mu_{jk}^{n}c\left(q_{jk}^{n}\right)/q_{jk}^{n}\\-\left(\sqrt{2h_{jk}^{n}F_{k}^{n}\mu_{jk}^{n}}+h_{jk}^{n}\zeta_{jk}^{n}\sqrt{t_{j}^{n}}\sigma_{jk}^{n}+\mu_{jk}^{n}c_{k}^{n}\right)\end{pmatrix}X_{j}\right)\\&=\sum_{k\in K}\sum_{n\in N}\sum_{j\in J}\left(\left(c_{j}+h_{jk}^{n}q_{jk}^{n}/2+h_{jk}^{n}\underline{I}_{jk}^{n}+\mu_{jk}^{n}c\left(q_{jk}^{n}\right)/q_{jk}^{n}-\left(\sqrt{2h_{jk}^{n}F_{k}^{n}\mu_{jk}^{n}}+\mu_{jk}^{n}c_{k}^{n}\right)\right)X_{j}\right)\\&=\sum_{k\in K}\sum_{n\in N}\sum_{j\in J}\left(\left(c_{j}+h_{jk}^{n}q_{jk}^{n}/2+h_{jk}^{n}\underline{I}_{jk}^{n}+\mu_{jk}^{n}F_{k}^{n}/q_{jk}^{n}-\sqrt{2h_{jk}^{n}F_{k}^{n}\mu_{jk}^{n}}\right)X_{j}\right)\end{aligned}$$

（14.11）

14.3.2　碳排放分析

本节主要考虑建立配送中心的过程、车辆配送过程以及产品库存所产生的碳排放（Balamurugan et al.，2018；Cheng et al.，2016；Kuo et al.，2014）。

1. 配送中心的碳排放

由于配送中心建设规模大，耗材数量多，建设过程中的碳排放不容忽视。配送中心使用寿命周期内的平均碳排放量为 $\sum_{j\in J}e_{j}X_{j}$。

2. 与运输相关的碳排放

产品运输是能耗和碳排放之间最重要的一环，将其作为车速、油耗和碳排放的组合具有实际意义（Xiao et al.，2012）。在车辆用于配送的过程中，油耗不仅与车辆行驶的距离有关，还与车辆的装载和行驶速度有关。

每单位距离的燃料消耗 e 近似于运载能力 Q 的线性函数为 $e(Q)=a(Q_{t0}+Q)+b$。其中 a 和 b 为大于零的常数，Q_{t0} 为车辆自重。当车辆未装载时，单位距离的燃料消耗为 $e_{0}=aQ_{t0}+b$。当车辆满载时，单位距离的燃料消耗为

$e^*=a\left(Q_{t0}+\overline{Q_t}\right)+b$。车辆重量和燃料消耗之间的关系可以表示为$e(q)=e_0+\left(e^*-e/\overline{Q_t}\right)q$。车辆在$i$和$j$之间进行配送时的碳排放量表示为$e\left(Q_{ij}\right)=e\psi_0^L eq_{ij}\Lambda_{ij}$。其中$Q_{ij}$表示路线中$i$和$j$之间的负载能力；$e$表示燃料的碳排放系数；$\psi_0^L$表示车辆以标准速度行驶时的油耗系数，$\Lambda_{ij}$表示$i$和$j$之间的距离。配送过程中产生的碳排放量为

$$e\left(\psi_{L_{wj}}^u\sum_{u\in U}\sum_{w\in(M\cup J)}\sum_{j\in J}\left(e^u+\left(e^{*u}-e^u\right)/q_{\max}^u Q^u\right)\Lambda_{wj}Y_{wj}^u\right.$$
$$\left.+\psi_{L_{si}}^v\sum_{v\in U}\sum_{s\in(M\cup J)}\sum_{i\in I}\left(e^v+\left(e^{*v}-e^v\right)/q_{\max}^v Q^v\right)\Lambda_{si}X_{si}^v\right)$$

3. 库存碳排放

本章假设库存碳排放量是库存中每单位产品的碳排放量。在将平均库存和库存碳排放相乘后，可以得到产品库存的碳排放，$\sum_{j\in J}\sum_{k\in K}e_k^n(\underline{I}_{jk}^n+q_{jk}^n/2+\zeta_{jk}^n\sqrt{t_j^n}\sigma_{jk}^n)$。

位置-库存-路线过程产生的碳排放为

$$e\left(\psi_{L_{wj}}^u\sum_{u\in U}\sum_{w\in(M\cup J)}\sum_{j\in J}\left(e^u+\left(e^{*u}-e^u\right)/q_{\max}^u Q^u\right)\Lambda_{wj}Y_{wj}^u\right.$$
$$\left.+\psi_{L_{si}}^v\sum_{v\in U}\sum_{s\in(M\cup J)}\sum_{i\in I}\left(e^v+\left(e^{*v}-e^v\right)/q_{\max}^v Q^v\right)\Lambda_{si}X_{si}^v\right)$$

14.3.3　新鲜度分析

对于任何易腐产品 k，生产出来后，其新鲜度会随着时间立即开始下降。本文使用单调连续递减函数$\tau_p(\mathrm{DT})$来描述产品k的新鲜度随时间的变化（Sinesio et al.，2018；van der Rhee et al.，2010）。假设产品完成时间为 0，零售商i在时间t收到的产品的新鲜度可以表示为$\tau_p\left(\mathrm{DT}_i\right)$。新鲜度随时间的变化如图 14.2 所示，其中$\tau_p\left(T_i\right)=1-\mathrm{DT}_i/\overline{\mathrm{DT}}_i^{\,2_{t_i}^{\max}}$。当交货时间超过$\overline{\mathrm{DT}}_i$时，零售商拒绝接收产品；在此基础上，产品的新鲜度为 0。因此，获得产品新鲜度模型如下：

$$\sum_{i\in I}\left(1-\left(\left(\sum_{w\in(M\cup J)}\sum_{j\in J}\Lambda_{wj}/L_{wj}+\sum_{s\in(I\cup J)}\sum_{i\in I}\Lambda_{si}/L_{si}\right)/\overline{\mathrm{DT}_i}\right)^2\right)$$
$$=\sum_{i\in I}\left(1-\left(\left(\sum_{w\in(M\cup J)}\sum_{j\in J}\mathrm{DT}_{wj}+\sum_{s\in(I\cup J)}\sum_{i\in I}\mathrm{DT}_{si}\right)/\overline{\mathrm{DT}_i}\right)^2\right)\tag{14.12}$$

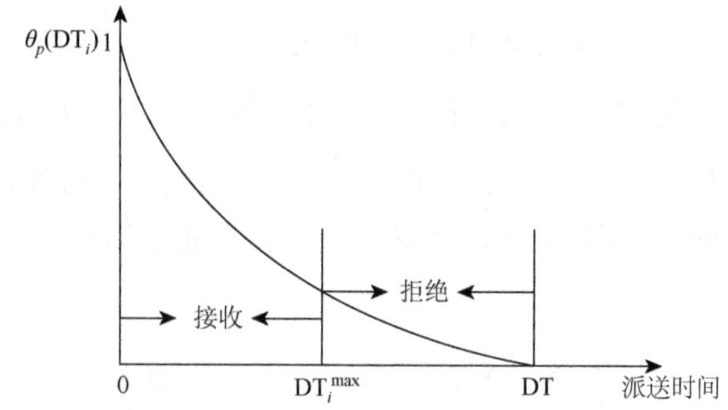

图 14.2　产品新鲜度变化和接收条件

其中，$w\in(M\cup J)$，$s\in(I\cup J)$，$u\in U$，$v\in V$，$i\in I$，$j\in J$。

14.3.4　目标函数

关键目标是最小化成本 Z^c、碳排放 Z^E 和最大化新鲜度 Z^τ。关于最小化成本 Z^c，在建立配送中心之前，总的运输距离是相对固定的，因为易腐产品直接从制造商配送到零售商的过程不考虑优化问题。但是，配送中心建立后，总的运输距离会因不同的影响因素而不断变化，如配送中心的补货提前期、车辆的装载能力、零售商允许的最大交货时间等，因此，应考虑油耗成本。不同的目标函数如下所示：

$$\begin{aligned}\min Z^c = &\sum_{k\in K}\sum_{n\in N}\sum_{j\in J}\left(\left(c_j + h_{jk}^n q_{jk}^n/2 + h_{jk}^n \underline{I}_{jk}^n + \mu_{jk}^n F_k^n / q_{jk}^n - \sqrt{2h_{jk}^n F_k^n \mu_{jk}^n}\right)X_j\right)\\ &+c_f\left(\psi_{L_{wj}}^u \sum_{w\in U}\sum_{w\in(M\cup J)}\sum_{j\in J}\left(e+\left(e^{u*}-e^u\right)/\overline{Q}_{t\,i}Q^u\right)\right)d_{wj}Y_{wj}^u\\ &+\psi_{L_{si}}^v \sum_{v\in V}\sum_{s\in(I\cup J)}\sum_{i\in I}(e^u+\left(e^{v*}-e^v\right)/\overline{Q}_{t\,i}Q^v)d_{sj}X_{si}^v\end{aligned}\tag{14.13}$$

$$\begin{aligned}\min Z^E = &\,c_f\left(\psi_{L_{wj}}^u \sum_{w\in U}\sum_{w\in(M\cup J)}\sum_{j\in J}\left(e^u+\left(e^{u*}-e^u\right)/\overline{Q}_{t\,i}Q^u\right)\right)d_{wj}Y_{wj}^u\\ &+\psi_{L_{si}}^v \sum_{v\in V}\sum_{s\in(I\cup J)}\sum_{i\in I}(e^u+\left(e^{*v}-e^v\right)/\overline{Q}_{t\,i}Q^v)d_{sj}X_{si}^v\\ &+\sum_{j\in J}\sum_{k\in K}e_k^n\left(\underline{I}_{jk}^n+\frac{q_{jk}^n}{2}+\zeta_{jk}^n\sqrt{t_j^n}\,\sigma_{jk}^n\right)+\sum_{j\in J}e_jX_j\end{aligned}\tag{14.14}$$

$$\min Z^{\tau}=\sum_{i\in I}\left\{1-\left[\left(\sum_{w\in(M\cup J)}\sum_{j\in J}\mathrm{DT}_{wj}+\sum_{s\in(I\cup J)}\sum_{i\in I}\mathrm{DT}_{si}\right)/\overline{\mathrm{DT}}_i\right]^2\right\} \tag{14.15}$$

$$\sum_{v\in V}\sum_{s\in(I\cup J)}\sum_{j\in J}Q^{v}X_{si}^{v}\geqslant\sum_{j\in J}D_{ik}^{n},\ \forall i\in I,j\in J,v\in V \tag{14.16}$$

$$\sum_{u\in U}\sum_{w\in(M\cup J)}\sum_{j\in J}Q^{u}Y_{wj}^{u}\geqslant\sum_{j\in J}\underline{I}_{ik}^{n},\ \forall u\in U,i\in I,j\in J,v\in V \tag{14.17}$$

$$\sum_{v\in V}X_{si}^{v}\geqslant 1,\ s\in(I\cup J),\ i\in I,v\in V \tag{14.18}$$

$$\sum_{v\in V}X_{si}^{v}-\sum_{v\in V}X_{si}^{v}=0,\ \forall i\in I,v\in V \tag{14.19}$$

$$D_{ik}^{n}+\sum_{j\in J}\underline{I}_{jk}^{n}\leqslant\sum_{j\in J}I_{jk}^{\max} \tag{14.20}$$

$$q_{jk}^{n}=q_{jk}^{n-1}-\sum_{i\in I}D_{jik}^{n-1}+q_{Mjk}^{n-1},\ \forall j\in J,k\in K,n\geqslant 2 \tag{14.21}$$

$$q_{jk}^{n}\geqslant\underline{I}_{jk}^{n},\ \forall j\in J,k\in K,n\geqslant N \tag{14.22}$$

$$\sum_{j\in J}D_{jik}^{n}\geqslant D_{ik}^{n},\ \forall i\in I,j\in J,k\in K,n\geqslant N \tag{14.23}$$

$$D_{jik}^{n}\leqslant\frac{\max\left\{\overline{\mathrm{DT}}_i-\mathrm{DT}_{wj}-\mathrm{DT}_{si},0\right\}}{\overline{\mathrm{DT}}_i-\mathrm{DT}_{wj}-\mathrm{DT}_{si}}W,\ \forall w\in(M\cup J),s\in(I\cup J), \tag{14.24}$$

$k\in K,i\in I,j\in J,m\in M$

$$D_{ik}^{n}\leqslant\sum_{j\in J}q_{Mjk}^{n},\forall j\in J,k\in K \tag{14.25}$$

$$D_{jik}^{n}\geqslant 0,\ \forall i\in I,\ j\in J,k\in K,n\geqslant N \tag{14.26}$$

$$X_j\in\{0,1\},\ \forall j\in J \tag{14.27}$$

$$\sum_{j\in J}q_{Mjk}^{n}\geqslant\sum_{i\in I}D_{ik}^{n},\ \forall i\in I,j\in J,k\in K,\ n\geqslant N \tag{14.28}$$

式（14.13）、式（14.14）和式（14.15）代表三个目标函数，即最小化经济成本、碳排放和最大化新鲜度。约束（14.16）确保通过零售商 i 的所有车辆实际配送的易腐产品的总和大于或等于零售商 i 的需求。约束（14.17）保证通过配送中心 j 的车辆总数 u 大于配送中心 j 的安全库存。约束（14.18）表示至少一辆车辆可用于节点之间的配送（从配送中心到零售商或零售商之间）。约束（14.19）表示重复节点之间实际配送的易腐产品的总和相等。约束条件（14.20）表示零售商 i 在第 n 期的需求不超过配送中心 j 的安全库存之和，同时不超过配送中心 j 的最大库存能力之和。约束条件（14.21）是配送中心 j 的第 n 期中可用的产品 k 的库存表达式。约束条件（14.22）表示在 n 期开始时，配送中心 j 中产品 k 的可用库存大于或等于安全库存。约束（14.23）表示必须满足零售商 i 的需求。约束（14.24）是产品 k 的时间约束。约束（14.25）要求当配送中心建在 j 时，产品 k 的订货量小于制造商的产量。约束（14.26）是非负变量约束。约束（14.27）是 0-1 变量约束。约束（14.28）表明制造商的产量大于零售商的需求。

14.3.5 基于 YALMIP 工具箱的模型求解

YALMIP 是 Lofberg 于 2004 年开发的免费 MATLAB 工具箱，具有开放性、集成性和易用性。YALMIP 是一种特殊的优化建模语言，广泛用于解决交通工程、控制和系统工程中的优化问题。目前，解决优化问题的常用方法有两种：①使用求解器。大多数解决者要求用户以特定的格式描述实际问题。这不仅要求用户耗费时间去学习编程语言，而且在编程的过程中也容易出错。②使用智能优化算法。智能算法的相关理论主要来自对一个生物群落的社会性的模拟，因此，相关的数学分析和理论基础相对薄弱。智能算法中的参数设置没有确切的理论依据，参数通常由实证方法确定，而这些方法严重依赖于特定的环境且缺乏用于性能评估的标准测试集，并且通过智能算法获得的解远比最优解更有可能是满意解。

使用 YALMIP 工具箱可以解决上述方法中的问题。特别是对于易逝品的可持续供应链管理，YALMIP 有两个显著的优势：①除了自身的多目标线性规划算法外，还提供了编程接口，可以用于所有的优化软件求解器，极大地提高了其求解模型的能力。②YALMIP 工具箱实现了建模和算法的分离。它为所有复杂的优化问题提供了一种统一、简单、直观的建模语言。可以通过参数设置来指定求解器，YALMIP 工具箱会自动选择最合适的、已安装的求解器（Mardani et al.，2019；Wang et al.，2018）。

使用 YALMIP 工具箱求解模型的步骤如下。

第一步：定义决策变量。YALMIP 工具箱使用 sdpvar() 命令来定义决策变量。例如，$Y=\text{sdpvar}(n,M)$ 表示订单矩阵 $n\times m$，对于本章的问题，$Y=\text{sdpvar}(M,J)$ 表示制造商 M 向配送中心 J 配送产品，$Y=\text{sdpvar}(J,I)$ 表示配送中心 J 向零售商 I 配送产品。

第二步：添加约束。YALMIP 工具箱以 F = [constraints]的形式来定义约束。初始化 F = [ ]；存在① $F=\left[F;\text{sum}(j)==J;\text{sum}(m)==M\right]$；② $F=\left[F;\sum_{v\in V}\sum_{s\in(I\cup J)}\sum_{i\in I}Q^v X_{si}^v \geqslant D_{ik}^n;\cdots;\sum_{j\in J}q_{Mjk}^n \geqslant \sum_{i\in I}D_{ik}^n;\sum_{i\in I}D_{ik}^n \leqslant I_{jk}^{\max}\right]$。在使用 YALMIP 工具箱定义不等式约束时，必须选择“>=”或“<=”。

第三步：解决优化问题。YALMIP 工具箱使用优化器（Constraints，Objective）

命令求解优化问题。优化器(F,f)就是求解目标最小化问题。其中，F 表示约束，f 表示目标函数，$-f$ 表示求解目标函数最大化问题。优化器$\left(F,Z^{c}\right)$和优化器$\left(F,Z^{E}\right)$分别表示成本和碳排放最小化，同样地，优化器$\left(F,-Z^{\theta}\right)$表示新鲜度最大化。

第四步：获取决策变量的值。用优化器（Constraints，Objective）命令求解优化问题后，可以使用 double() 命令提取决策变量的值。sdpvar(M,J)表示制造商 M 和配送中心 J 之间的配送关系，sdpvar(J,I)表示配送中心 J 和零售商 I 之间的配送关系。

14.4　数值案例分析

14.4.1　案例设计

本节使用案例研究来验证所提出的模型的有效性和可行性。假设一家公司计划在中国 31 个主要城市建立五个配送中心和一个制造工厂。它有多个决策目标：①经济成本最小化；②尽量减少碳排放；③产品新鲜度最大化。相关参数符号数值设计参考高宝俊等（2005）、马祖军和周愉峰（2018）等的相关研究。另外，假设单位产品 k 在配送中心 j 的持有成本 $h_j=1$。产品 k 制造时，固定成本为 $F_k=1$。可变成本为 $c_k=0.5$。订单提前期为 $t_j=3$。当交货时间超过 10 天时，零售商 i 拒绝接收产品，即 $\bar{T}_i$。车辆 u 的最大载 $\bar{Q}^u=10\,000$。每件产品每单位距离的油耗成本 $c_f=5$。燃料的碳排放系数值 $e=7$。车辆 v 的最小负载能力等于 $\bar{Q}^v=4500$。车辆 u、v 空载时，其油耗分别为 0.3 和 0.1；车辆 u、v 满载时，其油耗分别为 0.5 和 0.25。单位产品的库存碳排放量为 0.1。当车辆 u 的速度为 90，车辆 v 的速度为 100 时；车辆的燃料系数是 1。配送中心的安全库存是 500。本节使用 v 来表示车辆 v 的速度，u 来表示车辆 u 的速度。

以经济成本最小、碳排放最小、产品新鲜度最高为目标，用 MATLAB2015 求解该模型，得到了不同的优化方案。同时，一旦优化方案确定，配送中心将在随后的整个配送过程中实施。

在案例分析结果中，可以找到每个方案的配送路径和配送量。Q_{ij} 表示配送中心的能力。例如，为实现成本最小化，选择位置 22 作为制造商，并且选择位置 22、25、26、28 和 29 作为配送中心。如果将地点 26 用作配送中心，则可将 2696、2398、254、2449 单位的易腐产品分别配送到地点 5、10、15 和 28，总容量为 7797。

通过对数值结果的分析发现，当目标是最小化经济成本时，最优计划是将位置 22 作为制造商，将位置 22、25、26、28、29 作为配送中心。当目标是最小化碳排放水平时，最优计划是将位置 27 作为制造商，将位置 5、7、20、22 和 27 作为配送中心。当目标是产品新鲜度最高时，最优计划是将位置 30 作为制造商，将位置 27、28、29、30 和 31 作为配送中心。

14.4.2 灵敏度分析

在该模型中，制造商和配送中心之间（或配送中心和零售商之间）的出行速度是一个重要的输入参数。所以利用灵敏度分析来揭示车速对目标函数值的影响。首先，以成本最小、碳排放量最小、产品新鲜度最高为目标，得到最优方案。然后，探讨了车速 u 和 v 对目标函数的影响。考虑到实际情况，假设了两种场景：①假设车辆 u 的速度范围在 80～110km/h，车辆 v 的速度范围在 80～120km/h；②假设车辆 v 的实际速度在 80～110km/h，车辆 u 的实际速度在 70～110km/h，不同速度下的油耗系数见表 14.1。例如，当车辆 u 的速度为 80km/h、90km/h、100km/h 和 110km/h 时，油耗系数分别为 0.9、1.0、1.1 和 1.2。当车辆 v 的速度为 80km/h、90km/h、100km/h、110km/h、120km/h 时，油耗系数分别为 0.8、0.9、1.0、1.1、1.25。考虑到车辆 u 的载荷较大，车速不宜过高，车辆 u 的允许最大速度为 110km/h，相应的分析结果如图 14.3 和图 14.4 所示。

表 14.1　速度和相应的油耗系数

速度/(km/h)	L_{wj}	L_{si}
70	0.8	—
80	0.9	0.8
90	1.0	0.9
100	1.1	1.0
110	1.2	1.1
120	—	1.25

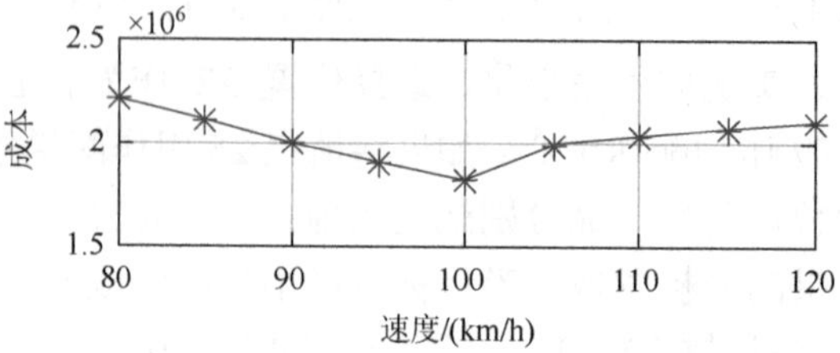

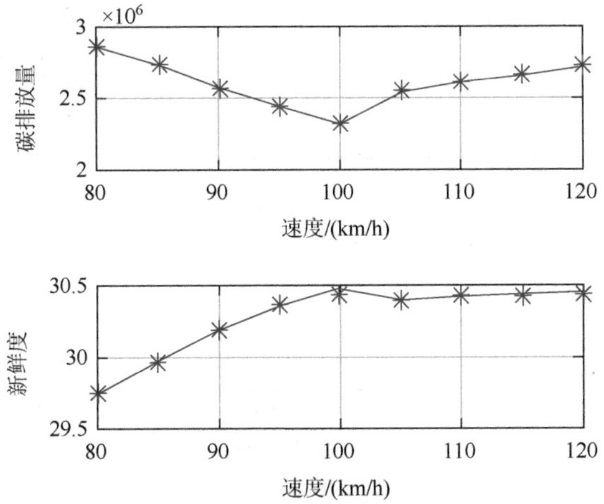

(a) 车速 $u = 80$km/h

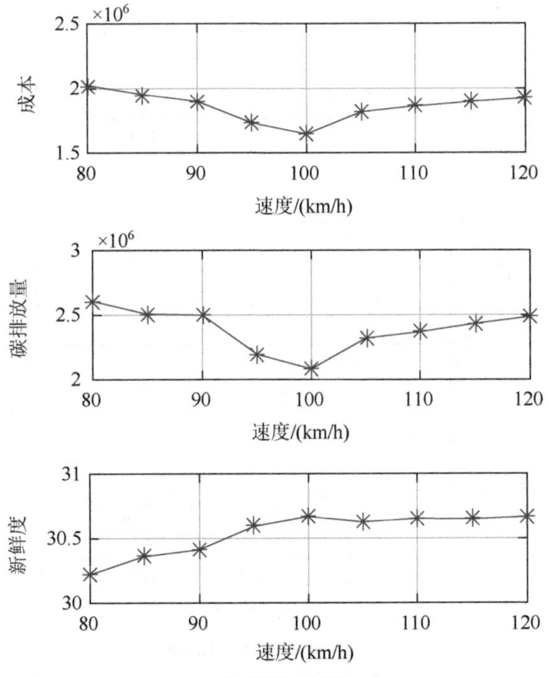

(b) 车速 $u = 90$km/h

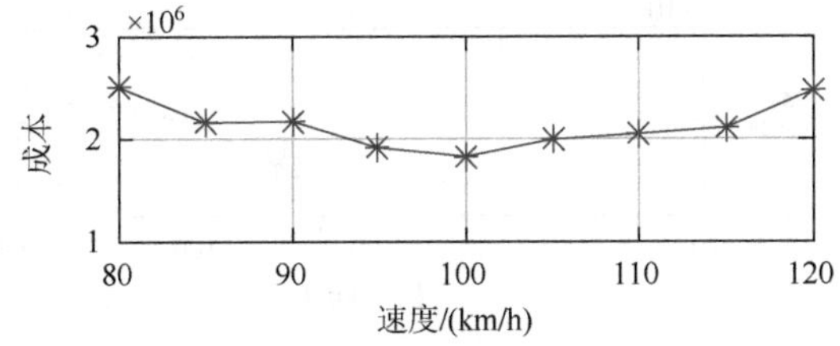

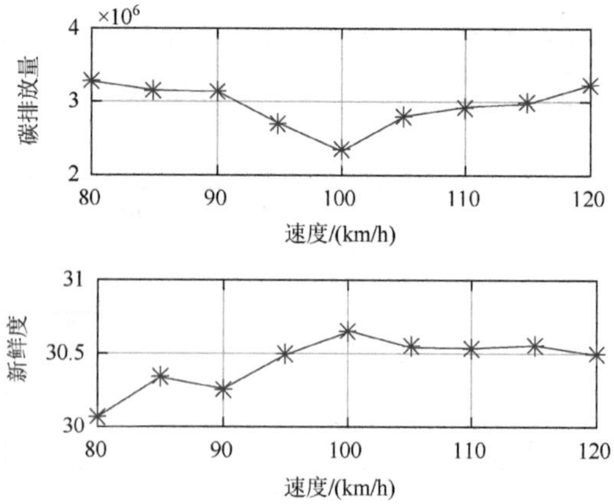

(c) 车速 u = 100km/h

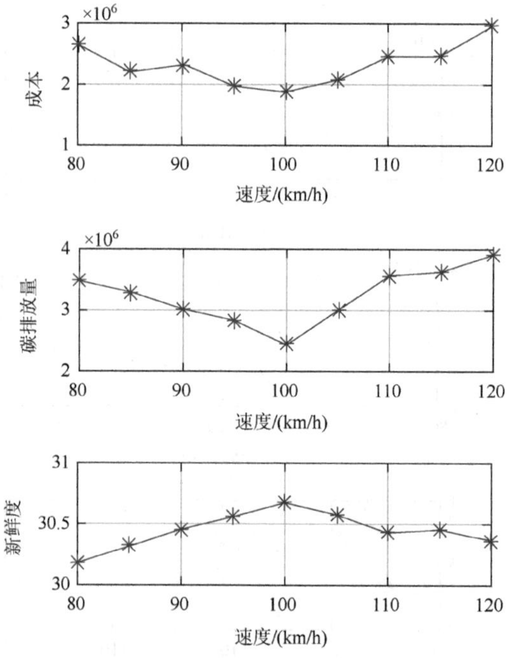

(d) 车速 u = 110km/h

图 14.3　车辆 u 目标函数随车辆 v 速度的趋势图

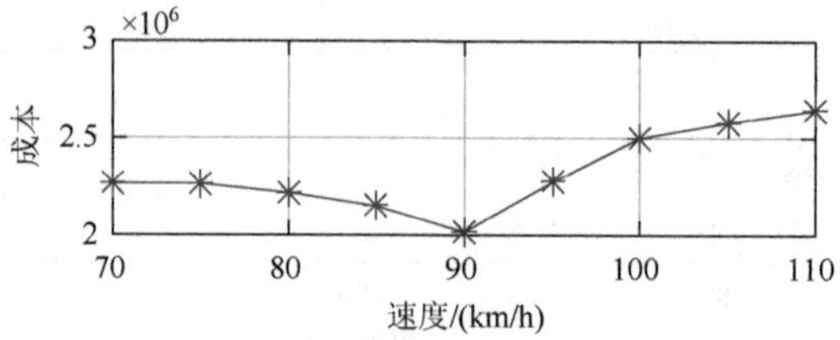

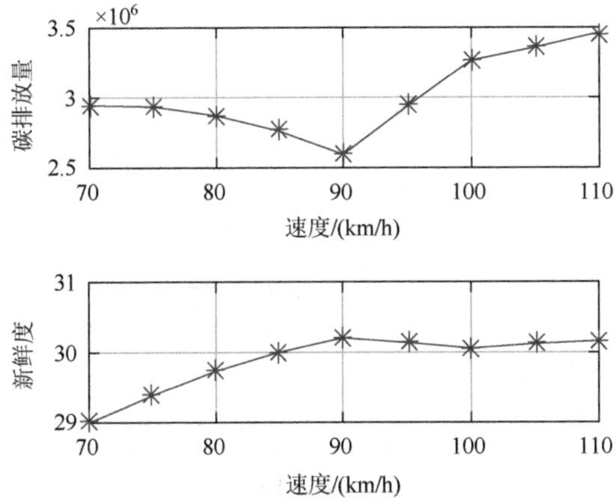

(a) 车速 $v = 80$km/h

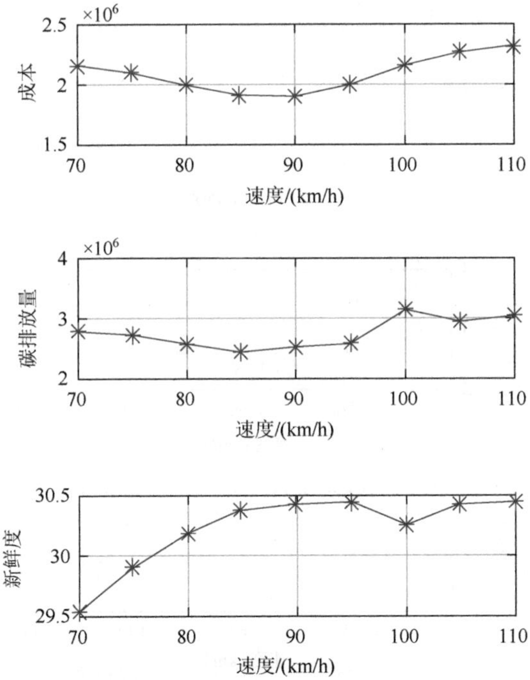

(b) 车速 $v = 90$km/h

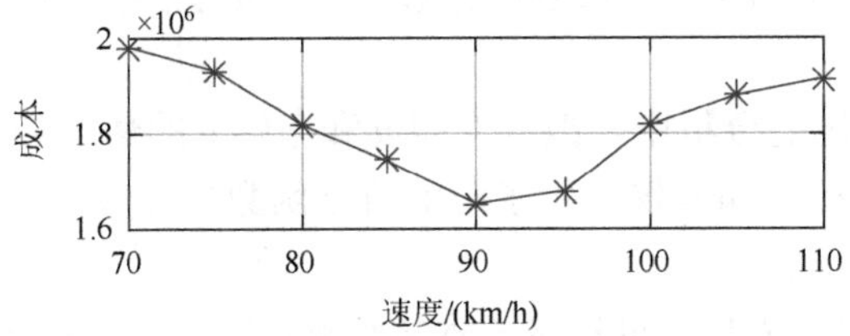

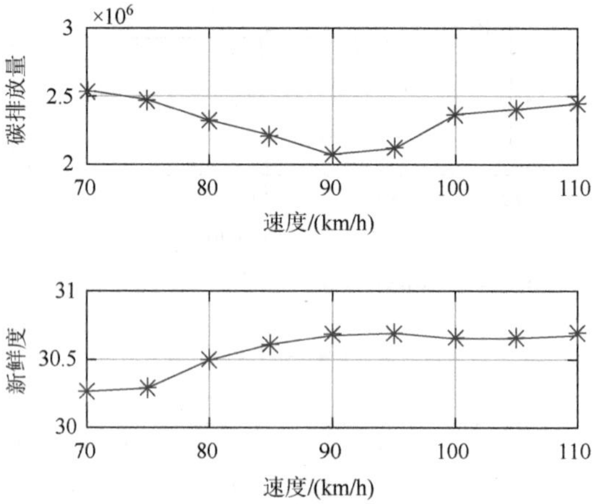

(c) 车速 $v = 100$km/h

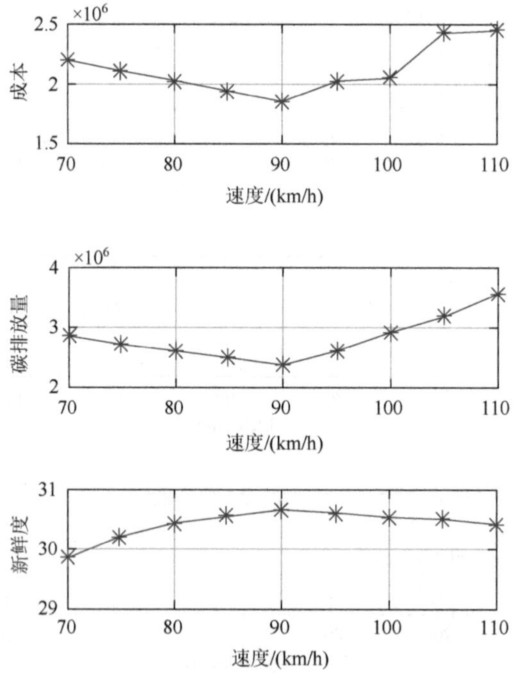

(d) 车速 $v = 110$km/h

图 14.4　车辆 v 目标函数随车辆 u 速度的趋势图

在上述两种情况的分析中，改变车辆 u 和车辆 v 的速度会导致目标函数的改变。然而，图 14.3 和图 14.4 仅显示了影响目标函数的速度，但影响的大小和程度无法准确确定。

首先，分析了速度对制造商经济成本的影响。如图 14.5 所示，关于车辆 u 和车

辆 v 的速度，经济成本不断降低。然而，当车辆 u 的速度超过 90km/h 并且车辆 v 的速度超过 100km/h 时，制造商的成本不断上升。其次，分析了改变车速对制造商碳排放水平的影响。图 14.5 的结果表明，随着车速的增加，制造商的碳排放水平不断降低。然而，当车速超过 90km/h，然后超过 100km/h 时，制造商的碳排放水平呈上升趋势。最后分析了速度变化对产品新鲜度的影响。结果表明，产品新鲜度随着车速的增加而提高。但是，产品新鲜度并不是无限提高的，最大达到 31。具体趋势如图 14.5 所示。当车速超过一定范围时，制造商的成本和碳排放水平会随着车速的增加而增加。因此，在做出决策时，制造商应该衡量所有三个目标之间的关系。

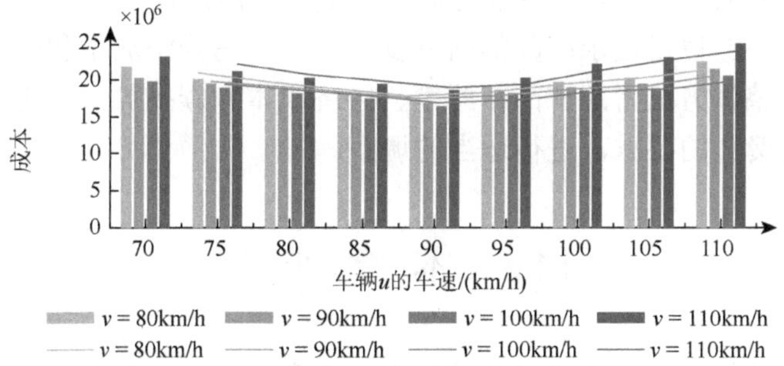

(a) 车辆u和车辆v速度对经济成本影响趋势图

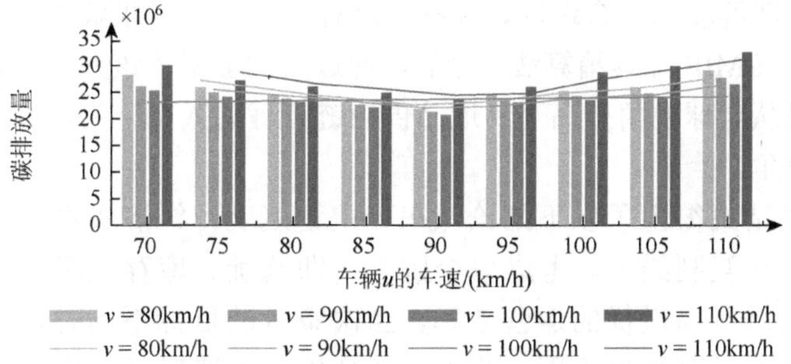

(b) 车辆u和车辆v速度对碳排放影响趋势图

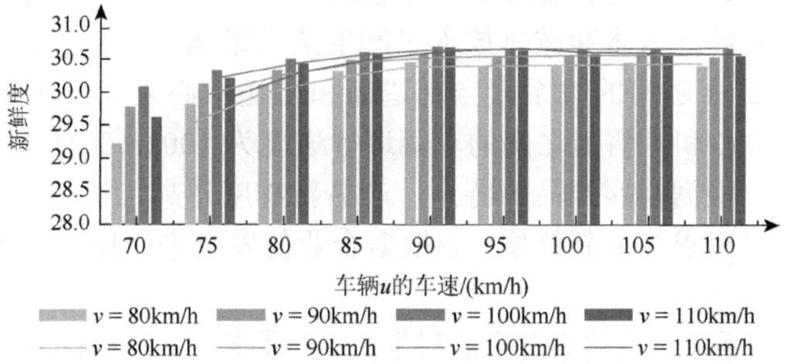

(c) 车辆u和车辆v速度对新鲜度影响趋势图

图 14.5　车辆 u 和车辆 v 速度对参数影响的趋势图

假设车速 u 是确定的，本章研究了车速 v 的变化对三个目标函数的影响。然后，确定车速 v，并观察车速 u 对目标函数的影响。通过图 14.5 可发现目标函数的变化趋势是相同的，即当车速 v 为 100km/h、车速 u 为 90km/h 时，经济成本和碳排放最低。改变车辆的油耗系数和碳排放系数不会影响结果的变化趋势，因为在模型中，油耗系数和碳排放系数与目标函数是线性关系。因此，一定程度上说明了研究结果具有一定的稳健性。

通过分析，研究发现车辆 u 和车辆 v 的行驶速度会影响经济成本、碳排放水平和产品新鲜度。当车辆 u 的速度为 90km/h，车辆 v 的速度为 100km/h 时，总经济成本和碳排放成本最优，而速度越高，产品新鲜度越高。

本章认为不能盲目追求产品的新鲜度，而不考虑经济成本和碳排放水平。决策者应该采取整体方法考虑产品新鲜度、经济成本和碳排放水平之间的关系。根据不同市场消费者的要求，进行适当的调整。

14.5　本 章 小 结

市场易逝品的特性是学者研究的焦点。本章构建了一个基于经济成本、碳排放水平和产品新鲜度的综合选址、库存、路径模型。为了求解该模型，本章创新性地使用了 YALMIP 工具箱算法。最后，通过实例证明了该方法的科学性和正确性。研究结果从全球视角提高了易逝品供应链管理的效率，为可持续供应链的研究提供新的视角。

根据研究结果得出了以下结论：在一定程度上，经济成本、碳排放水平和产品新鲜度是相互制约的。考虑单个因素（即选址、库存或路径）的优化不能帮助决策者获得全局最优的运营效率。当决策者的目标不同时，制造商和配送中心的位置和配送路径也不同。此外，还分析了车速对经济成本、碳排放水平和产品新鲜度的影响。研究发现车辆配送速度可以影响决策。特别是，车速过高或过低都会对经济成本和碳排放水平产生重大影响。最优速度可以帮助决策者更好地调整目标之间的关系。当制造商和配送中心之间的车辆运行速度为 90km/h，配送中心和零售商之间的车辆运行速度为 100km/h 时，经济成本和碳排放水平最优。根据易腐产品的特点，产品新鲜度越高，消费者满意度越高。决策者不会盲目追求产品新鲜度，会根据企业的发展来平衡这三个目标之间的关系。

本章仍有一系列有待将来研究的科学问题：①关于 n 期的探索，②冷链物流。易逝品可以通过冷链物流运输从而减少产品的变质，但需要相对较高的设备成本。因此，考虑是否使用冷链物流是未来一个值得探索的研究方向。

本 篇 总 结

本篇从现实运营中提取抽象问题，聚焦主要研究内容，构建数学模型求解碳排放约束政策下供应链成员的最优决策方案，以及易腐易逝品供应链管理中的均衡解。

首先，本篇关注碳排放背景下的生产和物流问题，构建单个企业在碳排放规制下的产能扩张和生产计划两阶段模型，研究企业的产能扩张决策问题。其次，本篇将碳排放问题引入到一个需求分布的均值和方差已知，但需求信息不完全的报童问题中，构建总量控制与限额交易制度下分布式鲁棒报童模型，研究企业的采购策略和碳减排决策。然后，本篇针对易腐易逝品的供应链协调问题，构建由单制造商和单零售商组成的两级可持续供应链系统模型，研究收益-成本分享（RPS）合同和两部定价（TPT）合同机制对于供应链整体及各成员效益的影响。最后，本篇针对易腐易逝品的储存和运输问题，构建了一个涉及选址、库存和路径的系统模型，研究易腐易逝品供应链中多目标规划问题的最优解。

本篇主要得出以下结论：①限额交易机制和碳税规制下，单位利润、产能投资成本、边际利润和企业产能决策等相关，根据约束条件企业作出相应产能决策。②碳排放总量控制机制和总量控制与交易制度下，成本参数、碳排放参数和需求信息参数等相关，对于企业利润产生直接影响。③通过设计供应链系统的结构可以减少碳排放，碳排放总量控制与交易制度、可持续技术投资是两个有效的减排工具。④在一定程度上，经济成本、碳排放水平和产品新鲜度相互制约，决策者的目标、车速等因素均会对最优决策方案及碳排放水平、产品新鲜度等造成影响。

第五篇　结论与展望

作为本书的完结篇，本篇旨在总结本书的主要研究工作，并围绕绿色技术迭代、商业模式创新、制度环境演变展望本书所关注领域的未来发展和研究前景。本书的核心内容主要包括三篇十二章，重点研究低碳、闭环可持续供应链成员企业的运营策略以及供应链系统机制设计。以闭环供应链基本特性为研究依托，分别探讨供应链成员企业在渠道结构、回收努力和广告策略等因素影响下的回收、制造和再制造的运营策略。以绿色产品为切入点，研究低碳、闭环供应链中上下游企业间的合作与竞争，不同技术许可模式的影响，第三方回收服务商的选择等。以低碳倡议为系统目标研究碳交易机制等碳排放约束政策对于低碳、闭环供应链的生产、库存、回收等决策的影响机理。

希冀未来更多的管理科学家投入低碳、闭环供应链管理的实践和理论研究工作中，拓展绿色与可持续供应链管理领域的新技术、新场景、新模式、新问题，共同贡献可持续供应链管理研究的理论与实践价值。本篇从商业环境演变、新兴技术迭代、商业模式创新、制度环境变革等五个方面提出五个未来研究设想，期待与诸位管理学者共同推动可持续供应链管理迈向新的发展阶段：①复杂不确定性环境下的可持续供应链管理问题；②融合新一代信息技术的可持续供应链管理问题；③可持续供应链管理中的多元绿色技术投入问题；④跨层次碳排放政策下的可持续供应链管理问题；⑤数字经济时代的行为运营与可持续供应链管理。

第15章 全书总结

自1982年"供应链管理"的概念提出以来，国内外学者对供应链管理研究工作始终保持极大的热情，在传统供应链运营管理、供应链竞争与合作，绿色与可持续供应链管理、电商供应链、供应链金融等细分领域取得了卓越的理论成果，为推动全球供应链创新作出了重要的理论贡献。供应链管理思想与实践成为降低企业生产运营成本，提升产品服务质量、加快渠道交付效率，保持企业竞争优势的重要利器。融合当前经济社会环境发展现状，可持续发展观念日益深入人心，引入逆向物流的闭环供应链成为供应链管理研究的新领域，实现涵盖产品设计到生命期结束后循环处理的供应链闭环管理，减少剩余废物与污染排放，以绿色理念驱动消费升级与供应链管理实践。在当前百年未有之大变局下，为保护全球生态环境，我国提出碳达峰碳中和目标，呼吁全球国家遵守联合国气候变化框架公约，积极推进碳减排技术、方案、政策和多边合作，在此背景下研究低碳供应链，破解供应链成员企业的绿色技术投入、碳减排策略与碳减排合作具有划时代的实践意义。本书采用博弈论、数学优化等理论与方法，对不同环境下的供应链成员企业的决策问题进行深入分析，旨在为闭环、低碳供应链成员企业的生产、库存、运输、销售，以及供应链系统管理等方面提供一定的理论依据。本书主要研究问题和研究结论如下。

（1）第二篇主要分析了闭环供应链中的参与主体进行回收、制造和再制造活动业务时，受到闭环供应链中渠道结构、回收努力和广告策略等方面的影响。主要包含4章，系统地比较了三种回收渠道结构，分别研究了回收渠道之间的竞争如何影响供应链成员的最优决策和渠道绩效。并在三种回收模式下研究了最优定价策略、零售商的广告投入和旧产品回收率，补充了闭环供应链中关于WEEE回收的研究。

首先，深入讨论了闭环供应链管理中与价格依赖需求相关的渠道领导结构问题。具体来说，研究聚焦于一个由零售商、回收商和制造商组成的多级闭环供应链，通过分析不同渠道领导结构对零售价格、转让价格、收回努力等重要决策的影响，并对三种不同渠道领导模式下的供应链渠道绩效进行比较，以揭示渠道领导结构在闭环供应链管理中的重要性。研究发现：①零售商主导的闭环供应链优于传统的供应链。制造商作为供应链领导者并不是最优的，相反，零售商作为供应链的领导者能够实现更优的绩效，这一发现为闭环供应链中的渠道领导权力从上游制造商到下游零售商的转移提供了新的科学证据，具有重要意义。②在集中式管理模型中，旧产品的回收率可能并不是最优的。因为当零售商为供应链领导者时，零售商有动机确保产品较高的市场需求，同时旧产品回收的可能性增加，回收商也会更倾向于提升产品回收程度。③供应链领导者越靠近供应链上游，供应链的绩效越差。某种意义上，闭环供应链中的回收商扮演着原材料供应者的角色，此时，回收商作为供应链领导者会收取更高的转让价格，进而导致较高的批发价格和零售价格以及较低的市场需求。此外，本篇为不同结构下具有价格依赖需求的闭环供应链管理提供了新颖且实用性强的渠道协调机制。根据不同的渠道领导结构将闭环供应链分为并行结构和串行结构；然后针对每种供应链渠道结构提出确保供应链实现系统最优的协调机制。这些协调机制由于背景和侧重点不同，可以满足不同行业的需求。

其次，本篇将广告效应融入混合制造/再制造系统的市场需求中，填补了闭环供应链理论中关于市场营销研究领域的空白。采用两阶段优化方法和 Stackelberg 博弈，本研究建立了一个二级供应链模型，探讨了四种不同供应链模型下的广告投资、旧产品回收率和价格的最优决策，为渠道成员提供了决策支持，同时，分析了本地广告如何影响渠道成员定价策略、旧产品回收决策和利润。研究发现：①本地广告对渠道成员的定价策略、旧产品回收决策和利润均有积极影响。②从制造商的角度来看，将回收活动外包给零售商是最优选择。③尽管合作广告无法实现供应链协调，但简单的两部定价合同可以激励制造商和零售商达到与集中式决策系统相同的绩效水平。

再次，本篇研究了闭环供应链中企业的最优决策，其中制造商通过设立双回收渠道开展竞争性旧产品回收。研究结果表明，尽管回收渠道间的竞争强度对大多数最优策略有影响，但三类回收渠道模式中某些最优决策关系与竞争强度无关。另外，无论竞争如何激烈，制造商与零售商竞争回收模式始终是制造商的最佳选择。为了更好地理解回收渠道选择问题，本篇还对 Hong 等（2013）的制造商与零售商竞争回收模式和 $\widetilde{\mathrm{MR}}$ 模式以及 Savaskan 等（2004）的 R 模式在同样的情况下进行了比较。研究发现，在其他条件相同的情况下，$\widetilde{\mathrm{MR}}$ 模式优于制造商与零售商竞争回收模式；这意味着双回收渠道之间的竞争实际上并不利于制造商。这一发现解释了为什么这么多的原始设备制造商倾向于在不同的市场承担回收过程，即使运输和处理成本会高于同一市场的成本，提供了新的视角。此外，只有当双回收渠道间竞争不太激烈时，制造商与零售商竞争回收模式才优于 R 模式。

最后，基于 WEEE 回收率，本篇研究了政府强制奖惩机制对闭环供应链成员企业的有效性和最佳实施方式。构建了三种决策模型——无 RPM 的闭环供应链、仅对制造商实施 RPM 的闭环供应链、对制造商和零售商同时实施 RPM 的闭环供应链。本章还开展一系列的数学分析和数值实验，证明了 RPM 的有效性，并确定了 RPM 的最佳实施方式。研究发现：①在给定一个 WEEE 目标回收率的情况下，仅对制造商实施 RPM 的闭环供应链的效果优于无 RPM 的闭环供应链和对制造商和零售商同时实施 RPM 的闭环供应链。这一发现不仅证明了 RPM 的有效性，还表明政府为了有效地提高回收率，应该只对制造商实施 RPM，而不是要求零售商分担责任。这一发现与 EPR 制度一致。②就社会福利而言，政府将回收责任单独强加给制造商是最优的。此外，即使制造商和零售商共同承担回收责任，但随着废电器和电子产品回收难度的增加，制造商必须承担更多责任以确保批发价格低于没有 RPM 情景下的批发价格（情形 2）。③当政府只对制造商实施 RPM 时，回购价格最高。这为回收商提供了强烈的动机，追求最大化的回收量以增加自身利润。对于制造商来说，较低的批发价格和较高的回购价格可能会降低其利润，但这是制造商必须承担的社会责任。此外，较低的价格最终将有利于消费者，并增加消费者剩余。在本章考虑的所有情形中，如果考虑对环境的危害最低（由于回收率在此时最高），只对制造商实施 RPM 的社会福利达到最高。

（2）第三篇重点关注闭环供应链的产能、技术以及回收策略，从四个部分分别研究了企业在考虑绿色产品设计方面和竞争对手之间定价决策问题，探讨制造商绿色产品设计中的不对称竞争和对称竞争，并对比了两种技术许可模式（固定费用和特许权使用费）哪种更有利于制造商等问题。

关于可持续供应链中制造商绿色设计问题，本篇构建了由两个竞争制造商通过一个零售商销售开发密集型绿色产品，考虑无制造商采用绿色产品设计、单一制造商采用绿色产品设计、两制造商均采用绿色产品设计的三种供应链场景，探讨制造商绿色产品设计中的不对称竞争和对称竞争，并考察其对零售商的定价组合和供应链成员以及整个供应链绩效的影响。研究发现：①供应链成员企业的决策和利润都受到产品差异化程度的影响，并受到绿色产品设计对竞争对手产品需求的抑制作用。当对竞争对手产品需求抑制作用和对自身产品需求的刺激作用之比足够大时，非绿色制造商很有可能因竞争对手采用绿色产品设计策略而利益受损，无法实现“搭便车”的利好。②当竞争对手不采用绿色产品设计时，制造商总是可以从采用绿色产品设计策略中获益，当制造商产品的市场潜力远大于竞争对手、绿色产品设计投资效率较低且绿色产品设计对竞争对手产品需求抑制作用和对自身产品需求刺激作用之比很大时，制造商总是可以从采用绿色产品设计策略中获益。否则，如果制造商产品的市场潜力远小于竞争对手、绿色产品设计投资效率较高且绿色产品设计对竞争对手产品需求抑制作用和对自身产品需求刺激作用之比很大时，制造商不能从采用绿色产品设计策略中获益。同时，当竞争对手采用绿色产品设计策略时，制造商也不一定非要采用绿色产品设计策略。③无论竞争对手是否为绿色制造商，一个非绿色制造商开始采用绿色产品设计策略时都会因其需求刺激作用而制定比原来更高的批发价格。同时，零售商也会提高这种产品的零售价格。当绿色产品设计对双方需求的两种作用之比很小时，另一个制造商也应该提高批发价格，否则会降低批发价格。零售商在调整零售价格时也会跟随制造商的做法。

关于闭环供应链的制造、再制造与回收决策问题，本篇考虑了一个在由专利许可方制造商和专利被许可方再制造商组成的两阶段闭环供应链，制造商同时生产新产品和再制造产品，并与再制造商在回收市场竞争性回收旧产品。在双寡头古诺博弈模型下探讨两种技术许可模式哪种更有利于制造商；两类回收渠道之间的竞争如何影响制造商和再制造商的生产数量与回收率、制造商向再制造商收取的许可费用以及回收渠道的绩效；消费者的支付意愿比率如何影响供应链参与者的决策等问题。研究发现，尽管竞争强度和支付意愿影响最优值，但这些因素并不改变两种许可模式下产量和回收率的大小关系。此外，固定费用许可方式的总产量和总产品回收率均高于特许权使用费方式。研究还确定了一个固定费用阈值，当低于该阈值时，制造商采用特许权使用费许可方式，反之使用固定费用许可方式。

在闭环供应链的实际应用中，本篇考虑了租赁产品的回收，首先，专注于物流服务商与网络设计，提出了一种研究废旧单车回收的两阶段方法，首先考虑包含时序动态、个人后悔和组织效率等因素的多属性群体决策问题来选择第三方物流服务供应商。其次，从整体利益最大化的角度探讨共享单车的回收网络设计和最佳回收路线。结合选择标准，采用 IT2FSs 和 VIKOR 选择第三方回收服务商，构建了综合的回收路径模型并建立了多目标线性规划下的约束条件。最后，采用数值实例分析的方法验证模型的有效性和可行性。研究结果表明：①3PLs 参与回收共享单车的回收模式是最合理可行的。将回收活动外包给 3PLs 可以提高回收效率；共享单车的企业只需监督回收活动，并向 3PLs 支付相应的费用，降低了企业的成本，使企业能够在单车的开发和运营上投入更多的资金；在选择 3PLs 时，应考虑绿色形象、财务能力、回收能力、污染和排放以及搜索能力。②回收共享单车是一项环保活动，成本和环境效益同等重要，在设计回收网络时都应予以考虑，这也是共享单车回收模式和其他回收模式的区别。③减少零部件数量是提高共享单车企业经济效益和环境效益的有效措施。然而，零部件的数量不能无限减少，因此应该确定最佳解决方案。

本篇继续探究了租赁产品的回收库存和再制造以及新产品生产计划和协调问题，研究分散式决策模式下租赁商的到期返回产品最优库存、再制造策略和产品转运策略，以及集中式决策模式下系统的最优库存和再制造策略，提出了激励租赁商库存和刷新系统最优退回产品数量的协调策略。研究发现，在集中式决策模式下，租赁商的租赁返回产品最优库存、再制造策略和产品转运策略依赖于租赁商的刷新再造产率和租赁产品市场需求。在分散式决策模式下，制造商选择由租赁商库存并刷新再造所有返回品，而租赁商选择刷新再造的比例小于集中式决策模式下的最优值，且当租赁商的刷新再造产率较低时，租赁商选择由制造商库存并刷新再制造所有的返回品。

（3）在研究闭环和绿色供应链的基础上，第四篇研究碳排放总量控制与限额交易制度等碳排放约束政策下低碳供应链成员企业的碳排放、信息和物流管理等问题，主要包含以下四个部分的内容，分别研究多种类型的碳排放约束政策下多种产品类型供应链成员企业的决策问题。

关于制造业考虑碳排放约束政策的低碳供应链管理问题，本篇考虑原材料消耗量更低、单位产品碳排放量更低的技术创新因素，比较市场主导的限额交易机制和政府管制的碳税政策，重点研究了限额交易机制和碳税政策对生产决策的影响，以及碳排放规制及物流领域影响下基于技术选择的产能扩张问题。研究主要发现：①企业选择产能扩张的约束条件：当单位产品利润较低或较高、产能投资成本较高时，企业不考虑产能扩张问题。当单位产品利润较高、产能投资成本足够低，或边际利润足够高时，企业才考虑扩大产能，产能扩张关于单位产品利润递增。②碳税的高低阈值：碳税相比于阈值的大小对最优产能扩张决策的影响不同。当碳税较低时，新技术降低碳排放成本的优势被削弱，企业选择原产能，企业产能扩张关于碳税税率递减。当碳税较高时，新技术在生产成本上占优，企业选择新产能。当企业产能的平均碳排放较新产能更高时，企业扩张更多的产能以减少增加的碳排放成本。否则，企业产能扩张关于税率递减。理论上，本篇研究了企业在两种碳排放规制下新技术投入的产能扩张决策，弥补了碳排放约束下供应链产能投资结合物流管理的研究空白。此外，扩展研究了碳排放规制下运输或物流领域低碳供应链成员企业产能投资的报童问题。生产中，碳排放规制调整碳排放成本在生产成本中的权重并确定产能利用顺序进而影响产能扩张和生产决策，调整企业的成本结构，为发电、玻璃、钢铁等相关行业在不同碳排放规制下的企业决策提供了管理启示。

关于两种碳排放法规下供应链管理中需求分布的均值和方差已知的报童问题，在总量控制的政策制度和总量控制与交易的市场制度下，本篇以利润最大化为目标函数分别建立了两个最坏情况下的分布式鲁棒模型，探讨部分需求信息已知时企业经营决策受两种碳排放法规的影响，研究发现：①在碳排放总量控制的政策制度下，除市场需求期望值外，碳排放参数对最优预期利润的影响小于需求信息参数对最优预期利润的影响，但对碳排放的影响大于需求信息参数对最优预期利润的影响；②在总量控制与交易的市场制度下，除市场需求的方差外，需求信息参数对最坏情况下的最优预期利润和碳排放的影响均大于碳排放参数对最优预期利润和碳排放的影响；③在两种碳排放法规下，需求期望值对最坏情况下的最优预期利润和碳排放的影响均大于需求的方差对最优预期利润和碳排放的影响。理论上，将碳排放约束引入报童问题，部分需求信息已知，结合现实碳排放约束背景拓展了报童问题的应用场景。在现实意义上，研究了碳排放法规下，企业将减少碳排放纳入其运营管理并重新确定经营决策，以实现利润最大化和减少碳排放决策的影响作用，为降低企业碳排放压力，提升利润，增加市场竞争力提供了针对性参考方案。

关于碳排放总量控制与交易的市场制度下的可持续供应链系统，本篇考虑由单一制造商和单一零售商组成的二级易逝品供应链系统，其需求、促销力度、产品销售价格和可持续水平三个内生变量的影响，且随时间动态变化。构建并比较集中和分散情形下的两种模型，提出用于协调该供应链系统的收益-成本分享（RPS）和两部定价（TPT）合同以协调分散的供应链系统，并计算两种合同适用于不同供应链成员的前提条件。研究发现：①当两家企业共同决策时，两家企业在一定约束条件下获得更高利润和更低碳排放，且企业合作的收益存在上限。②此易逝品供应链系统可以通过两种合同完美协调，并且在一定条件下能够实现双赢。③在协调供应链系统方面，TPT 比 RPS 更具鲁棒性。由此可得，通过设计供应链系统的结构可减少碳排放，并且碳排放总量控制与交易制度及可持续技术投资可有效减少碳排放。理论上，本篇将碳排放约束和易逝品供应链系统相结合，研究动态需求且受零售商提供的促销力度、产品销售价格和制造商确定的可持续水平三个内生变量的影响，丰富了易逝品供应链管理影响因素的相关研究。生产中，本篇有助于易逝品供应链系统中的核心企业在碳排放约束条件下综合最优批发价格和可持续水平，实现利润最大化。

在上述研究易逝品供应链系统协调的基础上，围绕易逝品的供应链管理问题，本篇以经济成本和碳排放水平最小化、产品新鲜度最大化为目标，提出了一个包含配送中心的碳排放在内的易逝品多目标规划模型，并提出了一种新的求解方法——YALMIP 工具箱以解决多目标规划问题。研究发现：决策者在制订计划时应结合自身需求情况及不同零售商对产品新鲜度的个性化要求来调整配送路径和配送时间，以最大化其利润。同时，可持续的易逝品供应链要求企业考虑碳排放的影响，且需要减少生鲜产品在运输过程中的变质现象。理论上，本篇从全球视角提高了易逝品供应链管理的效率，为可持续供应链的研究提供新的视角。此外，就方法学而言，本篇创新性地考虑了多个目标，综合研究制造商和配送中心的选址、路径和库存问题，更全面地分析供应链管理运营问题。生产中，对于计划建立可持续供应链以满足市场快速增长需求的供应链企业而言具有重要的参考价值。而市场中政府可以通过投资保鲜和冷藏技术、建设信息平台等推动易逝品的可持续供应链实现信息化、现代化，且可以调节碳价等来激励企业联合优化，进而实现节约能源、减少排放、促进可持续发展的目标。

第 16 章　研 究 展 望

本书试图尝试性解构可持续供应链的低碳政策效能、闭环运营效力与技术研发效率，从结构-模式-机制协同视角破解可持续供应链管理中的绿色悖论、闭环困境与技术痛点。囿于可持续供应链管理现实场景的复杂性和学术团队的科研攻关能力，本书在科学问题辨析、研究架构设计和复杂问题解决方面存在较多受迫性局限。本书意在抛砖引玉，期待未来更多的管理科学家投入到可持续供应链管理的实践和理论研究工作中，拓展探索可持续供应链管理领域的新理念、新结构、新模式、新场景、新技术、新问题，共研、共创、共享可持续供应链管理研究的理论与实践价值。展望全球科技前沿发展趋势与商业演变规律，本书从商业环境演变、新兴技术迭代、商业模式创新、制度环境变革等方面提出五个未来研究设想，期待与诸位管理学者共同推动可持续供应链管理迈向新的发展阶段。

1. 复杂不确定性环境下的可持续供应链管理问题

在未来的研究中，可以从更多角度考虑复杂不确定性环境下的可持续供应链管理问题。第一，在需求不确定的情况下，制造商应如何采用绿色产品设计策略是一个值得探索的重点。第二，供应链主体的特征和功能的多样性也需要进一步研究。研究需探讨如何协调不同主体的利益和责任，不同供应链代理的风险规避程度或风险相关的替代性优化目标（Jammernegg and Kischka，2013）如何影响供应链绩效。第三，未来的研究需关注绿色技术许可模式信息非对称的情况，以及不同技术许可模式的最优选择问题。第四，在电子商务支撑下的回收闭环供应链中，可以考虑除成本和环境影响外的其他因素，如公民回收意识及其对回收活动的影响等。第五，考虑到专利拥有者普遍采用的多种收费合同，探讨再制造场景下不同许可方式对制造商影响的差异也是未来研究的关键点。第六，可以研究多个制造商和零售商的供应链市场结构。第七，关于回收活动的数智化转型可作进一步研究。

2. 融合新一代信息技术的可持续供应链管理问题

物联网、人工智能、区块链、大模型等对供应链的物资流、信息流和资金流产生了深刻的影响，传统供应链向数智化可持续供应链进行转变已成为我国政策大力推动的战略性方向。通过数据与信息技术的深度融合，为供应链协作式可持续管理提供了基础，基于信息技术的合作也有助于降低全产业链的成本，提高客户服务价值，包括减小库存、加速新产品的设计、缩短订单履行周期、推动流程再造与协调供应链活动等，为供应链的可持续性开辟了新的途径。

数据驱动的可持续性供应链管理也是未来研究的方向。供应链企业基于顾客需求的实时数据和物联网的实时信息，可设计顾客价值测度的技术与定量模型，分析顾客价值在产品生命周期中的演变规律，开展满足顾客选择偏好的产品或服务创新分析、服务包组合与设计以及基于大数据的可持续供应链分析，并可在线上进行管理决策的优化。基于大数据分析企业的核心竞争力，如产品设计与改进、精准营销、个性化服务等，以及供应链角色定位、选择有效的市场竞争策略、构建基于数据共享的上下游关系等方面。同时，在数据驱动的运作系统，基于大数据分析的实时的运营管理决策、供应链的可视性以及风险控制机制等方面，在未来也可开展研究。

3. 可持续供应链管理中的多元绿色技术投入问题

可持续供应链具有低碳、低费、社会责任、透明度四个关键特征，供应链成员企业面对可持续发展需要及碳排放约束政策，需要考虑以绿色技术为代表的低碳技术投入问题。本书中涉及的绿色技术局限于降低产品生产的碳排放量，然而，绿色技术是指包含节能环保、清洁生产等多领域，涵盖产品生产、回收利用等多环节的技术，不同类型的绿色技术实现可持续管理的途径及对于可持续供应链中各主体绿色技术投入决策的影响不同，目前的研究很少涉及单位产品原材料的轻量化、精细化、低能耗储存等多元绿色技术投入问题，覆盖多元绿色技术的多主体供应链管理问题丰富了可持续供应链管理的相关研究，并为供应链成员企业提供更具参考价值的发展建议，为其实现可持续管理目标提供更多可能。此外，可持续供应链成员企业间竞争合作关系对于多主体绿色技术的投入决策具有重要影响，本书对可持续供应链主体绿色技术投入的研究局限于单一企业垄断市场、制造商和零售商组成二级供应链、供应链上下游企业联合决策等供应链成员结构及对应竞争合作关系，考虑实际应用中供应链构成的复杂性，未来可对于可持续供应链中同级企业、上下游企业间考虑绿色技术的竞争与合作，供应链整体的协调与配合等进行深入研究。

4. 跨层次碳排放政策下的可持续供应链管理问题

本书多次涉及碳排放约束政策的问题，主要包括碳税、碳排放总量控制、总量控制与限额交易制度三种常见的碳排放约束政策，但随着更多企业、不同国家和行业将碳排放约束纳入发展需要，多种碳排放约束政策逐步被应用。在未来可持续供应链管理的研究中，按照不同行政区域等级可分别考虑广东省、北京市等地推行的碳普惠机制等地方碳排放政策，国家核证自愿减排量、碳边境调节机制等国家及区域碳排放政策；按照各国对不同行业的碳排放约束强度及范围，可深入考虑应用于不同行业不同强度约束的碳排放政策对于可持续供应链管理中供应商、制造商决策等的影响，目前囊括了碳排放约束的行业以国民经济行业中的第二产业，同时考虑第三产业中的部分行业，例如，世界普遍形成共识加强碳排放约束的煤电行业、钢铁等高污染性制造业以及中国全国碳市场首先覆盖的电力行业等，考虑不同国家对于不同行业的碳排放约束政策将会产生更多贴合可持续供应链管理的现实问题。满足不同碳排放政策要求，深入研究可持续供应链的管理问题，为供应链成员企业的运营决策、生产决策、绿色技术投入等提供理论支撑，并为不同国家、不同行业、不同企业提供更具针对性的发展建议。

5. 数字经济时代的行为运营与可持续供应链管理

随着数字经济时代到来，新型数字技术以及其催生的新型商业模式不断涌现，商业模式快速更迭，供应链成员企业决策行为异化凸显，技术赋能的运营与市场营销策略变幻莫测，这一系列新现象为可持续供应链管理提供了全新的研究机会。传统的行为运营与可持续供应链管理拘泥于基于演绎推理的范式研究，然而，数字经济时代的供应链决策主体“拟人化”特征越来越显现，在决策过程中普遍表现出“非理性”的本质特征。聚焦有限理性的供应链决策主体特征，采用大数据分析技术的行为运营与可持续供应链管理已经成为摆在管理科学与供应链管理领域学者面前的重大考题。

网络营销、跨境电商等新型商业模式的日益普及使得消费者的信息搜索成本大幅降低，也拉升消费者对产品和服务质量的期望，这些新兴的数字经济商业模式对可持续供应链管理提出了新要求。为此，在未来的研究中可以加强有关新型商业模式对可持续供应链管理影响的研究，包括定价、促销、销售商努力等各类行为对供应链中各企业的影响，在识别决策者的行为规律的基础上，建立新的管理决策模型，并通过理论分析来获得新的优化方案和管理启示。对各类数字创新的供应链营销模式与策略，亟须构建基于数字技术的分析模型，深入辨析其对可持续供应链运营的影响机理。

参 考 文 献

柏庆国, 徐贤浩, 2017. 碳限额与交易政策下易变质产品的最优库存策略[J]. 中国管理科学, 25(7): 28-37.

柏庆国, 徐贤浩, 2018. 碳排放政策下二级易变质产品供应链的联合订购策略[J]. 管理工程学报, 32(4): 167-177.

蔡乌赶，李广培，2018. 碳交易框架下企业生态创新策略研究[J]. 中国管理科学，26(12): 168-176.

曹细玉，张杰芳，2018. 碳减排补贴与碳税下的供应链碳减排决策优化与协调[J]. 运筹与管理, 27(4): 57-61.

陈婷, 侯文华, 2021. 考虑不同外包策略以及专利保护的竞合企业技术许可决策[J]. 管理工程学报, 35(3): 105-118.

陈伟，杨早立，周文，等，2016. 基于时间度的动态直觉模糊多属性妥协决策[J]. 运筹与管理, 25(2): 83-89.

程东波，霍佳震，2019. 低回收价值高环境影响 EOL 产品闭环供应链模型构建[J]. 运筹与管理, 28(7): 55-63.

程发新，袁猛，孙立成，等，2019. 复合碳减排政策下闭环供应链网络均衡决策[J]. 系统工程学报, 34(4): 483-496.

程粟粟，张帆，李冬冬, 2022. 基于绿色技术研发的绿色供应链微分博弈及协调模型[J]. 中国管理科学, 30(8): 95-105.

程永伟，穆东，马婷婷，2017. 混合碳政策下供应链减排决策优化[J]. 系统管理学报，26(5): 947-956.

代文强，姜玉琦，郭贤，2021. 共享平台下实时任务分配的占线策略[J]. 系统工程理论与实践, 41(11): 2929-2936.

代业明，于双, 2023. 碳税监管下考虑零售商双重行为偏好的再制造闭环供应链决策[J]. 中国管理科学: 1-20.

邓万江，马士华，关旭，2017. 碳交易背景下存在顾客环保偏好的双企业竞争策略研究[J]. 中国管理科学, 25(12): 17-26.

丁军飞，陈伟达，付帅帅，2022. 碳价波动下考虑风险规避的工程机械再制造企业生产决策优化[J]. 系统工程理论与实践, 42(3): 637-650.

董雅文, 任慧, 2018. 基于产品可持续制造过程的多目标决策[J]. 运筹与管理, 27(8): 71-78.

范丹，付嘉为，王维国，2022. 碳排放权交易如何影响企业全要素生产率?[J]. 系统工程理论与实践, 42(3): 591-603.

傅端香，张子元，原白云，2019. 政府补贴政策下考虑风险规避的绿色供应链定价决策研究[J].

运筹与管理, 28(9): 33-40, 84.
高宝俊, 宣慧玉, 张莉, 2005. 大型医院血液库存系统订货点决策的仿真研究[J]. 中国管理科学, 13(2): 76-80.
葛显龙, 谭柏川, 吴宁谦, 2018.基于碳交易机制的带时间窗车辆路径问题与算法研究[J]. 管理工程学报, 32(4): 141-148.
韩同银, 刘丽, 金浩, 2022. 考虑政府补贴和公平关切的双渠道绿色供应链决策研究[J]. 中国管理科学, 30(4): 194-204.
韩小花, 周维浪, 沈莹, 2019. 竞争型“以旧换再” 闭环供应链策略选择及生产决策研究[J]. 运筹与管理, 28(2): 37-44.
贺韵竹, 贾鹏, 李海江, 等, 2022. 新型需求响应公交发车时刻和票价优化[J]. 系统工程理论与实践, 42(4): 1060-1071.
侯艳辉, 王晓晓, 郝敏, 等, 2019. 政府补贴和平台宣传投入下双渠道逆向供应链定价策略研究[J]. 运筹与管理, 28(5): 84-91.
黄瑞芬, 孙俊凤, 王君, 2020. 碳限额与交易机制下受资金约束的供应链优化[J]. 运筹与管理, 29(6): 82-89.
黄少辉, 袁开福, 何波, 等, 2020. 考虑废旧品质量的闭环供应链混合回收渠道选择研究[J]. 运筹与管理, 29(10): 104-111.
黄志成, 赵林度, 王敏, 等, 2017. 碳排放交易制度差异下的国际供应链生产计划问题[J]. 中国管理科学, 25(11): 58-65.
黄宗盛, 聂佳佳, 赵映雪, 2019. 再制造闭环供应链产品回收合作模式研究[J]. 管理工程学报, 33(3): 147-152.
黄宗盛, 张媛, 2023. 资金支持还是劳动联合？第三方回收动态闭环供应链合作模式选择[J]. 中国管理科学: 1-18.
黄祖庆, 邵伟, 孟丽君, 2022. 回收量不确定下考虑技术授权的闭环供应链产品定价研究[J]. 运筹与管理, 31(12): 69-75.
戢守峰, 蓝海燕, 孙琦, 2017. 考虑碳排放容忍度的多级供应链生产-库存系统碳税博弈策略[J]. 系统工程理论与实践, 37(8): 2071-2082.
贾俊秀, 赵学科, 2022. 政府补贴下新能源汽车供应链电池续航能力及回收策略[J]. 系统工程学报, 37(3): 330-343.
江世英, 方鹏骞, 2019. 基于绿色供应链的政府补贴效果研究[J]. 系统管理学报, 28(3): 594-600.
蒋海青, 赵燕伟, 张景玲, 等, 2020. 基于碳排放的开放选址-路径问题及算法[J]. 系统工程理论与实践, 40(1): 182-194.
金亮, 陆淳鸿, 程永生, 等, 2023. 基于专利保护的专利技术授权与 CSR 投入研究[J]. 中国管理科学, 31(2): 40-50.
李辉, 谭显春, 顾佰和, 等, 2018. 物联网环境下碳配额和减排双重约束的企业资源共享策略[J]. 系统工程理论与实践, 38(12): 3085-3096.
李金刚, 冯清芳, 2021. 关于以货拉拉为代表的网络货运平台发展现状、存在问题及对策建议[J]. 道路交通管理, (10): 20-22.

李金培, 徐丽群, 史清华, 等, 2020. 优先发展公交与民众需求尊重[J]. 中国软科学, (1): 72-85.
李婉红, 李娜, 刘芳, 2021. 绿色技术创新利益相关者的三群体演化博弈及其仿真[J]. 运筹与管理, 30(9): 216-224.
李卫红, 黄海军, 尚华艳, 2022. 公交补贴与运营策略的实施效果分析[J]. 系统工程理论与实践, 42(9): 2472-2485.
李小燕, 王道平, 2021. 碳交易机制下考虑竞争和信息非对称的供应链协调研究[J]. 运筹与管理, 30(11): 47-52.
李勇建, 许垒, 2012. 租赁返回产品的回收再制造活动协调机制研究[J]. 系统工程学报, 27(3): 370-382.
李友东, 谢鑫鹏, 2017. 考虑消费者低碳偏好的供应链企业减排成本分摊比较研究[J]. 运筹与管理, 26(10): 65-73.
梁佳平, 范丽伟, 王宁宁, 等, 2023. 碳排放奖惩机制下新产品和再制品的定价与分销渠道选择策略[J]. 系统工程理论与实践, 43(4): 1116-1131.
廖诺, 赵亚莉, 贺勇, 等, 2018. 碳交易政策对电煤供应链利润及碳排放量影响的仿真分析[J]. 中国管理科学, 26(8): 154-163.
林贵华, 单仁邦, 陈拼博, 2020. 政府补贴下闭环供应链回收渠道的选择策略[J]. 运筹与管理, 29(4): 43-53.
林欢, 马骋, 孙琦, 等, 2021. 企业社会责任下碳减排优化策略与协调机制研究[J]. 运筹与管理, 30(1): 29-35.
刘超, 慕静, 2017. 碳排放政策不同和碳敏感度差异对于供应链的影响研究[J]. 中国管理科学, 25(9): 178-187.
刘丛, 刘洁, 邵路路, 等, 2022. “双积分” 政策下新能源汽车制造商激励供应商创新的契约选择研究[J]. 管理学报, 19(6): 928-937.
刘丽, 韩同银, 金浩, 2023. 基于绿色技术创新和制造商竞争的绿色供应链微分博弈研究[J]. 管理学报, 20(1): 116-126.
刘名武, 万谧宇, 付红, 2018. 碳交易和低碳偏好下供应链低碳技术选择研究[J]. 中国管理科学, 26(1): 152-162.
刘名武, 吴开兰, 付红, 等, 2017. 消费者低碳偏好下零售商主导供应链减排合作与协调[J]. 系统工程理论与实践, 37(12): 3109-3117.
刘伟伟, 王明征, 胡祥培, 2022. 考虑碳排放的多产品竞争设施选址问题研究[J]. 系统工程学报, 37(2): 275-288.
刘振, 宋寒, 代应, 等, 2022. 碳减排外包下的契约优化与选择研究[J]. 运筹与管理, 31(6): 25-31.
刘志, 李帮义, 汪磊, 等, 2018. 差异化竞争下考虑再制造专利许可的闭环供应链生产决策[J]. 运筹与管理, 27(5): 66-74.
楼高翔, 雷鹏, 马海程, 等, 2023. 不同回收补贴政策下新能源汽车动力电池闭环供应链运营决策研究[J]. 管理学报, 20(2): 267-277.
卢超, 王倩倩, 陈强, 2021. “双积分” 政策下考虑价格、减排和续航的汽车供应链协调[J]. 系统工程理论与实践, 41(10): 2595-2608.
卢盛荣, 2015. 借鉴香港经验, 大力发展城市公共交通[J]. 福建交通科技, (3): 111-113.
路应金, 徐雪砜, 艾兴政, 2018. 第三方规模效应下闭环供应链双渠道回收决策研究[J]. 管理工程学报, 32(2): 207-217.
罗谦, 徐贤浩, 柏庆国, 2017. 碳排放约束下政府与企业的 Stackelberg 决策分析[J]. 运筹与管理, 26(2): 42-48.
吕宝龙, 张桂涛, 刘阳, 等, 2019. 考虑碳税和产品绿色度的闭环供应链网络 Nash 博弈均衡模型[J]. 中国人口·资源与环境, 29(1): 59-69.
马祖军, 周愉峰, 2018. 国家血液战略储备库选址-库存问题[J]. 管理科学学报, 21(3): 54-68.
聂佳佳, 王拓, 丁龙, 2017. 零售商回收模式下制造商回收激励合同设计[J]. 管理工程学报, 31(4): 116-122.
牛水叶, 李勇建, 2017. 再制造供应链运营策略博弈[J]. 系统工程学报, 32(5): 674-685.
饶奕邦, 熊勇清, 徐文, 2022. 双积分政策对新能源汽车上下游企业财务绩效的异质性影响研究[J]. 系统工程理论与实践, 42(9): 2408-2425.
宋亚楠, 南瑞娟, 谷炜, 等, 2024. 基于司机服务努力水平的共享出行平台定价与补贴策略研究[J]. 中国管理科学, 32(2): 265-275.
苏屹, 魏仕鹏, 2022. 基于三方博弈的绿色技术创新演化研究[J]. 运筹与管理, 31(6): 40-47.
孙军笑, 2023. 公共服务视角下的公共交通提升策略[J]. 中国储运, (12): 206.
孙一榕, 郑国华, 2022. 故障共享单车回收站选址库存问题模型及算法[J]. 工业工程与管理, 27(6): 95-105.
覃艳华, 曹细玉, 曹磊, 2017. 碳排放交易机制下的供应链运作策略及协调研究[J]. 运筹与管理, 26(3): 36-42.
唐金环, 戢守峰, 蓝海燕, 等, 2017b. 考虑碳配额差值的选址-路径-库存联合优化多目标模型与求解[J]. 管理工程学报, 31(1): 162-168.
唐金环, 戢守峰, 张杨, 等, 2017a. 基于顾客低碳行为偏好的选址-路径-库存集成优化模型与算法[J]. 运筹与管理, 26(1): 35-44.
汪和平, 高瑞, 2024. 低碳背景下电动货车对区域碳排放影响的系统动力学建模与分析[J]. 工业工程与管理, 29(1): 52-61.
王道平, 李小燕, 赵亮, 2018. 碳交易机制下考虑制造商竞争的供应链协调研究[J]. 运筹与管理, 27(4): 62-71.
王道平, 王婷婷, 2021. 政府补贴下供应链合作减排与促销的动态优化[J]. 系统管理学报, 30(1): 14-27.
王道平, 赵超, 程延平, 2019. 考虑质量控制和损失规避的供应链网络均衡研究[J]. 运筹与管理, 28(8): 76-85.
王佳, 2022. 供给效率、城市规模与城市生产率: 以城市交通设施为例[J]. 管理评论, 34(3): 88-100.
王麒翔, 李帮义, 陈白雪, 等, 2023. 回收目标责任制下制造商与零售商的再制造策略研究[J]. 系统工程理论与实践, 43(8): 2352-2371.

王婷婷, 王道平, 2020. 政府补贴下供应链合作减排与低碳宣传的动态协调策略[J]. 运筹与管理, 29(8): 52-61.

王文宾, 邓雯雯, 白拓, 等, 2016. 碳排放约束下制造商竞争的逆向供应链政府奖惩机制研究[J]. 管理工程学报, 30(2): 188-194.

王文宾, 丁军飞, 王智慧, 等, 2019. 回收责任分担视角下零售商主导闭环供应链的政府奖惩机制研究[J]. 中国管理科学, 27(7): 127-136.

王文宾, 周维明, 张梦, 等, 2018. 考虑政府引导制造商节能的闭环供应链决策模型研究[J]. 中国管理科学, 26(7): 108-118.

王文利, 程天毓, 2021. 碳交易背景下供应链运营决策的演化博弈分析[J]. 系统工程理论与实践, 41(5): 1272-1281.

王兴棠, 2022. 绿色研发补贴、成本分担契约与收益共享契约研究[J]. 中国管理科学, 30(6): 56-65.

王一雷, 朱庆华, 2023. 不同碳排放权配置方式下供应链长期碳减排决策研究[J]. 系统工程理论与实践, 43(7): 2084-2101.

王勇, 龙超, 2019. 碳交易政策下三级供应链双领域减排合作[J]. 系统管理学报, 28(4): 763-770.

王玉燕, 吕灵雪, 苏梅, 等, 2021. 公平关切下闭环供应链的决策与创新投入[J]. 系统管理学报, 30(2): 332-343.

夏晖, 王思逸, 蔡强, 2019. 多目标碳配额分配下的减排技术投资策略研究[J]. 系统工程理论与实践, 39(8): 2019-2026.

夏良杰, 柳慧, 黄迎, 等, 2021. 碳交易规制下的制造商减排外包模式选择: 定制 vs 订购?[J]. 运筹与管理, 30(10): 199-205.

夏西强, 路梦圆, 徐春秋, 2022a. 授权制造下碳交易对制造/再制造影响及协调机制研究[J]. 运筹与管理, 31(5): 136-142.

夏西强, 朱庆华, 路梦圆, 2022b. 外包制造下碳交易对低碳供应链影响及协调机制研究[J]. 系统工程理论与实践, 42(5): 1290-1302.

肖海燕, 2019. 基于演化博弈的公共交通、共享汽车与私家车的博弈分析[J]. 运筹与管理, 28(8): 35-40.

肖敏, 张耀, 2022. 产能约束下的闭环供应链制造商合作策略研究[J]. 运筹与管理, 31(7): 146-151.

谢家平, 李璟, 杨非凡, 等, 2020. 新能源汽车闭环供应链的多级契约决策优化[J]. 管理工程学报, 34(2): 180-193.

谢家平, 梁玲, 李燕雨, 等, 2017. 闭环供应链下收益共享契约机制策略研究[J]. 管理工程学报, 31(2): 185-193.

谢家平, 梁玲, 杨光, 等, 2018. 互补型闭环供应链的收益共享与成本共担契约协调优化[J]. 中国管理科学, 26(8): 94-105.

谢瑞强, 朱雪忠, 2023. 基于风险矩阵的技术许可违约风险管理研究[J]. 科学学研究, 41(2): 286-295.

邢青松, 曾梦秋, 邓富民, 2023. 环境规制下考虑策略退出的绿色技术合作创新动态演化分析[J].

系统工程理论与实践, 43(6): 1798-1814.
徐春秋, 2018. 基于减排成本共担期权契约的供应链协调[J]. 运筹与管理, 27(7): 20-27.
徐国勋, 李妍峰, 金大祥, 等, 2020.“红包车” 机制下的共享单车调度问题[J]. 系统工程理论与实践, 40(2): 426-436.
徐浩鑫, 于天阳, 关志民, 等, 2023. 不同权力结构下考虑制造商失望规避行为的低碳供应链决策研究[J]. 运筹与管理, 32(2): 45-52.
徐建中, 贯君, 2017. 基于二元语义组合赋权的制造企业绿色创新能力评价模型及实证研究[J]. 运筹与管理, 26(4): 124-131.
徐乐, 马永刚, 王小飞, 2022. 基于演化博弈的绿色技术创新环境政策选择研究: 政府行为 VS. 公众参与[J]. 中国管理科学, 30(3): 30-42.
徐莹莹, 綦良群, 徐晓微, 2018. 低碳经济背景下企业技术创新模式决策机制研究: 基于碳税政策视角[J]. 运筹与管理, 27(9): 8-16.
许格妮, 陈惠汝, 武晓莉, 等, 2020. 竞争供应链中绿色成本分担博弈分析[J]. 系统工程学报, 35(2): 244-256.
许民利, 王竟竟, 简惠云, 2021. 专利保护与产出不确定下闭环供应链定价与协调[J]. 管理工程学报, 35(3): 119-129.
许舒婷, 缪朝炜, 檀哲, 等, 2020. 碳税制度下企业产品升级及信息披露策略研究[J]. 管理工程学报, 34(2): 224-230.
闫彦超, 马祖军, 2022. “线上销售/回收 + 线下服务” 的闭环供应链定价与服务决策[J]. 中国管理科学, 30(1): 175-184.
杨光勇, 计国君, 2021. 碳排放规制与顾客环境意识对绿色创新的影响[J]. 系统工程理论与实践, 41(3): 702-712.
杨惠霄, 欧锦文, 2020. 收入共享与谈判权力对供应链碳减排决策的影响[J]. 系统工程理论与实践, 40(9): 2379-2390.
杨建华, 解雯倩, 2022. 碳限额交易下考虑平台推广服务的竞争制造商减排决策研究[J]. 系统工程理论与实践, 42(12): 3305-3318.
杨晓辉, 游达明, 2022. 考虑消费者环保意识与政府补贴的企业绿色技术创新决策研究[J]. 中国管理科学, 30(9): 263-274.
杨学成, 涂科, 2017. 出行共享中的用户价值共创机理: 基于优步的案例研究[J]. 管理世界, 33(8): 154-169.
杨玉香, 管倩, 张宝友, 等, 2022a. 碳税政策下闭环供应链网络均衡分析[J]. 中国管理科学, 30(1): 185-195.
杨玉香, 李剑锋, 金芳芳, 等, 2022b. 供应链网络均衡下碳税与碳交易政策比较[J]. 系统工程学报, 37(2): 178-193.
杨振华, 冯展斌, 沈强, 等, 2022. 竞争供应链中制造商环保技术投资决策研究[J]. 中国管理科学, 30(7): 164-175.
于春海, 冯俏, 荣冬玲, 2020. 基于均值-CVaR 的闭环供应链回购契约协调策略研究[J]. 运筹与管理, 29(6): 58-64.

余娜娜，王道平，赵超，2022. 考虑产品绿色度的双渠道供应链协调研究[J]. 运筹与管理，31(4): 75-81.

张令荣，徐航，李云风，2023. 碳配额交易背景下双渠道供应链减排决策研究[J]. 管理工程学报，37(2): 90-98.

郑清，阿布都热合曼·卡的尔，2022. 碳税机制下考虑不同低碳策略的动态博弈模型及复杂性研究[J]. 运筹与管理，31(4): 55-60.

支帮东，陈俊霖，刘晓红，2017. 碳限额与交易机制下基于成本共担契约的两级供应链协调策略[J]. 中国管理科学，25(7): 48-56.

周晓阳，陈可欣，温浩宇，等，2022. 政府补贴下考虑零售商不同竞争行为的闭环供应链决策及合同选择[J]. 中国管理科学，30(3): 176-188.

周艳菊，胡凤英，周正龙，2019. 碳税政策下制造商竞争的供应链定价策略和社会福利研究[J]. 中国管理科学，27(7): 94-105.

周艳菊，胡凤英，周正龙，等，2017. 最优碳税税率对供应链结构和社会福利的影响[J]. 系统工程理论与实践，37(4): 886-900.

周章金，符小玲，李敏，2018. 基于碳排放的废弃产品回收站点分布研究[J]. 中国管理科学，26(4): 41-48.

朱晗，2021. O2O 背景下的共享经济研究[J]. 系统工程理论与实践，41(2): 411-420.

卓四清，韩雪，2022. 碳补贴和时滞效应下低碳供应链微分博弈研究[J]. 运筹与管理，31(8): 7-14.

邹宗保，王建军，邓贵仕，2017. 再制造产品销售渠道决策分析[J]. 运筹与管理，26(6): 1-9.

Abdulrahman M D, Gunasekaran A, Subramanian N, 2014. Critical barriers in implementing reverse logistics in the Chinese manufacturing sectors[J]. International Journal of Production Economics, 147: 460-471.

Adhikari A, Bisi A, 2020. Collaboration, bargaining, and fairness concern for a green apparel supply chain: an emerging economy perspective[J]. Transportation Research Part E: Logistics and Transportation Review, 135: 101863.

Afshari H, Sharafi M, ElMekkawy T Y, et al., 2016. Multi-objective optimisation of facility location decisions within integrated forward/reverse logistics under uncertainty[J]. International Journal of Business Performance and Supply Chain Modelling, 8(3): 250.

Aguezzoul A, 2014. Third-party logistics selection problem: A literature review on criteria and methods[J]. Omega, 49: 69-78.

Ahmadi-Javid A, Hoseinpour P, 2012. On a cooperative advertising model for a supply chain with one manufacturer and one retailer[J]. European Journal of Operational Research, 219(2): 458-466.

Ahmed S, King A J, Parija G, 2003. A multi-stage stochastic integer programming approach for capacity expansion under uncertainty[J]. Journal of Global Optimization, 26(1): 3-24.

Airike P E, Rotter J P, Mark-Herbert C, 2016. Corporate motives for multi-stakeholder collaboration-corporate social responsibility in the electronics supply chains[J]. Journal of Cleaner Production, 131: 639-648.

Aksen D, Aras N, Karaarslan A G, 2009. Design and analysis of government subsidized collection systems for incentive-dependent returns[J]. International Journal of Production Economics, 119(2): 308-327.

Alev I, Agrawal V V, Atasu A, 2020. Extended producer responsibility for durable products[J]. Manufacturing & Service Operations Management, 22(2): 364-382.

Alev I, Atasu A, Toktay L B, et al., 2022. Extended producer responsibility for pharmaceuticals[J]. Manufacturing & Service Operations Management, 24(1): 524-541.

Alfares H K, Elmorra H H, 2005. The distribution-free newsboy problem: Extensions to the shortage penalty case[J]. International Journal of Production Economics, 93: 465-477.

Almehdawe E, Mantin B, 2010. Vendor managed inventory with a capacitated manufacturer and multiple retailers: retailer versus manufacturer leadership[J]. International Journal of Production Economics, 128(1): 292-302.

Alshamsi A, Diabat A, 2015. A reverse logistics network design[J]. Journal of Manufacturing Systems, 37: 589-598.

Amaya J, Arellana J, Delgado-Lindeman M, 2020. Stakeholders perceptions to sustainable urban freight policies in emerging markets[J]. Transportation Research Part A: Policy and Practice, 132: 329-348.

Amin S H, Zhang G Q, 2012. An integrated model for closed-loop supply chain configuration and supplier selection: multi-objective approach[J]. Expert Systems with Applications, 39(8): 6782-6791.

An S M, Li B, Song D P, et al., 2021. Green credit financing versus trade credit financing in a supply chain with carbon emission limits[J]. European Journal of Operational Research, 292(1): 125-142.

Andre J, Bonnans F, Cornibert L, 2009. Optimization of capacity expansion planning for gas transportation networks[J]. European Journal of Operational Research, 197(3): 1019-1027.

Anupindi R, Jiang L, 2008. Capacity investment under postponement strategies, market competition, and demand uncertainty[J]. Management Science, 54(11): 1876-1890.

Arıkan E, Jammernegg W, 2014. The single period inventory model under dual sourcing and product carbon footprint constraint[J]. International Journal of Production Economics, 157: 15-23.

Arora A, Fosfuri A, Rønde T, 2013. Managing licensing in a market for technology[J]. Management Science, 59(5): 1092-1106.

Atasu A, Çetinkaya S, 2006. Lot sizing for optimal collection and use of remanufacturable returns over a finite life-cycle[J]. Production and Operations Management, 15(4): 473-487.

Atasu A, Guide V D R Jr, van Wassenhove L N, 2010. So what if remanufacturing cannibalizes my new product sales? [J]. California Management Review, 52(2): 56-76.

Atasu A, Özdemir Ö, van Wassenhove L N, 2013a. Stakeholder perspectives on E-waste take-back legislation[J]. Production and Operations Management, 22(2): 382-396.

Atasu A, Subramanian R, 2012. Extended producer responsibility for e-waste: Individual or collective producer responsibility? [J]. Production and Operations Management, 21(6): 1042-1059.

Atasu A, Toktay L B, van Wassenhove L N, 2013b. How collection cost structure drives a manufacturer's reverse channel choice[J]. Production and Operations Management, 22(5): 1089-1102.

Avagyan V, Esteban-Bravo M, Vidal-Sanz J M, 2014. Licensing radical product innovations to speed up the diffusion[J]. European Journal of Operational Research, 239(2): 542-555.

Ayhan M B, Kilic H S, 2015. A two-stage approach for supplier selection problem in multi-item/multi-supplier environment with quantity discounts[J]. Computers & Industrial Engineering, 85: 1-12.

Azevedo S G, Carvalho H, Cruz Machado V, 2011. The influence of green practices on supply chain performance: A case study approach[J]. Transportation Research Part E: Logistics and Transportation Review, 47(6): 850-871.

Badri H, Fatemi Ghomi S M T, Hejazi T H, 2017. A two-stage stochastic programming approach for value-based closed-loop supply chain network design[J]. Transportation Research Part E: Logistics and Transportation Review, 105: 1-17.

Bagchi A, Mukherjee A, 2014. Technology licensing in a differentiated oligopoly[J]. International Review of Economics & Finance, 29: 455-465.

Bai Q G, Chen M Y, 2016. The distributionally robust newsvendor problem with dual sourcing under carbon tax and cap-and-trade regulations[J]. Computers & Industrial Engineering, 98: 260-274.

Bai Q G, Chen M Y, Xu L, 2017. Revenue and promotional cost-sharing contract versus two-part tariff contract in coordinating sustainable supply chain systems with deteriorating items[J]. International Journal of Production Economics, 187: 85-101.

Bai Q G, Xu J T, Gong Y M, et al., 2022. Robust decisions for regulated sustainable manufacturing with partial demand information: mandatory emission capacity versus emission tax[J]. European Journal of Operational Research, 298(3): 874-893.

Bai Q G, Xu X H, Chen M Y, et al., 2015. A two-echelon supply chain coordination for deteriorating item with a multi-variable continuous demand function[J]. International Journal of Systems Science: Operations & Logistics, 2(1): 49-62.

Bakal I S, Akcali E, 2006. Effects of random yield in remanufacturing with price-sensitive supply and demand[J]. Production and Operations Management, 15(3): 407-420.

Balamurugan T, Karunamoorthy L, Arunkumar N, et al., 2018. Optimization of inventory routing problem to minimize carbon dioxide emission[J]. International journal of simulation modelling, 17(1): 42-54.

Baranzini A, Goldemberg J, Speck S, 2000. A future for carbon taxes[J]. Ecological economics, 32(3): 395-412.

Bazan E, Jaber M Y, Zanoni S, 2015. Supply chain models with greenhouse gases emissions, energy usage and different coordination decisions[J]. Applied Mathematical Modelling, 39(17): 5131-5151.

Benjaafar S, Li Y Z, Daskin M, 2013. Carbon footprint and the management of supply chains: insights from simple models[J]. IEEE Transactions on Automation Science and Engineering, 10(1): 99-116.

Berger P D, 1973.Statistical decision analysis of cooperative advertising ventures[J]. Operations Research, 24(2): 207-216.

Bertsimas D, Ng Y S, Yan J L, 2021. Data-driven transit network design at scale[J]. Operations Research, 69(4): 1118-1133.

Bhaula B, Dash J K, Kumar M R, 2019. An optimal inventory model for perishable items under successive price discounts with permissible delay in payments[J]. European Journal of Operational Research, 56(1)： 261-281.

Bijan M, Sima N, 2018. Metro traffic modeling and regulation in loop lines using a robust model predictive controller to improve passenger satisfaction[J]. IEEE Transactions on Control Systems Technology, 26(5): 1541-1551.

Bilegan I C, Crainic T G, Wang Y F, 2022. Scheduled service network design with revenue management considerations and an intermodal barge transportation illustration[J]. European Journal of Operational Research, 300(1): 164-177.

Bing X, Bloemhof-Ruwaard J M, van der Vorst G A J, 2014. Sustainable reverse logistics network design for household plastic waste[J]. Flexible Services and Manufacturing Journal, 26(1-2): 119-142.

Biuki M, Kazemi A, Alinezhad A, 2020. An integrated location-routing-inventory model for sustainable design of a perishable products supply chain network[J]. Journal of Cleaner Production, 260: 120842.

Boyabatlı O, Toktay L B, 2011. Stochastic capacity investment and flexible *vs.* dedicated technology choice in imperfect capital markets[J]. Management Science, 57(12): 2163-2179.

Braglia M, Castellano D, Marrazzini L, et al., 2019. A continuous review, (Q, r)inventory model for a deteriorating item with random demand and positive lead time[J]. Computers & Operations Research, 109: 102-121.

Bulmus S C, Zhu S X, Teunter R H, 2014b. Optimal core acquisition and pricing strategies for hybrid manufacturing and remanufacturing systems[J]. International Journal of Production Research, 52(22): 6627-6641.

Bulmus S C, Zhu S X, Teunter R, 2014a. Competition for cores in remanufacturing[J]. European Journal of Operational Research, 233(1): 105-113.

Bulow J I, 1982. Durable-goods monopolists[J]. Journal of Political Economy, 90(2): 314-332.

Cachon G P, Kök A G, 2010. Competing manufacturers in a retail supply chain: On contractual form and coordination[J]. Management Science, 56(3): 571-589.

Cachon G P, Zipkin P H, 1999. Competitive and cooperative inventory policies in a two-stage supply chain[J]. Management Science, 45(7): 936-953.

Cao X G, Yuan P J, Wen H, et al., 2022. Pricing and recycling decisions of remanufacturing alliances

with third-party recycling platform[J]. Annals of Operations Research: 1-33.
Caron F, Marchet G, Perego A, 2000. Layout design in manual picking systems: A simulation approach[J]. Integrated Manufacturing Systems, 11(2): 94-104.
Carter C R, Liane Easton P, 2011. Sustainable supply chain management: Evolution and future directions[J]. International Journal of Physical Distribution & Logistics Management, 41(1): 46-62.
Carter C R, Rogers D S, 2008. A framework of sustainable supply chain management: Moving toward new theory[J]. International Journal of Physical Distribution & Logistics Management, 38(5): 360-387.
Chakraborty D, Jana D K, Roy T K, 2015. Multi-item integrated supply chain model for deteriorating items with stock dependent demand under fuzzy random and bifuzzy environments[J]. Computers & Industrial Engineering, 88: 166-180.
Chaleshigar Kordasiabi M, Gholizadeh H, Khakifirooz M, et al., 2023. Robust-heuristic-based optimisation for an engine oil sustainable supply chain network under uncertainty[J]. International Journal of Production Research, 61(4): 1313-1340.
Chan C K, Zhou Y, Wong K H, 2018. A dynamic equilibrium model of the oligopolistic closed-loop supply chain network under uncertain and time-dependent demands[J]. Transportation Research Part E: Logistics and Transportation Review, 118: 325-354.
Chang H C, 2014. An analysis of production-inventory models with deteriorating items in a two-echelon supply chain[J]. Applied Mathematical Modelling, 38(3): 1187-1191.
Chang H J, Lin W F, Ho J F, 2011. Closed-form solutions for Wee's and Martin's EOQ models with a temporary price discount[J]. International Journal of Production Economics, 131(2): 528-534.
Chang X Y, Xia H Y, Zhu H Y, et al., 2015. Production decisions in a hybrid manufacturing-remanufacturing system with carbon cap and trade mechanism[J]. International Journal of Production Economics, 162: 160-173.
Che A D, Lei J Y, Jiang Z B, 2022. Optimised redesign of reverse logistics network with multi-level capacity choices for household appliances[J]. International Journal of Production Research, 60(18): 5615-5632.
Chen C K, Ulya M A, 2019. Analyses of the reward-penalty mechanism in green closed-loop supply chains with product remanufacturing[J]. International Journal of Production Economics, 210: 211-223.
Chen G, Govindan K, Golias M M, 2013a. Reducing truck emissions at container terminals in a low carbon economy: Proposal of a queueing-based bi-objective model for optimizing truck arrival pattern[J]. Transportation Research Part E: Logistics and Transportation Review, 55: 3-22.
Chen K B, Xiao T J, 2009. Demand disruption and coordination of the supply chain with a dominant retailer[J]. European Journal of Operational Research, 197(1): 225-234.
Chen L T, Wei C C, 2012. Multi-period channel coordination in vendor-managed inventory for deteriorating goods[J]. International Journal of Production Research, 50(16): 4396-4413.

Chen Q, Tsai S B, Zhai Y M, et al., 2018. An empirical study on low-carbon: Human resources performance evaluation[J]. International Journal of Environmental Research and Public Health, 15(1): 62.

Chen S M, Kuo L W, 2017. Autocratic decision making using group recommendations based on interval type-2 fuzzy sets, enhanced Karnik-Mendel algorithms, and the ordered weighted aggregation operator[J]. Information Sciences, 412: 174-193.

Chen T Y, Chang C H, Rachel L J, 2013b. The extended QUALIFLEX method for multiple criteria decision analysis based on interval type-2 fuzzy sets and applications to medical decision making[J]. European Journal of Operational Research, 226(3): 615-625.

Chen X, Benjaafar S, Elomri A, 2013c. The carbon-constrained EOQ[J]. Operations Research Letters, 41(2): 172-179.

Chen X, Wang X J, Xia Y S, 2021. Low-carbon technology transfer between rival firms under cap-and-trade policies[J]. IISE Transactions: 1-17.

Cheng C, Qi M Y, Wang X Y, et al., 2016. Multi-period inventory routing problem under carbon emission regulations[J]. International Journal of Production Economics, 182: 263-275.

Cheng J S, Li B Y, Gong B G, et al., 2017. The optimal power structure of environmental protection responsibilities transfer in remanufacturing supply chain[J]. Journal of Cleaner Production, 153: 558-569.

Chiu H C, Hsieh Y C, Roan J, et al., 2011. The challenge for multichannel services: Cross-channel free-riding behavior[J]. Electronic Commerce Research and Applications, 10(2): 268-277.

Choi S C, 1991. Price competition in a channel structure with a common retailer[J]. Marketing Science, 10(4): 271-296.

Choi S, 2018. A loss-averse newsvendor with cap-and-trade carbon emissions regulation[J]. Sustainability, 10(7): 2126.

Choi T M, Li Y J, Xu L, 2013. Channel leadership, performance and coordination in closed loop supply chains[J]. International Journal of Production Economics, 146(1): 371-380.

Choi T M, Luo S Y, 2019. Data quality challenges for sustainable fashion supply chain operations in emerging markets: Roles of blockchain, government sponsors and environment Taxes[J]. Transportation Research Part E: Logistics and Transportation Review, 131: 139-152.

Choi T M, Siqin T, 2024. Can government policies help to achieve the pollutant emissions information disclosure target in the Industry 4.0 era?[J]. Annals of Operations Research, 342(2): 1129-1147.

Chuang C H, Wang C X, Zhao Y B, 2014. Closed-loop supply chain models for a high-tech product under alternative reverse channel and collection cost structures[J]. International Journal of Production Economics, 156: 108-123.

Chung C J, Wee H M, 2008. Green-component life-cycle value on design and reverse manufacturing in semi-closed supply chain[J]. International Journal of Production Economics, 113(2): 528-545.

Cohen B, Muñoz P, 2016. Sharing cities and sustainable consumption and production: Towards an integrated framework[J]. Journal of Cleaner Production, 134: 87-97.

Cormier G, Gunn E A, 1999. Modelling and analysis for capacity expansion planning in warehousing[J]. Journal of the Operational Research Society, 50(1): 52-59.

Corsini F, Rizzi F, Frey M, 2017. Extended producer responsibility: The impact of organizational dimensions on WEEE collection from households[J]. Waste Management, 59: 23-29.

Crama P, De Reyck B, Degraeve Z, 2013. Step by step. The benefits of stage-based R&D licensing contracts[J]. European Journal of Operational Research, 224(3): 572-582.

Cruz J M, 2013. Modeling the relationship of globalized supply chains and corporate social responsibility[J]. Journal of Cleaner Production, 56: 73-85.

Cui L G, Deng J, Liu F, et al., 2017. Investigation of RFID investment in a single retailer two-supplier supply chain with random demand to decrease inventory inaccuracy[J]. Journal of Cleaner Production, 142: 2028-2044.

Dan B, Xu G Y, Liu C, 2012. Pricing policies in a dual-channel supply chain with retail services[J]. International Journal of Production Economics, 139(1): 312-320.

Dant R P, Berger P D, 1996. Modeling cooperative advertising decisionsin franchising[J]. Journal of the Operational Research Society, 47(9): 1120-1136.

Daryanto Y, Wee H M, Astanti R D, 2019. Three-echelon supply chain model considering carbon emission and item deterioration[J]. Transportation Research Part E: Logistics and Transportation Review, 122: 368-383.

De Giovanni P, Zaccour G, 2014. A two-period game of a closed-loop supply chain[J]. European Journal of Operational Research, 232(1): 22-40.

Deeney P, Cummins M, Heintz K, et al., 2021. A real options based decision support tool for R&D investment: Application to CO_2 recycling technology[J]. European Journal of Operational Research, 289(2): 696-711.

Demey Y T, Wolff M, 2016. SIMISS: A model-based searching strategy for inventory management systems[J]. IEEE Internet of Things Journal, 4(1): 172-182.

Desiraju R, Moorthy S, 1997. Managing a distribution channel under asymmetric information with performance requirements[J]. Management Science, 43(12): 1628-1644.

Dong C W, Shen B, Chow P S, et al., 2016. Sustainability investment under cap-and-trade regulation[J]. Annals of Operations Research, 240(2): 509-531.

Dong Y, Shankar V, Dresner M, 2007. Efficient replenishment in the distribution channel[J]. Journal of Retailing, 83(3): 253-278.

Drake D F, 2018. Carbon tariffs: Effects in settings with technology choice and foreign production cost advantage[J]. Manufacturing & Service Operations Management, 20(4): 667-686.

Drake D F, Kleindorfer P R, van Wassenhove L N, 2016. Technology choice and capacity portfolios under emissions regulation[J]. Production and Operations Management, 25(6): 1006-1025.

Du P, Yang X L, Xu L, et al., 2020. Green design strategies of competing manufacturers in a sustainable supply chain[J]. Journal of Cleaner Production, 265: 121853.

Du S F, Hu L, Song M L, 2016. Production optimization considering environmental performance and preference in the cap-and-trade system[J]. Journal of Cleaner Production, 112: 1600-1607.

Du S F, Zhu J A, Jiao H F, et al., 2015. Game-theoretical analysis for supply chain with consumer preference to low carbon[J]. International Journal of Production Research，53（12）：3753-3768.

Du S, Zhu L, Liang L, et al., 2013. Emission-dependent supply chain and environment-policy-making in the ‘cap-and-trade’ system[J]. Energy Policy, 57: 61-67.

Efendigil T, Önüt S, Kongar E, 2008. A holistic approach for selecting a third-party reverse logistics provider in the presence of vagueness[J]. Computers & Industrial Engineering, 54(2): 269-287.

Elking I, Paraskevas J P, Grimm C, et al., 2017. Financial dependence, lean inventory strategy, and firm performance[J]. Journal of Supply Chain Management, 53(2): 22-38.

Erkal N, Minehart D, 2014. Optimal technology sharing strategies in dynamic games of R&D[J]. Journal of Economics & Management Strategy, 23(1): 149-177.

Ertek G, Griffin P M, 2002. Supplier- and buyer-driven channels in a two-stage supply chain[J]. IIE Transactions, 34(8): 691-700.

Faghih-Imani A, Hampshire R, Marla L, et al., 2017. An empirical analysis of bike sharing usage and rebalancing: Evidence from Barcelona and Seville[J]. Transportation Research Part A: Policy and Practice, 97: 177-191.

Ferguson M E, Toktay L B, 2006. The effect of competition on recovery strategies[J]. Production and Operations Management, 15(3): 351-368.

Ferguson M, Guide V D Jr, Koca E, et al., 2009. The value of quality grading in remanufacturing[J]. Production and Operations Management, 18(3): 300-314.

Ferrer G, Swaminathan J M, 2006. Managing new and remanufactured products[J]. Management Science, 52(1): 15-26.

Ferrer G, Swaminathan J M, 2010. Managing new and differentiated remanufactured products[J]. European Journal of Operational Research, 203(2): 370-379.

Forouzanfar F, Tavakkoli-Moghaddam R, Bashiri M, et al., 2018. New mathematical modeling for a location-routing-inventory problem in a multi-period closed-loop supply chain in a car industry[J]. Journal of Industrial Engineering International, 14(3): 537-553.

Frade I, Ribeiro A, 2015. Bike-sharing stations: A maximal covering location approach[J]. Transportation Research Part A: Policy and Practice, 82: 216-227.

Fu K, Li Y Z, Mao H Q, et al., 2023. Firms' production and green technology strategies: The role of emission asymmetry and carbon taxes[J]. European Journal of Operational Research, 305(3): 1100-1112.

Fukuta M, Anzai F, Motozawa M, et al., 2014. Performance of radial piston type reciprocating expander for CO_2 refrigeration cycle[J]. International Journal of Refrigeration, 42: 48-56.

Galbreth M R, 2006. Managing Condition Variability in Remanufacturing[M]. Nashville, Tennessee, USA: Vanderbilt University.

Galbreth M R, Blackburn J D, 2006. Optimal acquisition and sorting policies for remanufacturing[J]. Production and Operations Management, 15(3): 384-392.

Gallego G, Moon I, 1993. The distribution free newsboy problem: Review and extensions[J]. Journal of the Operational Research Society, 44(8): 825-834.

Ganeshan R, 1999. Managing supply chain inventories: A multiple retailer, one warehouse, multiple supplier model[J]. International Journal of Production Economics, 59(1/2/3): 341-354.

Ghare P M, Schrader G H, 1963. A model for exponentially decaying inventory[J]. Journal of Industrial Engineering, 21(5): 449-460.

Ghiami Y, Williams T, Wu Y, 2013. A two-echelon inventory model for a deteriorating item with stock-dependent demand, partial backlogging and capacity constraints[J]. European Journal of Operational Research, 231(3): 587-597.

Gholizadeh H, Goh M, Fazlollahtabar H, et al., 2022. Modelling uncertainty in sustainable-green integrated reverse logistics network using metaheuristics optimization[J]. Computers & Industrial Engineering, 163: 107828.

Ghosh D, Shah J, 2012. A comparative analysis of greening policies across supply chain structures[J]. International Journal of Production Economics, 135(2): 568-583.

Ghosh S, Varakantham P, Adulyasak Y, et al., 2017. Dynamic repositioning to reduce lost demand in bike sharing systems[J]. Journal of Artificial Intelligence Research, 58: 387-430.

Gilbert S M, Cvsa V, 2003. Strategic commitment to price to stimulate downstream innovation in a supply chain[J]. European Journal of Operational Research, 150(3): 617-639.

Giri B C, Maiti T, 2012. Supply chain model for a deteriorating product with time-varying demand and production rate[J]. Journal of the Operational Research Society, 63(5): 665-673.

Gong H L, Zhang Z H, 2022. Benders decomposition for the distributionally robust optimization of pricing and reverse logistics network design in remanufacturing systems[J]. European Journal of Operational Research, 297(2): 496-510.

Govindan K, Jafarian A, Khodaverdi R, et al., 2014. Two-echelon multiple-vehicle location-routing problem with time windows for optimization of sustainable supply chain network of perishable food[J]. International journal of production economics, 152: 9-28.

Govindan K, Jha P C, Garg K, 2016. Product recovery optimization in closed-loop supply chain to improve sustainability in manufacturing[J]. International Journal of Production Research, 54(5): 1463-1486.

Govindan K, Soleimani H, Kannan D, 2015. Reverse logistics and closed-loop supply chain: A comprehensive review to explore the future[J]. European Journal of Operational Research, 240(3): 603-626.

Goyal M, Netessine S, 2007. Strategic technology choice and capacity investment under demand uncertainty[J]. Management Science, 53(2): 192-207.

Guarnieri P, Sobreiro V A, Nagano M S, et al., 2015. The challenge of selecting and evaluating third-party reverse logistics providers in a multicriteria perspective: A Brazilian case[J]. Journal of Cleaner Production, 96: 209-219.

Guide V D R Jr, Van Wassenhove L N, 2009. OR FORUM—the evolution of closed-loop supply chain research[J]. Operations Research, 57(1): 10-18.

Gunasekara H N W, Gamage J R, Punchihewa H K G, 2021. Remanufacture for sustainability: A comprehensive business model for automotive parts remanufacturing[J]. International Journal of Sustainable Engineering, 14(6): 1386-1395.

Guo J Q, Liu X X, Jo J, 2017. Dynamic joint construction and optimal operation strategy of multi-period reverse logistics network: A case study of Shanghai apparel E-commerce enterprises[J]. Journal of Intelligent Manufacturing, 28(3): 819-831.

Gupta D K, Dasgupta M S, 2014. Simulation and performance optimization of finned tube gas cooler for trans-critical CO_2 refrigeration system in Indian context[J]. International Journal of Refrigeration, 38: 153-167.

Gupta S, Loulou R, 1998. Process innovation, product differentiation, and channel structure: Strategic incentives in a duopoly[J]. Marketing Science, 17(4): 301-316.

Hafezi M, Zhao X, Zolfagharinia H, 2023. Together we stand? co-opetition for the development of green products[J]. European Journal of Operational Research, 306(3): 1417-1438.

Hatefi S M, Jolai F, 2014. Robust and reliable forward-reverse logistics network design under demand uncertainty and facility disruptions[J]. Applied Mathematical Modelling, 38(9/10): 2630-2647.

He C, Ozturk O C, Gu C, et al., 2023. Consumer tax credits for EVs: Some quasi-experimental evidence on consumer demand, product substitution, and carbon emissions[J]. Management Science, 69(12): 7759-7783.

He Y J, 2015. Acquisition pricing and remanufacturing decisions in a closed-loop supply chain[J]. International Journal of Production Economics, 163: 48-60.

Heese H S, Cattani K, Ferrer G, et al., 2005. Competitive advantage through take-back of used products[J]. European Journal of Operational Research, 164(1): 143-157.

Heydari J, Govindan K, Basiri Z, 2021. Balancing price and green quality in presence of consumer environmental awareness: A green supply chain coordination approach[J]. International Journal of Production Research, 59(7): 1957-1975.

Hong I H, Yeh J S, 2012. Modeling closed-loop supply chains in the electronics industry: A retailer collection application[J]. Transportation Research Part E: Logistics and Transportation Review, 48(4): 817-829.

Hong X P, Govindan K, Xu L, et al., 2017. Quantity and collection decisions in a closed-loop supply chain with technology licensing[J]. European Journal of Operational Research, 256(3): 820-829.

Hong X P, Wang Z J, Wang D Z, et al., 2013. Decision models of closed-loop supply chain with remanufacturing under hybrid dual-channel collection[J]. The International Journal of Advanced Manufacturing Technology, 68(5): 1851-1865.

Hong X P, Xu L, Du P, et al., 2015. Joint advertising, pricing and collection decisions in a closed-loop supply chain[J]. International Journal of Production Economics, 167: 12-22.

Hoque M A, 2011. An optimal solution technique to the single-vendor multi-buyer integrated inventory supply chain by incorporating some realistic factors[J]. European Journal of

Operational Research, 215(1): 80-88.

Hosseini-Motlagh S M, Johari M, Nematollahi M, et al., 2023. Reverse supply chain management with dual channel and collection disruptions: Supply chain coordination and game theory approaches[J]. Annals of Operations Research, 324(1): 215-248.

Hovelaque V, Bironneau L, 2015. The carbon-constrained EOQ model with carbon emission dependent demand[J]. International Journal of Production Economics, 164: 285-291.

Hua G W, Cheng T C E, Wang S Y, 2011. Managing carbon footprints in inventory management[J]. International Journal of Production Economics, 132(2): 178-185.

Hua G W, Wang S Y, Cheng T C E, 2010. Price and lead time decisions in dual- channel supply chains[J]. European Journal of Operational Research, 205(1): 113-126.

Huang M, Song M, Lee L H, et al., 2013. Analysis for strategy of closed-loop supply chain with dual recycling channel[J]. International Journal of Production Economics, 144(2): 510-520.

Huang W, 2004. Optimization Models for Sourcing Decisions in Supply Chain Management[M]. Gainesville, Florida: University of Florida.

Huang Y S, Fang C C, Lin Y G, 2020. Inventory management in supply chains with consideration of Logistics, green investment and different carbon emissions policies[J]. Computers & Industrial Engineering, 139: 106207.

Huang Z, Li S X, Mahajan V, 2002. An analysis of manufacturer-retailer supply chain coordination incooperative advertising[J]. Decision Sciences, 33(3): 469-496.

Hui I K, He L, Dang C, 2002. Environmental impact assessment in an uncertain environment[J]. International Journal of Production Research, 40(2): 375-388.

Iyer G, Soberman D, Villas-Boas J M, 2005. The targeting of advertising[J]. Marketing Science, 24(3): 461-476.

Jaber M Y, Glock C H, El Saadany A M A, 2013. Supply chain coordination with emissions reduction incentives[J]. International Journal of Production Research, 51(1): 69-82.

Jacobs B W, Subramanian R, 2012. Sharing responsibility for product recovery across the supply chain[J]. Production and Operations Management, 21(1): 85-100.

Jammernegg W, Kischka P, 2013. Risk preferences of a newsvendor with service and loss constraints[J]. International Journal of Production Economics, 143(2): 410-415.

Jeuland A P, Shugan S M, 1983. Managing channel profits[J]. Marketing Science, 2(3): 239-272.

Ji S G, Cherry C R, Han L D, et al., 2014. Electric bike sharing: Simulation of user demand and system availability[J]. Journal of Cleaner Production, 85: 250-257.

Jiang X Q, Zheng Y N, 2023. Pricing decisions and remanufacturing strategies considering consumer recycling behavior[J]. Annals of Operations Research, 322(2): 755-792.

Jin M Z, Granda-Marulanda N A, Down I, 2014. The impact of carbon policies on supply chain design and logistics of a major retailer[J]. Journal of Cleaner Production, 85: 453-461.

Johnson J P, 2013. Targeted advertising and advertising avoidance[J]. The RAND Journal of Economics, 44(1): 128-144.

Jonnalagedda S, Saranga H, 2019. To adapt or design: An emerging market dilemma for automakers[J]. Production and Operations Management, 28(3): 550-569.

Kafa N, Hani Y, El Mhamedi A, 2015. An integrated sustainable partner selection approach with closed-loop supply chain network configuration[J]. IFAC-Papers OnLine, 48(3): 1840-1845.

Karakayali I, Emir-Farinas H, Akcali E, 2007. An analysis of decentralized collection and processing of end-of-life products[J]. Journal of Operations Management, 25(6): 1161-1183.

Kaya O, 2010. Incentive and production decisions for remanufacturing operations[J]. European Journal of Operational Research, 201(2): 442-453.

Khan S A R, Godil D I, Jabbour C J C, et al., 2021. Green data analytics, blockchain technology for sustainable development, and sustainable supply chain practices: Evidence from small and medium enterprises[J]. Annals of Operations Research: 1-25.

Kilic H S, Cebeci U, Ayhan M B, 2015. Reverse logistics system design for the waste of electrical and electronic equipment(WEEE)in Turkey[J]. Resources, Conservation and Recycling, 95: 120-132.

Klassen R D, McLaughlin C P, 1996. The impact of environmental management on firm performance[J]. Management Science, 42(8): 1199-1214.

Klassen R D, Vereecke A, 2012. Social issues in supply chains: Capabilities link responsibility, risk(opportunity), and performance[J]. International Journal of Production Economics, 140(1): 103-115.

Krass D, Nedorezov T, Ovchinnikov A, 2013. Environmental Taxes and the choice of green technology[J]. Production and Operations Management, 22(5): 1035-1055.

Kumar A, Mangla S K, Luthra S, et al., 2019. Evaluating the human resource related soft dimensions in green supply chain management implementation[J]. Production Planning & Control, 30(9): 699-715.

Kumar Jena S, Sarmah S P, 2014. Price competition and co-operation in a duopoly closed-loop supply chain[J]. International Journal of Production Economics, 156: 346-360.

Kuo M S, 2011. Optimal location selection for an international distribution center by using a new hybrid method[J]. Expert Systems with Applications, 38(6): 7208-7221.

Kuo T C, Chen G Y H, Wang M L, et al., 2014. Carbon footprint inventory route planning and selection of hot spot suppliers[J]. International Journal of Production Economics, 150: 125-139.

Lee C M, Hsu S L, 2011. The effect of advertising on the distribution-free newsboy problem[J]. International Journal of Production Economics, 129(1): 217-224.

Lee E, Staelin R, 1997. Vertical strategic interaction: Implications for channel pricing strategy[J]. Marketing Science, 16(3): 185-207.

Lee J Y, Ren L, 2011. Vendor-managed inventory in a global environment with exchange rate uncertainty[J]. International Journal of Production Economics, 130(2): 169-174.

Li C B, Liu F, Tan X C, et al., 2010. A methodology for selecting a green technology portfolio based on synergy[J]. International Journal of Production Research, 48(24): 7289-7302.

Li D, Schoenherr T, 2023. The institutionalization of sharing economy platforms in China[J]. Journal of Operations Management, 69(5): 764-793.

Li L, Zhang R Q, 2015. Cooperation through capacity sharing between competing forwarders[J]. Transportation Research Part E: Logistics and Transportation Review, 75: 115-131.

Li Q Y, Guan X T, Shi T Q, et al., 2020. Green product design with competition and fairness concerns in the circular economy era[J]. International Journal of Production Research, 58(1): 165-179.

Li S L, Tirupati D, 1994. Dynamic capacity expansion problem with multiple products: Technology selection and timing of capacity additions[J]. Operations Research, 42(5): 958-976.

Li S X, Huang Z M, Zhu J, et al., 2002. Cooperative advertising, game theory and manufacturer-retailer supply chains[J]. Omega, 30(5): 347-357.

Li Y B, Kannan D, Jha P C, et al., 2023. Design of a multi echelon product recovery embeded reverse logistics network for multi products and multi periods[J]. Annals of Operations Research, 323(1): 131-152.

Li Y H, Guo H, Zhang Y, 2018. An integrated location-inventory problem in a closed-loop supply chain with third-party logistics[J]. International Journal of Production Research, 56(10): 3462-3481.

Liang Y J, Pokharel S, Lim G H, 2009. Pricing used products for remanufacturing[J]. European Journal of Operational Research, 193(2): 390-395.

Lin C, Lin Y, 2007. A cooperative inventory policy with deteriorating items for a two-echelon model[J]. European Journal of Operational Research, 178(1): 92-111.

Lin L H, Kulatilaka N, 2006. Network effects and technology licensing with fixed fee, royalty, and hybrid contracts[J]. Journal of Management Information Systems, 23(2): 91-118.

Lin X G, Chen D N, Zhou Y W, et al., 2022. Horizontal mergers in low carbon manufacturing[J]. European Journal of Operational Research, 297(1): 359-368.

Liu A J, Ji X H, Xu L, et al., 2019. Research on the recycling of sharing bikes based on time dynamics series, individual regrets and group efficiency[J]. Journal of Cleaner Production, 208: 666-687.

Liu A J, Zhu Q Y, Xu L, et al., 2021. Sustainable supply chain management for perishable products in emerging markets: An integrated location-inventory-routing model[J]. Transportation Research Part E: Logistics and Transportation Review, 150: 102319.

Liu B Y, Holmbom M, Segerstedt A, et al., 2015a. Effects of carbon emission regulations on remanufacturing decisions with limited information of demand distribution[J]. International Journal of Production Research, 53(2): 532-548.

Liu C L, Lyons A C, 2011. An analysis of third-party logistics performance and service provision[J]. Transportation Research Part E: Logistics and Transportation Review, 47(4): 547-570.

Liu J J, Hu H B, Tong X, et al., 2020. Behavioral and technical perspectives of green supply chain management practices: Empirical evidence from an emerging market[J]. Transportation Research Part E: Logistics and Transportation Review, 140: 102013.

Liu L W, Wang Z J, Xu L, et al., 2017. Collection effort and reverse channel choices in a closed-loop supply chain[J]. Journal of Cleaner Production, 144: 492-500.

Liu Q, Zhang C Y, Zhu K R, et al., 2014. Novel multi-objective resource allocation and activity scheduling for fourth party logistics[J]. Computers & Operations Research, 44: 42-51.

Liu W H, Liu X Y, Li X, 2015b. The two-stage batch ordering strategy of logistics service capacity with demand update[J]. Transportation Research Part E: Logistics and Transportation Review, 83: 65-89.

Liu Z, Anderson T D, Cruz J M, 2012. Consumer environmental awareness and competition in two-stage supply chains[J]. European Journal of Operational Research, 218(3): 602-613.

Lorenzo Varela J M, Börjesson M, Daly A, 2018. Public transport: One mode or several? [J]. Transportation Research Part A: Policy and Practice, 113: 137-156.

Lu S, Hou W F, Li Z, et al., 2022. Design and optimisation of a green manufacturing-recycling network considering heavy metal pollutants-an electronic assembly case[J]. International Journal of Production Research, 60(9): 2830-2849.

Luo C L, Xu L, 2021. Railway disruption management: Designing bus bridging services under uncertainty[J]. Computers & Operations Research, 131: 105284.

Luthra S, Garg D, Haleem A, 2016. The impacts of critical success factors for implementing green supply chain management towards sustainability: An empirical investigation of Indian automobile industry[J]. Journal of Cleaner Production, 121: 142-158.

Lyu R X, Zhang C H, Li Z T, et al., 2022. Manufacturers' integrated strategies for emission reduction and recycling: The role of government regulations[J]. Computers & Industrial Engineering, 163: 107769.

Ma P, Meng Y, Gong Y M, et al., 2023. Optimal models for sustainable supply chain finance: Evidence from electric vehicle industry[J]. International Journal of Production Research, 61(15): 5075-5093.

Ma W, Che Y, Huang H, et al., 2016. Resource-constrained project scheduling problem with uncertain durations and renewable resources[J]. International Journal of Machine Learning and Cybernetics, 7: 613-621.

Ma X, Talluri S, Ferguson M, et al., 2022. Strategic production and responsible sourcing decisions under an emissions trading scheme[J]. European Journal of Operational Research, 303(3): 1429-1443.

Mafakheri F, Nasiri F, 2013. Revenue sharing coordination in reverse logistics[J]. Journal of Cleaner Production, 59: 185-196.

Mahmoudi A, Govindan K, Shishebori D, et al., 2021. Product pricing problem in green and non-green multi-channel supply chains under government intervention and in the presence of third-party logistics companies[J]. Computers & Industrial Engineering, 159: 107490.

Mahmoudi R, Rasti-Barzoki M, 2018. Sustainable supply chains under government intervention with a real-world case study: An evolutionary game theoretic approach[J]. Computers & Industrial Engineering, 116: 130-143.

Majumder P, Groenevelt H, 2001. Competition in remanufacturing[J]. Production and Operations

Management, 10(2): 125-141.

Majumder P, Srinivasan A, 2006. Leader location, cooperation, and coordination in serial supply chains[J]. Production and Operations Management, 15(1): 22-39.

Majumder P, Srinivasan A, 2008. Leadership and competition in network supply chains[J]. Management Science, 54(6): 1189-1204.

Malacina I, Teplov R, 2022. Supply chain innovation research: A bibliometric network analysis and literature review[J]. International Journal of Production Economics, 251: 108540.

Mangla S K, Sharma Y K, Patil P P, et al., 2019. Logistics and distribution challenges to managing operations for corporate sustainability: Study on leading Indian diary organizations[J]. Journal of Cleaner Production, 238: 117620.

Manikas A S, Kroes J R, 2015. A newsvendor approach to compliance and production under cap and trade emissions regulation[J]. International Journal of Production Economics, 159: 274-284.

Marchi B, Zanoni S, 2023. Technical note on "Inventory management in supply chains with consideration of Logistics, green investment and different carbon emissions policies" [J]. Computers & Industrial Engineering, 175: 108870.

Mardani M M, Vafamand N, Khooban M H, et al., 2019. Design of quadratic D-stable fuzzy controller for DC microgrids with multiple CPLs[J]. IEEE Transactions on Industrial Electronics, 66(6): 4805-4812.

Matsui K, 2022. Optimal timing of acquisition price announcement for used products in a dual-recycling channel reverse supply chain[J]. European Journal of Operational Research, 300(2): 615-632.

McAlister L, Srinivasan R, Kim M, 2007. Advertising, research and development, and systematic risk of the firm[J]. Journal of Marketing, 71(1): 35-48.

McGuire T W, Staelin R, 1983. An industry equilibrium analysis of downstream vertical integration[J]. Marketing Science, 2(2): 161-191.

Messinger P R, Narasimhan C, 1995. Has power shifted in the grocery channel?[J]. Marketing Science, 14(2): 189-223.

Mihajlović J, Rajković P, Petrović G, et al., 2019. The selection of the logistics distribution fruit center location based on MCDM methodology in southern and eastern region in Serbia[J]. Operational Research in Engineering Sciences: Theory and Applications, 2(2): 72-85.

Mitra S, Webster S, 2008. Competition in remanufacturing and the effects of government subsidies[J]. International Journal of Production Economics, 111(2): 287-298.

Mix R, Hurtubia R, Raveau S, 2022. Optimal location of bike-sharing stations: A built environment and accessibility approach[J]. Transportation Research Part A: Policy and Practice, 160: 126-142.

Modak N M, Kelle P, 2021. Using social work donation as a tool of corporate social responsibility in a closed-loop supply chain considering carbon emissions tax and demand uncertainty[J]. Journal of the Operational Research Society, 72(1): 61-77.

Moon I, Choi S, 1995. The distribution free newsboy problem with balking[J]. Journal of the Operational Research Society, 46(4): 537-542.

Mukherjee A, Pennings E, 2006. Tariffs, licensing and market structure[J]. European Economic Review, 50(7): 1699-1707.

Mukhopadhyay S K, Ma H, 2009.Joint procurement and production decisions in remanufacturing under quality and demand uncertainty[J]. International Journal of Production Economics, 120(1): 5-17.

Naumov S, Keith D R, Fine C H, 2020. Unintended consequences of automated vehicles and pooling for urban transportation systems[J]. Production and Operations Management, 29(5): 1354-1371.

Naumov S, Keith D, 2023. Optimizing the economic and environmental benefits of ride-hailing and pooling[J]. Production and Operations Management, 32(3): 904-929.

Nekooghadirli N, Tavakkoli-Moghaddam R, Ghezavati V R, et al., 2014. Solving a new bi-objective location-routing-inventory problem in a distribution network by meta-heuristics[J]. Computers & Industrial Engineering, 76: 204-221.

Opricovic S, Tzeng G H, 2004. Compromise solution by MCDM methods: A comparative analysis of VIKOR and TOPSIS[J]. European Journal of Operational Research, 156(2): 445-455.

Opricovic S, Tzeng G H, 2007. Extended VIKOR method in comparison with outranking methods[J]. European Journal of Operational Research, 178(2): 514-529.

Oraiopoulos N, Ferguson M E, Toktay L B, 2012. Relicensing as a secondary market strategy[J]. Management Science, 58(5): 1022-1037.

Pagell M, Wu Z H, 2009. Building a more complete theory of sustainable supply chain management using case studies of 10 exemplars[J]. Journal of Supply Chain Management, 45(2): 37-56.

Panda S, Modak N M, 2016. Exploring the effects of social responsibility on coordination and profit division in a supply chain[J]. Journal of Cleaner Production, 139: 25-40.

Park J H, Cho H J, Kwun Y C, 2013. Extension of the VIKOR method to dynamic intuitionistic fuzzy multiple attribute decision making[J]. Computers & Mathematics with Applications, 65(4): 731-744.

Pelechrinis K, Zacharias C, Kokkodis M, et al., 2017. Economic impact and policy implications from urban shared transportation: The case of Pittsburgh's shared bike system[J]. PLoS One, 12(8): e0184092.

Pinçe Ç, Ferguson M, Toktay B, 2016. Extracting maximum value from consumer returns: Allocating between remarketing and refurbishing for warranty claims[J]. Manufacturing & Service Operations Management, 18(4): 475-492.

Plambeck E, Wang Q, 2009. Effects of E-waste regulation on new product introduction[J]. Management Science, 55(3): 333-347.

Porto R B, Gomes Akitaya P B, Santos Oliveira D, 2023. Country of brand origin positioning and financial performance: Effects on internationalized companies from an emerging market[J]. International Journal of Emerging Markets, 18(8): 1808-1826.

Pournader M, Shi Y Y, Seuring S, et al., 2020. Blockchain applications in supply chains, transport and logistics: A systematic review of the literature[J]. International Journal of Production Research, 58(7): 2063-2081.

Prakash C, Barua M K, 2017. Flexible modelling approach for evaluating reverse logistics adoption barriers using fuzzy AHP and IRP framework[J]. International Journal of Operational Research, 30(2): 151.

Qiang Q, 2015. The closed-loop supply chain network with competition and design for remanufactureability[J]. Journal of Cleaner Production, 105: 348-356.

Qin J D, Liu X W, Pedrycz W, 2017. An extended TODIM multi-criteria group decision making method for green supplier selection in interval type-2 fuzzy environment[J]. European Journal of Operational Research, 258(2): 626-638.

Qiu R Z, Li X G, Sun M H, 2023. Vertical integration of an online secondhand platform and a recycling platform under different power structures[J]. European Journal of Operational Research, 310(1): 286-301.

Rahmani M, Gui L Y, Atasu A, 2021. The implications of recycling technology choice on extended producer responsibility[J]. Production and Operations Management, 30(2): 522-542.

Raj A, Modak N M, Kelle P, et al., 2021. Analysis of a dyadic sustainable supply chain under asymmetric information[J]. European Journal of Operational Research, 289(2): 582-594.

Ranjbar A, Heydari J, Madani Hosseini M, et al., 2023. Green channel coordination under asymmetric information[J]. Annals of Operations Research, 329(1): 1049-1082.

Ravi A, Li J, 2008. Capacity investment under postponement strategies, market competition, and demand uncertainty[J]. Management Science, 54(11): 1876-1890.

Reddy K N, Kumar A, Choudhary A, et al., 2022. Multi-period green reverse logistics network design: An improved benders-decomposition-based heuristic approach[J]. European Journal of Operational Research, 303(2): 735-752.

Rockett K E, 1990. Choosing the competition and patent licensing[J]. The RAND Journal of Economics, 21(1): 161.

Sabharwal S, Garg S, 2013. Determining cost effectiveness index of remanufacturing: A graph theoretic approach[J]. International Journal of Production Economics, 144(2): 521-532.

Sadiq R, Tesfamariam S, 2007. Probability density functions based weights for ordered weighted averaging(OWA)operators: An example of water quality indices[J]. European Journal of Operational Research, 182(3): 1350-1368.

Sanayei A, Farid Mousavi S, Yazdankhah A, 2010. Group decision making process for supplier selection with VIKOR under fuzzy environment[J]. Expert Systems with Applications, 37(1): 24-30.

Sanni S, Jovanoski Z, Sidhu H S, 2020. An economic order quantity model with reverse logistics program[J]. Operations Research Perspectives, 7: 100133.

Saracoglu I, Topaloglu S, Keskinturk T, 2014. A genetic algorithm approach for multi-product multi-period continuous review inventory models[J]. Expert Systems with Applications, 41(18):

8189-8202.

Sarkar B, 2013. A production-inventory model with probabilistic deterioration in two-echelon supply chain management[J]. Applied Mathematical Modelling, 37(5): 3138-3151.

Sarkis J, 2012. A boundaries and flows perspective of green supply chain management[J]. Supply Chain Management, 17(2): 202-216.

Sarkis J, Zhu Q H, Lai K H, 2011. An organizational theoretic review of green supply chain management literature[J]. International Journal of Production Economics, 130(1): 1-15.

Sasikumar P, Haq A N, 2011. Integration of closed loop distribution supply chain network and 3PRLP selection for the case of battery recycling[J]. International Journal of Production Research, 49(11): 3363-3385.

Savaskan R C, Bhattacharya S, van Wassenhove L N, 2004. Closed-loop supply chain models with product remanufacturing[J]. Management Science, 50(2): 239-252.

Savaskan R C, van Wassenhove L N, 2006. Reverse channel design: the case of competing retailers[J]. Management Science, 52(1): 1-14.

Scarf H E, Arrow K J, Karlin S, 1957. A Min-max Solution of An Inventory Problem[M]. Santa Monica: Rand Corporation.

Schaefer B, Konur D, 2015. Economic and environmental considerations in a continuous review inventory control system with integrated transportation decisions[J]. Transportation Research Part E: Logistics and Transportation Review, 80: 142-165.

Scheller C, Schmidt K, Spengler T S, 2023. Effects of network structures on the production planning in closed-loop supply chains-A case study based analysis for lithium-ion batteries in Europe[J]. International Journal of Production Economics, 262: 108892.

Schepler X, Absi N, Jeanjean A, 2024. Refurbishment and remanufacturing planning model for pre-owned consumer electronics[J]. International Journal of Production Research, 62(7): 2499-2521.

Schmaranzer D, Braune R, Doerner K F, 2021. Multi-objective simulation optimization for complex urban mass rapid transit systems[J]. Annals of Operations Research, 305(1): 449-486.

Senthil S, Srirangacharyulu B, Ramesh A, 2014. A robust hybrid multi-criteria decision making methodology for contractor evaluation and selection in third-party reverse logistics[J]. Expert Systems with Applications, 41(1): 50-58.

Seuring S, Gold S, 2012. Conducting content-analysis based literature reviews in supply chain management[J]. Supply Chain Management, 17(5): 544-555.

Seuring S, Müller M, 2008. From a literature review to a conceptual framework for sustainable supply chain management[J]. Journal of Cleaner Production, 16(15): 1699-1710.

Shankar R, Bhattacharyya S, Choudhary A, 2018. A decision model for a strategic closed-loop supply chain to reclaim End-of-Life Vehicles[J]. International Journal of Production Economics, 195: 273-286.

Shankar V, Krishnamurthy L, 1996. Relating price sensitivity to retailer promotional variables and pricing policy: An empirical analysis[J]. Journal of Retailing, 72(3): 249-272.

Shi J M, Chen W Y, Verter V, 2023. The joint impact of environmental awareness and system infrastructure on e-waste collection[J]. European Journal of Operational Research, 310(2): 760-772.

Shi J M, Zhang G Q, Sha J C, 2011. Optimal production and pricing policy for a closed loop system[J]. Resources, Conservation and Recycling, 55(6): 639-647.

Shin M, Lee H, Ryu K, et al., 2019. A two-phased perishable inventory model for production planning in a food industry[J]. Computers & Industrial Engineering, 133: 175-185.

Simester D, Hu Y, Brynjolfsson E, et al., 2009.Dynamics of retail advertising: Evidence from a field experiment[J]. Economic Inquiry, 47(3): 482-499.

Sinesio F, Saba A, Peparaio M, et al., 2018. Capturing consumer perception of vegetable freshness in a simulated real-life taste situation[J]. Food Research International, 105: 764-771.

Singh S, Dasgupta M, 2016. Evaluation of research on CO_2 trans-critical work recovery expander using multi attribute decision making methods[J]. Renewable and Sustainable Energy Reviews, 59: 119-129.

Soleimani H, Chhetri P, Fathollahi-Fard A M, et al., 2022. Sustainable closed-loop supply chain with energy efficiency: Lagrangian relaxation, reformulations and heuristics[J]. Annals of Operations Research, 318(1): 531-556.

Song J, Leng M, 2012. Analysis of the single-period problem under carbon emissions policies[J]. Handbook of Newsvendor Problems: Models, Extensions and Applications: 297-313.

Song S, Govindan K, Xu L, et al., 2017. Capacity and production planning with carbon emission constraints[J]. Transportation Research Part E: Logistics and Transportation Review, 97: 132-150.

Steeneck D W, Sarin S C, 2013. Pricing and production planning for reverse supply chain: A review[J]. International Journal of Production Research, 51(23-24): 6972-6989.

Steven A B, Britto R A, 2016. Emerging market presence, inventory, and product recall linkages[J]. Journal of Operations Management, 46(1): 55-68.

Sun Q Q, Chen H, Long R Y, et al., 2023. Who will pay for the “bicycle cemetery”? Evolutionary game analysis of recycling abandoned shared bicycles under dynamic reward and punishment[J]. European Journal of Operational Research, 305(2): 917-929.

Supriyo G, Pradeep V, Yossiri A, et al., 2017. Dynamic repositioning to reduce lost demand in bike sharing systems[J]. Journal of Artificial Intelligence Research, 58: 387-430.

Suyabatmaz A Ç, Altekin F T, Şahin G, 2014. Hybrid simulation-analytical modeling approaches for the reverse logistics network design of a third-party logistics provider[J]. Computers & Industrial Engineering, 70: 74-89.

Taleizadeh A A, Alizadeh-Basban N, Sarker B R, 2018. Coordinated contracts in a two-echelon green supply chain considering pricing strategy[J]. Computers & Industrial Engineering, 124: 249-275.

Tang S L, Wang W J, Yan H, et al., 2015. Low carbon logistics: Reducing shipment frequency to cut carbon emissions[J]. International Journal of Production Economics, 164: 339-350.

Tao F, Zhou Y, Bian J S, et al., 2023. Optimal channel structure for a green supply chain with consumer green-awareness demand[J]. Annals of Operations Research, 324(1): 601-628.

Tautenhain C P S, Barbosa-Povoa A P, Mota B, et al., 2021. An efficient Lagrangian-based heuristic to solve a multi-objective sustainable supply chain problem[J]. European Journal of Operational Research, 294(1): 70-90.

Tavana M, Khalili Nasr A, Santos-Arteaga F J, et al., 2024. An optimization model with a Lagrangian relaxation algorithm for artificial Internet of Things-enabled sustainable circular supply chain networks[J]. Annals of Operations Research, 342(1): 767-802.

Thierry M, Salomon M, van Nunen J, et al., 1995. Strategic issues in product recovery management[J]. California Management Review, 37(2): 114-136.

Tian H, Ma Y T, Li M X, et al., 2011. Influence of a non-condensable gas on the performance of a piston expander for use in carbon dioxide trans-critical heat pumps[J]. Applied Thermal Engineering, 31(11/12): 1943-1949.

Toptal A, Çetinkaya B, 2017. How supply chain coordination affects the environment: A carbon footprint perspective[J]. Annals of Operations Research, 250(2): 487-519.

Toptal A, Özlü H, Konur D, 2014. Joint decisions on inventory replenishment and emission reduction investment under different emission regulations[J]. International Journal of Production Research, 52(1): 243-269.

Tosarkani B M, Amin S H, Zolfagharinia H, 2020. A scenario-based robust possibilistic model for a multi-objective electronic reverse logistics network[J]. International Journal of Production Economics, 224: 107557.

Tsai W H, Hung S J, 2009. Treatment and recycling system optimisation with activity-based costing in WEEE reverse logistics management: An environmental supply chain perspective[J]. International Journal of Production Research, 47(19): 5391-5420.

Tsay A A, Agrawal N, 2000. Channel dynamics under price and service competition[J]. Manufacturing & Service Operations Management, 2(4): 372-391.

van der Rhee B, van der Veen J A A, Venugopal V, et al., 2010. A new revenue sharing mechanism for coordinating multi-echelon supply chains[J]. Operations Research Letters, 38(4): 296-301.

Vedantam A, Iyer A, 2021. Capacity investment under Bayesian information updates at reporting periods: Model and application[J]. Production and Operations Management, 30(8): 2707-2725.

Vercraene S, Gayon J P, Flapper S D, 2014. Coordination of manufacturing, remanufacturing and returns acceptance in hybrid manufacturing/remanufacturing systems[J]. International Journal of Production Economics, 148: 62-70.

Walker P H, Seuring P S, Sarkis P J, et al., 2014. Sustainable operations management: Recent trends and future directions[J]. International Journal of Operations & Production Management, 34(5).

Wang F, Zhou L D, Ren H, et al., 2018. Multi-objective optimization model of source-load-storage synergetic dispatch for a building energy management system based on TOU price demand response[J]. IEEE Transactions on Industry Applications, 54(2): 1017-1028.

Wang K J, Lin Y S, Yu J C P, 2011. Optimizing inventory policy for products with time-sensitive deteriorating rates in a multi-echelon supply chain[J]. International Journal of Production Economics, 130(1): 66-76.

Wang L K, Li M, Wang W Q, et al., 2023. Green innovation output in the supply chain network with environmental information disclosure: An empirical analysis of Chinese listed firms[J]. International Journal of Production Economics, 256: 108745.

Wang M R, Guo X L, Wang S Y, 2022. Financial hedging in two-stage sustainable commodity supply chains[J]. European Journal of Operational Research, 303(2): 803-818.

Wang N M, He Q D, Jiang B, 2019a. Hybrid closed-loop supply chains with competition in recycling and product markets[J]. International Journal of Production Economics, 217: 246-258.

Wang W B, Yang S Q, Xu L, et al., 2019b. Carrot/stick mechanisms for collection responsibility sharing in multi-tier closed-loop supply chain management[J]. Transportation Research Part E: Logistics and Transportation Review, 125: 366-387.

Wang W B, Zhang Y, Li Y Y, et al., 2017b. Closed-loop supply chains under reward-penalty mechanism: Retailer collection and asymmetric information[J]. Journal of Cleaner Production, 142: 3938-3955.

Wang W B, Zhang Y, Zhang K, et al., 2015. Reward-penalty mechanism for closed-loop supply chains under responsibility-sharing and different power structures[J]. International Journal of Production Economics, 170: 178-190.

Wang X, Cho S H, Scheller-Wolf A, 2021a. Green technology development and adoption: Competition, regulation, and uncertainty—a global game approach[J]. Management Science, 67(1): 201-219.

Wang Y J, Chen W D, Liu B Y, 2017a. Manufacturing/remanufacturing decisions for a capital-constrained manufacturer considering carbon emission cap and trade[J]. Journal of Cleaner Production, 140: 1118-1128.

Wang Y Y, Yu Z Q, Jin M Z, et al., 2021b. Decisions and coordination of retailer-led low-carbon supply chain under altruistic preference[J]. European Journal of Operational Research, 293(3): 910-925.

Wei J, Zhao J, 2011. Pricing decisions with retail competition in a fuzzy closed-loop supply chain[J]. Expert Systems with Applications, 38(9): 11209-11216.

Wei L Q, Zhang J X, Dai R, 2020. Green capacity and technology choice strategies with emission constraint setting[J]. Computers & Industrial Engineering, 150: 106887.

Weng Z K, 1995. Channel coordination and quantity discounts[J]. Management Science, 41(9): 1509-1522.

Winslott Hiselius L, Svensson Å, 2017. E-bike use in Sweden-CO_2 effects due to modal change and municipal promotion strategies[J]. Journal of Cleaner Production, 141: 818-824.

Woods R, Masthoff J, 2017. A comparison of car driving, public transport and cycling experiences in three European cities[J]. Transportation Research Part A: Policy and Practice, 103: 211-222.

Wu C H, 2015. Strategic and operational decisions under sales competition and collection competition for end-of-use products in remanufacturing[J]. International Journal of Production Economics, 169: 11-20.

Wu C H, 2021. A dynamic perspective of government intervention in a competitive closed-loop supply chain[J]. European Journal of Operational Research, 294(1): 122-137.

Wu D R, Mendel J M, 2007. Uncertainty measures for interval type-2 fuzzy sets[J]. Information Sciences, 177(23): 5378-5393.

Xiao T J, Xu T T, 2013. Coordinating price and service level decisions for a supply chain with deteriorating item under vendor managed inventory[J]. International Journal of Production Economics, 145(2): 743-752.

Xiao Y Y, Zhao Q H, Kaku I, et al., 2012. Development of a fuel consumption optimization model for the capacitated vehicle routing problem[J]. Computers & Operations Research, 39(7): 1419-1431.

Xie G, 2015. Modeling decision processes of a green supply chain with regulation on energy saving level[J]. Computers & Operations Research, 54: 266-273.

Xie J X, Wei J C, 2009. Coordinating advertising and pricing in a manufacturer-retailer channel[J]. European Journal of Operational Research, 197(2): 785-791.

Xie S H, Gong Y, Kunc M, et al., 2023. The application of blockchain technology in the recycling chain: A state-of-the-art literature review and conceptual framework[J]. International Journal of Production Research, 61(24): 8692-8718.

Xu F Q, Liu J C, Lin S S, et al., 2017. A VIKOR-based approach for assessing the service performance of electric vehicle sharing programs: A case study in Beijing[J]. Journal of Cleaner Production, 148: 254-267.

Xu J T, Bai Q G, Xu L, et al., 2018. Effects of emission reduction and partial demand information on operational decisions of a newsvendor problem[J]. Journal of Cleaner Production, 188: 825-839.

Xu J T, Chen Y Y, Bai Q G, 2016. A two-echelon sustainable supply chain coordination under cap-and-trade regulation[J]. Journal of Cleaner Production, 135: 42-56.

Xu L, Li Y J, Govindan K, et al., 2015. Consumer returns policies with endogenous deadline and supply chain coordination[J]. European Journal of Operational Research, 242(1): 88-99.

Xu Q F, Wang L K, Jiang C X, et al., 2022. Tail dependence network of new energy vehicle industry in mainland China [J]. Annals of Operations Research, 315(1): 565-590.

Xu X P, Zhang W, He P, et al., 2017. Production and pricing problems in make-to-order supply chain with cap-and-trade regulation[J]. Omega, 66: 248-257.

Xu Z S, 2005. An overview of methods for determining OWA weights[J]. International Journal of Intelligent Systems, 20(8): 843-865.

Xu Z S, Yager R R, 2008. Dynamic intuitionistic fuzzy multi-attribute decision making[J]. International Journal of Approximate Reasoning, 48(1): 246-262.

Yager R R, 2004. OWA aggregation over a continuous interval argument with applications to decision making[J]. IEEE Transactions on Systems, Man, and Cybernetics Part B, Cybernetics, 34(5): 1952-1963.

Yan B, Liu Y P, Fan J, 2022. Two-echelon fresh product supply chain with different transportation modes[J]. Annals of Operations Research: 1-24.

Yan R L, 2010. Cooperative advertising, pricing strategy and firm performance in the e-marketing age[J]. Journal of the Academy of Marketing Science, 38(4): 510-519.

Yan X H, Zhao H, Tang K, 2015. Requirement or promise? An analysis of the first-mover advantage in quality contracting[J]. Production and Operations Management, 24(6): 917-933.

Yang P C, Wee H M, 2003. An integrated multi-lot-size production inventory model for deteriorating item[J]. Computers & Operations Research, 30(5): 671-682.

Yang R, Tang W S, Zhang J X, 2021. Technology improvement strategy for green products under competition: The role of government subsidy[J]. European Journal of Operational Research, 289(2): 553-568.

Yang X H, Cheng Z, Chen G, et al., 2018. The impact of a public bicycle-sharing system on urban public transport networks[J]. Transportation Research Part A: Policy and Practice, 107: 246-256.

Yang Y P O, Shieh H M, Tzeng G H, 2013. A VIKOR technique based on DEMATEL and ANP for information security risk control assessment[J]. Information Sciences, 232: 482-500.

Yenipazarli A, 2016. Managing new and remanufactured products to mitigate environmental damage under emissions regulation[J]. European Journal of Operational Research, 249(1): 117-130.

Yi P X, Huang M, Guo L J, et al., 2016. Dual recycling channel decision in retailer oriented closed-loop supply chain for construction machinery remanufacturing[J]. Journal of Cleaner Production, 137: 1393-1405.

Yu M, Cruz J M, Li D, 2019. The sustainable supply chain network competition with environmental tax policies[J]. International Journal of Production Economics, 217: 218-231.

Yu M, Cruz J M, Li D, et al., 2022. A multiperiod competitive supply chain framework with environmental policies and investments in sustainable operations[J]. European Journal of Operational Research, 300(1): 112-123.

Yue J F, Austin J, Huang Z M, et al., 2013. Pricing and advertisement in a manufacturer-retailer supply chain[J]. European Journal of Operational Research, 231(2): 492-502.

Yue J F, Austin J, Wang M C, et al., 2006. Coordination of cooperative advertising in a two-level supply chain when manufacturer offers discount[J]. European Journal of Operational Research, 168(1): 65-85.

Zekhnini K, Cherrafi A, Bouhaddou I, et al., 2022. A model integrating lean and green practices for viable, sustainable, and digital supply chain performance[J]. International Journal of Production Research, 60(21): 6529-6555.

Zhang B, Xu L, 2013. Multi-item production planning with carbon cap and trade mechanism[J]. International Journal of Production Economics, 144(1): 118-127.

Zhang J H, Min H, 2009. Eco-toxicity and metal contamination of paddy soil in an e-wastes recycling area[J]. Journal of Hazardous Materials, 165(1/2/3): 744-750.

Zhang J J, Nie T F, Du S F, 2011. Optimal emission-dependent production policy with stochastic demand[J]. International Journal of Society Systems Science, 3(1/2): 21.

Zhang J X, Liu G W, Zhang Q, et al., 2015a. Coordinating a supply chain for deteriorating items with a revenue sharing and cooperative investment contract[J]. Omega, 56: 37-49.

Zhang J, Gou Q L, Liang L, et al., 2013b. Supply chain coordination through cooperative advertising with reference price effect[J]. Omega, 41(2): 345-353.

Zhang L H, Zhang J, Duan Z Y, et al., 2015b. Sustainable bike-sharing systems: Characteristics and commonalities across cases in urban China[J]. Journal of Cleaner Production, 97: 124-133.

Zhang Z Y, Ma Y T, Li M X, et al., 2013a. Recent advances of energy recovery expanders in the transcritical CO_2 refrigeration cycle[J]. HVAC&R Research, 19(4): 376-384.

Zhao C, Guo Q D, Jia R W, et al., 2023a. How does clean energy transition promote original design manufacturers? A three-party evolutionary game analysis[J]. Energy Economics, 126: 106965.

Zhao D, Chen H M, Hong X P, et al., 2014. Technology licensing contracts with network effects[J]. International Journal of Production Economics, 158: 136-144.

Zhao J H, Zeng D L, Che L P, et al., 2020. Research on the profit change of new energy vehicle closed-loop supply chain members based on government subsidies[J]. Environmental Technology & Innovation, 19: 100937.

Zhao L, Lee S H, Copeland L R, 2019. Social media and Chinese consumers' environmentally sustainable apparel purchase intentions[J]. Asia Pacific Journal of Marketing and Logistics, 31(4): 855-874.

Zhao M, Li B, Ren J L, et al., 2023b. Competition equilibrium of ride-sourcing platforms and optimal government subsidies considering customers' green preference under peak carbon dioxide emissions[J]. International Journal of Production Economics, 255: 108679.

Zhao R, Neighbour G, Han J J, et al., 2012. Using game theory to describe strategy selection for environmental risk and carbon emissions reduction in the green supply chain[J]. Journal of Loss Prevention in the Process Industries, 25(6): 927-936.

Zheng P, Pei W J, Pan W B, 2023. Impact of different carbon tax conditions on the behavioral strategies of new energy vehicle manufacturers and governments: A dynamic analysis and simulation based on prospect theory[J]. Journal of Cleaner Production, 407: 137132.

Zhou P, Wen W, 2020. Carbon-constrained firm decisions: From business strategies to operations modeling[J]. European Journal of Operational Research, 281(1): 1-15.

Zhou S X, Tao Z J, Chao X L, 2011. Optimal control of inventory systems with multiple types of remanufacturable products[J]. Manufacturing & Service Operations Management, 13(1): 20-34.

Zhu Q, 2004. Relationships between operational practices and performance among early adopters of green supply chain management practices in Chinese manufacturing enterprises[J]. Journal of Operations Management, 22(3): 265-289.

Zhu W G, He Y J, 2017. Green product design in supply chains under competition[J]. European Journal of Operational Research, 258(1): 165-180.

Zhu X X, Liu K, 2021. A systematic review and future directions of the sharing economy: Business models, operational insights and environment-based utilities[J]. Journal of Cleaner Production, 290: 125209.

Zolfagharinia H, Zangiabadi M, Hafezi M, 2023. How much is enough? Government subsidies in supporting green product development[J]. European Journal of Operational Research, 309(3): 1316-1333.

附　录

为了提升全书的可读性和简易性，本书将所使用的公式符号根据参数变量特征进行分类汇总，以便于读者在阅读本书时可以快速准确地查阅相关符号在本书中所指代的管理意义。本书主要从外生参数、决策变量、绩效度量、集合和上下标等五个大类进行分类汇总。在此基础上，根据供应链管理活动类别的第二小类划分依据（如研发、生产、销售、物流、回收、再制造和碳排放等）进行细分。本书所涉及的参数变量具体意义如附录 1～附录 5 所示。

附录 1

表 A1.1　外生参数符号

类别	序号	符号	定义
类别 1 生产（再制造）	1-1	c_m	制造商生产新产品的单位生产成本
	1-2	c_r	旧产品的单位再制造成本，含制造商进行旧产品再制造的单位生产成本、租赁商对返回品的分类刷新成本参数等
	1-3	c_i	企业 i 购买原材料的单位价格
	1-4	c_j	企业 j 的单位生产/建设成本，含制造商 j 的单位生产成本、设置配送中心 j 时的平均成本等
	1-5	c_k^n	第 n 期制造商生产产品 k 的可变成本
	1-6	F_k^n	制造商生产产品 k 的固定成本
	1-7	$\bar{C}$	制造商生产新产品的平均单位生产成本
	1-8	C_Δ	制造商通过再制造节省的单位成本
	1-9	φ	租赁商的返回产品分类刷新产率，即租赁商再制造成功的产品比例
	1-10	K	产能，含制造商生产新产品的生产能力、基于不同生产技术的产能等
	1-11	K_0	基于传统生产技术的企业产能
	1-12	K_1	基于绿色生产技术的企业产能
	1-13	η	生产每辆单车所需的原材料总量，是一个常数

续表

类别	序号	符号	定义
类别 2 回收	2-1	c_a	回收商回收和处理退回产品的单位回收成本，含向退回旧产品的消费者支付的固定成本等
	2-2	c_W	生产消费活动对环境的单位危害成本，含未被回收的 WEEE 对环境的单位危害成本等
	2-3	c_k	3PL k 回收材料的单位价格（元/kg），其中下标 $\{k\}$ 表示 3PL
	2-4	θ	两个回收渠道之间的回收竞争强度
	2-5	ϕ	制造商承担的回收比例
	2-6	$\mathbb{Q}$	3PL 的最大回收能力
类别 3 销售	3-1	c_o	企业订购产品的单位订货成本
	3-2	X	市场需求（随机变量），含租赁产品的市场需求、产能扩张后企业的市场需求、制造商和再制造商的产品需求等
	3-3	α	市场规模参数，含基础市场规模、潜在市场规模
	3-4	β	市场需求的价格弹性系数
	3-5	$\hat{\beta}$	市场需求的交叉价格弹性系数
	3-6	γ	市场需求关于产品可持续水平的敏感系数，含市场增加需求的可持续水平系数、绿色度弹性系数等
	3-7	$\hat{\gamma}$	可持续水平交叉弹性系数，即两种产品之间的绿色竞争强度
	3-8	θ	敏感系数，含市场需求对零售商广告投资水平的敏感度、需求关于销售努力（促销环节）的敏感系数等
	3-9	ϕ	消费者的支付意愿比率
	3-10	ρ	产品的变质率
类别 4 研发	4-1	c_τ	产品设计投资的成本参数，含回收商回收旧产品时的回收规模系数、有效投资与其相应旧产品回收率之间的弹性系数、回收商回收废弃电子电器设备（WEEE）的难度、制造商绿色产品设计的成本参数、企业因产能扩张而产生的平均投资成本、零售商促销力度成本系数、制造商可持续投资系数等
	4-2	C_a	旧产品回收、绿色技术研发、广告投资等产生的投资总成本，含旧产品投资规模、回收成本、零售商的广告投资规模等
	4-3	ϕ	广告投资比例
	4-4	$\mathbb{N}$	企业的广告投资上界，是一个无穷大的常数
类别 5 物流	5-1	c_f	单位产品单位距离的运输油耗成本
	5-2	c_{ti}	企业 i 运费率［元/（kg · km）］，其中下标 $\{i\}$ 表示企业
	5-3	c_{tk}	3PL k 的运费率［元/（kg · km）］，其中下标 $\{k\}$ 表示 3PL
	5-4	h	单位持有成本，含租赁商或制造商的产品库存费用参数、零售商的单位持有成本、零售商单位变质成本等

续表

类别	序号	符号	定义
类别 5 物流	5-5	h_r	零售商的单位库存持有成本
	5-6	h_d	零售商的单位产品变质成本
	5-7	h_{jk}^n	第 n 期配送中心 j 每单位时间每单位产品 k 的持有成本
	5-8	s	缺货成本，含季末时未满足需求的产品导致的缺货损失、企业的单位短缺成本
	5-9	$\varLambda$	物流活动中的运输距离
	5-10	$\varLambda_{ij}$	零售商 i 和配送中心 j 之间的运输距离
	5-11	L	物流活动中车辆的产品交付速度
	5-12	ζ	配送中心产品的安全系数
	5-13	ζ_{jk}^n	配送中心 j 的产品 k 的安全系数
	5-14	ψ	运输车辆的油耗系数
	5-15	ψ_0^L	车辆以标准速度行驶时的油耗系数
	5-16	$\psi_{L_{wj}}^u$	车速 L_{wj} 时车辆 u 的油耗系数
	5-17	$\psi_{L_{si}}^v$	车速 L_{si} 时车辆 v 的油耗系数
	5-18	$\overline{Q_t}$	最大车辆荷载
	5-19	Q_{t0}	车辆自重
	5-20	Q_{ij}	路线零售商 i 和配送中心 j 之间的车辆负载能力
	5-21	Q^v	车辆 v 的载荷
	5-22	Q^u	车辆 u 的载荷
	5-23	I	库存，含供应链成员企业持有产品的库存水平、配送中心的产品库存等
	5-24	$I^{\max}$	配送中心的产品最大库存
	5-25	$\overline{I}$	配送中心的产品平均库存
	5-26	$\underline{I}$	配送中心的产品安全库存
类别 6 碳排放	6-1	$\bar{E}$	政府机构为企业设定的碳排放上限
	6-2	e_j	企业 j 的碳排放量，含制造商 j 生产一辆单车的碳排放量（g/辆）、配送中心 j 建成时的平均碳排放量
	6-3	e_i	企业 n 购买单位材料的碳排放量（g/kg）
	6-4	e^f	卡车运输 1km 的碳排放量（g/km）
	6-5	e_k	3PL　k 回收单位材料的碳排放（g/kg）
	6-6	e_k^n	第 n 期单位产品 k 的库存碳排放
	6-7	t_e	政府机构设定的企业碳税税率
	6-8	c_e	碳交易价格，含碳价、单位碳交易价格、碳排放许可交易价格等

附录 2

表 A2.1　决策变量符号

类别	序号	符号	定义
类别 1 生产（再制造）	1-1	w	制造商的批发价格
	1-2	Q_i	企业 i 的原材料生产数量
	1-3	Q_f	制造商的共享单车生产数量
	1-4	Q_{fi}	企业 i 的共享单车订单数量
	1-5	q_{jk}^n	制造商在第 n 期交付给配送中心 j 产品 k 的数量
类别 2 回收	2-1	k	回收再制造活动的单位补偿或惩罚，含政府对每单位 WEEE 的回收率偏离目标率的奖惩强度、制造商激励租赁商库存并分类刷新系统最优的返回品的单位补偿
	2-2	ϕ	租赁商对返回产品的分类刷新比例
	2-3	Q_{ki}	3PL　k 根据企业 i 订单回收的物料数量
	2-4	Q_{ki}^m	3PL　k 根据企业 i 订单回收并运输到制造商的物料数量
类别 3 销售	3-1	p	零售商的零售价格
	3-2	c_t	供应链企业成员间的产品转运价格，含制造商支付给零售商或第三方回收商的单位转让或回购价格、租赁商转运产品（给制造商）的单位成本
	3-3	ϕ	供应链企业成员间的收入共享或成本分担比例
类别 4 研发	4-1	τ	在回收、绿色研发等方面的投入系数，含回收渠道的回收绩效、产品回收努力、回收产品中再制造“新”产品的比例、逆向渠道的旧产品回收率
类别 5 物流	5-1	T	周期，含物流生产活动中的订货周期
	5-2	T_{jk}	配送中心 j 中产品 k 的订货周期
	5-3	t_j^n	配送中心 j 在第 n 期的补货提前期
	5-4	DT	物流生产活动供应链成员企业间的交付时间
	5-5	DT_i	零售商 i 接收产品的交付时间
	5-6	$\overline{\mathrm{DT}}_i$	零售商 i 愿意接收产品的最大交付时间

附录 3

表 A3.1　绩效度量符号

类别	序号	符号	定义
类别 1 生产（再制造）	1-1	C_i	企业 i 采购原材料的总成本
	1-2	C_j	制造商 j 的总生产成本
	1-3	π	利润函数

续表

类别	序号	符号	定义
类别 2 回收	2-1	C_{ki}	3PL k 根据企业 i 的订单回收材料的总成本
	2-2	C_W	生产消费活动中对环境的总危害成本，如未被回收的 WEEE 对环境的总危害成本等
类别 3 销售	3-1	D	市场需求（目标函数）
	3-2	D_{ik}^n	第 n 期零售商 i 对产品 k 的市场需求
	3-3	D_{jik}^n	第 n 期零售商 i 对配送中心 j 供应的产品 k 的市场需求
	3-4	Z^{τ}	产品新鲜度（目标函数）
	3-5	C_s	消费者剩余函数
	3-6	W	社会福利函数
	3-7	μ	市场需求的期望值
	3-8	σ	市场需求的标准差
类别 4 物流	4-1	C_i^f	企业 i 的单程运输成本
	4-2	C_{ki}^f	3PL k 完成企业 i 运输任务的总成本
	4-3	I_{jk}^n	第 n 期配送中心 j 中产品 k 的库存量
	4-4	O_{jk}^n	第 n 期配送中心 j 中产品 k 的订货点
	4-5	Z^c	成本函数（目标函数）
类别 5 碳排放	5-1	E_{ji}	制造商 j 完成企业 i 的订单生产任务时的碳排放总量
	5-2	E_{ki}	3PL k 完成企业 i 的订单时的碳排放量
	5-3	E_i^f	企业 i 向制造商 m 运输原材料的碳排放量
	5-4	E_{ki}^f	3PL k 与企业 i 合作，将回收材料运输到制造商 j 的碳排放量
	5-5	Z^E	碳排放量（目标函数）

附录 4

表 A4.1　集合符号

序号	符号	定义
1	I	零售商集合，从 1 到 I，$\forall i \in I$
2	J	配送中心集合，从 1 到 J，$\forall j \in J$
3	N	时间段集合，从 1 到 N，$\forall n \in N$

续表

序号	符号	定义
4	K	产品集合，从 1 到 K ，$\forall k \in K$
5	M	制造商集合，从 1 到 M ，$\forall m \in M$
6	U	制造商和配送中心之间或配送中心之间的车辆集合，从 1 到 U ，$\forall u \in U$
7	V	配送中心和零售商之间或零售商之间的车辆集合，从 1 到 V ，$\forall v \in V$
8	B_i	企业集合，$i = 1,2,\cdots,N$
9	M_j	制造商集合，$j = 1,2,\cdots,M$
10	P_k	3PL 集合，$k = 1,2,\cdots,K$

附录 5

表 A5.1　上标符号

序号	符号	含义
1	*	最优解
2	C	回收商主导的供应链分散式决策模式/碳排放总量控制模式
3	D	分散式决策模式/分散式系统
4	F	固定费用许可模式
5	I	集中式决策模式
6	M	制造商主导的供应链分散式决策模式/制造商回收模式/奖惩协调机制
7	N	基准模式，如政府不实施 RPM/NMG 制造商均不采用绿色产品设计策略/无技术许可模式/无碳排放约束模式
8	O	单一模式，如政府只对制造商实施 RPM 的最优解/ OMG 制造商采用绿色产品设计策略
9	P	第三方回收模式
10	R	零售商主导的供应链分散式决策模式/零售商回收模式/特许权使用费许可模式/收益-成本分享（RPS）合同模式
11	T	组合模式，如政府对制造商和零售商都实施 RPM/ TMG 两个制造商都采用绿色产品设计策略/总量控制与交易制度/两部定价（TPT）合同模式
12	CA	合作广告模式
13	MP	制造商和第三方回收商竞争回收模式
14	MR	制造商和零售商竞争回收模式
15	$\widetilde{\mathrm{MR}}$	Hong 等（2013）中（ $\widetilde{\mathrm{MR}}$ ）模式
16	RP	零售商和第三方回收商竞争回收模式
17	n	期数

表 A5.2　下标符号

序号	符号	含义
1	L	租赁商
2	M	制造商
3	P	第三方物流服务提供商以及闭环供应链第三方企业，含回收商、再制造商、第三方回收服务的提供商等
4	R	零售商
5	T	供应链系统
6	0	使用原产能
7	1	使用新产能